W0084310

NORDEN
Seiten 144–159

KARIBIKKÜSTE
Seiten 160–173

Barra del
Colorado

Tortuguero

Puerto Viejo
de Sarapiquí

KARIBIKKÜSTE

Grecia
Alajuela
Heredia
SAN JOSÉ
Cartago

Puerto Limón

ZENTRALES HOCHLAND

Cahuita
Puerto Viejo
de Talamanca

Quepos

San Isidro
de El General

Dominical

Uvita

SÜDEN

San Vito

Golfito

Puerto
Jiménez

Zancudo

SÜDEN
Seiten 174–193

VIS à VIS

COSTA RICA

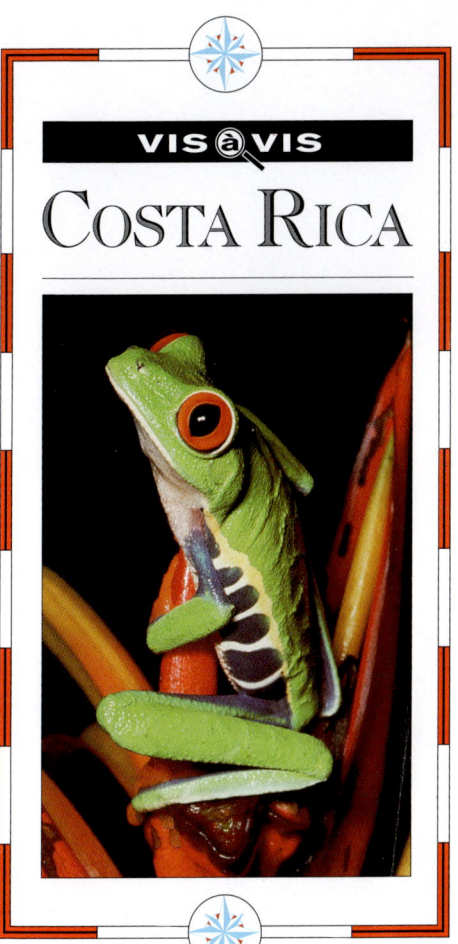

VIS à VIS

COSTA RICA

Hauptautor: CHRISTOPHER P. BAKER

DK

DORLING KINDERSLEY

www.dk.com

Ein Dorling Kindersley Buch

www.traveldk.com

PRODUKTION
Dorling Kindersley India, Delhi
MANAGING EDITOR Aruna Ghose

TEXTE
Christopher P. Baker

FOTOGRAFIEN
Jon Spaull, Linda Whitwam

ILLUSTRATIONEN
P. Arun, Ashok Sukumaran, T. Gautam Trivedi, Mark Warner

KARTOGRAFIE
Uma Bhattacharya, Kunal Kumar Singh

REDAKTION UND GESTALTUNG
Dorling Kindersley Delhi: Aruna Ghose, Benu Joshi, Rimli Borooah,
Priyanka Thakur, Ankita Awasthi, Shruti Singhi, Taiyaba Khatoon,
Shailesh Sharma, Vinod Harish
Dorling Kindersley London: Douglas Amrine, Jane Ewart, Christine
Stroyan, Casper Morris, Jason Little, Anna Freiberger, Maite Lantaron

Aktualisierte Neuauflage 2011/2012

PROGRAMMLEITUNG Dr. Jörg Theilacker, Dorling Kindersley Verlag
PROJEKTLEITUNG Stefanie Franz, Dorling Kindersley Verlag
ÜBERSETZUNG Dr. Ulrike Kretschmer, München
REDAKTION Grit-Uta Müller, München; Dr. Gabriele Rupp, München
SCHLUSSREDAKTION Philip Anton, Köln
SATZ UND PRODUKTION Dorling Kindersley Verlag
LITHOGRAFIE Colourscan, Singapur
DRUCK L. Rex Printing Co. Ltd., China

ISBN 978-3-8310-1762-1
3 4 5 6 7   13 12 11 10

Playa Chiquita, Karibikküste *(siehe*

INHALT

COSTA RICA STELLT SICH VOR

**Traditionelle Tanzdarbietung
in der Nähe von Cartago**

◁ **Tropischer Regenwald im Parque Nacional Corcovado** *(siehe S. 191)*, Peninsula de Osa
◁◁ **Umschlag: Reserva Biológica Bosque Nuboso Monteverde** *(siehe S. 125)*

S. 160 und S. 172)

Traditionell geschnitzte und bemalte Bribri-Flasche (siehe S. 243)

Obst- und Gemüsevielfalt auf dem Markt von Santa Cruz (siehe S. 142), Guanacaste

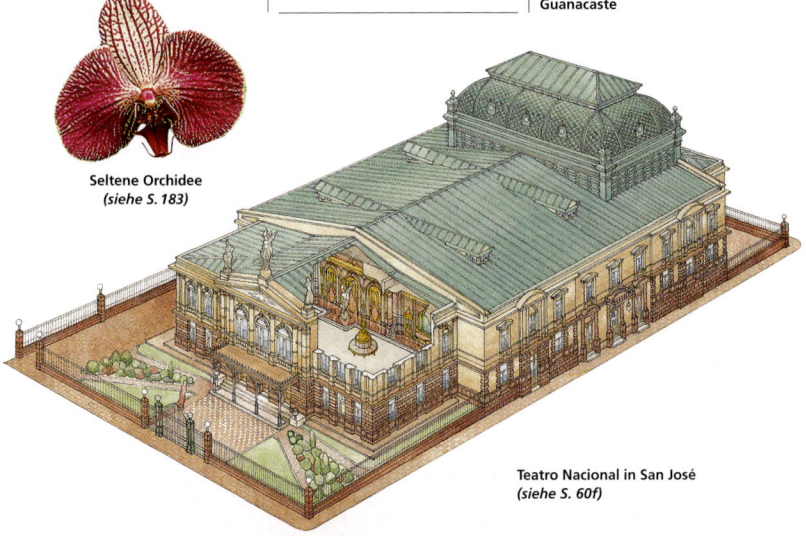

Seltene Orchidee (siehe S. 183)

Teatro Nacional in San José (siehe S. 60f)

COSTA RICA
STELLT SICH VOR

COSTA RICA ENTDECKEN

Costa Rica kann in sieben Regionen unterteilt werden, die sich durch ihre jeweiligen geografischen Merkmale ergeben. Die Hauptstadt San José liegt in einem breiten Tal inmitten der Berge des Zentralen Hochlands. Die Region Zentrale Pazifikküste und Südliches Nicoya markiert den Übergang zwischen arider und humider Zone. Im Nordwesten sind die trockenen Ebenen

Ein Ara aus Holz

von Guanacaste und dem Nördlichen Nicoya von Vulkanen eingerahmt, im Westen von fantastischen Stränden. Nach Norden fällt das Land zu einer ausgedehnten Tiefebene ab. Die karibische Küstenebene ist für ihre afrikanische Kultur und endlose Strände bekannt, und der zerklüftete Süden ist von dichtem Regenwald bedeckt. Im Folgenden finden Sie einen Überblick über die Attraktionen der Regionen.

Centro Costarricense de Ciencias y Cultura, San José *(siehe S. 72f)*

SAN JOSÉ

- **Faszinierende Museen**
- **Teatro Nacional**
- **Erstklassige Restaurants**
- **Großartige Läden**

Als großstädtisches Ballungsgebiet mit nur wenigen historischen Gebäuden hat San José kaum Sehenswürdigkeiten zu bieten. Zwei Tage reichen zur Erkundung der Stadt. Die meisten Attraktionen liegen im Stadtkern nahe beieinander. Es gibt schöne Hotels in jeder Preislage. Das Zentrum lässt sich gut zu Fuß erkunden, es gibt aber auch ein effizientes Taxisystem. Einige Orte sind gefährlich *(siehe S. 270)*, in den Touristengegenden patrouilliert jedoch die Polizei.

Einen Tag sollten Sie auf jeden Fall im **Museo del Oro Precolombino** *(siehe S. 62f)*, im **Museo de Jade** *(siehe S. 67)* und im **Teatro Nacional** *(siehe S. 60f)* verbringen, dem architektonischen, neoklassizistischen Juwel Costa

Ricas. Mercado Central, Edificio Correos *(siehe S. 58f)* und schöne kleine Plätze liegen in der Nähe.

Den zweiten Tag sollten Sie dem Museo Nacional, dem Parque Nacional *(siehe S. 70)*, dem Barrio Amón *(siehe S. 67)* und dem **Centro Costarricense de Ciencias y Cultura** *(siehe S. 72f)* widmen. Auch ein Besuch des Museo de Arte Costarricense *(siehe S. 74)* und ein Bummel

im Centro Comercial El Pueblo *(siehe S. 241)* mit Kunst und Kunsthandwerk sind sehr lohnenswert.

San José bietet eine große Auswahl an Gourmetrestaurants und internationaler Küche. **La Cocina de Leña** *(siehe S. 224)* bietet traditionelle Köstlichkeiten Costa Ricas und ein dazu passendes Ambiente.

ZENTRALES HOCHLAND

- **Wunderschöne Landschaft**
- **Atemberaubende Vulkane**
- **Aufregendes Wildwasser-Rafting**
- **Zauberhafte Landgasthöfe**

Mit ihrer wunderschönen Landschaft, den zauberhaften Städten und den Kirchen aus der Kolonialzeit ist die abwechslungsreiche Region maßgeschneidert für Ausflüge mit dem Auto – vorbei an Kaffee-*fincas* (Plantagen),

Rafting auf einem der Flüsse des Zentralen Hochlands

◁ Bemalte Keramikfliesen des einheimischen Künstlers Fernando Matamoros, Barrio Amón (San José)

üppigen Tälern und riesigen Vulkanen. Zu den Kraterrändern zweier aktiver Vulkane gelangt man über befestigte Straßen. Die Vulkane liegen in den Nationalparks **Poás** und **Irazú** *(siehe S. 90, S. 103)* und bieten ausgezeichnete Möglichkeiten zum Wandern und Vogelbeobachten, ebenso wie der etwas schwerer erreichbare **Turrialba-Nationalpark** *(siehe S. 103)* und die zerklüfteten Pfade der Nationalparks Braulio Carrillo und **Tapantí-Macizo** *(siehe S. 91, S. 101)*.

Flora und Fauna des Landes können Sie auch in der Nähe von Alajuela *(siehe S. 84)* bewundern, vor allem auf der Butterfly Farm, im Zoo Ave *(siehe S. 84)*, im INBioparque *(siehe S. 92)* und in der World of Snakes *(siehe S. 86)*.

Heredia *(siehe S. 92)* liegt im Herzen des Kaffeelandes. Im Doka Estate und Café Britt *(siehe S. 90, S. 92)* erfahren Sie alles über die Kaffeeproduktion des Landes. Auf der wunderschönen Straße zum Kunsthandwerkszentrum **Sarchí** *(siehe S. 86)* kommt man zu Grecia *(siehe S. 86)* und Zarcero *(siehe S. 87)* vorbei, bekannt für Ziersträucher und eine Kirche aus Metall. Atemberaubende Landschaften bietet auch die **Straße der Heiligen** *(siehe S. 97)*. Östlich von San José führt eine Straße durch das **Orosi-Tal** *(siehe S. 98f)* mit seinen hübschen kolonialen Kirchen. Über Turrialba *(siehe S. 101)* gelangt man zum **Monumento Nacional**

Malerische Ackerterrassen im Zentralen Hochland

Die blauen Weiten des Golfs von Nicoya

Guayabo *(siehe S. 104f)*, der wichtigsten präkolumbischen Stätte des Landes. Gelegenheit zum Rafting hat man auf den Flüssen Reventazón und Pacuare *(siehe S. 102)*.

Nehmen Sie sich für die Region vier bis sieben Tage Zeit. Mit unübersichtlichen Straßen und fehlender Ausschilderung müssen Sie rechnen – dies wird jedoch durch hübsche Hotels mehr als wettgemacht.

ZENTRALE PAZIFIKKÜSTE UND SÜDLICHES NICOYA

- **Parque Nacional Manuel Antonio**
- **Surferparadiese**
- **Malerische Isla Tortuga**
- **Krokodilsafaris**

Die Gegend wird besonders von Naturliebhabern geschätzt, bietet sie doch zwei der beliebtesten und am leichtesten zugänglichen Nationalparks sowie einige Küstenschutzgebiete. Im Refugio Nacional de Vida Silvestre Curú *(siehe S. 110)* und in der Reserva Natural Absoluta Cabo Blanco *(siehe S. 112)*, zwei Naturschutzgebieten an der Südküste der Halbinsel Nicoya, ist eine

Vielzahl von Tieren und Pflanzen beheimatet. Zur idyllischen **Isla Tortuga** *(siehe S. 110f)* vor Curú gelangt man per Boot von der Hafenstadt Puntarenas aus. Jüngere Reisende werden von dem winzigen Ort Montezuma und dem Surferparadies **Malpaís** *(siehe S. 112)* angezogen. Beide liegen spektakulär an zerklüfteten Küstenabschnitten.

Der ebenfalls bei Surfern beliebte Ferienort **Jacó** *(siehe S. 114)* hat Nachtclubs, Casinos und Unterkünfte zu bieten. Im Norden schließt sich der Parque Nacional Carara *(siehe S. 114)* an. Von Jacó aus können Sie viele Ausflüge, u. a. Krokodilsafaris auf dem Río Tárcoles *(siehe S. 115)*, unternehmen. Erkunden Sie die Wälder der an der Küste gelegenen Berge des Rainmaker Conservation Project *(siehe S. 115)*.

Die meisten Gäste der Region besuchen den **Parque Nacional Manuel Antonio** *(siehe S. 118f)*, den man über das Anglerstädtchen Quepos *(siehe S. 116)* erreicht. Er bietet wunderschöne Strände, ein Korallenriff, reiche Flora und Fauna, leicht zugängliche Wege sowie einige der besten Hotels des Landes.

Tropischer Trockenwald im Parque Nacional Palo Verde *(siehe S. 130)*

GUANACASTE UND NÖRDLICHES NICOYA

- **Wunderschöne Strände**
- **Aufregende Ausritte**
- **Mysteriöse Nebelwälder**
- **Gebiete mit seltenem Trockenwald**

Die vielfältigste Region Costa Ricas bietet Nebelwälder in den Bergen, Trockenwälder im Tiefland und atemberaubende Strände. Es empfiehlt sich ein mindestens einwöchiger Aufenthalt.

Die Hauptattraktionen sind bequem per Inlandsflug und Auto zu erreichen – viele liegen an Abzweigungen der Carretera Panamericana (Panamerikanischer Highway). Bei einem Besuch der Waldschutzgebiete von **Monteverde** *(siehe S. 124–127)* kann Allradantrieb allerdings nicht schaden. Im weiter nördlich gelegenen Parque Nacional Rincón de la Vieja *(siehe S. 132)* sind spektakuläre Wanderungen, Ausritte und Mountainbike-Touren möglich. Die Ranches dort dienen auch als Hotels.

Am Hang des Volcán Orosi liegt der **Parque Nacional Santa Rosa** *(siehe S. 134f)*, ein Trockenwald mit vielen Tieren. Obwohl Santa Rosa nicht so zugänglich wie einige andere Parks ist, ist er die Mühe wert. In der feuchteren Region des **Parque Nacional Palo Verde** *(siehe S. 130)* erschließt sich dem Besucher eine einmalige Vogelwelt. In Guaitíl *(siehe S. 143)* leben die Traditionen der Chorotega-Indianer weiter. Die **Halbinsel Nicoya** ist für ihre Strände bekannt: An der Playa del Coco und der Playa Flamingo *(siehe S. 136)* kann man tauchen und fischen. Der modernste Ferienort ist Tamarindo *(siehe S. 136)*. An der **Playa Grande** und der **Playa Ostional** *(siehe S. 140)* kann man Meeresschildkröten beobachten.

NORDEN

- **Volcán Arenal**
- **Outdoor-Abenteuer**
- **Vogelbeobachtung**
- **Centro Neotrópico SarapiquíS**

Der Norden mit dem aktivsten Vulkan Costa Ricas, vielen Natur-Lodges und lohnenden ornithologischen Expeditionen ist erst seit Kurzem für den Tourismus erschlossen. Die Aktivitäten

Heiße Quellen von Tabacón *(siehe S. 148)*

konzentrieren sich auf die beiden Regionen um La Fortuna und Puerto Viejo de Sarapiquí.

Über das geschäftige La Fortuna *(siehe S. 148)* gelangt man zum **Parque Nacional Volcán Arenal** *(siehe S. 149)*. Die Stadt bietet einige Dutzend Lodges, viele davon mit Blick auf den Vulkan, der fast täglich ausbricht. Daneben kann man die Cavernas de Venado erforschen und im **Refugio Nacional de Vida Silvestre Caño Negro** *(siehe S. 154)* Vögel beobachten. Lohnenswert sind auch ein Besuch der Thermalquellen von **Tabacón** *(siehe S. 148)* und eine Fahrt mit der Arenal-Seilbahn *(siehe S. 149)* mit Blick auf den Vulkan und den bei Windsurfern und Anglern beliebten See Arenal *(siehe S. 150–152)*.

Vom weiter östlich gelegenen Puerto Viejo de Sarapiquí *(siehe S. 156)* bieten sich Ausflüge auf den Flüssen Sarapiquí und San Juan sowie in die Regenwaldreservate Selva Verde *(siehe S. 156)*, **Rara Avis** *(siehe S. 159)* und Tirimbina *(siehe S. 155)* an. Neben Tirimbina befindet sich das ausgezeichnete Bildungszentrum **Centro Neotrópico SarapiquíS** *(siehe S. 155)*, das sich der präkolumbischen und der zeitgenössischen heimischen Kultur widmet.

Heftige Regenfälle kommen das ganze Jahr über vor. Allradantrieb ist deshalb unerlässlich. Lokale Fluggesellschaften bieten Flüge nach La Fortuna an.

KARIBIKKÜSTE

- Tierreicher Parque Nacional Tortuguero
- Afrokaribische Kultur
- Schildkrötenbeobachtung
- Perfekte Bedingungen für Angler

Mangrovensumpf bei Puerto Jiménez im südlichen Costa Rica

An der Karibikküste befinden sich drei der schönsten Regenwaldreservate des Landes. Darüber hinaus locken ausgezeichnete Möglichkeiten zum Sportfischen und das charakteristisch gelassene Lebensgefühl der afrokaribischen Kultur. Am lebendigsten ist dies in **Cahuita** *(siehe S. 170)*, wo man würzige karibische Gerichte zu Bob-Marley-Klängen verzehren kann. In der Nähe liegt der **Parque Nacional Cahuita** *(siehe S. 170)* mit Schnorchelmöglichkeiten. Das südlichere Puerto Viejo *(siehe S. 172)* zieht Surfer und Aussteiger an. Seine Strände reichen bis zum **Refugio Nacional de Vida Silvestre Gandoca-Manzanillo** *(siehe S. 172)*. Hier kann man wandern und Schildkröten, Delfine und Seekühe beobachten. Exkursionen ins Landesinnere bringen Besuchern die Kultur der Ureinwohner nahe *(siehe S. 173)*.

Ein Höhepunkt der Region ist der **Parque Nacional Tortuguero** *(siehe S. 167)*. Hier sieht man bei Bootsausflügen überwältigend viele Regenwaldbewohner. Ein Besuch sollte mindestens drei Tage dauern – länger, wenn Sie Tortuguero mit Cahuita und Puerto Viejo verbinden wollen. Unangenehm sind die jederzeit möglichen schweren Regenfälle. Hinzu kommen die Drogenprobleme in einigen Küstengemeinden sowie zuweilen eine eher untypische Mürrischkeit der Einwohner.

SÜDEN

- Parque Nacional Corcovado
- Faszinierende Reservate der Ureinwohner
- Verlockendes Wandern
- Einmaliges Sporttauchen

Hier finden sich traumhafte Regenwälder und zerklüftete Berge. Das Terrain ist ausgesprochen vielfältig und erfordert unbedingt Allradantrieb, wenn Sie allein mit dem Auto unterwegs sind. Seien Sie auf hohe Luftfeuchtigkeit und schwere Niederschläge gefasst. Die Talamancas im Inneren des Landes lassen das Herz jedes Wanderers höherschlagen. Den Gipfel des Cerro Chirripó *(siehe S. 181)* erreicht man über gut ausgebaute Wege von San Gerardo de Rivas *(siehe S. 178)* aus, etwas urtümlicher geht es im **Parque Internacional La Amistad** *(siehe S. 179)* zu.

Im Süden liegt die Forschungsstation **Las Cruces** *(siehe S. 179)*, die kein Vogelliebhaber versäumen sollte. Die Reservate der Ureinwohner in der Nähe öffnen sich ebenfalls allmählich dem Tourismus *(siehe S. 184)*.

Die Küste eignet sich ideal zum Surfen und Tauchen. Sehr beliebt sind die Strände **Dominical** und Zancudo *(siehe S. 182, S. 192)*. Im **Parque Nacional Marino Ballena** *(siehe S. 182)* kann man Wale beobachten. Weitere Wal- und Delfinexpeditionen per Boot werden in Bahía Drake *(siehe S. 190)* angeboten.

Großer Anziehungspunkt ist der **Parque Nacional Corcovado** *(siehe S. 191)* mit Tierreichtum und Wanderwegen. Sie erreichen ihn über **Puerto Jiménez** *(siehe S. 190)*, das per Wassertaxi mit dem Fischerdorf Golfito *(siehe S. 192)* verbunden ist. Im Südwesten liegt die schwer erreichbare **Isla del Coco** *(siehe S. 193)*, eine Welterbestätte der UNESCO.

Strandvergnügen im Parque Nacional Cahuita *(siehe S. 170)*

Costa Rica auf der Karte

Zwischen der Karibik auf der einen und dem Pazifik auf der anderen Seite liegt die Republik Costa Rica gänzlich in den Tropen (8. bis 11. Grad nördliche Breite). Im Norden wird Costa Rica von Nicaragua begrenzt, im Süden von Panama. Es bedeckt eine Fläche von 51 100 Quadratkilometern. Weite Teile des extrem bergigen Landes sind unbewohnt und weisen verschiedene Arten tropischen Regenwalds auf. Fast ein Drittel des Landes wurde zu Naturschutzgebieten erklärt. Costa Rica besteht aus sieben Provinzen und 81 *cantones* (Verwaltungsbezirken). Die 4,3 Millionen Einwohner konzentrieren sich auf das Zentrale Hochland. In der Hauptstadt San José leben rund 340 000 Menschen.

0 Kilometer   50

LAGO DE NICARAGUA

Isla Mancarrón

San Carlos

Los Chíles

La Cruz

Isla Bolaños

Islas Murciélagos

Golfo de Papagayo

Aguas Claras

Liberia

Daniel Oduber

Rio Tempisque

Rio Corobicí

Laguna de Arenal

Tilarán

Cañas

Las Juntas

GUANACASTE

Tamarindo

Santa Cruz

Nicoya

Isla Chira

Golfo de Nicoya

Miramar

Ostional

Rio Nosara

Puntarenas

Carmona

Nosara

Sámara

PUNTARENAS

Isla Tortuga

Malpaís

Montezuma

Isla Cabo Blanco

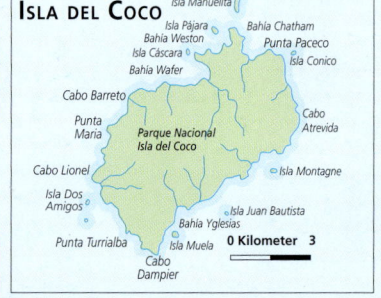

Die Hauptstadt San José aus der Vogelperspektive

ISLA DEL COCO

Isla Manuelita

Isla Pájara

Bahía Weston

Isla Cáscara

Bahía Wafer

Bahía Chatham

Punta Paceco

Isla Conico

Cabo Barreto

Punta Maria

Parque Nacional Isla del Coco

Cabo Atrevida

Cabo Lionel

Isla Montagne

Isla Dos Amigos

Isla Juan Bautista

Bahía Yglesias

Punta Turrialba

Isla Muela

Cabo Dampier

0 Kilometer   3

PAZIFISCHER OZEAN

Isla del Coco (500 Kilometer)

Nueva Guinea

NICARAGUA

Punta Gorda

VEREINIGTE STAATEN
VON AMERIKA

ATLANTISCHER
OZEAN

MEXIKO

Golf von
Mexiko

KUBA

DOMINIKAN.
REPUBLIK

HAITI

BELIZE

GUATEMALA   HONDURAS

EL SALVADOR

Karibisches Meer

NICARAGUA

COSTA
RICA   PANAMA

VENEZUELA

PAZIFISCHER
OZEAN

Isla del Coco

KOLUMBIEN

ECUADOR   BRASILIEN

PERU

Río San Juan

Barra del
Colorado

Río San Carlos

Río San Juan

Tortuguero

ALAJUELA   HEREDIA

Río Toro

Río Chirripó

KARIBISCHES
MEER

Puerto Viejo
de Sarapiquí

La Fortuna

Ciudad Quesada
(San Carlos)

LIMÓN

Guápiles

Zarcero

Sacramento

Siquirres

Sarchí

Alajuela

Río Reventazón

Heredia
SAN JOSÉ

Puerto Limón

Juan
Santamaría

Cartago

Río Banano

Río Grande

Turrialba

Tárcoles

Orosí   Tapantí

CARTAGO

LIMÓN

Cahuita
Bribrí

Puerto Viejo de
Talamanca

Jacó

SAN
JOSÉ

Manzanillo

COSTA
RICA

San Gerardo
de Dota

Río Urén

Quepos

San Isidro de
El General

Río Teribe

Dominical

Río General

Buenos
Aires

PANAMA

Palmar
Norte

Río Colón

Isla
Boca Brava

San
Vito

Isla Violín

Río Sierpe

PUNTARENAS

Bahía Drake
Isla del
Caño

Rincón

Golfito

Ciudad Neily

David

Puerto
Jiménez

Zancudo

Coto 47

Golfo
Dulce

La Cuesta

LEGENDE

✈ Internationaler Flughafen
☒ Inlandsflughafen
⛴ Fährhafen
── Panamerikanischer Highway
── Hauptstraße
-- - Staatsgrenze
-- - Provinzgrenze
– – Fährlinie

EIN PORTRÄT COSTA RICAS

*V*oller Bergketten und grüner Wälder, durchzogen von fruchtbaren Tälern und eingerahmt von traumhaften Stränden – Costa Rica (»Reiche Küste«) ist einer der schönsten Flecken der Erde. Die Natur erstrahlt in lebhaften Farben, die Anzahl der Aktivitäten im Freien scheint unbegrenzt, und die überwiegend ländliche Bevölkerung ist heiter und gastfreundlich. All das macht das Land zu einem beliebten tropischen Urlaubsziel.

Die kleine Nation erstreckt sich auf einer malerischen Landenge, die zwei mächtige Kontinente miteinander verbindet, von Norden nach Süden über nur 480 Kilometer. An ihrer breitesten Stelle (an der Grenze zu Nicaragua) von Osten nach Westen reicht sie 280 Kilometer. Das Gebiet gehört zu den geologisch instabilsten der Welt. Die tektonischen Kräfte lösen Erdbeben aus und überziehen das Land mit rauchenden Vulkanen. Das reichhaltige Mikroklima brachte zwölf biologische Zonen hervor, von Küstensümpfen bis zu subalpinem Weideland.

Costa Rica zeichnet sich durch eine für mittelamerikanische Nationen einzigartig homogene Kultur aus. Der

Das offizielle
Wappen des Landes

spanische Einfluss ist überall spürbar, die Kultur der Ureinwohner wirkt sich auf das Land kaum aus. Nur in kleineren Gemeinden trifft man auf Nicht-Spanisches, z. B. auf die jamaikanische Wesensart an der Karibikküste. Auffällig ist die Bemühung des Landes um den Naturschutz, wie man an den zahlreichen Parks und Reservaten sieht. Sie umfassen 30 Prozent der Landesfläche – damit übertrifft Costa Rica jede andere Nation der Welt.

NATUR

Costa Ricas größter Anziehungspunkt ist seine erstaunliche Vielfalt an Flora und Fauna, die in mehr als 190 Reservaten, Nationalparks und ähnlichen

Bauernhaus am Fuß des Volcán Arenal im Norden des Landes

◁ Ein Milchmann schiebt seinen Karren durch die Straßen von San José

Guanacaste-Baum, der Nationalbaum Costa Ricas

trägt, was Kolumbus 1492 vorgefunden hatte, nimmt wieder zu.

Glücklicherweise gibt es einige Organisationen, die sich mit großem Engagement für Flora und Fauna des Landes einsetzen. Darüber hinaus plant die Regierung, mehrere Schutzgebiete zu einem nationalen System einzelner regionaler Gebiete (Sistema Nacional de Areas de Conservación) zusammenzufassen – ein riesiger Schritt in die richtige Richtung.

Einrichtungen geschützt wird. Die erste ihrer Art war die Reserva Natural Absoluta Cabo Blanco (1963 gegründet). Seitdem entstehen jedes Jahr mehr Parks und Reservate.

Dennoch schreitet die Zerstörung natürlicher Lebensräume voran, sogar in manchen geschützten Regionen. Die Personaldecke der Parks ist dünn, zur Entschädigung enteigneter Landbesitzer fehlen die finanziellen Mittel – so fordern sie z. B. die Feuchtgebiete des Refugio Nacional de Vida Silvestre Caño Negro als Ackerland zurück. Im Parque Nacional Manuel Antonio gehen die Tierpopulationen durch die Zerstörung des natürlichen Lebensraums stetig zurück. Im Parque Nacional Corcovado greift die illegale Jagd auf Jaguare, Tapire und Wildschweine immer mehr um sich. Die Abholzung jedoch wurde gestoppt, und die Waldfläche, deren Größe nur noch ein Drittel dessen be-

POLITIK

Costa Rica verfügt als demokratische Republik über eine Regierung, an deren Spitze ein gewählter Präsident steht. Er wird von einem Vizepräsidenten und einem Kabinett mit 17 Mitgliedern unterstützt. Die Legislative (Asamblea Legislativa) besteht aus einer einzigen Kammer mit 57 vom Volk auf zwei Amtsperioden gewählten *diputados*. Der Präsident ernennt regionale Gouverneure, die den sieben Provinzen San José, Alajuela, Cartago, Guanacaste, Heredia, Limón und Puntarenas vorstehen.'

Die politische Szene wird von zwei Parteien dominiert, die sich traditionellerweise bei jeder Wahl abwechseln. Die sozialdemokratische Partido de Liberación Nacional steht für Wohlfahrtsprogramme, die konservative Partido de Unidad Social Cristiana ist wirtschaftsfreundlicher. Wahlberechtigt sind alle Bürger zwischen 18 und 70 Jahren. Ein

Nebelwald in der berühmten Reserva Biológica Bosque Nuboso Monteverde

vom Obersten Gerichtshof eingesetztes Wahltribunal überwacht den ordnungsgemäßen Ablauf der Wahlen.

1949 erklärte Costa Rica seine Neutralität und hat dementsprechend auch keine Armee, Marine oder Luftwaffe, obwohl Teile der Polizei militärisch ausgerüstet sind. Die Einwohner weisen mit Stolz darauf hin, dass es seit dem späten 19. Jahrhundert nur zwei kurze gewalttätige Perioden in der ansonsten demokratischen Entwicklung des Landes gab. Costa Rica ist von den vielen blutigen Unruhen seiner lateinamerikanischen Nachbarn verschont geblieben – 1987 erhielt der Präsident Oscar Arias Sánchez den Friedensnobelpreis.

Papayas werden zum Verkauf vorsortiert

WIRTSCHAFT

Hauptantriebskraft der blühenden Wirtschaft des Landes ist der Tourismus. Wie kaum ein anderes Land hat Costa Rica eine atemberaubende Natur mit Bergen, Stränden und Wäldern voller exotischer Tiere und Pflanzen zu bieten. Die Möglichkeiten der Aktivitäten im Freien sind fast unbegrenzt. Bevorzugt wird der sanfte Tourismus, den das Fremdenverkehrsinstitut Instituto Costarricense de Turismo unter dem Slogan »Costa Rica – ohne künstliche Zutaten« fördert. Ein weiterer Pluspunkt ist die für mittelamerikanische Verhältnisse eher ungewöhnliche politische Stabilität. Spezielle Natur-Lodges, große Hotels und Ferienanlagen am Strand bedienen den Markt von preiswert bis luxuriös.

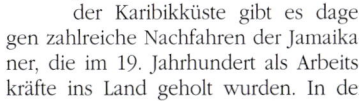

Tracht in den Nationalfarben

Die Hauptstadt San José mit ihrem aufkeimenden Hightech-Industriesektor gehört zu den größten Finanzzentren Mittelamerikas. Außerhalb San Josés herrscht private Landwirtschaft vor. Nur in Guanacaste gibt es Vieh-*fincas*, groß angelegte Agrarbetriebe. Die wichtigsten Ernteprodukte Costa Ricas sind Kaffee und Bananen.

BEVÖLKERUNG

Costa Ricas Einwohner sind aufgrund einer sprachlichen Besonderheit auch als *ticos* bekannt: Statt des üblichen Diminutivs »tito« (z.B. in *momentito*, »Momentchen«) verwenden sie »tico« *(momentico)*. Die Mehrheit stammt von spanischen Siedlern ab. Die Ureinwohner machen nur noch einen Bruchteil der Bevölkerung aus und leben sehr zurückgezogen in wenigen Reservaten. An der Karibikküste gibt es dagegen zahlreiche Nachfahren der Jamaikaner, die im 19. Jahrhundert als Arbeitskräfte ins Land geholt wurden. In der

San José, die lebhafte Hauptstadt Costa Ricas

Traditionelle Ochsenwagen sieht man überall auf dem Land

karibischen Provinz Limón leben zudem noch viele Chinesen. In den letzten Jahren haben sich Zehntausende von Nordamerikanern und Angehörige anderer Nationen in Costa Rica niedergelassen – in erster Linie wegen des fabelhaften Klimas.

Rund 80 Prozent der Einwohner Costa Ricas sind katholisch. Ein bedeutender Teil davon geht regelmäßig in die Kirche. Am meisten verehrt wird die Schutzheilige des Landes, La Negrita, die wundertätig sein soll. Obwohl es gesetzlich verboten ist, andere zu bekehren, hat der Einfluss der evangelischen Christen in den letzten Jahren zugenommen, vor allem in den ärmeren Gebieten des Landes und unter den Ureinwohnern.

Das Land hat die niedrigste Analphabetenrate und die höchste Lebenserwartung aller lateinamerikanischen Staaten. Internet-Zugang ist relativ weitverbreitet, und Handys finden sich allerorten. Straßenbau und Stromversorgung sind auch in den abgelegensten Regionen tadellos. Nur wenige Gemeinden haben keinen Anschluss an die »moderne Welt«. Die *josefinos* (Einwohner von San José) führen ein typisch urbanes Leben, die Stadt hat einen gut entwickelten Mittelstand. Auf dem Land haben die alten Traditionen überlebt. Es gibt überwiegend Bauern, deren Hauptfortbewegungsmittel das Pferd ist, das am weitesten verbreitete Lasttier ist der Ochse.

Das Leben in Costa Rica dreht sich um die – zumeist matriarchalisch geprägte – Familie und einen engen Kreis von *compadres* (Freunde und Kollegen). Meist wird das Privatleben gut geschützt. Man lädt Bekannte eher ins Restaurant als nach Hause ein. Dennoch sind die *ticos* herzlich und ausgesprochen höflich zu Fremden.

Das Volk Costa Ricas ist stolz auf die Neutralität seines Landes und die stabile Demokratie. Die Einwanderung einiger indianischer Stämme aus den Nachbarstaaten hat vor Kurzem zwar für etwas Aufruhr gesorgt, doch im Allgemeinen sind die *ticos* liberal und tolerant und legen viel Wert auf gesellschaftliche Harmonie und allgemeinen Wohlstand.

Bei Karfreitagsprozessionen werden Statuen von Heiligen durch die Straßen getragen

KUNST UND KULTUR

Die Kunstszene wird von Kunsthandwerk beherrscht, was vor allem an der ungeheuren Kreativität der Handwerker liegt. Holzschnitzer wie Barry Biesanz stellen Schalen aus Hartholz her, die von enormem Können zeugen. Zudem gibt es traditionellen Goldschmuck der Ureinwohner, der sich des präkolumbischen Motivs kleiner Statuetten bedient. Berühmt sind auch die Töpferwaren aus Guaitíl im Chorotega-Stil.

Darbietung eines traditionellen Tanzes in der Nähe von Cartago

Bis vor Kurzem spielte in der Kunst der bäuerliche Stil *campesino* eine große Rolle. Seinen einflussreichsten Ausdruck fand er in den 1920er Jahren in der Künstlergruppe der »Neuen Sinnlichkeit«. Die Bewegung, angeführt von Teodorico Quirós Alvarado (1897–1977), stellte stilisierte idyllische Landschaften mit Kopfsteinpflaster, Lehmziegelhäusern, Bauern und Ochsenkarren vor Vulkanen dar. Auf vielen Miniaturen findet man diesen Stil heute noch.

Eine Ausnahme von der langweiligen Kunst Mitte des 20. Jahrhunderts stellten die auch international anerkannten Arbeiten des Bildhauers Francisco Zúñiga (1912–1998) dar. Künstler wie Rodolfo Stanley und Jiménez Deredia belebten die Szene mit eindrucksvollen avantgardistischen Werken.

Das einzige literarische costa-ricanische Werk mit internationalem Ruhm ist Carlos Luis Fallas' Roman *Mamita Yunai* (1941), das vom harten Leben auf den Bananenplantagen erzählt. Die Costa Ricaner lieben jedoch Theaterbesuche. In San José und einigen anderen Städten gibt es zahlreiche Theater. Für das Orquesta Sinfónica Nacional im Teatro Nacional und beim jährlichen, weniger förmlichen International Festival of Music werfen sich die *josefinos* in Schale. Die Jüngeren tanzen lieber in Clubs und Bars zu lateinamerikanischen Rhythmen. In fast jeder Stadt gibt es eine Kapelle, die Volksmusik – z. B. auf der *marimba*, einer Art Xylofon – spielt. Hauptbegleitung zum *punto guanacasteco* ist die Gitarre. Der Nationaltanz wird von Männern und Frauen in traditionellen Kostümen aufgeführt.

SPORT

In puncto Sport liegt die Leidenschaft der Männer eindeutig beim Fußball. Bei Feierlichkeiten stehen Rodeos und *topes* (Pferdeparaden) im Vordergrund, während die Männer bei den *corridas de toros* (unblutigen Stierkämpfen) ihren Machismo unter Beweis stellen

Corrida de toros

können. Freizeitaktivitäten an der frischen Luft, z. B. Laufen und Radfahren, sind in Costa Rica besonders beliebt – angesichts der beeindruckenden Landschaft kein Wunder.

Fußball spielen in Heredia

Landschaft, Flora und Fauna

Einer der vielen Schmetterlinge

Nur wenige Länder der Erde können sich einer so artenreichen Flora und Fauna rühmen wie Costa Rica. Trotz seiner geringen Größe ist das Land die Heimat von fast fünf Prozent aller bis jetzt identifizierten lebenden Spezies, es hat sogar mehr Schmetterlingsarten als Afrika zu bieten. Dies liegt vor allem an den vielfältigen Klimazonen, die sich über Feuchtgebiete in der Ebene bis hin zu Berggipfeln erstrecken. Es haben sich zwölf verschiedene biologische Zonen entwickelt, jede ist auf ihre Art einzigartig.

Der kegelförmige Arenal ist der aktivste Vulkan Costa Ricas

REGENWALD IM TIEFLAND

Regenwälder *(siehe S. 22f)* finden sich in den Ebenen und tieferen Bergregionen der Karibikküste und der pazifischen Südwestküste. Die komplexen Ökosysteme bieten zahlreichen Tieren und Pflanzen des Landes eine Heimat: Im unteren Teil des Waldes leben Tapire und Jaguare, im oberen Vögel und Affen.

Faultiere *hängen ihr ganzes Leben lang an Ästen. Sowohl das Zweifinger- als auch das Dreifingerfaultier frisst nur Blätter. Die bewegungsarmen Tiere haben einen extrem langsamen Stoffwechsel.*

Rotaugen-Laubfrösche *findet man – wenn überhaupt – nur an den Unterseiten von Blättern.*

Blattschneiderameisen *düngen mit den eingespeichelten Blättern Pilze, deren Sporen sie fressen.*

GEBIRGSNEBELWALD

Über die Hälfte des Landes liegt mehr als 1000 Meter über dem Meeresspiegel. Ein Großteil des höheren Terrains ist von Nebelwäldern bedeckt *(siehe S. 129)*. Der Nebel dringt durch Baumkronen, tropft von Moosen und nährt Bromelien, Vögel sowie andere Pflanzen und Tiere.

Hämmerlinge *sieht man selten, hört man aber umso öfter: Sie haben eine kräftige, metallische Stimme. Das Männchen weist drei wurmähnliche Kehllappen auf.*

Klammeraffen *haben lange, dünne Gliedmaßen und einen Greifschwanz – ideal für das Leben in den Baumkronen.*

Kinkajous *(Wickelbären) sind nachtaktiv und mit dem Waschbär verwandt. Sie leben in Bäumen.*

KÜSTEN

Die Gesamtlänge der Küsten Costa Ricas beträgt über 1290 Kilometer. Am Pazifik herrschen Landzungen und geschwungene Buchten vor, die Karibikküste ist dagegen beinahe schnurgerade. Kleinere Korallenriffe säumen die Zentrale Pazifik- und die südliche Karibikküste. An vielen Stränden nisten verschiedene Spezies von Meeresschildkröten *(siehe S. 171)*.

Meeresschildkröten *legen jeweils etwa 100 Eier in Nester oberhalb des Flutlevels.*

Die Strände *leuchten in vielen Farben: Weiß, Gold, Braun und Schwarz. Die meisten werden von Wäldern gesäumt.*

Hammerhaie *schwimmen in großen Verbänden vor der Isla del Coco* (siehe S. 193).

TROCKENWALD

Einst bedeckten die Trockenwälder *(siehe S. 133)* einen Großteil von Guanacaste und Nicoya, heute machen sie nur noch 520 Quadratkilometer des ganzen Landes aus. Die Laub wechselnde Vegetation verliert ihre Blätter in der Trockenzeit, dann kann man die Tiere besser sehen. Naturschützer versuchen, dieses Ökosystem wiederzubeleben.

Fledermäuse *machen die Hälfte aller Säugetiere in Costa Rica aus. In den Trockenwäldern leben über 70 Spezies.*

Ameisenbären *öffnen Termitennester und Ameisenhügel mit ihren scharfen Krallen.* Tamanduas *leben in den Bäumen.*

Iguanas *sind durch die grüne Tarnfarbe geschützt. In der Paarungszeit färben sich die Männchen orange.*

FEUCHTGEBIETE

Zu den Feuchtgebieten gehören die Mangrovenhaine an den Küsten *(siehe S. 185)*, z. B. das Terraba-Sierpe-Delta im pazifischen Südwesten, und die Inlandlagunen wie der Caño Negro im Norden. Viele Lebensräume werden von Mai bis November überflutet. In der Trockenzeit (Dezember bis April) sammeln sich die Tiere an den Wasserstellen.

Mangroven *gedeihen in angeschwemmtem Flussschlamm und sind für viele Meerestiere und Vögel, u. a. für den Fregattvogel, lebenswichtig.*

Rosalöffler, *Silberreiher und viele andere Stelz- und Wasservögel bevölkern die Süßwasserreservoire.*

Krokodile *und Kaimane leben in den Süßwasserlagunen und Flüssen in der Ebene. Das amerikanische Krokodil kann fünf Meter lang werden.*

Ökosystem Regenwald

Costa Ricas Tiefland wird von tropischem Regenwald bedeckt, dessen Baumkronen ein wahres Meer an Grün bilden. Harthölzer wie Mahagoni und Kapok erreichen eine Höhe von 60 Metern und mehr. Ihr Gewicht ruht auf weitverzweigten Wurzeln. Die Wälder weisen vom Boden bis zu den Baumkronen deutliche Schichten auf, die jeweils ihr eigenes Mikroklima haben. Die meisten Spezies leben in den höheren Schichten. Tiere wie Kinkajous *(siehe S. 20)*, Faultiere oder Baumschlangen haben sich an das Leben in den Ästen angepasst, die sich unter der Last von Schlingpflanzen und Epiphyten biegen.

REGENWALDGEBIETE

- PN Carara *siehe S. 114*
- PN Corcovado *siehe S. 191*
- PN Tapantí-Macizo la Muerte *siehe S. 101*
- PN Tortuguero *siehe S. 167*
- RNVS Gandoca-Manzanillo *siehe S. 172f*

Bromelien *zieren die Zweige. Die Epiphyten haben ineinander verschachtelte Blätter, die an der Basis ein kleines Auffangbecken bilden. Was in das Becken fällt, dient den Pflanzen als Nahrung.*

Kletterpflanzen *ranken sich an den Baumstämmen empor und benutzen kleine »Enterhaken«, um zum Sonnenlicht zu gelangen.*

Stützwurzeln *haben sich entwickelt, um hochwachsende Bäume zu stabilisieren. Die dünnen Wurzeln erstrecken sich vom unteren Ende des Stamms in alle Richtungen. Die größten sind drei Meter hoch und fünf Meter vom Boden entfernt.*

Helikonien wachsen auf dem Waldboden im Übermaß und locken mit ihren roten, orangefarbenen und gelben Deckblättern Kolibris und Insekten an.

Wanderpalmen wandern auf ihren Stelzwurzeln wortwörtlich über den Waldboden.

Der Boden von Regenwäldern ist dünn, da Blätter schnell verrotten und die Nährstoffe rasch recycelt werden. Regen lockert den Boden zusätzlich auf.

Die größten Bäume *ragen über das Dach des Waldes hinaus und sind dem Wind ausgesetzt. Viele davon blühen in den prächtigsten Farben.*

Das oberste Dach bildet eine dichte Blätterschicht. Hier sind rund 80 Prozent der Regenwaldvegetation angesiedelt, ebenso die meisten Tiere.

Orchideen

Die Spezies *der niederen Schichten haben sich an das fehlende Sonnenlicht angepasst und werden bis zu 24 Meter hoch. In ihrem genetischen Code ist verankert, dass sie wachsen, wenn ein großer Baum stirbt.*

Der Waldboden ist nur spärlich bewachsen. Regenwasser braucht bis zu einer Stunde vom Dach des Waldes bis hierher.

TIERWELT

Im Regenwald leben viele der größten und gefährdetsten Säugetiere der Welt, z. B. Tapire, Pekaris und Jaguare. Die meisten sind gut getarnt und zwischen dem dunklen Laub und den hellen Sonnenflecken kaum erkennbar.

Totenkopfäffchen (titis) *sind Costa Ricas kleinste und gefährdetste Affen. Sie kommen nur an der südwestlichen Pazifikküste vor, leben in großen Gruppen und sind Allesfresser.*

Der Jaguar (tigre) *beansprucht ein großes Jagdrevier und gehört aufgrund von Wilderei und Lebensraumzerstörung auch zu den gefährdeten Arten (siehe S. 113).*

Grubenottern *sind für die lautlose Jagd im Unterholz gut ausgerüstet. Sie ernähren sich von kleinen Vögeln und Nagetieren.*

Tukane *erkennt man leicht an ihrem Schrei und den bunten Schnäbeln. Die überwiegend Früchte fressenden Vögel kommen in ganz Costa Rica vor.*

Die Harpyie, *das größte Mitglied der Adlerfamilie, kämpft in den Regenwäldern von Corcovado und Gandoca-Manzanillo ums Überleben.*

Ausflüge zum Dach des Regenwalds

Kein anderes Land der Welt hat so viele Ausflüge zum obersten Stockwerk des Regenwalds zu bieten wie Costa Rica. Die Touren führen auf eine Höhe von 30 Metern über dem Waldboden. Man geht auf »Hängepfaden« spazieren oder schwingt sich an einem Stahlseil von Plattform zu Plattform. Die Gondelbahnen sind die bequemere Alternative. Bei den faszinierenden Ausflügen lernt man viel über das Ökosystem Regenwald und kann verschiedene Arten – von Regen- bis Nebelwald – vergleichen. Bewegt man sich mit hoher Geschwindigkeit an einem Stahlseil hängend fort, treibt das zwar den Adrenalinspiegel in die Höhe – Tiere wird man allerdings kaum sehen. Leider greifen viele der Touren in das Ökosystem ein, da sie die Tiere verscheuchen.

Die Plattformen *befinden sich knapp unterhalb der Baumkronen und werden durch Äste gestützt. Einige Veranstalter bieten auch Übernachtungen auf den Plattformen an.*

In Seilbahnen *begeben sich Naturführer mit den Besuchern auf Erkundungstour. Auf der Fahrt mit den Rainforest Aerial Trams (in der Nähe von Jacó und dem Parque Nacional Braulio Carrillo) und der Arenal Rainforest Tram erfährt man viel über die Ökologie des Waldes.*

In allen Waldtypen Costa Ricas werden diese Ausflüge angeboten: vom Trockenwald bis zum Gebirgsnebelwald. Damit hat der Besucher die Möglichkeit, verschiedene Lebensräume kennenzulernen.

TERCIOPELO

Pfade *mit Lehrschildern gewähren einen Einblick in das Leben am Waldboden. So versteht der Besucher den Zusammenhang zwischen den verschiedenen Schichten des Regenwalds. Achtung: Die Pfade sind meist feucht, gutes Schuhwerk wird dringend empfohlen.*

Ausflüge per Stahlseil *führen von Baum zu Baum oder über Schluchten hinweg. Manchmal sind die Routen länger als zwei Kilometer. Geschwindigkeit erlangt man durch die Schwerkraft, Schutz bieten sichere Geschirre.*

Betontürme und Stahlseile folgen dem neuesten technologischen Standard, der gesetzlich vorgeschrieben ist.

DIE BESTEN TOUREN

- Bahía Culebra *siehe S. 136*
- Bahía Drake *siehe S. 190*
- Jacó *siehe S. 114*
- Laguna de Arenal *siehe S. 150f*
- Monteverde *siehe S. 124–127*
- Montezuma *siehe S. 112*
- PN Rincón de la Vieja *siehe S. 132*
- Rainforest Aerial Tram *siehe S. 159*
- Rainmaker Conservation Project *siehe S. 115*
- Tabacón *siehe S. 148*
- Termales del Bosque *siehe S. 154f*
- Veragua Rainforest Research & Adventure Park *siehe S. 170*

»Hängepfade«, *durch Stahlseile gesichert, bieten den besten Blick auf Flora und Fauna. Das Tempo und Zwischenstopps gibt man selbst vor. Bei vielen Touren sind mehrere Pfade miteinander verbunden.*

Besucherzentren gibt es bei manchen Touren ebenfalls, inklusive Restaurant, Ausstellungen und Souvenirladen.

Die Brücken *wurden ursprünglich zu Forschungszwecken errichtet. Hier braucht der Besucher starke Nerven: Einige der Konstruktionen wirken recht baufällig.*

REGENWALDDACH-FORSCHUNG

Der amerikanische Wissenschaftler Dr. Donald Perry leistete in den 1970er Jahren Pionierarbeit auf dem Gebiet der »Regenwalddach-Forschung«. Er entwickelte Seile, Flaschenzüge und spezielle Apparate, mit denen er sich in seiner Forschungsstation in der Nähe von Rara Avis fortbewegte. Schließlich erfand er auch eine Seilbahn, die wissbegierigen Besuchern das Privileg gewährte, an seiner Arbeit teilzuhaben.

Dr. Donald Perry im obersten Stockwerk des Rara-Avis-Walds

Vogelwelt

Papagei

Costa Rica ist ein Paradies für Vogellieb-haber. Es gibt über 850 Vogelarten, die rund zehn Prozent der weltweit bekannten Arten ausmachen – etwa doppelt so viel wie in den USA und Kanada zusammen. Nationalvogel ist zwar der lehmbraune *yigüirro* (Schlichtdrossel), viele andere Vögel weisen jedoch ein farbenprächtiges Federkleid auf. Tangaren, Säbelpipras und Trogons leben in den dichten Wäldern, wo sie trotz ihres grellen Gefieders kaum sichtbar sind. Stelzvögel wie Silberreiher, Ibisse und Löffelreiher sowie Geier und Raubvögel sieht man dagegen öfter.

Die Vogelbeobachtung *in Begleitung eines Naturführers ist sehr lohnenswert. Nicht vergessen: Fernglas und Stativ.*

Der grüne Ara *(lapa verde)* gehört zu den gefährdeten Arten und kommt nur noch im nördlichen Tiefland vor.

Trogons, *taubengroße Waldvögel, erkennt man an ihrem schwarz-weiß gestreiften Schwanz. Meist ist ihr Gefieder zweifarbig (blau-gelb oder grün-rot). Das schönste Mitglied der Trogon-Familie ist der prächtige Quetzal (siehe S. 179), ein schillernder, smaragdgrüner Vogel, der in der Maya-Kultur als heilig galt.*

Tukane *erkennt man leicht an ihren riesigen Schnäbeln. Sie kommen in Höhen von 610 Metern bis Meeresspiegelniveau vor. Der Fischertukan hat eine bananengelbe Brust, einen schwarzen Rumpf und einen Schnabel in allen Regenbogenfarben (siehe links). Einige Tukanarten haben ein bunteres Rumpfgefieder.*

PAPAGEIEN UND ARAS

Die geschwätzigen Tiere des Waldes reichen von kleinen, schnellen, kurz-schwänzigen Sittichen bis hin zu den Riesen im Reich der Papageien: den Aras *(siehe oben)*. Die meisten Papageien sind grün mit roten, weißen und/oder gelben Tupfern. Ihre Schnäbel sind gebogen, die Krallen scharf, um Früchte und Nüsse zu knacken. In Costa Rica gibt es 16 Papageien- und zwei Ara-Arten.

MEERESVÖGEL

An den Küsten Costa Ricas tummeln sich unzählige Meeresvögel, beispielsweise Austernfischer, Drosseluferläufer und Regenbrachvögel. In den Mangrovenhainen leben Blaureiher, Ibisse und Kormorane, mehrere Inseln vor der Küste stellen wichtige Brutplätze für Tölpel, Lachmöwen und Sturmschwalben dar.

Braune Pelikane *sind das ganze Jahr über an der Pazifik-küste heimisch. Man sieht sie beim Tauchen nach Fischen.*

Fregattvögel *nisten in Kolonien im küstennahen Strauchwerk. In der Paarungszeit blähen die Männchen ihre hellrote Brust auf, um die Weibchen zu beeindrucken.*

Kolibris *schlagen bis zu 100-mal in der Sekunde mit den Flügeln. Für den Betrachter sieht es so aus, als ob sie über den Blumen, deren Nektar sie saugen, fast zum Stillstand kommen. Trotz ihrer Winzigkeit verteidigen sie ihr Revier in erbitterten Kämpfen.*

Zugvögel *sammeln sich in den Feuchtgebieten des Landes, vor allem gegen Ende der Trockenzeit (Dezember bis April). Blauflügelenten, Moschusenten, Herbstpfeifgänse und andere Winterzugvögel kommen zu Zehntausenden in Costa Rica an.*

Aras treten oft paarweise auf. Die farbenprächtigen Vögel bieten beim Fliegen einen atemberaubenden Anblick.

Der rote Ara *(lapa roja)* hat tatsächlich ein blutrotes Gefieder, die Flügel sind gelb und blau. Ihn sieht man häufig in den Nationalparks Santa Rosa, Carara, Manuel Antonio und Corcovado.

Tangaren *sind kleine, lebhafte Waldbewohner. Die Sommertangare (siehe links) hat ein flammend rotes Gefieder. Mit ihren kurzen Flügeln kommt sie sehr flink voran. Rund 50 Prozent aller Tangarenarten sind in Costa Rica heimisch.*

Geier *trifft man überall im Land an. Costa Rica weist allein vier Arten dieses Aasfressers auf und darüber hinaus noch rund 50 weitere Raubvögel: Eulen, Fischadler, Lachfalken sowie die gefährdete Harpyie, die größte Adlerart der Welt.*

WASSERVÖGEL

Costa Rica ist Ziel zahlreicher Wasserzugvögel wie z. B. der Herbstpfeifgans, die zu bestimmten Zeiten in Palo Verde (siehe S. 130) und ähnlich überfluteten Regionen auftaucht. Zu den heimischen Vögeln gehören der Jabiru-Storch, der Rosalöffler und der Kormoran.

Das Gelbstirn-Blatthühnchen *kann mit seinen langen Zehen gut über Blätter laufen. Das Männchen zieht die Jungen auf.*

Die Tigerreiher *sind sehr elegante Wasservögel. In Costa Rica leben etwa 20 Reiherarten.*

Sonnenrallen *haben charakteristische Muster auf den Flügeln, um Feinde abzuwehren.*

Strände

D ie fast 1300 Kilometer lange Küste des Landes wird von Stränden in allen Farben gesäumt: von Zuckerweiß bis hin zu Grau- und Braunschattierungen. An der geraden Karibikküste sind die Strände kilometerlang, an der zerklüfteten Pazifikküste schieben sich immer wieder Felsformationen dazwischen. Meist grenzt der Strand direkt an einen Wald. Die Küstengewässer sind relativ dunkel, da die Flüsse Schlamm anschwemmen, Korallenriffe gibt es nur wenige. Manche Strände sind infrastrukturell weit entwickelt, dort finden sich Ferienorte und andere Annehmlichkeiten. Andere wiederum sind sehr isoliert und beinahe unentdeckt. An fast allen kann man gut schwimmen und surfen *(siehe S. 137).*

Die Playa Naranjo *wird von tropischem Trockenwald gesäumt und ist schwer zugänglich. Hier kann man viele Tiere sehen, z.B. Lederschildkröten oder – in den Mangroven in der Nähe – Kaimane und Krokodile* (siehe S. 137).

Playa Conchal, der »Muschelstrand«, ist berühmt für seine schneeweiße Farbe, die durch Milliarden winziger Muscheln zustande kommt. Das türkisfarbene Wasser ist außergewöhnlich klar *(siehe S. 136).*

Playa Flamingo *(siehe S. 136)*

Los Chiles

NORDEN

•Liberia

GUANACASTE UND NÖRDLICHES NICOYA

La Fortuna•

Ciudad Quesada• (San Carlos)

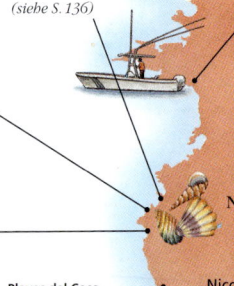

Playas del Coco *(siehe S. 136)*

Nicoya•

•Puntarenas

ZENTRALE PAZIFIKKÜSTE UND SÜDLICHES NICOYA

Die Playa Grande *ist Costa Ricas wichtigste Brutstätte für Lederschildkröten. Der lange, geschwungene Strand mit seinem grauen Sand zieht darüber hinaus jedes Jahr Hunderte von Surfern an* (siehe S. 136).

Die Playa Ostional ist einer von weltweit zwölf Stränden, an denen die gefährdeten Oliven Bastardschildkröten in Massen an Land kommen, um ihre Eier abzulegen *(siehe S. 140).*

Die Playa Jacó ist bei Surfern beliebt und mit ihren Hotels ein quirliger Ferienort *(siehe S. 114).*

Die Playa Montezuma ist zwar wunderschön – mit Kokospalmen und feinem, hellem Sand –, für Schwimmer jedoch gefährlich *(siehe S. 112).*

Die Playa Guiones *ist mehrere Kilometer lang und bei Ebbe extrem breit* (siehe S. 140). *In den letzten Jahren wurden hier* arribadas (siehe S. 141) *der Oliven Bastardschildkröte beobachtet.*

Die Playa Carrillo *ist beinahe unberührt, trotz der Hotels auf den Hügeln in der Nähe und der Flugzeugpiste. In einer Bucht im Süden versammeln sich die Fischerboote.*

Der Strand von Tortuguero *ist ein 37 Kilometer lang gestreckter grauer Sandstrand, der von einem Wald geschützt wird. Er ist die bevorzugte Eiablegestelle der Grünen Meeresschildkröte (Suppenschildkröte)* (siehe S. 167).

Die Strände von Cahuita *– die schwarze Playa Negra und die goldene Playa Blanca – werden von Regenwald gesäumt. Wald und Korallenriff der Playa Blanca gehören zum Parque Nacional Cahuita* (siehe S. 170).

Tortuguero

Puerto Viejo
de Sarapiquí

KARIBIKKÜSTE

An der Playa Cocles *treffen sich die Surfer. Zum Sonnenbaden ist sie ideal. Schwimmer sollten sich vor der Strömung in Acht nehmen.*

Alajuela
Heredia

Puerto
Limón

SAN Cartago
JOSÉ

**ZENTRALES
HOCHLAND**

0 Kilometer 25

Quepos

San Isidro
de El General

Playa Zancudo –
kilometerweit
grauer Sand und
tolle Brandung
(siehe S. 192).

SÜDEN

**Playa Manuel
Antonio**
(siehe S. 118)

Golfito

Puerto
Jiménez

Gandoca-Manzanillo *– in dem abgelegenen Gebiet mit grau-schwarzen Stränden, Sümpfen und Mangrovenhainen leben Krokodile, Seekühe und Vögel. Hier legen vier Meeresschildkrötenarten ihre Eier ab* (siehe S. 172).

Bahía Ballena ist eine unberührte Bucht mit einem 1,6 Kilometer langen grauen Sandstrand. Vor der Küste tummeln sich Delfine und Wale, am Korallenriff kann man wunderbar schnorcheln.

Geschichte des Kaffees

Kaffee aus Costa Rica

Costa Rica ist für seinen geschmacksintensiven Kaffee bekannt. Die Pflanze – *Coffea arabica* – stammt aus Äthiopien und kam 1779 ins Land. Ab den 1830er Jahren war das *grano de oro* (goldenes Korn) über ein Jahrhundert lang der Hauptexportartikel, mit dem die wunderschöne Gebäude finanziert wurden. Die Berge des Landes eignen sich ideal für die Kaffeepflanze, die es gern warm hat und Regen- und Trockenzeiten sowie fruchtbare, gut durchlüftete Abhänge braucht. Über 1100 Quadratkilometer, vorwiegend im Zentralen Hochland, sind der Kaffeeproduktion vorbehalten.

Führungen *auf den Plantagen und* beneficios *(Fabriken) gewähren Einblick in die Verarbeitung der Bohnen und bieten vielerorts auch die Möglichkeit zur Verkostung.*

KAFFEEPLANTAGEN

Die acht bis zwölf Monate alten Kaffeesetzlinge werden in langen Reihen unter schattigen Bäumen rechtwinklig zum Abhang gepflanzt, um Bodenerosion zu vermeiden. Sie brauchen präzise Mengen an Licht, Wasser und Dünger.

Kaffeesetzlinge vor dem Einpflanzen

Unkrautjäten auf einer Kaffeeplantage

Schattige Bäume lassen gerade genügend Sonnenlicht durch.

Eine Höhe zwischen 800 und 1500 Metern ist ideal für Kaffeeplantagen.

Der vulkanische Boden enthält die Nährstoffe, die der Kaffeestrauch braucht.

MÜHSAMER TRANSPORT

Vor dem Bau der Eisenbahn im späten 19. Jahrhundert wurden die Kaffeebohnen in Jutesäcke verpackt und auf *carretas* (Ochsenkarren) zum Hafen von Puntarenas transportiert. Die Berge von Costa Rica waren von wahren Konvois von Ochsenkarren bedeckt, voll beladen mit Kaffeesäcken. In Puntarenas verschiffte man sie in einer dreimonatigen Reise nach Europa.

Carreta **(Ochsenkarren) mit Kaffeesäcken**

VON DER FRUCHT ZUR KAFFEEBOHNE

Der Kaffeestrauch benötigt rund vier Jahre, um zu reifen und Früchte zu tragen. Mit den ersten Regenfällen Anfang Mai knospen kleine weiße Blüten, die wie Jasmin duften. Die anfangs grünen Früchte enthalten die Bohnen – jede Frucht zwei – und werden im Lauf der Reifung allmählich rot. Gut gepflegte Sträucher tragen etwa 40 Jahre lang *cerrezas* (»Kirschen«).

Die weißen Blüten des Strauchs

Grüne und rote Früchte

Die Ernte *beginnt meist im November. Früher strömten ganze Familien auf die Felder, um bei der Ernte zu helfen. Manchmal sieht man zwar auch noch Kinder beim Pflücken der Bohnen, der Großteil der Arbeitskräfte besteht heute aber aus Nicaraguanern und Ureinwohnern.*

Die roten Früchte werden von den Arbeitern handverlesen.

Handgefertigte Weidenkörbe dienen als Sammelbehälter.

Die Arbeiter *warten auf das Abwiegen der frisch geernteten Kaffeebohnen, die anschließend zu einem* beneficio *gebracht werden.*

Im *beneficio werden die Bohnen gereinigt. Das fleischige Äußere wird abgeschält und als Dünger wieder auf die Felder gegeben.*

Die feuchten Bohnen *werden getrocknet – entweder traditionell von der Sonne oder in Heißluftöfen.*

Die getrockneten Bohnen *werden von ihrer ledrigen Schale befreit und geröstet.*

VERPACKUNG

Die gerösteten Bohnen werden nach Qualität, Größe und Form sortiert. Bohnen in Exportqualität werden in Folie vakuumverpackt. Es gibt sie in den Sorten »helle Röstung«, »dunkle Röstung« »Espresso«, »entkoffeiniert« und »biologisch angebaut«. Auf den heimischen Markt kommen die unverpackten Bohnen als *café puro* (rein) oder *café tradicional* (mit zehn Prozent Zucker).

Für den Export bestimmter Kaffee

Geröstete Kaffeebohnen

Verschiedene Kaffeesorten

Gemahlener Kaffee

Kaffeetüten

Kaffeelikör

Costa Ricas Ureinwohner

Das Land war zu Kolumbus' Zeiten dünn besiedelt. Heute leben hier etwa 40 000 Ureinwohner, die nur rund ein Prozent der gesamten Bevölkerung ausmachen. Sie gehören sieben Hauptstämmen an: Chorotega, Boruca, Bribri, Cabécar, Guaymí, Guatuso/Maleku und Huetar. Sie leben am Rande der Gesellschaft in 22 abgelegenen Reservaten und ernähren sich von der Jagd und dem Ackerbau. Einige Stämme fertigen auch traditionelles Kunsthandwerk an. Ihre ursprüngliche Lebensweise wird beständig durch Missionierung bedroht. Zudem zieht die Regierung Abholzung und Bergbau den Interessen der Ureinwohner vor. Nur wenige Stämme sprechen noch ihre ursprüngliche Sprache, und noch wenigeren ist es gelungen, ihre Religion aufrechtzuerhalten.

Die Guatuso/Maleku
haben sich ihre Sprache und Sitten bewahrt. Sie bemalen gegerbten Stoff (mastate) *mit den Fingern.*

Die Bribri *zählen heute 10 000 Stammesangehörige, die daran glauben, dass ihr Gott Sibú das Universum erschuf. Sie heißen Besucher in der Reserva Indígena KeköLdi* (siehe S. 173) *willkommen, wo noch einige Bribri in traditionellen Hütten leben.*

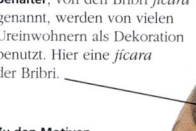

Geschnitzte und bemalte Behälter, von den Bribri *jícara* genannt, werden von vielen Ureinwohnern als Dekoration benutzt. Hier eine *jícara* der Bribri.

Zu den Motiven zählen Elemente aus der Natur. Ihre Namen sind in den traditionellen Sprachen und auf Spanisch in den Rand geschnitzt.

Hütte, bis zum Boden mit Reet gedeckt.

**Traditionelle Bribri-Hütte –
kegelförmig und ohne Fenster**

KUNSTHANDWERK

Viele der Kunsthandwerksobjekte der Ureinwohner haben einen Bezug zum Regenwald. Auch heute noch werden jahrhundertealte Techniken angewendet. Im Museo de Cultura Indígena *(siehe S. 155)* sind Kunsthandwerk, Kleidung, Musikinstrumente verschiedener Stämme und schamanische Totems ausgestellt.

LEGENDE

- ☐ Boruca
- ☐ Bribri
- ☐ Cabécar
- ☐ Guaymí
- ☐ Guatuso/Maleku
- ☐ Huetar

San Rafael de Guatuso
Guaitil
Nicoya
San José
Santiago de Puriscal
Bribri
San José Cabécar
Palmar Norte
Golfito

UREINWOHNER HEUTE

Mit Ausnahme der Chorotega, die sich im Nordwesten Costa Ricas mit anderen Völkern vermischt haben, beschränken sich die Stämme der Ureinwohner auf abgelegene Regionen der Talamanca-Berge und des pazifischen Südwestens. Sie leben in Reservaten, die ihnen von der National Commission for Indigenous Affairs (CONAI) zugewiesen wurden. Die Organisation unterstützt Schulwesen, medizinische Einrichtungen und Gemeindeentwicklung. Es fehlt ihr jedoch an Mitteln, und bislang war sie wenig erfolgreich darin, die Ureinwohner vor kommerzieller Ausbeutung zu schützen.

Die Chorotega *aus Guanacaste und dem Nördlichen Nicoya waren der größte Stamm der präkolumbischen Ära. Heute leben noch etwa 1000 reinrassige Chorotegas in matriarchalisch organisierten Familien. Sie sind sehr stolz auf ihre typischen Töpferwaren.*

Die Boruca *beanspruchen das Land ihrer Ahnen in den Hügeln westlich des Terraba-Tals. Berühmt sind ihre Masken aus Balsaholz (mascaras), die Tiere als übernatürliche Wesen darstellen und bei der Fiesta de los Diablitos (siehe S. 184) eine Rolle spielen.*

Chorotega-Steingut, *charakteristisch in Erdtönen gehalten, wird heute noch in Guaitíl (siehe S. 143) hergestellt.*

Das Muster entsteht durch Nadelstiche in die grüne Gurde. Das überschüssige Material um die Stiche herum wird abgekratzt. Im Laufe der Zeit wechselt die Farbe ins Dunkelbraune.

Die Huetar *in der Puriscal-Region feiern immer noch das alte Maisfest, haben sich in vielen anderen Aspekten jedoch an die moderne Gesellschaft angepasst.*

ULú (heilender Stock) der Schamanen

Die Cabécar *leben im Talamanca-Cabécar-Reservat (siehe S. 173). Ihr Stamm zählt heute etwa 5000 Angehörige. Schamanische Rituale sind nach wie vor ein wichtiger Teil der indianischen Kultur.*

Die Guaymí *haben sich ihre kulturelle Identität – z. B. durch die Sprache – in hohem Maße bewahrt. Die Frauen tragen immer noch die traditionelle Kleidung mit dreieckigen Mustern sowie collares (bunte Perlenketten).*

Guaymí-Maler *experimentieren mit Alltagsszenen, Bildern natürlicher Elemente und spirituellen Symbolen.*

Traditionelles Guaymí-Kleid

Das Jahr in Costa Rica

Hauptaspekt beim Planen einer Costa-Rica-Reise ist das Wetter. In der Trockenzeit (Dezember bis April) gibt es das beste Klima – und die meisten Besucher. Hochbetrieb herrscht an Weihnachten, Neujahr und Ostern. Dann feiert das Land seine buntesten Feste. Schulen und Büros sind geschlossen, und die Nation macht Ferien. Ende April und im Mai ist das Land dagegen weniger bevölkert. Das Fremdenverkehrsamt preist die Regenzeit (Mai bis November) als »grüne Saison« an.

Ticos in traditioneller Kleidung

Costa Rica ist dann weniger besucht und etwas preiswerter – für alle, die dem Regen trotzen, die ideale Reisezeit. Kirchen- und Volksfeste finden das ganze Jahr über statt, obgleich weniger farbenfroh und lebhaft als in Mexiko und Guatemala. *Topes* (Pferdeshows) und Rodeos sind fester Bestandteil des Veranstaltungskalenders in den Provinzen. Zu den Rodeos gehört oft ein Stierkampf – den muss man sich aber nicht ansehen. Feiern an der Karibikküste sind vom afrokaribischen Erbe beeinflusst.

Festwagen bei der Fiesta de la Luz, San José *(26. Dez)*

TROCKENZEIT

Die kühleren, trockeneren Monate eignen sich ideal für einen Strandurlaub, insbesondere in Guanacaste und dem Nördlichen Nicoya, wo es kaum regnet. Auf den Plätzen der Städte blühen die Palisander- und Flammenbäume. Die Küstengewässer im Süden sind am klarsten, hier lässt es sich ausgezeichnet tauchen. Die Laubbäume sind kahl und erlauben einen guten Blick auf die Tiere. Auch der Straßenzustand ist besser als in der Regenzeit. Dies ist die Hochsaison, das heißt, alles ist etwas teurer, die Hotels und die Autovermietungen sind oftmals überlastet.

DEZEMBER

Fiesta de los Negritos
(8. Dez), Boruca. Der Stamm der Boruca feiert seine Traditionen mit kostümiertem Tanz sowie Trommel- und Flötenmusik.

Fiesta de la Yegüita
(12. Dez), Nicoya. Das »Fest der kleinen Stute« erinnert an eine Legende der Chorotega und verbindet indianische mit katholischen Ritualen. Es gibt eine Prozession mit dem Bild der Virgen de Guadalupe, *corridas de toros* (Stierkämpfe), ein Feuerwerk und Konzerte *(siehe S. 142)*.

Los Posadas *(15. Dez)*.
Vor Weihnachten wandern abends Sänger von Haus zu Haus, sie werden mit Getränken und Stärkungen belohnt.

Tope Nacional de Caballos
(26. Dez), San José. Im berühmtesten *tope* Costa Ricas zeigen die besten Reiter des Landes ihre Fähigkeiten bei einer Parade mit über 3000 Pferden entlang dem Paseo Colón.

Fiesta de la Luz *(26. Dez)*,
San José. Das nächtliche »Lichterfest« wird mit einem Feuerwerk sowie mit Festwagen gefeiert, die mit bunten Weihnachtslichtern geschmückt sind. Der Umzug führt vom Parque Sabana über den Paseo Colón ins Zentrum der Stadt.

Carnaval Nacional
(27. Dez), San José. In Kostümen wird in den Straßen zu Live-Musik getanzt. Highlight ist ein Wettbewerb farbenfroher Festwagen.

Als Teufel verkleidete Teilnehmer der Fiesta de los Diablitos *(Dez)*

Carretas versammeln sich an der Día del Boyero, Escazú *(März)*

Fiesta de Zapote *(Ende Dez)*, Zapote. Die Bewohner von San José strömen in den Vorort, um Rummel, Feuerwerk, *topes* und Rodeos zu genießen.

Fiesta de los Diablitos *(31. Dez–2. Jan)*, Buenos Aires und Boruca. Als Teufel verkleidete Männer stürmen durch die Dörfer. Die Boruca stellen damit die Kämpfe ihrer Vorfahren gegen die Spanier dar *(siehe S. 184)*.

JANUAR

Fiesta de Palmares *(erste beiden Wochen im Jan)*, Palmares (bei Alajuela). Konzerte, Rodeos, ein Feuerwerk und Musik sind die Highlights dieses Festes. Es gibt auch einen Rummel und Sportveranstaltungen.

Fiesta Patronal de Santo Cristo *(Mitte Jan)*, Santa Cruz. Zweitägiges Fest zu Ehren des heiligen Cristo de Esquipulas mit Rodeos, Straßenfesten, Volkstänzen und einer Ochsenkarrenparade.

Festival de las Mulas *(Ende Jan)*, Playas Esterillos (bei Jacó). Mit Maultierrennen am Strand, Kunsthandwerksmarkt, *corridas de toros*, Musik und Tanz.

FEBRUAR

Expo Pérez Zeledón *(Anfang Feb)*, San Isidro de El General. Vieh- und Orchideenmarkt mit *topes*, Rodeo, Schönheitswettbewerben und einer Ausstellung landwirtschaftlicher Maschinen.

Good Neighbors Jazz Festival *(Mitte Feb)*, Manuel Antonio. Jazzbands treten in Hotels und an anderen Orten der Gegend auf.

Carnaval de Puntarenas *(letzte Woche im Feb)*. Festwagen, Straßenmärkte, Musik und Tanz beleben die Küstenstadt eine Woche lang.

MÄRZ

Día del Boyero *(2. So)*, San Antonio de Escazú. Eine Parade farbenprächtiger traditioneller Ochsenkarren zu Ehren des *boyero* (Ochsenkarrentreibers). Die Straßen sind voller Musik und Tanz.

International Festival of the Arts *(2. Woche)*, San José. Die Theater der Stadt bieten Live-Theater, Tanzaufführungen, Konzerte, Kunstausstellungen und Tagungen.

Semana Santa *(März oder Apr)*. Ostern ist das höchste Kirchenfest des Jahres. Es finden landesweit Prozessi-

onen statt, vor allem in Cartago und San Joaquín de Flores bei Heredia. Kostümierte Einwohner stellen die Kreuzigung Christi in Passionsspielen nach.

APRIL

Día de Juan Santamaría *(11. Apr)*, Alajuela. Marschkapellen, ein Schönheitswettbewerb und *topes* sind Teil der Feierlichkeiten zu Ehren des jungen Nationalhelden, der im Kampf gegen William Walker im Krieg von 1856 *(siehe S. 45)* getötet wurde.

Feria del Ganado *(Mitte Apr)*, Ciudad Quesada. Zum größten Viehmarkt des Landes gehören auch Pferdeshows und *corridas de toros*.

Feria de Orquídeas *(Ende Apr)*, San José. Dieses Orchideen-Festival im Museo Nacional stellt preisgekrönte Exemplare aus. Einige kann man auch kaufen.

Romería Virgen de la Candelaria *(3. So)*, Ujarrás. Eine Pilgerfahrt von Paraíso nach Ujarrás endet mit Spielen und Festen im Gedenken an ein Wunder, das die Jungfrau Maria bewirkt haben soll, um die Stadt Ujarrás vor einem Piratenüberfall im Jahr 1666 *(siehe S. 100)* zu retten.

Semana Universidad *(letzte Woche)*, San José. Der Campus der Universität von Costa Rica ist Schauplatz der einwöchigen kostenlosen Aktivitäten: Open-Air-Kunstausstellungen, Konzerte und die Krönung der Universitätskönigin.

Musiker des Sinfonieorchesters von San José bei einem Musikfestival

REGENZEIT

Mit Beginn der Regenfälle setzt die Nebensaison ein. In den Bergen kommt es häufig zu Erdrutschen, viele Straßen sind überflutet. Dennoch ist es am Morgen sonnig und der Regen am Nachmittag an den schwülen Tagen willkommen. Die Regenzeit ist ideal zum Surfen im Pazifik, die Oliven Bastardschildkröten beginnen mit den *arribadas (siehe S. 141)*. Auch das Sportfischen, vor allem im nördlichen Pazifik, ist jetzt sehr beliebt. Gegen Ende der Regenzeit blüht Costa Rica am üppigsten, die Flüsse eignen sich zum Wildwasser-Rafting. Im Oktober und November können an der pazifischen Südwestküste schwere Gewitter auftreten.

MAI

Día de los Trabajadores
(1. Mai). Die Gewerkschaften organisieren Märsche in den größeren Städten.
Fiesta Cívica *(Anfang Mai)*, Cañas. Bei *corridas de toros* und *topes* kommen Cowboys auf ihre Kosten. Straßenmärkte mit Volksmusik, Tanz und traditionellem Essen.
Día de San Isidro Labrador *(15. Mai)*, San Isidro de El General. Das große Fest zu Ehren des Schutzheiligen

Pilger an der Basílica de Nuestra Señora de los Ángeles, Cartago

der Bauern wird mit einer Ochsenkarrenparade und einer Landwirtschaftsmesse gefeiert.
Fronleichnam *(29. Mai)*, Pacayas und Cartago. Religiöse Prozessionen und Gottesdienste.

JUNI

Día de San Pedro y San Pablo *(29. Juni)*, San José. Religiöse Feier zu Ehren der Heiligen Peter und Paul.
Compañía de Lírica Nacional *(Mitte Juni–Mitte Aug)*, San José. Die National Lyric Opera Company präsentiert ein zweimonatiges Opernfestival im reich dekorierten Teatro Mélico Salazar *(siehe S. 58)* in San José.

JULI

Festival de la Virgen del Mar *(Mitte Juli)*, Puntarenas. Das »Meerfest« ehrt Carmen, die Heilige des Meeres, mit religiösen Prozessionen, einem Karneval, einem Feuerwerk und einer Bootsregatta.
Día de la Anexión de Guanacaste *(25. Juli)*. Die Annektierung Guanacastes durch Costa Rica im Jahr 1824 wird landesweit mit Musik und Volkstanz gefeiert. In Liberia und Santa Cruz finden Rodeos und Stierkämpfe statt.
Chorotega-Besuchermesse *(Ende Juli)*, Nicoya. Zur Feier der traditionellen Chorotega-Kultur gibt es Kunsthandwerksausstellungen, typisches Essen und Informationsveranstaltungen.
International Festival of Music *(Juli–Aug)*. Internationale Musiker führen an vielen Veranstaltungsorten v. a. klassische Musik auf.

AUGUST

Día de Nuestra Señora de la Virgen de los Ángeles *(2. Aug)*, Cartago. Die wichtigste religiöse Prozession des Landes ehrt die Nationalheilige La Negrita und zieht Gläubige aus allen Teilen des Landes an. Sie tragen Kreuze oder rutschen auf den Knien zur Basilika von Cartago *(siehe S. 94)*.

Recorrido de toros (Stierkampf) bei einer Fiesta im Parque Nacional Santa Rosa

Eine Parade in San José zur Feier der Unabhängigkeit *(Sep)*

Liberia-Blanca-Kulturwoche *(Anfang Aug)*, Liberia. Cowboys kommen in die Stadt, und die Einwohner feiern ihre lokalen Traditionen mit Musik, Tanz und Speisen.

Día de las Madres *(15. Aug)*. Am Muttertag lädt man die Mütter zum Mittag- oder Abendessen ein und überrascht sie mit einem Ständchen der Mariachis.

National Adventure Tourism Festival *(Ende Aug)*, Turrialba. Mountainbiken, Wildwasser-Rafting und Kajakfahren zählen zu den Highlights.

Día de San Ramón *(31. Aug)*, San Ramón (bei Alajuela). Prozession zu Ehren des lokalen Heiligen. Die *Tico*-Kultur wird mit Marimba-Musik, *topes* und regionalen Gerichten gefeiert.

Semana Afro-Costarricense *(Aug oder Sep)*, Puerto Limón und San José. Das einwöchige Festival feiert die afro-costa-ricanische Kultur. Es gibt Kunstausstellungen, Vorträge, Konzerte und einen Schönheitswettbewerb.

SEPTEMBER

Correo de la Candela de Independencia *(14. Sep)*. Läufer tragen eine Freiheitsfackel aus Guatemala von Stadt zu Stadt. In Cartago kommen sie um 18 Uhr an, und ganz Costa Rica singt die Nationalhymne. Abends tragen die Kinder dann selbst gebastelte Laternen in Umzügen durch das ganze Land.

Día de la Independencia *(15. Sep)*. Costa Rica wurde 1821 von Spanien unabhängig. Der Tag wird mit Straßenfesten, *topes* und Schulmarschkapellen gefeiert.

Orosi Colonial Tourist Fair *(Mitte Sep)*. Des kolonialen Erbes der Region wird mit kulturellen Veranstaltungen und Ausstellungen gedacht.

OKTOBER

Carnaval *(2. Woche)*, Puerto Limón. An der Küste feiern die *ticos* einen lebhaften, karibischen Mardi Gras mit Festwagen, Straßenmärkten, Live-Reggae und -Calypso sowie Schönheitswettbewerben *(siehe S. 165)*.

Día de las Culturas *(12. Okt)*. Der Tag, an dem Kolumbus Amerika entdeckte, wird vor allem in Puerto Limón mit kulturellen Veranstaltungen begangen.

Band beim berühmten karibischen Karneval in Puerto Limón

Fiesta del Maíz *(Mitte Okt)*, Upala (bei Caño Negro). Beim traditionellen »Maisfest« fertigen die Einheimischen Kleider aus Maishülsen und kochen Gerichte aus Mais.

Día del Sabanero *(18. Okt)*. *Topes* und andere Feierlichkeiten kennzeichnen den »Tag des Cowboys«. Am lebhaftesten geht es in Liberia und im Parque Nacional Santa Rosa zu.

NOVEMBER

Días de Todos Santos *(2. Nov)*. Allerseelen wird landesweit mit Prozessionen gefeiert. Man besucht die Gräber der Angehörigen und legt Blumen nieder.

La Ruta de los Conquistadores *(Mitte Nov)*. Einwöchige Mountainbike-Meisterschaft – eine der weltweit schwersten! – von Küste zu Küste entlang der Route der spanischen Eroberer.

Feria Agroecoturística *(Mitte Nov)*, Atenas (bei Alajuela). Holzfäll-Wettkampf, Traktor-/Reitausflüge und Orchideenausstellung, Reservat Escuela de Ganadería.

Fiesta de las Carretas *(Ende Nov)*, San José. Ochsenkarren fahren vom Parque Sabana am Paseo Colón entlang.

Klima

Der Großteil Costa Ricas wird von ausgeprägten Trocken- (Dezember bis April) und Regenzeiten (Mai bis November) bestimmt, von den Einwohnern *verano* (Sommer) und *invierno* (Winter) genannt. Es gibt jedoch Dutzende regionaler Mikroklimata: In San José und der *meseta central* (zentrale Hochebene) ist es das ganze Jahr über angenehm warm. In der östlichen Tiefebene wehen regenreiche karibische Winde, die südliche Pazifikküste hat häufige Niederschläge, im ausgedörrten Nordwesten liegen die Temperaturen in der Trockenzeit regelmäßig über 35 °C. In Bergregionen sind dagegen 0 °C keine Seltenheit. Die Sonne hat allerdings immer eine enorme Kraft. Sie geht gegen sechs Uhr auf und gegen 18 Uhr unter.

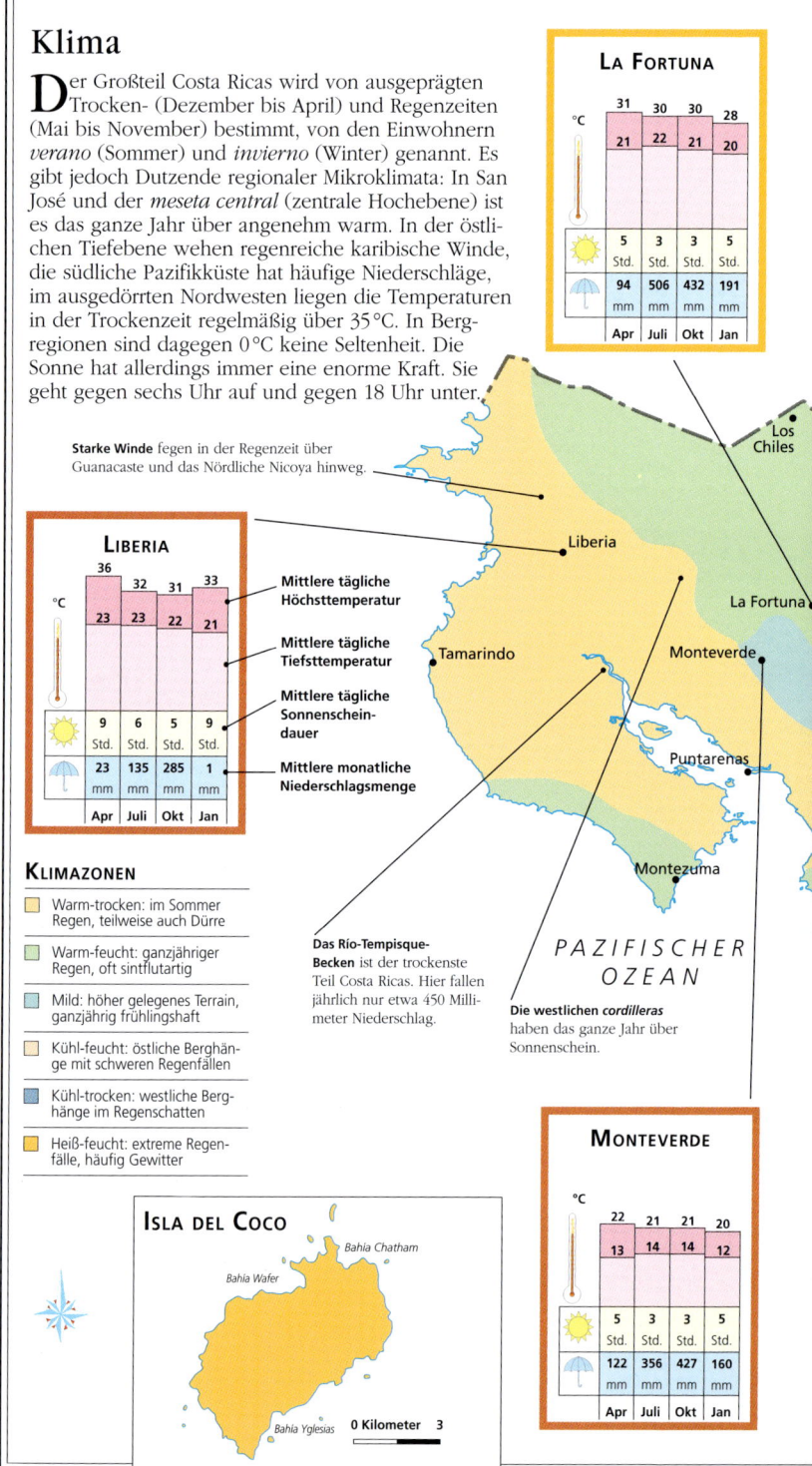

LA FORTUNA

°C				
	31	30	30	28
	21	22	21	20
☀	5 Std.	3 Std.	3 Std.	5 Std.
☂	94 mm	506 mm	432 mm	191 mm
	Apr	Juli	Okt	Jan

Starke Winde fegen in der Regenzeit über Guanacaste und das Nördliche Nicoya hinweg.

LIBERIA

°C				
	36	32	31	33
	23	23	22	21
☀	9 Std.	6 Std.	5 Std.	9 Std.
☂	23 mm	135 mm	285 mm	1 mm
	Apr	Juli	Okt	Jan

Mittlere tägliche Höchsttemperatur

Mittlere tägliche Tiefsttemperatur

Mittlere tägliche Sonnenscheindauer

Mittlere monatliche Niederschlagsmenge

KLIMAZONEN

☐ Warm-trocken: im Sommer Regen, teilweise auch Dürre

☐ Warm-feucht: ganzjähriger Regen, oft sintflutartig

☐ Mild: höher gelegenes Terrain, ganzjährig frühlingshaft

☐ Kühl-feucht: östliche Berghänge mit schweren Regenfällen

☐ Kühl-trocken: westliche Berghänge im Regenschatten

☐ Heiß-feucht: extreme Regenfälle, häufig Gewitter

Los Chiles

Liberia

La Fortuna

Tamarindo

Monteverde

Puntarenas

Montezuma

Das Río-Tempisque-Becken ist der trockenste Teil Costa Ricas. Hier fallen jährlich nur etwa 450 Millimeter Niederschlag.

PAZIFISCHER OZEAN

Die westlichen *cordilleras* haben das ganze Jahr über Sonnenschein.

ISLA DEL COCO

Bahía Chatham

Bahía Wafer

Bahía Yglesias

0 Kilometer 3

MONTEVERDE

°C				
	22	21	21	20
	13	14	14	12
☀	5 Std.	3 Std.	3 Std.	5 Std.
☂	122 mm	356 mm	427 mm	160 mm
	Apr	Juli	Okt	Jan

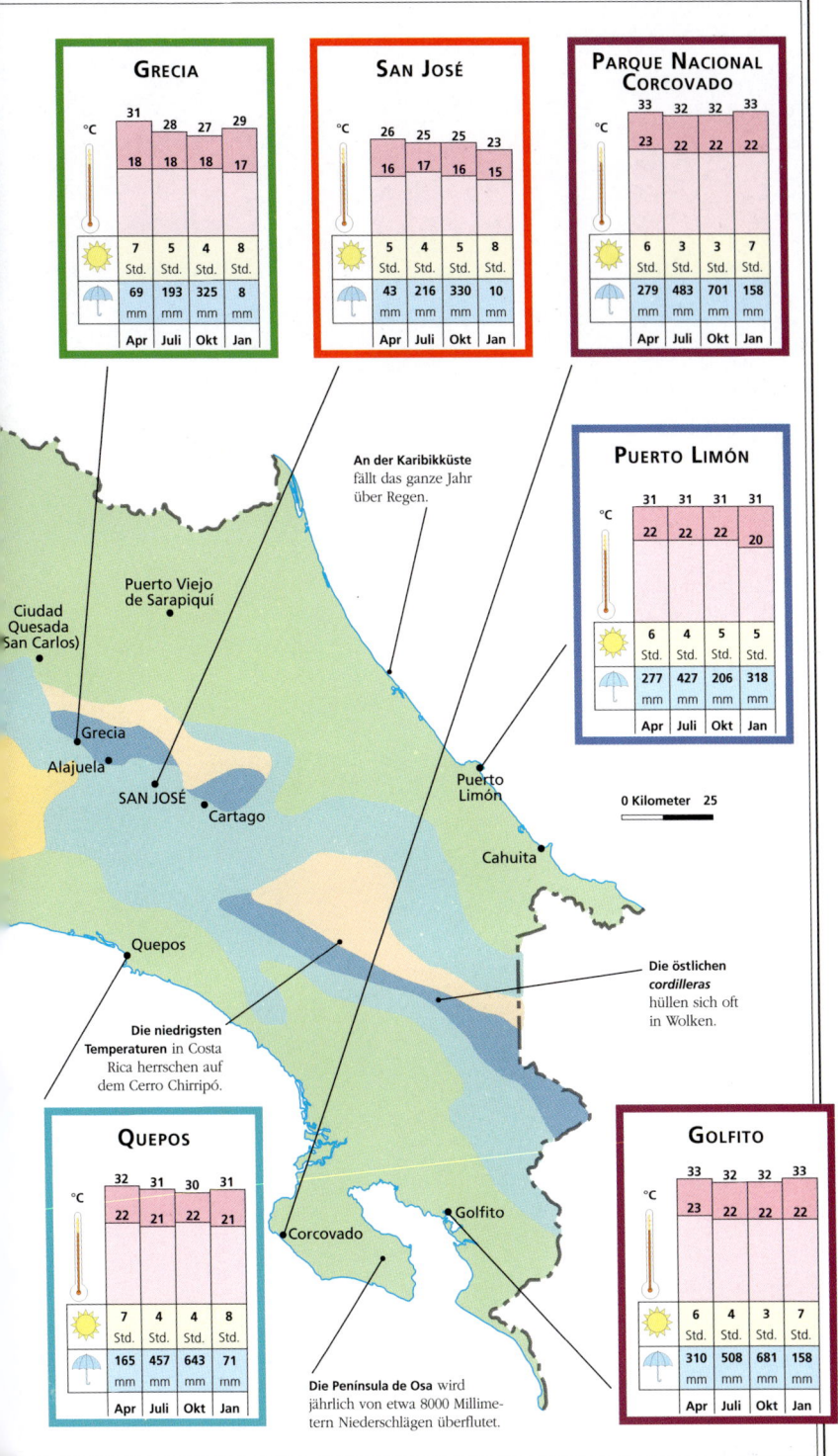

GRECIA

°C	31	28	27	29
	18	18	18	17
☀	7 Std.	5 Std.	4 Std.	8 Std.
☂	69 mm	193 mm	325 mm	8 mm
	Apr	Juli	Okt	Jan

SAN JOSÉ

°C	26	25	25	23
	16	17	16	15
☀	5 Std.	4 Std.	5 Std.	8 Std.
☂	43 mm	216 mm	330 mm	10 mm
	Apr	Juli	Okt	Jan

PARQUE NACIONAL CORCOVADO

°C	33	32	32	33
	23	22	22	22
☀	6 Std.	3 Std.	3 Std.	7 Std.
☂	279 mm	483 mm	701 mm	158 mm
	Apr	Juli	Okt	Jan

An der Karibikküste fällt das ganze Jahr über Regen.

PUERTO LIMÓN

°C	31	31	31	31
	22	22	22	20
☀	6 Std.	4 Std.	5 Std.	5 Std.
☂	277 mm	427 mm	206 mm	318 mm
	Apr	Juli	Okt	Jan

Puerto Viejo de Sarapiquí

Ciudad Quesada (San Carlos)

Grecia

Alajuela

SAN JOSÉ

Cartago

Puerto Limón

Cahuita

0 Kilometer 25

Quepos

Die östlichen *cordilleras* hüllen sich oft in Wolken.

Die niedrigsten Temperaturen in Costa Rica herrschen auf dem Cerro Chirripó.

QUEPOS

°C	32	31	30	31
	22	21	22	21
☀	7 Std.	4 Std.	4 Std.	8 Std.
☂	165 mm	457 mm	643 mm	71 mm
	Apr	Juli	Okt	Jan

Golfito

Corcovado

Die Península de Osa wird jährlich von etwa 8000 Millimetern Niederschlägen überflutet.

GOLFITO

°C	33	32	32	33
	23	22	22	22
☀	6 Std.	4 Std.	3 Std.	7 Std.
☂	310 mm	508 mm	681 mm	158 mm
	Apr	Juli	Okt	Jan

Die Geschichte Costa Ricas

Costa Rica ist von einer friedlichen Geschichte ohne den großen Zusammenstoß der präkolumbischen mit der spanischen Kultur geprägt, der so viele andere mittelamerikanische Staaten beeinflusste. Nach der Kolonialzeit etablierten sich in Costa Rica stabile demokratische Institutionen, die eine positive wirtschaftliche Entwicklung erlaubten. Die Erklärung der Neutralität 1948 wirkt sich noch heute auf die Identität des Landes aus.

Als Christoph Kolumbus 1502 Mittelamerika erreichte, war die Geschichte der Region bereits zehn Jahrtausende alt. Die Ureinwohner des dicht bewaldeten und zerklüfteten Terrains lebten recht isoliert von den fortgeschritteneren und bevölkerungsreicheren Kulturen, die sich nördlich und südlich des Landes angesiedelt hatten. Sie bestanden aus verschiedenen ethnischen Gruppen und diese wiederum aus Stämmen, denen *caciques* (Häuptlinge) vorstanden. Von diesen Völkern gibt es keine schriftlichen Zeugnisse.

Präkolumbischer Jäger

Die halbnomadischen Chibchas und Diquís, die die südlichen Pazifikküsten besetzten, waren Jäger und Fischer. Zudem waren sie exzellente Goldschmiede und fertigten Granitkugeln verschiedener Größen zu zeremoniellen Zwecken an. In den Hochtälern lebten die Coribicí, für den Eigenbedarf produzierende Landwirte und Meister des Wachsausschmelzverfahrens bei Goldornamenten. Sie betrieben Handel mit einigen Andenvölkern. Die Votos hatten sich im nördlichen Tiefland angesiedelt. Die Schamanen des matriarchalisch organisierten Stamms leiteten religiös begründete Fruchtbarkeitsriten. Die Chorotega des nordwestlichen Tieflands – sie betrieben Ackerbau – waren am fortschrittlichsten. Sie trieben Handel in ganz Mittelamerika, waren für ihren kunstvollen Jadeschmuck berühmt und verwendeten eine Schriftsprache sowie einen von den Maya übernommenen Kalender. Die meisten Stammesnamen erfanden die Spanier. Sie bezeichneten verschiedene *caciques*.

Kriege zwischen den Stämmen gab es oft. Man hielt sich Arbeitssklaven und Konkubinen und opferte Gefangene. Goldornamente zeigten den jeweiligen Status an. Hochstehende Stammesmitglieder wurden zusammen mit ihrem Hab und Gut beerdigt. Als Behausungen dienten den Ureinwohnern große, reetgedeckte Hütten. Außer den bescheidenen Siedlungen in Guayabo, an der Südseite des Volcán Turrialba, entdeckte man keinerlei aufwendige Bauten wie etwa Tempel.

ZEITSKALA

15 000 v. Chr.		500 v. Chr.	1 n. Chr.	500	1000
10 000–8000 v. Chr. Die ersten bekannten Einwohner besiedeln die Region	**800 v. Chr.** Guayabo entsteht an den Hängen des Volcán Turrialba	**400–1000** Das Volk der Diquís fertigt Granitkugeln zu zeremoniellen Zwecken			**1400** Guayabo wird unter rätselhaften Umständen aufgegeben
1000 v. Chr. Der Einfluss der Olmeken erstreckt sich von Mexiko aus nach Süden	**500 v. Chr.–800 n. Chr.** Jade wird zu Anhängern und Statuetten verarbeitet	**500** Allmählich ersetzt Gold Jade		**800** Die Chorotega siedeln sich auf der Halbinsel Nicoya an	

Granitkugeln

Jadeanhänger

◁ Detail eines Freskos von Diego Rivera (1886–1957), das die spanische Eroberung Mittelamerikas darstellt

SPANISCHE EROBERUNG

Auf seiner vierten Reise in die Neue Welt gelangte Kolumbus in das karibische Bahía de Cariari. Er verweilte 17 Tage in dem Land, das er *veragua* (Schimmel) nannte. Seine Beschreibung des Goldes, das die Häuptlinge trugen, wurde den Indianern später zum Verhängnis. Denn bald folgten die spanischen Eroberer auf der Suche nach Edelmetallen – hier fanden sie sie allerdings nicht.

Kolumbus und sein Sohn, Puerto Limón

Die Kolonisierung begann im Jahr 1506, als Ferdinand von Spanien Diego de Nicuesa schickte, um die Region zu besiedeln und zu regieren. Nicuesa brach vom nördlichen Panama aus auf, seine Expedition endete jedoch katastrophal: Seine Männer wurden zuhauf von tropischen Krankheiten und bei Überfällen durch Einheimische dahingerafft. Bei einer zweiten Expedition 1522 erreichte Gil González Dávila dann die Pazifikküste. Er »bekehrte« die Einwohner und nahm ihnen ihr Gold weg. Dávila taufte das Gebiet erstmals *la costa rica* – die reiche Küste. Unter dem sogenannten *Encomienda*-System, das die Spanier zum Heranziehen einheimischer Arbeitskräfte berechtigte, wurden viele Indianer versklavt. Villa Bruselas, nahe dem heutigen Puntarenas, war die erste dauerhafte spanische Siedlung in Costa Rica. Sie wurde 1524 von Francisco Fernández de Córdoba gegründet. Krankheiten und erbitterte Kämpfe gab es jedoch weiterhin. 1543 war die Eroberung abgeschlossen: Die Region unterstand dem Bezirk Guatemala, der sich von Yucatán bis Panama erstreckte, und ein Großteil des Tieflands war vermessen. Viele Einheimische mussten in den Gold- und Silberminen von Peru und Mexiko arbeiten. Tausende starben an Pocken, Masern und anderen eingeschleppten Krankheiten.

1559 gründete Juan de Cavallón die Siedlung Castillo de Garcimuñoz mit Spaniern, schwarzen Sklaven und Indianern aus Guatemala und Nicaragua. Der 1562 zum Gouverneur ernannte Juan Vásquez de Coronado erkundete das Zentrale Hochland und machte El Guarco (heute Cartago) zur Hauptstadt der Region. In den folgenden 250 Jahren wurde Costa Rica als spanische Kolonie vernachlässigt.

ÄRA DER EIGENSTÄNDIGKEIT

Am Ende des 17. Jahrhunderts war das ohnehin geringe Goldvorkommen nach Spanien verschifft, das Land blieb ohne Handelsgrundlage zurück. Die Besiedlung konzentrierte

Spanische Conquistadores eignen sich das Gold an – Kupferstich von Theodor de Bry (1528–1598)

Juan Vásquez de Coronado

sich auf das zentrale Tal des Hochlands. Hier waren die von der Krone vergessenen spanischen Eroberer gezwungen, das Land selbst zu bearbeiten. Infolgedessen entwickelte sich die Landwirtschaft nur gering, die Ernte reichte kaum aus, um die Bauern zu ernähren. Da die *mestizos* (Menschen spanisch-indianischer Herkunft) nur einen relativ kleinen

Stich der Hacienda Santa Rosa, Guanacaste (19. Jh.)

Anteil an der Bevölkerung hatten und die Mehrzahl der Einwohner Spanier waren, konnte sich in Costa Rica – im Gegensatz zu den starren feudalen Systemen der Nachbarländer – eine egalitäre Gesellschaft unabhängiger, aber armer Bauern herausbilden.

Die nordwestlichen Gebiete von Nicoya und Guanacaste an der Pazifikküste waren Ausnahmen. Hier errichteten die spanischen Landbesitzer große Viehhöfe und verlangten von den Indianern und *mestizos* mittels der *Encomienda*- und *Repartimiento*-Systeme harte Arbeit und hohe Abgaben. Die dicht bewaldete Karibikküste war hingegen Teil der spanischen Hauptkolonie und das Reich von Piraten und Schmugglern, die in Puerto Limón mit kostbaren Harthölzern wie Kakao und Mahagoni handelten. Der kleine Hafen wurde 1665 von den Spaniern geschlossen, um das Schmuggeln zu unterbinden. Im ganzen 17. Jahrhundert wurden die Bin-

Pirat, 17. Jahrhundert

nenlandsiedlungen von englischen Seeräubern wie Henry Morgan und autonomen Banden von Miskitos (ehemalige Sklaven indianisch-afrikanischer Herkunft) regelmäßig heimgesucht.

Im 18. Jahrhundert brachte der Export von Tabak und Leder nach Europa ersten Wohlstand. Einfache Städte mit Lehmziegelhäusern entstanden: Heredia (1706), San José (1737) und Alajuela (1782). Es kamen immer mehr europäische Einwanderer. In den 1740er Jahren machte die steigende Nachfrage nach Arbeitskräften die Zwangsumsiedlung der Ureinwohner erforderlich, die bisher der Versklavung entkommen waren und sich in den Talamanca-Bergen niedergelassen hatten. Alles in allem war das abgelegene Costa Rica im 18. Jahrhundert aber nicht so stark von der strengen Kontrolle der Kolonialmacht Spanien und dem daraufhin erbitterten Freiheitskampf betroffen wie der Rest Mittelamerikas.

1675	1700	1725	1750	1775	1800

1723 Der Volcán Irazú bricht aus und zerstört Cartago

1747 Talamanca-Indianer zwangsweise im Hochland angesiedelt

1808 Aus Jamaika wird der Kaffee eingeführt

1706 Heredia wird gegründet

1737 Villanueva de la Boca del Monte, das spätere San José, wird gegründet

1782 Gründung von Alajuela

Kaffeebohnen

ENTSTEHUNG
DER REPUBLIK

Die Nachricht, dass Spanien den mittelamerikanischen Nationen am 15. September 1821 die Unabhängigkeit gewährte, erreichte Costa Rica einen Monat später. Das Land war nun zwischen den vier führenden Städten gespalten: Die progressiven Bürger von San José und Alajuela forderten die völlige Unabhängigkeit, während die konservativen Führer von Cartago und Heredia es vorzogen, sich dem neu gegründeten mexikanischen Kaiserreich anzuschließen. Zwar trafen sich die Räte der vier Städte, um eine Verfassung, den Pacto de Concordia, zu entwerfen, dennoch entluden sich die Unstimmigkeiten in einem kurzen Bürgerkrieg, den die Progressiven gewannen. Costa Rica wurde souveräner Staat der kurzlebigen Konföderation Zentralamerikas, die der guatemaltekische General Francisco Morazán gründete. Gemäß dem »Wandergesetz« *(ley de ambulancia)* sollte alle vier Jahre eine andere der vier Städte Hauptstadt sein.

Costa Ricas Unabhängigkeit ging mit einem Boom in der Kaffeeproduktion und dem Entstehen einer wohlhabenden Mittelklasse einher, die sich der Bildung und einer liberalen Demokratie widmete. 1824 wurde Juan Mora Fernández zum ersten Staatsoberhaupt gewählt. 1835 kam Braulio Carrillo an die Macht, der eine zentralisierte Verwaltung in San José und Kaffee-

General Francisco Morazán

produktion in großem Stil befürwortete. Der Aufstieg San Josés rief Ablehnung hervor, die im »Krieg des Bündnisses« *(Guerra de la Liga)* im September 1837 gipfelte, als San José von den anderen drei Städten angegriffen wurde, diese aber schlagen konnte.

1838 erklärte Carrillo den Austritt Costa Ricas aus der Konföderation, wurde jedoch von Morazán im Dienste der Kaffeeoligarchie seines Amtes enthoben. Morazán selbst wurde 1842 hingerichtet – er hatte versucht, Costa Rica zur Konföderation zu zwingen.

ZEITALTER DES KAFFEES

Die Kleinbauern Costa Ricas profitierten enorm davon, dass die Europäer auf den Geschmack von Kaffee gekommen waren. Tausende Hektar wurden bepflanzt, mit den Exporteinnahmen des *grano de oro* (goldenes Korn) finanzierte man den Bau wunderschöner Gebäude in San José. Der ökonomische Wohlstand ging jedoch mit einer Periode der Gewalt einher:

Arbeiter aus Costa Rica pflücken reife Kaffeefrüchte, Holzschnitt, 1880

ZEITSKALA

1821 Die Staaten Mittelamerikas werden unabhängig

1830er Jahre Kaffeeboom

1835–37 *Ley de ambulancia* regelt die Frage der Hauptstadt
1837 San José wird ständige Hauptstadt

1856 William Walker marschiert in Costa Rica ein

Präsident Juan Rafael Mora (1814–1860)

1820	1830	1840	1850	1860	1870

1824 Guanacaste spaltet sich von Nicaragua ab, um Costa Rica beizutreten

1823 Konföderation Zentralamerikas wird ausgerufen. Bürgerkrieg

1838 Costa Rica tritt aus der Konföderation aus, erklärt seine Unabhängigkeit

1849 Juan Rafael Mora kommt durch *cafetaleros* an die Macht; politische Dominanz der Kaffeebarone

1869 General Tomás Guardia etabliert das kostenfreie Pflichtschulsystem

1856 marschierte William Walker, ein Abenteurer aus Tennessee, in Guanacaste ein. Er wurde von der Armee des Präsidenten Juan Rafael Mora zurückgedrängt. Die ehrgeizigen Generale sollten sich von da an jedoch in ihrer Eigenschaft als *cafetaleros* (Kaffeebarone) beständig in die Politik einmischen. Der berühmteste war General Tomás Guardia, der 1870 an die Macht kam. Er profilierte sich als progressiver Reformer, der den Bau der Atlantischen Eisenbahn förderte, die das Hochland mit Puerto Limón verband. Die anspruchsvolle Aufgabe wurde dem in New York geborenen Unternehmer Minor Cooper Keith (1848–1929) übertragen. Als Bezahlung erhielt er u. a. ein 8050 Quadratkilometer großes Stück Land in der karibischen

Basrelief im Museo de Arte Costarricense, San José

Tiefebene zur Pacht, auf dem er eine Bananenplantage errichtete, aus der schließlich die einflussreiche United Fruit Company hervorging.

Gegen Ende des 19. Jahrhunderts war Costa Rica ein moderner Staat, den seine Bürger aktiv mitgestalteten. Als Bernardo Soto 1889 die Präsidentschaftswahlen verlor, sich aber weigerte zurückzutreten, zwangen ihn Straßendemonstrationen zur Aufgabe. In ähnlicher Weise stürzten Studenten und Frauen den Kriegsminister Federico Tinoco Granados, der 1917 einen Staatsstreich plante. Die folgenden Jahre waren von Arbeiterunruhen und gesellschaftlichen Problemen belastet, die Kluft zwischen der wohlhabenden Elite und der verarmten Arbeiterklasse wurde immer größer. Präsident Rafael Angel Calderón setzte in seiner Amtszeit (1940–44) zwar einige Reformen durch, die Spannungen in der polarisierten Gesellschaft traten jedoch immer deutlicher zutage. Gemeinsam mit der katholischen Kirche und der Kommunistischen Partei schloss die Regierung Calderón einen Pakt gegen die Nazis, hatte auf der anderen Seite jedoch gegen die Intellektuellen und die ländliche Elite Costa Ricas zu kämpfen.

WILLIAM WALKER

Als der in Nashville geborene Walker 1860 hingerichtet wurde, war er erst 36 Jahre alt. Der Arzt wollte die Sklaverei über ganz Amerika ausdehnen. 1855 stellte er eine Söldnertruppe auf, mit der er unter dem Schutz von Präsident James Buchanan in Nicaragua einmarschierte, um eine US-freundliche Regierung aufzubauen. Alsbald ließ er sich selbst zum Präsidenten ausrufen und griff Costa Rica an – erfolglos. Walker floh nach New York, kehrte 1857 aber nach Mittelamerika zurück. Nach kurzer Inhaftierung wurde er von einem honduranischen Erschießungskommando hingerichtet.

William Walker (1824–1860)

1880	1890	1900	1910	1920	1930	1940

1890 Atlantische Eisenbahn wird fertiggestellt

Atlantische Eisenbahn

1917 Federico Tinoco Granados ergreift die Macht

1925 Sigatoka verwüstet Bananenplantagen

1940–44 Calderón führt soziale Reformen durch und gründet Universität von Costa Rica

1889 Entwurf einer liberalen Verfassung

1897 Mit einer Kaffeesteuer wird das Teatro Nacional in San José finanziert

1930er Jahre United Fruit Company übt politischen und wirtschaftlichen Einfluss aus

1934 Arbeitergewerkschaften erlaubt

1942 Deutsches U-Boot versenkt am 2. Juli ein costa-ricanisches Frachtschiff und löst Aufstände aus

BÜRGERKRIEG VON **1948**

1944 folgte Teodoro Picado seinem Parteimitstreiter Calderón nach als Präsident nach. Calderón ließ sich vier Jahre später erneut aufstellen, wurde jedoch vom Journalisten Otilio Ulate Blanco geschlagen. Calderón protestierte, Unbekannte steckten das Gebäude, in dem die Wahlzettel untergebracht waren, in Brand. Der Calderón-freundliche Kongress annullierte die Wahl, Ulate wurde verhaftet. Diese kritische Situation ebnete den Weg für José »Don Pepe« Figueres, einen radikalen Sozialisten mit utopischen Idealen. Am 11. März 1948 rief er den nationalen Befreiungskrieg

Präsident José Figueres führt die Parade der siegreichen Bürgertruppen an, San José, 1949

aus, um die Politik zu bereinigen. Die schlecht ausgebildeten Regierungstruppen waren Figueres' hoch motivierten Männern nicht gewachsen: Nach 44 Tagen, in denen 2000 Menschen starben, war die Regierung geschlagen.

Figueres zog am 29. März in San José ein und rief die »Zweite Republik« aus. Er verstaatlichte das Bankenwesen und führte soziale Reformen durch. 1949 forcierte er eine neue Verfassung, welche die Armee vereinheitlichte, die Neutralität des Landes erklärte und der afrokaribischen Bevölkerung das Wahlrecht gab. Auf der anderen Seite ließ er politische Gegner wie z. B. Kommunisten hinrichten, um seine Position zu festigen. Nach 18 Monaten als Interimspräsident gab Figueres die Macht an Ulate ab.

JAHRE DES WOHLSTANDS UND DES TERRORS

Die 1950er bis 1970er Jahre waren eine Zeit des sich aus-

Revolutions-soldat

weitenden Wohlstands und der raschen Ausdehnung des Wohlfahrtsstaats. Die Stabilität des Landes wurde jedoch massiv durch die Entwicklungen in Nicaragua bedroht. Dort wurde am 19. Juli 1979 das Somoza-Regime von linksgerichteten Sandinisten gestürzt. Die Contras, der rechte Flügel der Somoza-Sympathisanten, stationierten sich heimlich in Costa Rica, unterstützt von der CIA. Dies machte die Nordgrenze des Landes zum Kriegsgebiet. Zudem schwächten Kaffee- und Bananenmissernten sowie Kapitaltransfers das Land wirtschaftlich. Die Reagan-Regierung setzte Präsident Luis Alberto Monge unter Druck: Wirtschaftliche Hilfe sollte das Land nur erhalten, wenn es den rechtsgerichteten paramilitärischen Aktivitäten Vorschub leistete. Costa Ricas Neutralität war ernsthaft in Gefahr.

1986 wurde Oscar Arias Sánchez (geb. 1940), ein Prote-

ZEITSKALA

1948 Ausrufung der »Zweiten Republik«

1949 Neue Verfassung; Figueres übergibt später seine Macht an den Gewinner der Wahl von 1948

1963 Während eines Besuchs des US-Präsidenten John F. Kennedy bricht der Volcán Irazú aus

1945	1950	1955	1960	1965	1970	1975

1948 Figueres löst nationalen Befreiungskrieg aus

1950er Jahre Panamerikanischer Highway *(Carretera Panamericana)* verbindet Nicaragua mit Panama

1955 Nicaragua fällt in Costa Rica ein, wird jedoch bei Santa Rosa zurückgedrängt

Emblem der Sozialhilfe

1970er Jahre Einführung der Sozialhilfe

gé Figueres', zum Präsidenten gewählt. Der recht junge politische Führer protestierte gegen die US-unterstützten Contras und handelte eine friedliche Lösung regionaler Konflikte aus. Infolgedessen unterschrieben im August 1987 die Führer fünf mittelamerikanischer Nationen einen Vertrag, der freie Wahlen und Gewaltverzicht zum Gegenstand hatte. Arias bekam für seine Bemühungen als Ver-

Fußgänger auf der Avenida 2, San José

mittler den Friedensnobelpreis. Ihm folgte 1990 Rafael Angel Calderón, der Sohn des großen Reformators, als konservativer Präsident. Er führte seinerseits Reformen ein, die Costa Ricas internationale Verschuldung mildern sollten. Strenge Sparmaßnahmen hal-

fen der Wirtschaft des Landes teilweise. Ironischerweise wurde Calderón 1994 von José María Figueres, dem Sohn des politischen »Erzfeindes« seines Vaters, abgelöst.

ÄRA DES UMWELTSCHUTZES

Seit den 1980er Jahren erlebte Costa Rica einen Tourismusboom. Die Regierung sah sich zwar dem Schutz der Umwelt verpflichtet, aber Wirtschaftsskandale, regierungsfeindliche Demonstrationen und zahlreiche Naturkatastrophen unter den Präsidenten José María Figueres (1994–98), Miguel Angel Rodríguez (1998–2002) und Abel Pacheco de la Espriella (2002–06) erschwerten diese Bemühungen. 2004 wurden Rafael Angel Calderón und Miguel Angel Rodríguez wegen Korruption angeklagt. (Im Oktober 2009 wurde Calderón zu fünf Jahren Gefängnis verurteilt.) Währenddessen musste José María Figueres 2004 das Amt des Vorsitzenden des Weltwirtschaftsforums wegen Bestechung niederlegen. Trotzdem hat nichts davon die Entwicklung des Ökotourismus auf Costa Rica verhindert, und so wurde das Land zu einem beliebten Ziel für Abenteuerreisende. Oscar Arias Sánchez wurde 2006 der erste Ex-Präsident, der ein zweites Mal gewählt wurde. Seit dem 8. Mai 2010 ist Laura Chinchilla Miranda von der sozialdemokratischen Partei der Nationalen Befreiung (PLN) Staatspräsidentin des Landes und erste Frau im höchsten Staatsamt Costa Ricas.

JOSÉ »DON PEPE« FIGUERES

»Don Pepe« (1906–1990)

Figueres wurde am 25. September 1906 als Sohn katalanischer Einwanderer geboren. Er war Autodidakt, studierte in den USA und kam mit utopischen Idealen nach Costa Rica zurück. Nach den Aufständen gegen die Deutschen (1942) prangerte »Don Pepe« die Regierung Calderón in einer Radioansprache an, worauf er verhaftet und nach Mexiko ins Exil geschickt wurde. Bei seiner Rückkehr 1944 schuf er das Guerilla-Trainingslager »La Lucha Sin Fin« (Endloser Kampf) und führte die Nation in einen Befreiungskrieg. Er gründete die Partido de Liberación Nacional und wurde zweimal zum Präsidenten gewählt (1953–57 und 1970–74). Er starb am 8. Juni 1990.

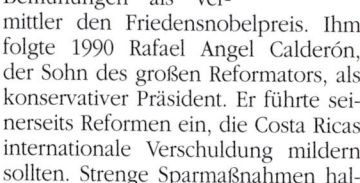

1980er Jahre Die Contras in Costa Rica lösen Unruhen aus O. Arias Sánchez	1991 Erdbeben verursacht am 22. April Schäden 1994 Die Banco Anglo Costarricense meldet Bankrott an	2003 Oberster Gerichtshof genehmigt Wiederwahl von Ex-Präsidenten	2009 Ein schweres Erdbeben verwüstet das Poás-Gebiet

1980	1985	1990	1995	2000	2005	2010

1987 Arias bekommt Friedensnobelpreis 1981 Costa Rica kann internationale Schulden nicht zurückzahlen	1990er Jahre Einwanderungsboom belastet soziales System. Drogenkriminalität wächst. Costa Rica ist weltweit führend beim sanften Tourismus	2000 Versuch der Privatisierung von Strom und Telekommunikation löst Unruhen aus	2007 Costa Rica tritt der Zentralamerikanischen Freihandelszone bei (CAFTA)

DIE REGIONEN
COSTA RICAS

Costa Rica im Überblick

Costa Rica quillt geradezu über vor Naturwundern: In dem unglaublich vielfältigen Land gibt es üppige Regen- und Nebelwälder mit einer Vielzahl farbenprächtiger Tiere, zerklüftete Berge, rauchende Vulkane und Strände, die in den Farben Gold, Braungrau und Schwarz schimmern. Im Freien kann man vielerlei unternehmen, vom Ausflug auf das Dach des Regenwalds über Schildkrötenbeobachtung bis hin zu Tauchen und Rafting. Am besten konzentriert man sich auf die Nationalparks, die Städte haben kaum Sehenswürdigkeiten zu bieten. In diesem Buch ist Costa Rica in sieben – farblich codierte – Regionen gegliedert.

Parque Nacional Santa Rosa *(siehe S. 134f)*

NORDEN
Seiten 144 - 159

GUANACASTE UND NÖRDLICHES NICOYA
Seiten 120 - 143

Im Parque Nacional Volcán Arenal (siehe S. 149) *befindet sich Costa Ricas aktivster Vulkan. Vor dieser Kulisse lässt es sich wunderbar wandern, reiten und in heißen Quellen baden.*

ZENTRALE PAZIFIKKÜSTE UND SÜDLICHES NICOYA
Seiten 106 - 119

0 Kilometer   50

Monteverde (siehe S. 124–127) *ist für seine Nebelwaldreservate berühmt. Vogelliebhaber erhaschen vielleicht sogar einen Blick auf den prächtigen Quetzal.*

ISLA DEL COCO   0 km   2

Isla del Coco (siehe S. 193) *liegt etwas abseits vor der Südwestküste des Landes. Hammer- und Walhaie ziehen Sporttaucher an.*

◁ **Farm in einem Tal der Provinz Alajuela im Zentralen Hochland**

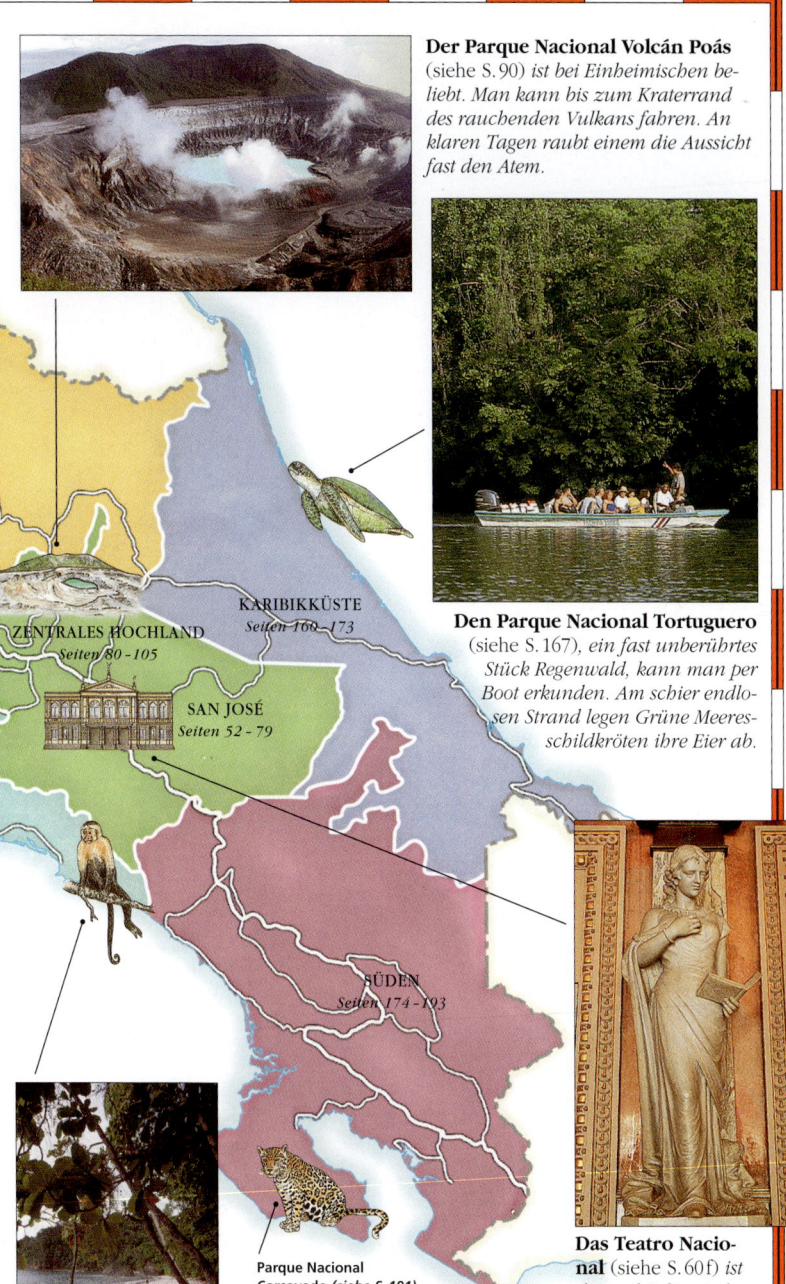

Der Parque Nacional Volcán Poás
(siehe S. 90) *ist bei Einheimischen be-*
liebt. Man kann bis zum Kraterrand
des rauchenden Vulkans fahren. An
klaren Tagen raubt einem die Aussicht
fast den Atem.

KARIBIKKÜSTE
Seiten 160–173

ZENTRALES HOCHLAND
Seiten 80 - 105

SAN JOSÉ
Seiten 52 - 79

Den Parque Nacional Tortuguero
(siehe S. 167), *ein fast unberührtes*
Stück Regenwald, kann man per
Boot erkunden. Am schier endlo-
sen Strand legen Grüne Meeres-
schildkröten ihre Eier ab.

SÜDEN
Seiten 174 - 193

Parque Nacional
Corcovado *(siehe S. 191)*

Das Teatro Nacio-
nal (siehe S. 60 f) *ist*
die architektonische
Hauptattraktion San
Josés. Zu den weite-
ren Highlights gehö-
ren Museen zur
präkolumbischen
Kultur.

Der Parque Nacional Manuel
Antonio (siehe S. 118 f) *bietet*
Korallenriffe, weiße Sandstrände,
gut ausgebaute Wanderwege und
üppige Wälder voller Tiere.

SAN JOSÉ

Die Hauptstadt Costa Ricas hat nicht nur eine idyllische Lage, sondern auch ein beneidenswertes Klima. Zusätzliche Attraktionen sind das großartige Teatro Nacional sowie Museen von Weltrang. Im Herzen des Landes gelegen, ist die Stadt idealer Ausgangspunkt für Erkundungstouren. Für viele Besucher ist San José der erste Zwischenstopp und bietet einen Vorgeschmack auf die faszinierenden Dinge, die sie auf ihrer weiteren Reise erwarten.

Von ihren Einwohnern wird die Stadt, die auf 1150 Meter Höhe liegt, liebevoll *chepe* genannt (die Koseform von José). Im Norden erheben sich die Vulkane Poás, Barva und Irazú, der Süden wird von den zerklüfteten Talamanca-Bergen beherrscht. Die Temperaturen liegen das ganze Jahr über bei frühlingshaften 25 °C, die Luft ist dank der beinahe ständigen Brise frisch und klar.

San José wurde 1737 gegründet und wuchs in den ersten 100 Jahren nur sehr langsam. Seine Lage im Herzen des Kaffeelandes war jedoch von enormem Vorteil. 1823 war die Stadt fast so wichtig wie die damalige Hauptstadt Cartago. Nach einem kurzen Bürgerkrieg bekam San José die-sen Titel verliehen. Seine Bedeutung nahm noch zu, als prominente *cafetaleros* (Kaffeebarone) europäische Kunsthandwerker damit beauftragten, die Stadt zu verschönern.

Seit den 1960er Jahren haben Hochhäuser und ausgedehnte Slum-*barrios* (Viertel) das Profil der Stadt mit ihren rund 340 000 Einwohnern verändert. Ihren Charme hat sie sich dennoch bewahrt. Die Hauptsehenswürdigkeiten wie das Teatro Nacional, die Gold- und Jademuseen sowie zahlreiche Plätze liegen im Zentrum und sind gut zu Fuß zu erreichen. Zur Rushhour verwandelt sich San José in eine Nahkampfarena rücksichtslos rollender Blechlawinen.

An den Ständen des Mercado Central lockt eine Vielzahl exotischer Früchte

◁ Statue im üppig dekorierten Foyer des Teatro Nacional *(siehe S. 60f)*

Überblick: San José

Die Sehenswürdigkeiten San Josés befinden sich im Zentrum der Stadt. Das bemerkenswerteste Gebäude ist das barocke und neoklassizistische Teatro Nacional an der Avenida 2. Ganz in der Nähe sollten Sie das Museo del Oro Precolombino, das Museo de Jade Fidel Tristán Castro und das Museo Nacional (im Osten) nicht versäumen – sie alle stellen präkolumbische Kunst aus. Ebenfalls sehenswert ist das Centro Costarricense de Ciencias y Cultura (im Nordwesten) mit seinen exzellenten Wechselausstellungen. Den Parque España und den Parque Nacional zieren Büsten historischer Persönlichkeiten. Das geschichtsträchtigste Viertel, Barrio Amón, bietet in der Avenida 9 schöne Gebäude aus der Kolonialzeit. Im Vorort Escazú kann man ausgezeichnet essen.

Ruhige, von Bäumen gesäumte Wohngegend in San José

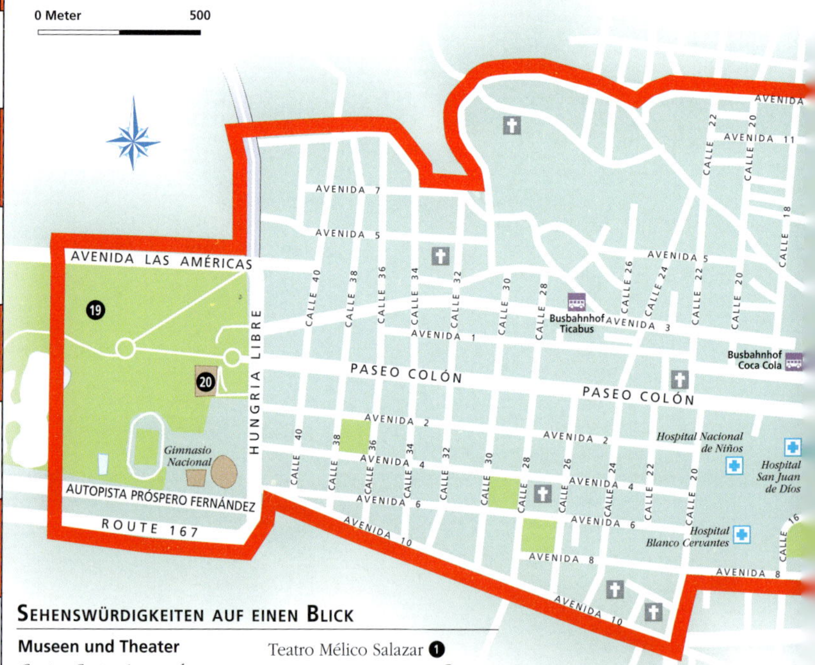

0 Meter   500

SEHENSWÜRDIGKEITEN AUF EINEN BLICK

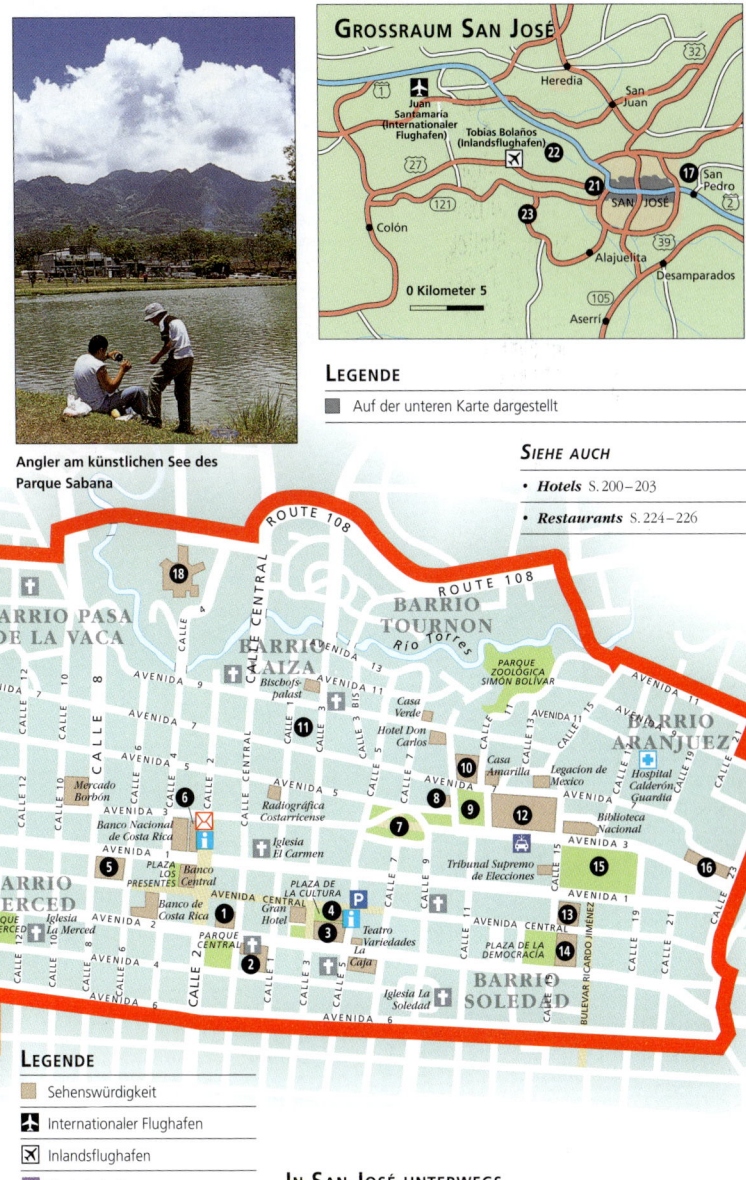

Angler am künstlichen See des Parque Sabana

GROSSRAUM SAN JOSÉ

Heredia
San Juan
Juan Santamaría (Internationaler Flughafen)
Tobias Bolaños (Inlandsflughafen) 22
21
17 San Pedro
SAN JOSÉ
Colón
23
Alajuelita
Desamparados
Aserrí

LEGENDE

■ Auf der unteren Karte dargestellt

SIEHE AUCH

- *Hotels* S. 200–203
- *Restaurants* S. 224–226

ROUTE 108

BARRIO PASA DE LA VACA

BARRIO AMÓN AIZA

BARRIO TOURNON

Río Torres

PARQUE ZOOLOGICA SIMÓN BOLÍVAR

ROUTE 108

Bischofspalast

Casa Verde

Hotel Don Carlos

BARRIO ARANJUEZ

Casa Amarilla

Legación de Mexico

Hospital Calderón Guardia

18

11

10

8 9

12

Biblioteca Nacional

Mercado Borbón

Radiográfica Costarricense

7

Banco Nacional de Costa Rica

Iglesia El Carmen

6

Tribunal Supremo de Eleciones

15

16

5

PLAZA LOS PRESENTES

Banco Central

PLAZA DE LA CULTURA

BARRIO MERCED

Iglesia La Merced

Banco de Costa Rica

AVENIDA CENTRAL Gran Hotel

1

4

3

P

13

PLAZA DE LA DEMOCRACIA

14

PARQUE CENTRAL

2

Teatro Variedades

La Caja

Iglesia La Soledad

BARRIO SOLEDAD

BULEVAR RICARDO JIMÉNEZ

LEGENDE

■	Sehenswürdigkeit
✈	Internationaler Flughafen
⊠	Inlandsflughafen
🚌	Busbahnhof
ℹ	Information
P	Parken
⊠	Post
✚	Krankenhaus
✝	Kirche
▬	Schnellstraße
▨	Fußgängerzone

IN SAN JOSÉ UNTERWEGS

Die Hauptsehenswürdigkeiten konzentrieren sich auf die Innenstadt und sind gut zu Fuß zu erreichen. Für größere Ausflüge empfiehlt sich im Labyrinth der engen und verstopften Einbahnstraßen ein Taxi. Sie können auch ein Auto mieten, doch rechnen Sie damit, dass die Costa Ricaner sehr aggressiv fahren (*siehe S. 271*). Der internationale Flughafen Juan Santamaría liegt 17 Kilometer nordwestlich, der Inlandsflughafen Tobias Bolaños sechs Kilometer westlich des Stadtzentrums. Juan Santamaría ist gut durch Flughafentaxis und Busse an das Zentrum angebunden, der Inlandsflughafen nur durch Taxis. Weitere Informationen *siehe S. 264 f und S. 270 f*.

Im Detail: Zentrum von San José

San Josés Zentrum, in dem alle wichtigen Sehenswürdigkeiten versammelt sind, besteht aus einem Gitternetz von verkehrsreichen Einbahnstraßen. Hauptarterie ist die breite Avenida 2, zumeist vollgestopft mit hupenden Taxis und Bussen, die sich am baumgesäumten Parque Central vorbeidrängeln. Parallel dazu verläuft im Norden die Avenida Central, eine Fußgängerzone mit Kaufhäusern, Fachgeschäften und Restaurants. Im Herzen dieser Gegend liegt die kleine Plaza de la Cultura, die den ganzen Tag über gut besucht ist. Sie ist ein beliebter Treffpunkt der jüngeren Einwohner San Josés und wimmelt von Straßenhändlern, Musikanten und anderen Unterhaltungskünstlern.

Teatro Mélico Salazar
Neoklassizistische Fassade und einfaches Interieur aus den 1920er Jahren. ❶

Avenida 2
An der geschäftigen Straße stehen zwischen Calle 1 und 3 wichtige Gebäude wie z. B. Banken. Der Verkehr bewegt sich in Richtung Osten auf vier Spuren, die nach der Calle 3 stark abfallen.

CALLE 2

CALLE CENTRAL

AVENIDA 2

CALLE CENTRAL

CALLE 1

AVENIDA 4

Parque Central
Der kompakte, von Palmen und Guanacaste-Bäumen gesäumte Platz wurde 1885 angelegt. Neben dem ungewöhnlichen, von Bogen gestützten Pavillon befindet sich die Kinderbibliothek (Biblioteca Carmen Lyra).

Bronzestatue eines Straßenreinigers

Statue von Papst Johannes Paul II.
aus Marmor, von Jiménez Deredia

La Curía (Palast des Erzbischofs)

★ **Catedral Metropolitana**
Die Kathedrale mit ihrer blauen Kuppel und dem kunstvollen Altar wurde 1871 in griechisch-orthodoxem Stil errichtet. ❷

NICHT VERSÄUMEN

★ Catedral Metropolitana

★ Museo del Oro Precolombino

★ Teatro Nacional

Hotels und Restaurants in San José *siehe Seiten 200–203 und Seiten 224–226*

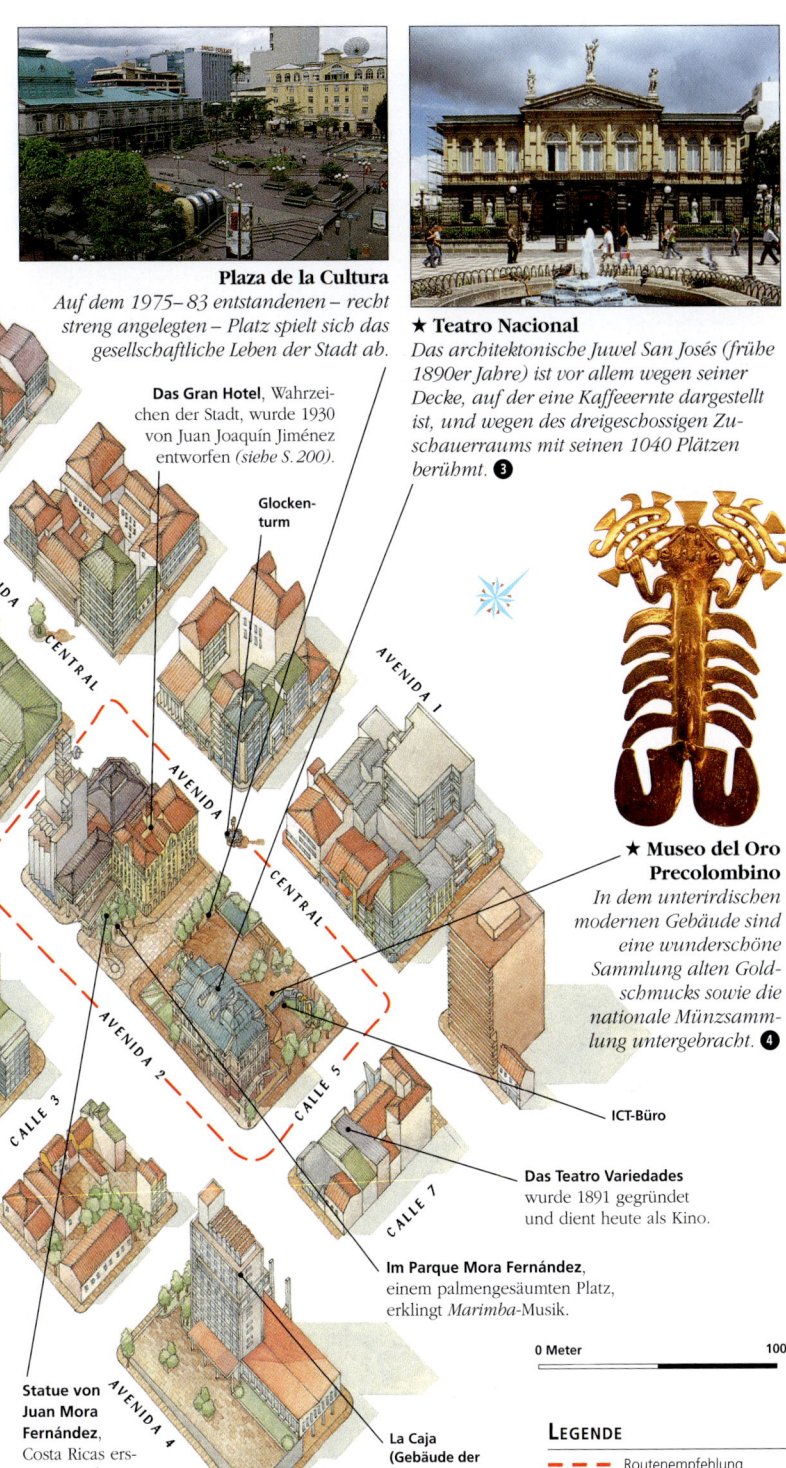

Plaza de la Cultura
Auf dem 1975–83 entstandenen – recht streng angelegten – Platz spielt sich das gesellschaftliche Leben der Stadt ab.

★ Teatro Nacional
Das architektonische Juwel San Josés (frühe 1890er Jahre) ist vor allem wegen seiner Decke, auf der eine Kaffeeernte dargestellt ist, und wegen des dreigeschossigen Zuschauerraums mit seinen 1040 Plätzen berühmt. ❸

Das Gran Hotel, Wahrzeichen der Stadt, wurde 1930 von Juan Joaquín Jiménez entworfen *(siehe S. 200).*

Glockenturm

★ Museo del Oro Precolombino
In dem unterirdischen modernen Gebäude sind eine wunderschöne Sammlung alten Goldschmucks sowie die nationale Münzsammlung untergebracht. ❹

ICT-Büro

Das Teatro Variedades wurde 1891 gegründet und dient heute als Kino.

Im Parque Mora Fernández, einem palmengesäumten Platz, erklingt *Marimba*-Musik.

Statue von Juan Mora Fernández, Costa Ricas erstem Präsidenten.

La Caja (Gebäude der Sozialhilfe)

0 Meter   100

LEGENDE

– – – Routenempfehlung

AVENIDA CENTRAL
AVENIDA 1
AVENIDA
AVENIDA CENTRAL
AVENIDA 2
CALLE 3
CALLE 5
CALLE 7
AVENIDA 4

Zuschauerraum mit drei Rängen des Teatro Mélico Salazar

Teatro Mélico Salazar ❶

Stadtplan 1 C4. Calle Central und Ave 2. ☎ 2233-5172. 🚌 ▢ Mo–Fr 8–16 Uhr. ⌚ nach Vereinbarung. ▢ **www**.teatromelico.go.cr

Das Theater gilt als Wahrzeichen der Stadt und wurde 1928 ursprünglich als Teatro Raventós erbaut. 1986 benannte man es nach Manuel »Mélico« Salazar Zúñiga (1887–1950), einem berühmten Tenor des Landes, um. Das Gebäude entwarf der Architekt José Fabio Garnier. Die neoklassizistische Fassade schmücken kannelierte korinthische Säulen. Links vom Eingang steht eine Bronzebüste Zúñigas, rechts ein Basrelief zu Ehren des Auftraggebers José Raventós Gual.

Das hübsche Foyer mit Fliesen in grün-schwarzem Schachbrettmuster führt zum Zuschauerraum mit seinen drei Galerien. Sehenswert sind vor allem der außergewöhnliche Parkettboden, die holzgetäfelte Decke, die mit einfachen Malereien verziert ist, und der schmiedeeiserne Kronleuchter.

Catedral Metropolitana ❷

Stadtplan 1 C4. Calle Central und Aves 2/4. ☎ 2221-3820. 🚌 ▢ Mo–Sa 6–12 und 15–18 Uhr, So 6–21 Uhr. ⛪ ♿

San Josés Hauptkirche wurde 1871 erbaut und ersetzte eine Vorgängerkathedrale, die bei einem Erdbeben im Jahr 1820 zerstört worden

war. Das streng wirkende Gebäude entstand nach einem Entwurf Eusebio Rodríguez' und vereint griechisch-orthodoxe, neoklassizistische und barocke Stilelemente. Die geradlinige Fassade wird von Bogen mit dorischen Säulen gestützt und von einem neoklassizistischen Giebel mit Spitztürmchen gekrönt. Das gesamte Mittelschiff wird von einer gewölbten Decke überspannt, die von zwei Reihen kannelierter Säulen getragen wird. Hinter dem Eingang links steht eine lebensgroße Christusstatue.

Barocke Goldornamente sucht man hier vergebens, dafür gibt es einen exquisiten gefliesten Boden im Kolonialstil und wunderschöne Buntglasfenster mit biblischen Szenen. Der Hauptaltar unter der Kuppel besteht aus einer marmornen Plinthe mit einfachem Holzaufbau, auf dem eine

Säulengeschmückte Fassade der Catedral Metropolitana

hölzerne Statue Christi mit Cherubinen thront.

Links vom Hauptaltar befindet sich die Capilla del Santísimo (Kapelle des heiligen Sakraments), deren Wände und Decke mit Holztafeln mit aufgemalten floralen Motiven verziert sind. Der vergoldete Glassarg im kurzen Gang vor der Kapelle enthält eine Christusstatue, deren Blöße mit einem Tuch in den Nationalfarben bedeckt ist.

Südlich der Kathedrale steht die 1887 erbaute **La Curía** (der Palast des Erzbischofs). Das zweigeschossige Gebäude wurde umgestaltet und kann nicht besichtigt werden. In dem kleinen Garten davor befindet sich die Bronzestatue von Monseñor Bernardo Augusto Thiel Hoffman (1850–1901), dem deutschstämmigen zweiten Erzbischof von Costa Rica. Hoffman selbst liegt neben dem ehemaligen Präsidenten Tomás Guardia *(siehe S. 45)* in der Krypta der Kathedrale begraben. An der Nordseite der Kathedrale steht eine zeitgenössische Marmorstatue von Papst Johannes Paul II., die Jiménez Deredia schuf.

Brunnen an der Avenida Central

Teatro Nacional ❸

Siehe S. 60f.

Museo del Oro Precolombino ❹

Siehe S. 62f.

Mercado Central ❺

Stadtplan 1 B3. Calles 6/8 und Aves Central/1. ☎ 2295-6104. 🚌 ▢ Mo–Sa 6–20 Uhr. 🍴

Der zentrale Markt der Stadt, eine seltsame Kuriosität, entstand 1881. Die Markthalle erstreckt sich über einen ganzen Block im Nordwesten der Catedral Metropolitana und ist an sich eher uninteressant. Doch das Labyrinth enger Gassen mit seinen über 200 Marktständen bietet dem Besucher ein authentisches Stück costa-ricanischen Lebens. In dem chaotisch-exotischen Sammelsurium kann man jedes erdenkliche Produkt kaufen, vom Pflanzenheilmittel über Schnittblumen bis hin zu Schlangenlederstiefeln und Sätteln für *sabaneros* (Cowboys).

In der Mitte des Marktes finden sich *sodas* (Lebensmittelstände), die preiswerte Mahlzeiten anbieten. Einen Block weiter nördlich schließt sich der immer überfüllte **Mercado Borbón** mit Metzgern, Fisch- und Obsthändlern an. Neben dem südöstlichen Eingang des Marktes sind Plaketten zu Ehren wichtiger Politiker angebracht.

Vorsicht: Die vollgestopften Straßen des Marktes sind auch das Revier flinker Taschendiebe. Lassen Sie Ihre Wertgegenstände im Hotelsafe, wenn Sie bummeln gehen wollen. Wenn Sie Ihre Kamera gerade nicht benutzen, sollten Sie sie gut verstauen.

Edificio Correos im kolonialen Stil

Edificio Correos ❻

Stadtplan 1 B3. Calle 2 und Aves 1/3. 📞 *2223-6918.* 🚌 🚻 *Mo–Fr 7.30–18, Sa 7.30–12 Uhr.* 🔲 🚻
Museo Filatélico de Costa Rica
📞 *2223-9766 (ext. 205).* 🚻 *Mo–Fr 8–17 Uhr.* 🔲 *Feiertage.* 🚫

Das Gebäude, in dem das Hauptpostamt *(Correo Central)* untergebracht ist, wurde 1917 fertiggestellt. Luis Llach entwarf es im eklektischen Stil. Die erbsengrüne verstärkte Betonfassade ist mit korinthischen Pilastern

verziert. Das mit Arkaden versehene Mittelstück wird von Engeln eingerahmt, die das Nationalwappen tragen. Im Erdgeschoss des Gebäudes befindet sich ein Fremdenverkehrsbüro. Das Postamt wird täglich von vielen Einheimischen besucht, die ihre Briefe aus den *apartados* (Postfächern) abholen, die im Erdgeschoss des zweistöckigen Atriums untergebracht sind.

Philatelisten werden das kleine **Museo Filatélico de Costa Rica** mit seiner Sammlung seltener Briefmarken sehr interessant finden. Das Museum belegt drei Räume im zweiten Stock. Ebenfalls zu sehen ist eine Sammlung alter Telefone und telegrafischer Gegenstände, die teilweise über 100 Jahre alt sind.

Darüber hinaus sind auch Exponate zur Geschichte der Philatelie in Costa Rica ausge-

Juan-Mora-Fernán-dez-Statue vor dem Edificio Correos

stellt. Die erste Briefmarke des Landes beispielsweise stammt aus dem Jahr 1863. Zudem kann man wertvolle und seltene ausländische Briefmarken wie z. B. die englische Penny Black bewundern. Am ersten Samstag im Monat finden hier außerdem Tauschbörsen statt.

Vor dem Edificio Correos ist ein autofreier, von Feigenbäumen gesäumter Platz angelegt. Er wird von einer Statue des ersten costa-ricanischen Präsidenten, Juan Mora Fernández (1824–28), überragt. In südwestlicher Richtung befindet sich ein weiterer Platz, die **Plaza Los Presentes**, auf der das zeitgenössische Bronzedenkmal *Los Presentes* steht. Es wurde 1979 von dem bekannten Bildhauer Fernando Calvo geschaffen und besteht aus den Statuen eines Dutzends costa-ricanischer *campesinos* (Bauern).

Los Presentes von Fernando Calvo, auf der Plaza Los Presentes in der Nähe des Edificio Correos

Stadtplan San José *siehe S. 76–79*

Teatro Nacional ❸

D as Nationaltheater, das schönste histori-sche Gebäude San Josés, wurde 1890 entworfen, als die aus Spanien stammende Primadonna Adelina Patti auf ihrer Tournee durch Lateinamerika in Costa Rica Station machte und man keinen passenden Aufführungsort fand. Die Kaffeebarone erhoben Steuern auf den Export der begehrten Bohne und finanzierten so den Bau des großartigen Gebäudes. Angeblich soll es der Pariser Oper ähneln. Eingeweiht wurde es 1897 jedenfalls mit einer Aufführung von *El Fausto de Gounod* des Pariser Opernensembles. 1965 wurde das neobarocke Theater mit seinen Statuen, Gemälden, Marmortreppen und den Parkettböden aus zehn verschiedenen Harthölzern zum Nationaldenkmal erklärt.

Allegorie der Musik

La Danza de Vignami, Deckengemälde des Zuschauerraums

Teatro Café
Das Café neben dem Foyer ist mit schwarz-weißen Fliesen und Marmortischen eingerichtet. An die Decke ist ein Triptychon gemalt.

Allegorien
der Musen der Musik, des Tanzes und des Ruhms zieren die neoklassizistische Fassade.

Die Statue von Calderón de la Barca, einem Dramatiker aus dem 17. Jahrhundert, schuf der Italiener Adriático Froli.

Der kleine Garten ist formell gehalten. In ihm steht die lebensgroße Marmorstatue einer Flötistin (1997) von Jorge Jiménez Deredia.

Eine Statue Ludwig van Beethovens von Adriático Froli (1890er Jahre) ist in einer der Nischen zu sehen.

Eingangshalle
Mit ihrem rosafarbenen Marmorfußboden und den korinthischen Säulen mit Bronzekapitellen stimmt die Halle auf den Rest des Gebäudes ein. Die vergoldeten Türstürze zieren Löwengesichter, die Holzdecke ein einfaches florales Motiv.

NICHT VERSÄUMEN

★ Foyer

★ Kaffee-Gemälde

★ Zuschauerraum

Hotels und Restaurants in San José *siehe Seiten 200–203 und Seiten 224–226*

★ **Kaffee-Gemälde**
Das riesige Deckengemälde zwischen Eingangshalle und
Zuschauerraum stellt eine Kaffeeernte dar. Es wurde 1897
von dem Mailänder Aleardo Villa geschaffen. Allerdings ist
die Darstellung ungenau, da z.B. an der Küste anstatt im
Hochland geerntet wird.

INFOBOX

Stadtplan 1 C4. Calles 3/5 und
Ave 2. ☎ 2221-9417.
🚌 Cemeterio-Estadio.
🕐 Mo–Sa 9–16 Uhr. 🎟 📷 📹
Aufführungen Orquesta Sinfó-
nica Nacional (Nationales Sinfo-
nieorchester): März–Dez: Do, Fr
20, So 10.30 Uhr.
🏪 Mo–Sa 9–17 Uhr.
www.teatronacional.go.cr

Den Palco Presidencial,
die Präsidentenloge,
ziert das Deckengemälde
Alegoría a la Patria y
la Justicia (1897) von
Roberto Fontana.

Das Gebäude
verfügt über
ein Stahlgerüst.

Die Fassade
ist aus Sandstein
gefertigt.

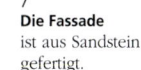

★ **Zuschauerraum**
Der in Rot und Gold gehaltene Zuschauer-
raum wird von einer runden Decke mit
Cherubinen und Gottheiten beherrscht. Die
Galerie hat drei Geschosse, die Sitze sind
aus Schmiedeeisen, die Bühne ist beweglich.

★ **Foyer**
Eine doppelte Treppe mit vergoldetem Gelän-
der führt in das mit rosafarbenem Marmor,
Kristall, vergoldeten Spiegeln und Blattgold-
verzierungen ausgestattete Foyer. Die Gemäl-
de zeigen Szenen aus dem Alltagsleben.

Stadtplan San José siehe S. 76–79

Museo del Oro Precolombino ❹

Froschfigurine aus Gold

Das Museum in einem auffällig modernen, unterirdischen Gebäude bei der Plaza de la Cultura wird von der Banco Central de Costa Rica geführt und stellt faszinierende antike Goldobjekte aus. Die Sammlung besteht aus über 1600 Stücken aus präkolumbischer Zeit (um 500 n. Chr.). Die meisten der Amulette, Ohrringe, schamanischen Tierfiguren und erotischen Statuetten stammen aus dem südwestlichen Costa Rica und zeugen von der fortgeschrittenen Kunst der Diquís-Kultur. Gebrauch und Herstellung der Objekte werden ebenso demonstriert wie – anhand von Modellen – die gesellschaftliche und kulturelle Entwicklung präkolumbischer Kulturen.

★ **Museo de Numismática**
Die Ausstellungsstücke der nationalen Münzsammlung – Münzen, Banknoten und inoffizielle Währungen wie Kaffeebons – reichen bis 1502 zurück.

Die erste Münze
Die erste Münze des Landes, der »Medio Escudo«, wurde 1825 zur Zeit der Konföderation Mittelamerikas (siehe S. 44) geprägt.

Froschfigurinen, für die Ureinwohner traditionelles Symbol des Lebens, werden bei den Goldobjekten ausgestellt.

Vortragssaal

★ **El Guerrero**
Das faszinierendste Exponat ist ein lebensgroßer Krieger mit prächtigem Goldschmuck, z. B. Stirnband, Brustreif (paten), Amulette und Fußgelenkringe. Der Schmuck ist ein Zeichen seiner Macht.

Nachbau eines Indianerdorfs

Drittes Tiefgeschoss

Goldschmiedekunst
Die Abteilung widmet sich der Repoussé-Technik: Die Ornamente kommen zustande, indem man die Objekte auf der Rückseite mit dem Hammer bearbeitet.

El Curandero
(»Der Heiler«) stellt einen Medizinmann in Lebensgröße dar, der ein Heilritual mit Pflanzen ausführt.

NICHT VERSÄUMEN

★ El Guerrero

★ Museo de Numismática

Goldene Schätze

Der Hauptausstellungsraum im dritten Stock ist voller goldener Objekte jeder Größe, von großen goldenen Brustreifen bis zu kleinen, fein ziselierten Schmuckstücken.

INFOBOX

Stadtplan 1 C4. Plaza de la Cultura, Calle 5 und Aves Central/2. 2243-4202. *alle Stadtbusse.* tägl. 9.30–17 Uhr. nach Vereinbarung. www.museosdelbancocentral.org

LEGENDE

- ◻ Museo de Numismática
- ◻ Wechselausstellungen
- ◻ Präkolumbisches Gold-Museum (Einführung und Orientierung)
- ◻ Präkolumbisches Gold-Museum (Ausstellung der Goldobjekte)
- ◻ Keine Ausstellungsfläche

Eingang

Foyer

ICT-Fremden-verkehrsbüro

Museums-shop

Erstes Tiefgeschoss

Zweites Tiefgeschoss

KURZFÜHRER

Das Museum erstreckt sich über drei Stockwerke unterhalb der Plaza. Hinter dem Eingang führt ein großes Foyer zur temporären Ausstellungsfläche des Museo de Numismática. Über die Wendeltreppe nebenan gelangt man in das zweite Tiefgeschoss, wo präkolumbische Kultur und Metallurgie sowie eine Wechselausstellung, die alle vier Monate erneuert wird, gezeigt werden. Im dritten Tiefgeschoss befinden sich der Vortragssaal und die Hauptgalerie mit einer ständigen Ausstellung von Goldobjekten.

Finca 4

Das hier nachgebildete präkolumbische Grab entdeckte man in den 1950er Jahren auf einer Bananenplantage im südöstlichen Costa Rica. Es enthielt 88 Grabbeigaben aus Gold.

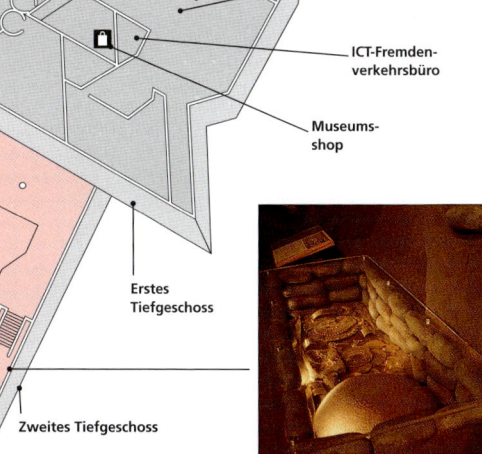

AUSSCHMELZVERFAHREN

Viele präkolumbische Völker, vor allem die Chibchas und Diquis im südwestlichen Pazifik, waren meisterhafte Goldschmiede und besonders auf dem Gebiet des Ausschmelzverfahrens begabt. Die Form wird zunächst aus Wachs geschnitzt und dann in Ton gebettet und gebrannt. Das Wachs schmilzt, und an seine Stelle wird das jeweilige Metall – meist Kupfer und Gold – gegossen. Die gebräuchlichste Legierung nannte man *tumbaga*.

Figurine eines Schamanen

Unterirdisches Gewölbe

Zugang zum Goldmuseum hat man über eine breite Treppe, die von der Calle 5 zu einer Sicherheitsstahltür führt.

Stadtplan San José *siehe S. 76–79*

Das Edificio Metálico besteht zur Gänze aus Metall

Parque Morazán **❼**

Stadtplan 2 D3. Calles 5/9 und Aves 3/5. 🚌

Der kleine Park, 1930 als Plaza González Víquez angelegt, wurde später nach Francisco Morazán *(siehe S. 44)* umbenannt. Der in Honduras geborene mittelamerikanische Föderalist war kurz Präsident von Costa Rica, bevor er 1842 hingerichtet wurde. Den Park säumen Trompetenbäume, die in der Trockenzeit blühen. Er ist vor allem bei Büroangestellten, Schülern und Liebespärchen beliebt. Nachts treffen sich hier Transvestiten – dann meiden Sie den Park besser.

Die vier verzierten Eisentore werden von römischen Urnen bekrönt. In der Mitte steht der neoklassizistische **Templo de Música** (1920), zudem sind Büsten von Morazán, dem südamerikanischen Freiheitskämpfer Simón Bolívar (1783–1830) u. a. zu sehen. Im Südwesten steht eine Bronzestatue des Ex-Präsidenten Julio García, im Nordosten eine 3,50 Meter große Statue von Daniel Quiros, einem weiteren ehemaligen Präsidenten, von Olger Villegas.

Edificio Metálico **❽**

Stadtplan 2 D3. Calle 9 und Aves 5/7. 📞 2222-0026. 🚌

Das faszinierende Gebäude zwischen Parque Morazán und Parque España besteht gänzlich aus vorgefertigten Metallstücken. Der französische Architekt Charles Thirio ließ die Metallstücke

1892 in Belgien gießen und zum Verschweißen nach Costa Rica verschiffen. Seither dient das Gebäude als Grundschule (Escuela Buenaventura Corrales y Julia Lang).

Eine kleine Büste der Minerva, der römischen Göttin der Weisheit, krönt die beeindruckende neoklassizistische Fassade. Von oben können Sie das Gebäude vom Foyer des gegenüberliegenden Museo de Jade Fidel Tristán Castro aus sehen.

Relief-Kapitelle, Casa Amarilla

Parque España **❾**

Stadtplan 2 D3. Calles 9/11 und Aves 3/7. 🚌 **Casa Amarilla** 📞 2223-7555. 🕐 Mo–Fr 8–16 Uhr. 📅 nach Vereinbarung.

Der schattige Platz ist von dichten Bäumen, Bambushainen und ständigem Vogelgezwitscher umgeben. Hier wurde im Jahr 1903 die

Pavillon im Stil der Kolonialzeit, Parque España

Nationalhymne Costa Ricas – von José María Zeledón Brenes (1877–1949) getextet und von Manuel María Gutiérrez (1829–1887) komponiert – zum ersten Mal aufgeführt.

An der Nordostecke steht seit 1947 ein seltsamer kleiner *pabellón* (Pavillon) im Kolonialstil, dessen in Sepia gehaltene Keramikfliesen die Geschichten der Erscheinung Unserer Lieben Frau von Los Ángeles, der Kirche von Orosi und der Kathedrale von Heredia erzählen. Die Südwestecke ziert eine mit Patina überzogene lebensgroße Statue des Eroberers Juan Vásquez de Coronado *(siehe S. 42)*. Pfade führen an Büsten wichtiger Persönlichkeiten wie Königin Isabella II. von Spanien (1830–1904) und Andrew Carnegie (1835–1919) vorbei. Gegenüber der Nordwestseite des Parks befindet sich die ockerfarbene **Casa Amarilla** (Gelbes Haus, 1916), die der Architekt Henry Wiffield im Stil des spanischen Barock entwarf und die den panamerikanischen Gerichtshof beherbergte. Sie diente auch als Wohnsitz des Präsidenten und als Amtssitz der Asamblea Legislativa. Heute hat das Außenministerium hier seinen Sitz.

Das auffälligste Element der Casa Amarilla ist auf jeden Fall der elegante verzierte Türsturz über dem Eingang. Auf dem Gelände hinter dem Ministerium steht ein Teil der Berliner Mauer. Es kann von der Ecke Calle 13 und Avenida 9 aus gesehen werden.

In dem hohen Gebäude westlich der Casa Amarilla ist das **Instituto Nacional de Seguridad** (INS, Nationales Versicherungsinstitut) untergebracht. Im Hof steht die riesige Skulptur *La Familia* von Francisco Zúñiga *(siehe S. 19)*.

Das Gebäude der **Legación de México**, 50 Meter weiter östlich an der Avenida 7 gelegen, entstand 1924 als großartiges Beispiel der Kolonialarchitektur. 1948 schloss man nach dem Befreiungskrieg hier den Friedensvertrag.

◁ Verkehrsberuhigter Platz vor dem Edificio Correos *(siehe S. 59)*

Museo de Jade Fidel Tristán Castro ❿

Stadtplan 2 D3. Calle 9 und Ave 7.
📞 2287-6034. ▦ ⬤ Mo–Fr 8.30–
15.30 Uhr, Sa 9–13 Uhr.
⬤ Feiertage. 📷 ♿

Im ersten Stock des Nationa-
len Versicherungsinstituts
(INS) befindet sich das Fidel-
Tristán-Castro-Jademuseum
mit der größten Sammlung
präkolumbischer Jade aus
Süd- und Nordamerika. Das
Museum wurde 1977 von
Fidel Tristán Castro gegrün-
det, dem ersten Präsidenten
des INS. Die Sammlung um-
fasst Breitbeile, zeremonielle
Köpfe und dekorative Kunst
von 500 v.Chr. bis 800 n.Chr.
Zu sehen sind auch *metates*
(Mühlen aus vulkanischem
Gestein), Keramiken und
Goldschmuck. In der Sala de
Jade sind Anhänger in allen
Grün- und Blauschattierungen
ausgestellt. Die Jadestücke,
die diese Sammlung ausma-
chen, stammen nicht aus ar-
chäologischen Quellen, son-
dern wurden von privaten
Sammlern gekauft.

Barrio Amón ⓫

Stadtplan 1 C2. Calles Central/9
und Aves 7/13. ▦

Die umfangreichste archi-
tektonische Sammlung
San Josés stellt der Komplex
historischer Häuser in diesem
Wohn-*barrio* (Viertel) dar, der
in den 1890er Jahren von dem
französischen Einwanderer
Amón Fasileau Duplantier gegründet wurde. Nach einer
Phase des Verfalls wird die
Gegend heute umfassend
renoviert.

Die interessantesten Häuser
finden sich an der Avenida 9.
Zwischen Calle 3 und 7 sind
wunderschöne Keramikfliesen
zu sehen, auf denen der einheimische Künstler Fernando
Matamoros Alltagsszenen dargestellt hat.

Das zweistöckige, im Kolonialstil erbaute Haus Nr. 980
in Calle 11 glänzt mit einem
lebensgroßen *campesino*
(Bauer) aus Beton, der sich
über die schmiedeeiserne

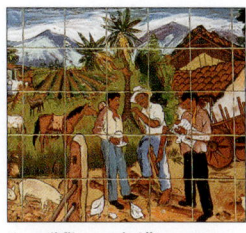

**Keramikfliesen mit Alltagsszenen
(Detail), Barrio Amón**

Brüstung lehnt. Das **Hotel
Don Carlos** *(siehe S.200)* in
Calle 7 war einst Residenz des
Präsidenten Tomás Guardia
(siehe S.45) und besteht aus
Art-déco- und neoklassizistischen Elementen. Einen Block
weiter westlich, an der Ecke
zur Calle 5, befindet sich die
Casa Verde von 1910, die für
ihre hohe Eingangshalle und
das Atrium mit Buntglasfenstern berühmt ist.

Das kühnste Gebäude ist
der **Bischofspalast** (Avenida
11/Calle 3). Er wurde 1930
mit Türmchen, Zinnen und
zentraler Kuppel im maurischen Stil errichtet. Die Fliesen an der Fassade zeigen
Szenen aus *Don Quichotte*.

Centro Nacional de la Cultura ⓬

Stadtplan 2 D3. Calles 11/15 und
Aves 3/7. 📞 2255-3638; Museo de
Arte y Diseño Contemporáneo: 2257-
9370. ▦ ⬤ Di–Sa 10.30–17 Uhr.
⬤ Feiertage. 📷 🎫 Di–Fr 10–
15 Uhr (nach Vereinbarung). ♿ Ⓟ
www.madr.ac.cr

Unmittelbar östlich des
Parque España nimmt das
weitläufige Gebäude des Nationalen Kulturzentrums einen
ganzen Block an der Stelle

ein, an der früher die Fábrica
Nacional de Licores (Staatliche Likörfabrik) stand. 1994
wurde das Gebäude in das fa-
cettenreiche Centro Nacional
de la Cultura (CENAC) umgewandelt, doch Spuren der
alten Brennerei finden sich
noch heute. Hier hat das Kul-
tusministerium seinen Sitz,
Aufführungen der nationalen
Theater- und Tanzensembles
(siehe S.245) finden ebenfalls
hier statt. Die meisten Gebäude stammen wie die äußere
Wand, deren Westtor von
einem Dreiecksgiebel bekrönt
wird, aus dem Jahr 1856. Sehenswert ist der *reloj de sol*
(Sonnenuhr) zur Rechten des
südöstlichen *portalón* (Tors)
in der Außenwand, den Alvarado *(siehe S.19)* entwarf.

Im Südostteil des Komple-
xes liegt das **Museo de Arte
y Diseño Contemporáneo**.
Hier finden in sechs Räumen
Dauer- und Wechselausstellungen von zeitgenössischer
Kunst, Architektur und Kera-
mikarbeiten statt. Im Westhof
steht Francisco Zúñigas Skulptur *Evelia con baton*.

**Detail der Fassade des Centro
Nacional de la Cultura**

ARBEITEN AUS JADE

Die Bearbeitung von Jade führten Volksstämme
aus dem Norden um 500 v.Chr. in Costa Rica
ein. Sie benutzten Sägen aus Faserdraht, Bohrer
und Meißel mit Quarzspitzen, um den Halbedel-
stein zu Halsketten, Anhängern und Statuetten
mit animalischen Motiven zu bearbeiten. Über
eigene Jadevorkommen verfügten sie nicht: Sie
erwarben die Jade von Nachbarvölkern, z.B. aus
Guatemala. Um 800 n.Chr. wurde das Handwerk
durch die Goldschmiedekunst abgelöst.

Menschenähnliche Figur aus Jade

Stadtplan San José *siehe S.76–79*

Im Detail: Parque Nacional

Einer der größten Parks der Stadt liegt auf einem Hügel im Osten des Zentrums: der Parque Nacional (*siehe S. 70 f*), eine schattige Oase der Ruhe mitten im Herzen von San José. Der Park wird auf drei Seiten von den wichtigsten Regierungsgebäuden des Landes gesäumt, darunter auch vom Komplex der Gesetzgebenden Versammlung. Ganz in der Nähe befinden sich viele bedeutende kulturelle Sehenswürdigkeiten wie z. B. das Nationalmuseum. Aber auch spazieren gehen und entspannen kann man hier, vor allem in der Fußgängerzone südlich des Parks.

Biblioteca Nacional
In dem modern wirkenden Gebäude von 1969– 71 befindet sich die Nationalbibliothek.

Centro Nacional de la Cultura
Auf dem Gelände der ehemaligen Staatlichen Likörfabrik befindet sich jetzt das Nationale Kulturzentrum mit so bedeutenden Einrichtungen wie dem Museum für zeitgenössische Kunst und Design. ⑫

In dem Fischteich auf der Westseite des Parks schwimmen Koi-Karpfen.

Epítome-del-Vuelo-Statue

Plaza de la Libertad Electoral
Der kleine halbrunde Platz wurde zu Ehren der Demokratie des Landes angelegt. Zwischen den neoklassizistischen Säulen steht eine rosafarbene Granitstatue von José Sancho Benito: Epítome del Vuelo *(1996).*

Im Tribunal Supremo de Elecciones ist das Regierungsorgan untergebracht, das den ordnungsgemäßen Ablauf der Wahlen sicherstellt.

CALLE 17
AVENIDA 3
CALLE 15
AVENIDA 3
AVENIDA 1
CALLE 11

NICHT VERSÄUMEN

★ Asamblea Legislativa

★ Museo Nacional

★ Parque Nacional

0 Meter   100

LEGENDE

– – – Routenempfehlung

★ **Parque Nacional**
Der Park ist um das eindrucksvolle Monumento Nacional (1892) herum angeordnet. Zwischen den Bäumen stehen Büsten vieler lateinamerikanischer Helden. **15**

Bulevar Ricardo Jiménez
Der palmengesäumte, Fußgängern vorbehaltene Teil der Calle 17 verläuft vom Parque Nacional in südlicher Richtung. Er heißt auch Camino de la Corte.

CALLE 19

Büste José Martís, eines kubanischen Freiheitskämpfers.

AVENIDA 1

Statue Juan Santamarías

★ **Asamblea Legislativa**
Die Gesetzgebende Versammlung erstreckt sich über drei historische Gebäude von 1914. Sie folgen verschiedenen Stilen und umfassen mehrere Galerien. **13**

Die Casa Rosada beherbergt Büros des Kongresses.

Das Castillo Azul ist das älteste Gebäude der Asamblea Legislativa und diente früher als Präsidentenpalast.

AVENIDA CENTRAL

CALLE 17

Bulevar Ricardo Jiménez

★ **Museo Nacional**
Das Museum ist in einer Festung (frühes 19. Jh.) untergebracht und widmet sich der Geschichte des Landes von präkolumbischer Zeit bis heute. **14**

AVENIDA 2

Büste von Don Andrés Bello, einem venezuelanischen Intellektuellen.

Die terrassenförmige Plaza de la Democracia entstand 1989 aus Anlass eines politischen Gipfeltreffens. An der Südwestecke steht eine Bronzestatue des früheren Präsidenten José »Don Pepe« Figueres *(siehe S. 47)*.

Asamblea Legislativa ⓮

Stadtplan 2 E3. Calles 15/17 und
Ave Central. 📞 *2243-2000*. 🚻 📷
obligatorisch: 9 Uhr; 2243-2547.
Debatten *Mo–Do 15 Uhr; nach Voranmeldung*. **www**.asamblea.go.cr

D er Regierungssitz Costa
Ricas besteht aus vier
Gebäuden, die sich über
einen ganz Block erstrecken.
Das Hauptgebäude, **Edificio
del Plenario**, wurde 1958 erbaut und dient mit den angrenzenden Haus als Sitz des
Kongresses. Im Nordhof zeigt
eine Bronzestatue den Nationalhelden Juan Santamaría
(siehe S. 84) mit einer Fackel
in der Hand. In der rosafarbenen **Casa Rosada** im Nordosten sind verschiedene Partei-
büros untergebracht.

Das mediterrane **Castillo
Azul** im Südosten wurde 1911
für Máximo Fernández erbaut,
den damaligen Präsident-
schaftskandidaten. Es diente
bis 1927 als Präsidentenresi-
denz, danach kurz als US-
Botschaft. Seit 1989 enthält es
Regierungsbüros. Zu den
sechs Salons mit wunderschönen Hartholzböden und itali-
enischem Marmor gehören die
Sala Alfredo González Flores,
in der sich das Kabinett trifft,
und die Sala Próceres de la
Libertad, in der goldgerahmte
Porträts lateinamerikanischer
Befreiungshelden wie z. B.
Simón Bolívar hängen.

Besucher können sich im
Edificio del Plenario Debatten
anhören. Sandalen sind bei
Männern verpönt, ebenso wie
nackte Beine bei Besuchern
beiderlei Geschlechts.

**Teil des Komplexes der Gesetz-
gebenden Versammlung, San José**

Präkolumbische Steinkugeln im Museo Nacional

Museo Nacional ⓯

Stadtplan 2 E4. Calle 17 und Aves
Central/2. 📞 *2257-1433*. 🚌
⏰ *Di–Sa 8.30–16.30 Uhr;
So 9–16.30 Uhr*. ⬤ *Feiertage*. 📷 ♿
📷 **www**.museocostarica.com

G egenüber der Gesetzge-
benden Versammlung
steht die eindrucksvolle, mit
Zinnen bewehrte, ockerfarbene Bellavista-Festung. Sie entstand 1917 und diente als Ka-
serne. Die Außenmauern sind
an jeder Ecke mit einem Turm
verstärkt und weisen Ein-
schusslöcher aus dem Bürgerkrieg von 1948 auf. Nach seinem Sieg löste José »Don
Pepe« Figueres *(siehe S. 46 f)*
die Armee auf, und die Festung wurde zum Sitz des im
Jahr 1887 gegründeten Natio-
nalmuseums.

Der Eingang zur Festung
auf der Ostseite gibt den Blick
auf einen Innenhof frei, in
dem präkolumbische *carretas*
(Ochsenkarren) und *bolas*
(Steinkugeln) sowie Kanonen
aus der Kolonialzeit ste-
hen. Das Museum rechts
neben dem Eingang ist
thematisch gegen den
Uhrzeigersinn angeord-
net: Ausgestellt sind Ge-
genstände zur geolo-
gischen, kolonialen,
archäologischen,
zeitgenössischen
und Religionsge-
schichte. Sie datieren
von der ersten
menschlichen Besiedlung bis
zur Entstehung der Nation.
Schlüsselexponat ist der Friedensnobelpreis, den Oscar
Arias Sánchez 1987 verliehen
bekam *(siehe S. 47)*. Besonders eindrucksvoll ist die präkolumbische Sammlung an

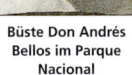

**Büste Don Andrés
Bellos im Parque
Nacional**

metates (Steintafeln) und Keramiken. Nicht versäumen
sollten Sie auch den Goldschmuck in der Sala de Oro
im Nordwestturm. In der im
Stil des 18. Jahrhunderts eingerichteten Sala Colonial sind
Landmöbel aus der Kolonialzeit zu sehen.

Vom Innenhof gelangt man
über Stufen in einen großen
Schmetterlingsgarten. Dahinter befindet sich die **Plaza de
la Democracia**, die 1989 angelegt und 2009 verschönert
wurde. Auf der Plaza steht
eine Bronzestatue José Figueres' von 1994. Ein Kunsthandwerksmarkt nimmt das westliche Ende des Platzes ein.

Parque Nacional ⓰

Stadtplan 2 E3. Calles 15/19 und
Aves 1/3. 🚌

D er größte innerstädtische
Park San Josés entstand
1895. Er ist auch der schönste
Park der Stadt, der nachts jedoch gemieden werden
sollte. Die Oase der
Ruhe liegt auf einem
sanften, nach Osten hin
ansteigenden Hügel. Die
verschlungenen Pfade
werden von Stein-
bänken, blühenden
Bäumen, Palmen
und Bambushainen
gesäumt. In der
Mitte des Parks steht
das baumbeschatte-
te, massive *Monumento Nacional*. Das Denkmal wurde in
den Rodin-Studios in Paris gegossen und am 15. September
1892 enthüllt. Es ist den Helden des Kriegs von 1856 gewidmet. Den Granitsockel
zieren fünf bronzene Amazo-

Kinder spielen an einem Fischteich im Parque Nacional

nen, die die mittelamerikanischen Nationen beim Kampf gegen William Walker *(siehe S. 45)* darstellen. Costa Rica steht in der Mitte. Sie hält eine Flagge in der einen und stützt die verwundete Nicaragua mit der anderen Hand. El Salvador trägt ein Schwert, Guatemala eine Axt, Honduras Bogen und Schild. Die bronzenen Basreliefs stellen ebenfalls Kampfszenen dar.

Überall im Park befinden sich Büsten zu Ehren lateinamerikanischer Nationalisten. Sie zeigen z. B. den mexikanischen Revolutionär und Priester Miguel Hidalgo (1753–1811), den venezuelanischen Dichter Don Andrés Bello (1781–1865) und den kubanischen Unabhängigkeitskämpfer José Martí (1853–1895). Im Norden des Parks befindet sich die **Biblioteca Nacional**, im Süden führt der verkehrsberuhigte, nach dem dreimaligen Präsidenten benannte **Bulevar Ricardo Jiménez** drei Blocks zum Gebäude des Gerichtshofs hinunter.

Antigua Estación Ferrocarril al Atlántico ⑯

Stadtplan 2 F3. Calles 21/23 und Ave 3. 🚌

Im Nordosten des Parque Nacional befindet sich die ehemalige Estación Ferrocarril al Atlántico (Atlantische Eisenbahnstation). Das an eine Pagode erinnernde Gebäude stammt von 1908 und war später Endstation des berühmten »Dschungelzugs«, dessen Betrieb 1991 eingestellt wurde, weil ein verheerendes Erdbeben viele Teile der Eisenbahnstrecke zerstört hatte. Das Gebäude beherbergte früher das kleine Museo de Formas, Espacios y Sonidos (Museum für Formen, Räume und Klänge), das 2007 geschlossen wurde, weil der ehemalige Bahnhof als Eingang für einen geplanten Präsidentenpalast vorgesehen ist. Im Moment können sich Eisenbahnfreunde an den klassischen Waggons und Lokomotiven im hinteren und östlichen Teil des Gebäudes erfreuen. Zu sehen ist u. a. die Locomotora 59, eine schöne Dampflok aus Philadelphia von 1939.

Vor dem Gebäude erinnern eine Büste an Tomás Guardia *(siehe S. 45)*, der die Eisenbahnlinie gründete. Ein Obelisk weist auf die Abschaffung der Todesstrafe im Jahr 1877 hin.

Schmetterlingsausstellung im Museo de Insectos

Universidad de Costa Rica ⑰

Calle Central, San Pedro. 📞 2207-4000. 🚌 **Museo de Insectos.** 📞 2207-5647. ◯ Mo–Fr 13–17 Uhr. 🎦 **Planetario** 📞 2207-2580. ◯ *für Vorführungen: Mo–Fr 8.30, 9.30, 10.30, Sa 10, 11, 14, 15 Uhr.* 🎦

Die Universität von Costa Rica bringt unkonventionelles Leben in die Gegend. Der Eingang liegt an der Calle Central (bei der Avenida Central), wo sich auch Studentenbars und -cafés befinden. Der Campus ist eher uninteressant, obwohl zahlreiche Büsten und Statuen in dem Gelände verstreut sind. In der südwestlichen Ecke befindet sich ein botanischer Garten.

Im Nordosten des Gebiets, im Keller der Musikfakultät, befindet sich das **Museo de Insectos** mit einer exzellenten Sammlung von Schmetterlingen, Käfern, Spinnen, Wespen und anderen Insekten.

Ein Planetarium bietet täglich Vorführungen auf Spanisch, auf telefonische Anfrage auch auf Englisch.

Die im Stil einer Pagode verzierte Fassade der Antigua Estación Ferrocarril al Atlántico

Stadtplan San José *siehe S. 76–79*

Centro Costarricense de Ciencias y Cultura ⓲

Das 1994 eröffnete costa-ricanische Zentrum für Wissenschaft und Kultur ist in einem festungsähnlichen Gebäude untergebracht, das von 1910 bis 1979 als Staatsgefängnis diente. Die ockerfarbige Fassade, von lachsfarbenen Zinnen bekrönt, bietet vor allem abends, wenn sie beleuchtet ist, einen atemberaubenden Anblick. Das Zentrum umfasst die Galería Nacional, in deren luftigen Ausstellungssälen Gemälde, Skulpturen und andere Werke avantgardistischer Künstler des Landes zu sehen sind. Auch das Museo de los Niños befindet sich hier, in dem Kinder selbst Hand anlegen können, um Natur, Wissenschaft, Technologie und Kultur im wahrsten Sinne des Wortes zu begreifen. Zudem gibt es ein Jugendzentrum, eine Bühne sowie viele Modelle verschiedener Transportmittel.

Buntglasdecke
Durch die vidriera *des Italieners Claudio Dueñas fällt Licht auf die Treppe zur Galería Nacional.*

Die Ostmauer
zieren Gemälde zeitgenössischer Künstler wie Fabio Herrera.

Museo Histórico Penitenciario
Die alten Gefängniszellen sind in ihrem ursprünglichen Zustand erhalten. Historische Fotografien dokumentieren ihre Geschichte.

★ Galería Nacional
In 14 großen Räumen – umgebauten ehemaligen Gefängniszellen – im Obergeschoss werden wechselnde Exponate gezeigt. Meist sind es zeitgenössische Arbeiten einheimischer Künstler.

Sala Kaopakome
Der Name stammt von dem Bribri-Wort für »Raum der Begegnung«. In dem Saal finden Kunst-Performances und andere Veranstaltungen statt.

NICHT VERSÄUMEN
★ Galería Nacional
★ Museo de los Niños

Hotels und Restaurants in San José *siehe Seiten 200–203 und Seiten 224–226*

Genesis

Die Granitskulptur (1998) von Jorge Jiménez Deredia zeigt die Entwicklung vom Ei zu einer Frau.

INFOBOX

Stadtplan 1 B1. Calle 4 und 100 m nördlich der Ave 9.
☎ 2233-4929. 🚌 Sabana-Cemeterio entlang der Ave 3 (Taxi empfohlen). ⏰ Di–Fr 8–15.30, Sa, So 9.30–17 Uhr.
📷 🎫 ♿ 🎁 🍴 www.museocr.org **Auditorio Nacional** ☎ 2222-7647.

Das Auditorio Nacional, Hauptbühne des Landes, bietet Raum für Konzerte und Tanzaufführungen.

Imagen Cósmica (1998) von Jorge Jiménez Deredia: eine Skulptur aus Bronze und Marmor.

Der Eingang ist wie ein mittelalterliches Schloss mit Zwillingstürmen gestaltet.

★ Museo de los Niños
Das Kindermuseum widmet sich der interaktiven Erziehung. Es besteht aus 39 Räumen und enthält Ausstellungsstücke zu Astronomie, Erdkunde, Ökologie, Anthropologie und Telekommunikation.

Die Escuela »El Grano de Oro« zeigt Exponate zur Kaffeekultur und zur Geschichte des Kaffees in Costa Rica.

Die E-Lok mit Waggons stammt von 1928–30, als das Eisenbahnsystem auf Strom umstieg.

Hubschrauber

Flugzeug-cockpit

Complejo Juvenil

Das zweistöckige Bildungszentrum für Jugendliche umfasst eine Bibliothek mit Büchern, Audiokassetten, CDs und interaktiven Spielen sowie ein Internet-Café.

Stadtplan San José *siehe S. 76–79*

Parque Sabana ⑲

Calle 42/Sabana Oeste und Ave las Américas/Sabana Sur. 🚌 ♿

Offiziell heißt der Park nach dem ersten Priester von San José (1710–1783) Parque Metropolitano La Sabana Padre Antonio Chapui. Bis 1955 war er Hauptflugplatz der Stadt, heute ist er ein Sport- und Freizeitpark. Die ehemaligen Flughafengebäude beherbergen heute das Museo de Arte Costarricense. Überragt wird der Park im Norden vom Turm des **ICE** (costa-ricanisches Elektrizitätswerk) und im Süden von der seltsam abfallenden **Controlaría de la República**, der Verwaltungszentrale der Regierung.

Den Park erreicht man vom Zentrum über den breiten Paseo Colón. Er ist bei einheimischen Familien sehr beliebt, die am Wochenende unter Eukalyptusbäumen und Kiefern picknicken. Zur Anlage gehören Basketball-, Volleyball- und Tennisplätze, Rad-, Jogging- und Reitwege, ein Swimmingpool, ein Fitness-Center, Fußballplätze und das Nationalstadion, das im Jahr 2010 fertiggestellt wurde.

Den künstlichen See auf der Südseite säumen moderne Skulpturen. Im Westen steht ein Kreuz zum Andenken an den Besuch von Papst Johannes Paul II. in Costa Rica 1983. Nachts sollten Sie den Park meiden.

Zum Verkauf stehende Flaggen

Museo de Arte Costarricense ⑳

Calle 42 und Paseo Colón. 📞 2222-7155. 🕐 Di–Fr 9–17, Sa, So 10–16 Uhr. ● Feiertage. 💰 (So frei). 📷 ⌀ www.musarco.go.cr

Costa Ricas führendes Kunstmuseum liegt auf der Ostseite des Parque Sabana in dem im Kolonialstil errichteten ehemaligen Flughafenterminal, der in den 1950er Jahren geschlossen wurde. Ausgestellt werden über 3200 wichtige Kunstwerke von costa-ricanischen Bildhauern und Malern aus dem 20. Jahrhundert sowie Werke einiger ausländischer Künstler wie z. B. des Mexikaners Diego Rivera (1886–1957). Allerdings wird nur ein Bruchteil der Sammlung gezeigt. Die Wechselausstellungen ändern sich jährlich. Viele der – meist in Privatbesitz befindlichen – Werke feiern einen archaischen, idyllischen Lebensstil, wie er z. B. in *El Portón Rojo* (1945) von Teodorico Quirós Alvarado *(siehe S. 19)* zum Ausdruck kommt.

Einen Höhepunkt der Sammlung dürfen Sie keinesfalls versäumen: die Holzskulpturen und -schnitte Francisco Amighettis. Im oberen Salón Dorado hängt ein Basrelief in Bronze und Stuck des französischen Bildhauers Louis Ferron. Das sich über alle vier Wände erstreckende Panorama stellt idealisierte

Ansicht des Museo de Arte Costarricense in San José

costa-ricanische Geschichte von präkolumbischen Zeiten bis zu den 1940er Jahren dar. An der Nordwand: Christoph Kolumbus mit vor ihm knienden Indianern.

Im **Jardín de Esculturas** (Skulpturengarten) sind Werke prominenter Bildhauer sowie präkolumbische *esferas* (Kugeln) und Felszeichnungen zu sehen. Am faszinierendsten sind die *Tres Mujeres Caminando* von Francisco Zúñiga und die Granitskulptur *Danaide*, eine Frau in Fötusposition, von Max Jiménez Huete.

Museo de Ciencias Naturales »La Salle« ㉑

Sabana Sur. 📞 2232-1306. 🚌 🕐 Mo–Sa 8–16 Uhr, So 9–17 Uhr. ● Feiertage. 💰 📷 ⌀

Das Museum der Naturwissenschaften wurde 1960 gegründet und befindet sich auf dem früheren Gelände der Colegio-La-Salle-Schule.

Spektakuläres Vogeldiorama im Museo de Ciencias Naturales »La Salle«

Hotels und Restaurants in San José siehe Seiten 200–203 und Seiten 224–226

Es beherbergt eine der weltweit umfangreichsten Sammlungen einheimischer und exotischer Pflanzen und Tiere, mehr als 70 000 Exponate von Weichtieren über Motten bis hin zu Seekühen. In der Dinosaurierausstellung im zentralen Innenhof ist die Nachbildung eines Tyrannosaurus-Rex-Skeletts aus Harz zu sehen. Besonders interessant sind die Fossilien-, Muschel- und Schmetterlingssammlungen. In Dioramen lässt man natürliche Lebensräume wieder aufleben: Schlangen setzen gerade zum Biss an, Fische schwimmen aufgehängt an unsichtbaren Drähten. Die ausgestopften Exponate wirken zwar etwas angestaubt, aber dennoch bietet das Museum einen interessanten ersten Einblick.

Das Hotel Casa de Las Tías im viktorianischen Stil, San Rafael de Escazú

Traditionelle Tanzdarbietung im Parque Diversiones

Parque Diversiones (Pueblo Antiguo) ㉒

1,6 km westlich des Hospital México, La Uruca. ☎ 2242-3500. 🚌
⏰ Fr–So 9–19 Uhr. 🅿️♿🍴🎫
www.parquediversiones.com/ pueblo.htm

Der schöne Park im Barrio La Uruca, drei Kilometer westlich vom Stadtzentrum gelegen, zieht Familien nicht nur wegen der Achterbahnen, Wasserrutschen und anderer Rummelattraktionen an, sondern auch wegen des angrenzenden Pueblo Antiguo, der Nachbildung eines typischen costa-ricanischen Dorfs aus dem frühen 20. Jahrhundert.

Das Dorf ist in drei Abschnitte unterteilt: Küste, Stadt und Land. Zu den traditionellen Gebäuden gehören eine Kirche, ein Markt, eine Feuerwehr, eine Bank und ein Bahnhof. Es gibt einige Hütten, eine Kaffee- und eine Zuckerfabrik sowie eine Scheune. Auf dem Bauernhof leben Tiere. Man kann in Pferdewagen, auf Ochsenkarren und mit einem Zug fahren. Schauspieler in Originalkostümen lassen die Vergangenheit lebendig werden. An Freitag- und Samstagabenden gibt es Folkloreshows mit Musik und Tanz. Zudem locken ein Kunsthandwerksladen und ein Restaurant mit traditioneller costa-ricanischer Küche.

Escazú ㉓

3 km westlich des Parque Sabana.
🚌🎫 *Día del Boyero (März)*. **Barry Biesanz Woodworks** Barrio Bello Horizonte. ☎ *2289-4337*.
⏰ *Mo–Fr 8–17 Uhr, Sa nach Vereinbarung.* 🎫🏠
www.biesanz.com

Das angesagte Viertel liegt westlich des Parque Sabana und ist über die Carretera Próspero Fernández erreichbar. Seinen Charme verdankt es teils seiner Altertümlichkeit und teils seiner Modernität, allerdings auch seiner vornehmen Lage am Fuß des Berges Cerro Escazú. Der Vorort hat seinen Namen von dem Wort der Ureinwohner für Ruheplatz: *itzkatzu*.

Kuppel der Kirche in San Miguel de Escazú

Er erstreckt sich mehrere Kilometer hügelaufwärts und ist in drei Haupt-*barrios* unterteilt: San Rafael de Escazú, San Miguel de Escazú und San Antonio de Escazú.

Die Moderne konzentriert sich auf das überlaufene San Rafael de Escazú. Hier steht eine wunderschöne, von Teodorico Quirós Alvarado in den 1930er Jahren im Kolonialstil entworfene Kirche, die von Hochhäusern und Einkaufspassagen überragt wird. Nur einen Kilometer entfernt, in San Miguel de Escazú, stehen dagegen blau bemalte Lehmziegelhäuser – die Einwohner glauben auch heute noch, dass die blaue Farbe Hexen verscheucht.

San Antonio de Escazú schließlich ist eine ländliche Gemeinschaft. Am zweiten Sonntag im März ziehen an der Día del Boyero (Ochsentreibertag) mit Blumen geschmückte *carretas* (Ochsenkarren) durch die belebten Straßen. Die Werkstatt des führenden Holzschnitzers und Kunsthandwerkers Costa Ricas, **Barry Biesanz Woodworks**, findet man in Bello Horizonte im östlichen Escazú. Er stellt elegante Möbel, Schalen und Kisten aus den Harthölzern des Landes her. Seine Arbeiten bekommen Sie in der Werkstatt und in anspruchsvollen Läden in San José.

Stadtplan San José *siehe S. 76–79*

STADTPLAN

Die Karte unten zeigt das Gebiet, das die Karte auf den Seiten 54f abdeckt, sowie das Stadtzentrum auf dem Stadtplan, der auf den Seiten 78f folgt. Abgebildet sind auch die größten Highways, auf denen man fährt, will man den verwirrenden Großraum San José erkunden.

Alle Stadtplanverweise bei den Sehenswürdigkeiten, den

Urlaube-rinnen in San José

Hotels und den Restaurants im Zentrum von San José beziehen sich auf den folgenden Stadtplan. Rechts finden Sie die auf dem Stadtplan eingetragenen Straßennamen und Sehenswürdigkeiten. Attraktionen westlich der Innenstadt sind auf der Karte auf Seite 54f vermerkt, Highlights außerhalb des Zentrums auf der Karte Großraum San José *(siehe S. 55)*.

Die geschäftige Calle Central verläuft von Norden nach Süden durch das Zentrum San Josés

MASSSTAB DER KARTEN 1–2

0 Meter   500

LEGENDE

🟪	Hauptsehenswürdigkeit
🟫	Sehenswürdigkeit
⬜	Anderes Gebäude
🚌	Busbahnhof
ℹ️	Information
➕	Krankenhaus
🚓	Polizei
✝️	Kirche
✉️	Post
▨	Fußgängerzone

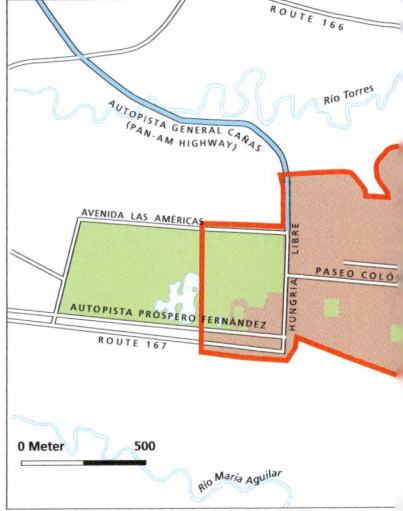

ROUTE 166

Río Torres

AUTOPISTA GENERAL CAÑAS (PAN-AM HIGHWAY)

AVENIDA LAS AMÉRICAS

HUNGRIA LIBRE

PASEO COLÓ

AUTOPISTA PRÓSPERO FERNÁNDEZ

ROUTE 167

0 Meter   500

Río María Aguilar

Kartenregister

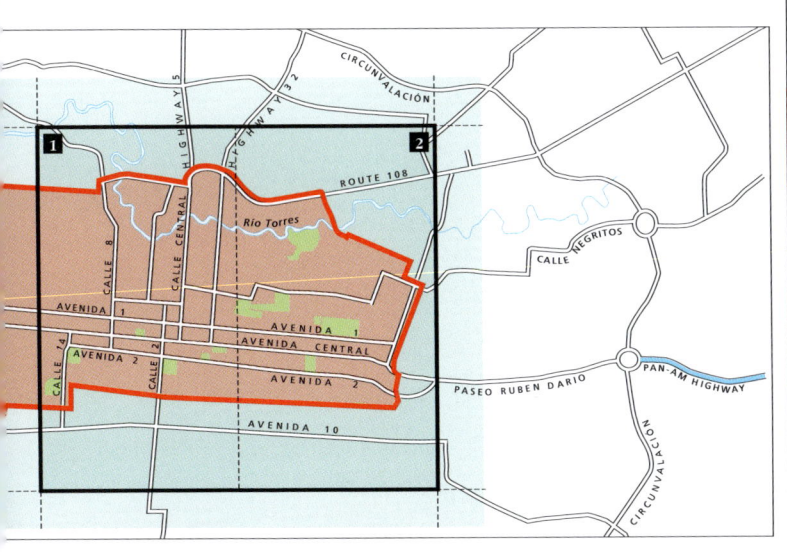

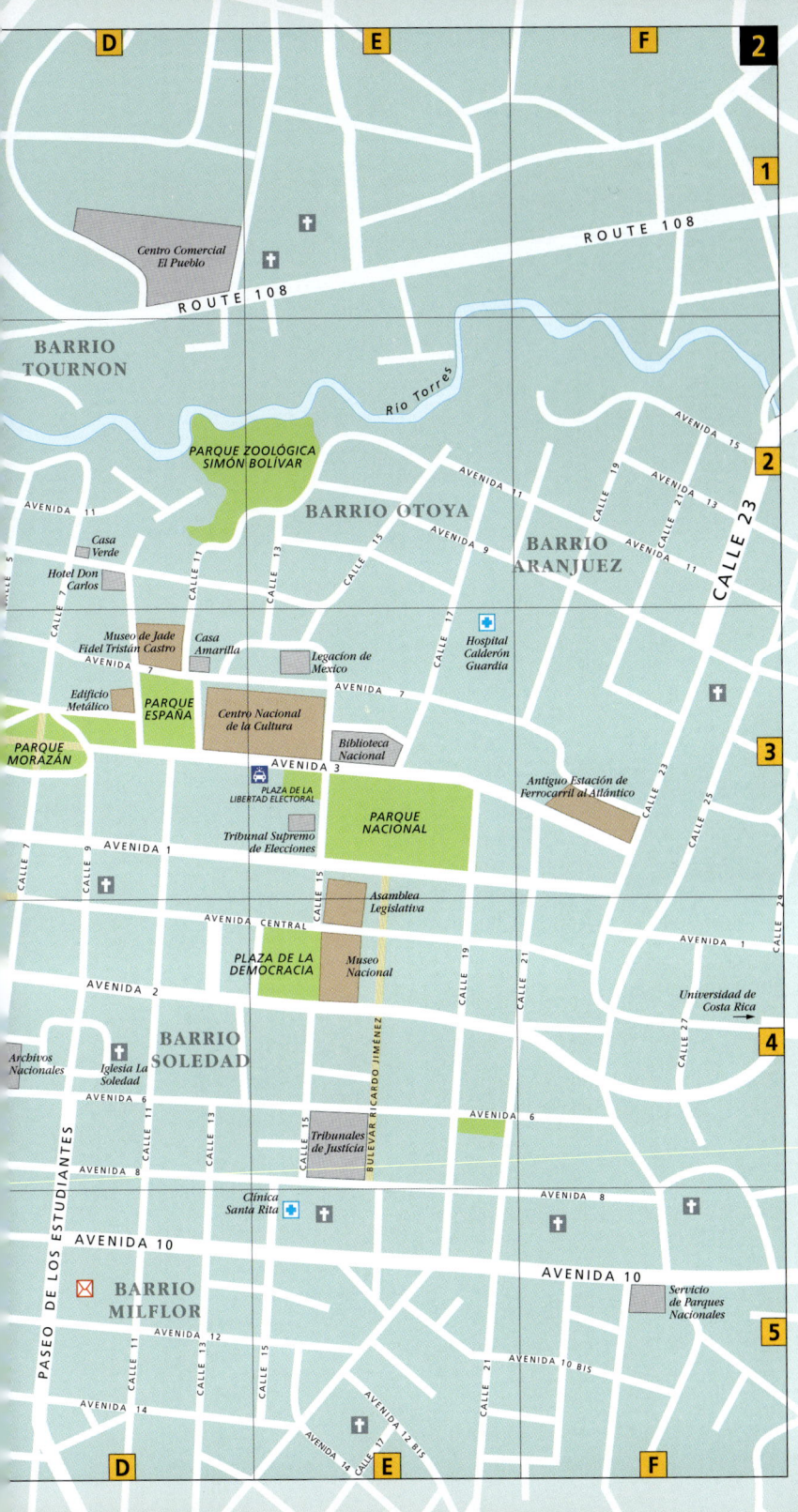

ZENTRALES HOCHLAND

Schwelende Vulkane dominieren die Landschaft des Zentralen Hochlands. Das breite Tal liegt auf einer Höhe von etwa 1000 Metern und bietet mit seinen steilen Abhängen, die von dichten grünen Wäldern und Kaffeesträuchern bedeckt sind, einen atemberaubenden Anblick. Auch das Klima ist sehr angenehm, weshalb rund zwei Drittel der Bevölkerung Costa Ricas heute hier leben.

Das milde Klima und der fruchtbare Boden der *meseta central* (zentrale Hochebene) zog schon früh spanische Siedler an. Präkolumbische Völker lebten bereits seit etwa 10 000 Jahren in der Region. Ihre fortschrittlichste Siedlung – Guayabo – fanden die Spanier rätselhafterweise jedoch verlassen vor. Sie wurde erst 500 Jahre später von Urwald überwuchert wiederentdeckt. Heute leben die Ureinwohner zurückgezogen am Rande der Talamanca-Berge.

Ackerbau betreibende Gemeinschaften entwickelten sich zunächst im Tal und später dann auch an den Berghängen. Unter der spanischen Herrschaft waren die bescheidenen Lehmziegeldörfer relativ isoliert, und sogar größere, stadtähnliche Siedlungen wie Alajuela und Heredia wiesen kaum wichtige Bauten auf. Ein Großteil der Architektur der Kolonialzeit – u.a. einige schöne Kirchen – wurde durch Erdbeben zerstört. Die historischen Gebäude, die überdauert haben, sind kaum ein Jahrhundert alt.

Die Region wird von Straßen durchzogen, auf denen man faszinierende Ausblicke auf Kaffeeplantagen, üppig grünes Weideland und, weiter oben, kühle Zedern- und Kiefernwälder hat. Die meisten Bergwälder stehen unter Naturschutz, Nationalparks und Naturreservate bieten exzellente Möglichkeiten zum Wandern und Tiere-Beobachten. Schmetterlingsfarmen, Kaffee-*fincas*, Ausflüge zum Dach des Regenwalds und Wildwasser-Rafting machen die Gegend zu einem Mikrokosmos der Attraktionen Costa Ricas.

Die auffällige Iglesia de Sarchí befindet sich auf dem Hauptplatz des Ortes

◁ **Der Río Pacuare bietet eine der weltweit besten Möglichkeiten zum Wildwasser-Rafting**

Überblick: Zentrales Hochland

Die gemäßigte Region wird vor allem von Bergen beherrscht. Das geschäftige Alajuela bietet eine gute Ausgangsbasis, um den bis zum Gipfel hinauf befahrbaren Volcán Poás zu erkunden. Das nahe gelegene Heredia ist ein Zentrum der Kaffeeproduktion, einige Plantagen kann man auch besichtigen. Landschaftlich wunderschön sind die nordwestliche Straße nach Sarchí und Zarcero sowie die La Ruta de los Santos und das Orosi-Tal. Die präkolumbische Hauptsehenswürdigkeit des Landes, das Monumento Nacional Guayabo, liegt östlich von San José. Die Flüsse Reventazón und Pacuare sollten Rafting-Fans keinesfalls versäumen, Wanderfreunde kommen auf den Vulkanen Poás, Barva und Turrialba auf ihre Kosten.

Das reich verzierte Innere der Iglesia de San José de Orosi

Orchidee im Jardín Botánico Lankester

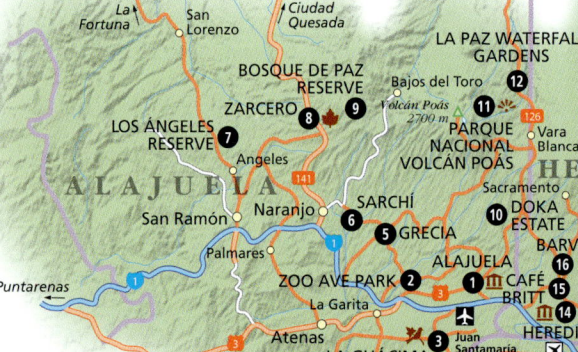

Sehenswürdigkeiten auf einen Blick

Legende

—	Panamerikanischer Highway
—	Schnellstraße
—	Hauptstraße
—	Nebenstraße
—	Panoramastraße
—	Provinzgrenze
△	Gipfel

Panoramablick über die Hänge des Volcán Irazú

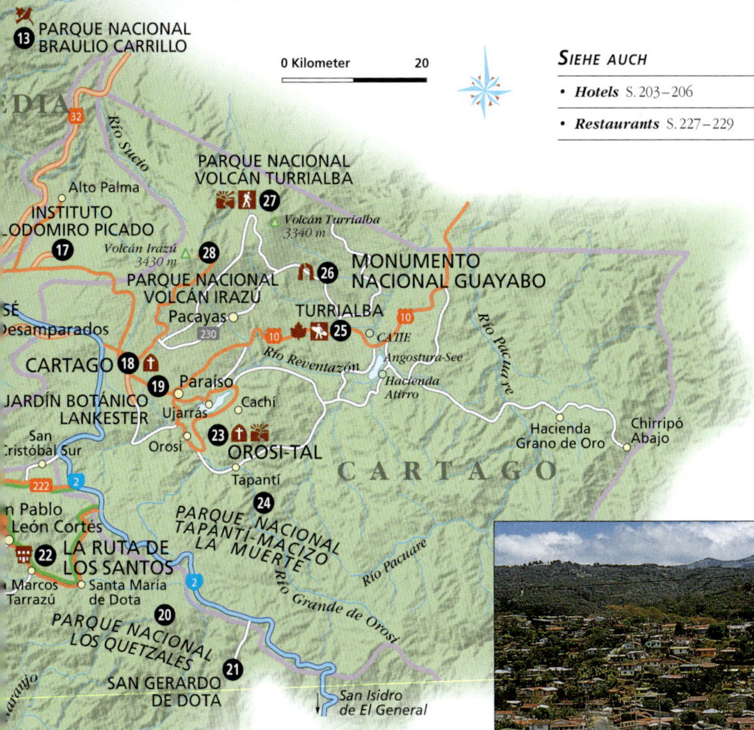

13 PARQUE NACIONAL
BRAULIO CARRILLO

0 Kilometer   20

SIEHE AUCH

• *Hotels* S. 203 – 206

• *Restaurants* S. 227 – 229

DIA

Río Sucio

Alto Palma

PARQUE NACIONAL
VOLCÁN TURRIALBA
27

Volcán Turrialba
3340 m

INSTITUTO
ODOMIRO PICADO
17

Volcán Irazú
3430 m
28

PARQUE NACIONAL
VOLCÁN IRAZÚ

26

MONUMENTO
NACIONAL GUAYABO

SÉ
Desamparados

Pacayas

230

TURRIALBA
25

CAÍLE

10

CARTAGO **18**

Río Reventazón

Angostura-See

Río Pacuare

19 Paraíso

Hacienda
Atirro

JARDÍN BOTÁNICO
LANKESTER

Ujarrás

Cachí

San
Cristóbal Sur

Orosi

23

OROSI-TAL

Hacienda
Grano de Oro

Chirripó
Abajo

C A R T A G O

Tapantí

24

n Pablo
León Cortés

222

2

PARQUE NACIONAL
TAPANTÍ-MACIZO
LA MUERTE

Río Pacuare

22 LA RUTA DE
LOS SANTOS

Márcos
Tarrazú

Santa María
de Dota

2

Río Grande de Orosi

PARQUE NACIONAL
LOS QUETZALES

20

araujo

21

SAN GERARDO
DE DOTA

San Isidro
de El General

IM ZENTRALEN HOCHLAND UNTERWEGS

Der internationale Flughafen Juan Santamaría liegt bei
Alajuela, 1,6 Kilometer vom Panamerikanischen Highway
entfernt, der das Zentrale Hochland mit der Pazifikküste
verbindet. Am besten erkundet man die Gegend mit dem
Auto. Straßenschilder *(rótulos)* gibt es allerdings kaum.
Fahren Sie nicht nachts und rechnen Sie mit Schlaglöchern, scharfen Kurven und Nebel. Zwischen vielen
Städten gibt es auch Busverbindungen. Geführte Touren
werden am besten von San José aus organisiert.

Kleine Stadt in der Nähe von Grecia

Alajuela ❶

Straßenkarte D3. 19 km nordwestlich von San José. 🚌 45 000. 🚶🚌
🚲 Sa. 🎭 *Día de Juan Santamaría*
(11. Apr); Festival de Mangos (Juli).

Die lebhafte Marktstadt zu Füßen des Volcán Poás ist die drittgrößte Stadt Costa Ricas. Den Mangobäumen auf dem Hauptplatz, der Plaza del General Tomás Guardia, verdankt Alajuela seinen Spitznamen »Stadt der Mangos«. Auf dem Platz stehen ein Brunnen, ein Musikpavillon sowie Bänke mit eingelassenen Schachbrettern. Er wird von der einfachen **Catedral de Alajuela** mit Kuppel und klassizistischer Fassade überragt. Interessanter ist die barocke **Iglesia Santo Cristo de la Agonía** (1935), fünf Blocks weiter östlich, mit faszinierenden Wandgemälden. Das ehemalige Gefängnis, einen Block nördlich des Hauptplatzes, beherbergt heute das **Museo Cultural y Histórico Juan Santamaría**, das zu Ehren des

Iglesia Santo Cristo de la Agonía

Jungen gegründet wurde, der sich dafür opferte, dass William Walker im Krieg von 1856 *(siehe S. 44 f)* geschlagen werden konnte. Ein Video informiert über das Ereignis (telefonisch buchen). Eine Bronzestatue Santamarías, Waffe und Fackel in der Hand, finden Sie in dem winzigen Parque Juan Santamaría, zwei Blocks südlich der Plaza.

Umgebung: Südöstlich von Alajuela befindet sich die Station **Flor de Mayo**, in der die gefährdeten grünen und roten Aras zur Auswilderung gezüchtet werden.

🏛 Museo Cultural y Histórico Juan Santamaría
Calles Central/2 und Ave 3.
📞 2441-4775. 🕐 *Di–So*
10–17.30 Uhr. 🎫 *Di–Fr.* ♿
www.museojuansantamaria.go.cr

🦋 Flor de Mayo
Río Segundo de Alajuela, 3 km
südöstlich von Alajuela. 📞 2441-
2658. 🕐 *nach Vereinbarung.*
🎫 *Spende.*
www.hatchedtoflyfree.org

Zoo Ave Wildlife Conservation Park ❷

Straßenkarte D3. Hwy 3, La Garita, 3 km östlich des Panam. Hwy.
📞 2433-8989. 🚌 *ab San José (Sa, So 8 Uhr) & Alajuela.* 🕐 *tägl. 9–17 Uhr.* 🎫 ♿ 🍴 📷
www.zooave.org

Der größte Zoo des Landes befindet sich in Privatbesitz. Er erstreckt sich über 59 Hektar und verfügt über die größte Sammlung tropischer Vögel in Mittelamerika. In ihm kann man – wie nur in einem weiteren Zoo auf der Welt – den prächtigen Quetzal bewundern. Riesige Volieren beherbergen über 60 einheimische Arten. Zudem finden sich hier Wild, Pekaris, Pumas, Tapire, die vier einheimischen Affenarten sowie Krokodile, Kaimane und Schlangen.
Viele der Säugetiere und Vögel wurden von dem National Wildlife Service vor Wilderern oder anderen Gefahren

Gehege im Zoo Ave Wildlife Conservation Park

gerettet. Der Zoo züchtet auch und trägt damit zur Erhaltung der grünen und roten Aras bei. Zucht- und Auswilderungsstation können nicht besichtigt werden.

La Guácima ❸

Straßenkarte D3. 12 km südlich von Alajuela. 🚌 15 500. 🚌

Die wachsende Gemeinde La Guácima ist berühmt für ihre **Butterfly Farm**, die Zoos in aller Welt mit lebenden Puppen versorgt. Besucher können sich an dem großartigen Anblick von 60 einheimischen Schmetterlingsarten erfreuen, die in dem netzgeschützten tropischen Garten umherflattern. Bei der zweistündigen Führung erfährt man alles über das Umfeld der Tiere. Am besten eignen sich sonnige Vormittage – die aktivste Zeit der Schmetterlinge.
Pferdefreunde sind auf der **Rancho San Miguel** genau richtig. Hier werden andalusische Pferde gezüchtet, Reitstunden gegeben und – ganz nach dem Vorbild der Spanischen Hofreitschule in Wien – Dressurvorführungen gezeigt.

🦋 The Butterfly Farm
Guácima Abajo, 300 m südöstlich vom Los Reyes Country Club.
📞 2438-0400. 🕐 *tägl. 8.30–16.30 Uhr.* 🎫 🚌 *8.45, 11, 13, 15 Uhr.* ♿ 🍴 📷
www.butterflyfarm.co.cr

🦋 Rancho San Miguel
3 km nördlich von La Guácima.
📞 2439-0909. 🕐 *tägl. 9–17 Uhr; Reservierung erforderlich.* 🎫
***Vorführungen** Sa 19.30 Uhr (Nov–Juli).* 🍴

Museo Cultural y Histórico Juan Santamaría, Alajuela

Hotels und Restaurants im Zentralen Hochland *siehe Seiten 203–206 und Seiten 227–229*

Schmetterlinge

Mit über 1250 Schmetterlingsspezies ist Costa Rica ein Paradies für Schmetterlingsforscher. Mit Beginn der Regenzeit (Mai bis Juli) steigt die Fortpflanzungsrate, die Population wächst. Die meisten Arten ernähren sich von Nektar, andere bevorzugen faulendes Obst, Vogelexkremente und sogar Aas. Ihr Feinde schrecken sie auf vielfältige Weise ab: Heliconiinae (Passionsblumenfalter) z.B. fressen zyanidhaltige Pflanzen und sind für andere Tiere ungenießbar. Dies signalisieren sie durch Warnfarben – Schwarz mit weißen, roten und/oder gelben Streifen –, die andere Arten imitieren. Einige Spezies sind braun oder grün gefleckt und damit ideal getarnt. Mehrere Arten ziehen zwischen Hoch- und Tiefland hin und her, andere legen Tausende von Kilometern zurück – die schwarzgrünen Uranidae z.B. zwischen Honduras und Kolumbien.

Mottenspezies des Landes

SCHMETTERLINGSFARMEN
Die Besucher spazieren durch Volieren, in denen Dutzende von Schmetterlingsarten nach Nahrung suchen und sich fortpflanzen. Einige Farmen exportieren die Tiere auch.

Raupen, *die Motten- und Schmetterlingslarven, beginnen direkt nach dem Schlüpfen zu fressen. Die gefräßigen Tiere besitzen Tarn- und Verteidigungsmechanismen, z.B. giftige Stacheln. Eine Spezies ähnelt gar einer Schlange.*

Zum Verpuppen *hängt sich die Raupe an einen Ast und verhärtet sich zu einem Kokon. Einige Raupen spinnen auch Kokons aus Seide, andere rollen Blätter zu Zylindern und verschließen sie mit Seidenfäden. Dann entwickeln sie sich zu Schmetterlingen.*

Morphofalter *erzeugen beim Fliegen ein strahlend blaues Licht. Eigentlich sind die Flügel braun – die Illusion kommt durch winzige, glasartige Schuppen auf den oberen Flügeln zustande. In Costa Rica gibt es über 50 Spezies dieser in den Tropen der Neuen Welt heimischen Familie.*

Morphoflügel

SCHMETTERLINGSARTEN
Costa Rica verfügt über zehn Prozent aller bekannten Schmetterlingsarten der Welt, von winzigen Edelfaltern mit durchsichtigen Flügeln bis zu riesigen blauen Morphofaltern.

Malachitfalter wechseln zwischen Trocken- und Regenzeit Größe und Farbe.

Passionsblumenfalter *fressen als Raupen giftige Passionsblumenblätter. Somit schmecken sie ihren Fressfeinden nicht mehr.*

Ritterfalter leben in offenen Gebieten und im Regenwald und haben lange Hinterflügel.

Bananenfalter *haben eine charakteristische Zeichnung auf den Flügeln: Die Ringe erinnern an Eulenaugen.*

Die auffällige rote Iglesia de Grecia

Universidad de Paz ❹

Straßenkarte D3. 13 km westlich von Escazú. 🚌 *nach Ciudad Colón, dann Taxi.* 📞 *2205-9000.* ⏰ *Mo–Fr 8–16.30 Uhr.* 📷 ♿ *nach Vereinbarung.* ♿ 🍴 *Do–Sa.* **www.upeace.org**

Die Universität, eine Einrichtung der Vereinten Nationen, erfreut sich einer idyllischen Lage auf der 300 Hektar großen Hacienda Rodeo (ehemalige Viehfarm und Naturschutzgebiet). Sie widmet sich seit 1980 der Forschung und Förderung des Weltfriedens. In den botanischen Gärten des Campus stehen Büsten berühmter Persönlichkeiten wie Mahatma Gandhi, des russischen Schriftstellers Tolstoi und des Gründers des Roten Kreuzes, Henry Dunant. Besonders bewegend ist die lebensgroße Statue *Peace Pilgrim* von Fernando Calvo, die er Mildred N. Ryder (1908–1981) widmete. Sie marschierte ab einem Alter von 44 Jahren bis zu ihrem Tod für den Frieden.

Spazierpfade führen in das zwölf Quadratkilometer große Naturschutzgebiet **Reserva Forestal el Rodeo**, in dem Rotwild, Affen, Wildkatzen und über 300 Vogelarten leben.

Grecia ❺

Straßenkarte C3. 18 km nordwestlich von Alajuela. 🏘 *14 000.* 🚌

Highlight der friedlichen Marktstadt, die 1864 gegründet und vor Kurzem zur saubersten Stadt Costa Ricas gekürt wurde, ist die **Iglesia de Grecia**, die aus rostroten vorgefertigten Stahlplatten

besteht. In dem mit Holz ausgestatteten Innenraum steht ein kunstvoller Marmoraltar.

In der Nähe von Grecia zeigt die **World of Snakes** rund 300 Schlangen. Die nicht giftigen Arten dürfen Besucher sogar streicheln.

Stuhl aus der Fábrica de Carretas Joaquín Chaverri

> 🐍 **World of Snakes**
> 1 km südöstlich von Grecia.
> 📞 *2494-3700.* ⏰ *tägl. 8–16 Uhr.*
> 📷 📘 ♿ 🚻
> **www.theworldofsnakes.com**

Sarchí ❻

Straßenkarte C3. 29 km nordwestlich von Alajuela. 🏘 *11 000.* 🚌
ℹ *Plaza de la Artesanía, Sarchí Sur.*
📷 *Festival de las Carretas (Feb).*

Das wichtigste Kunsthandwerkszentrum des Landes liegt inmitten von Kaffeefeldern am Südhang des Volcán Poás. Die Stadt ist für ihre

Die Iglesia de Sarchí mit schönen Statuen einheimischer Künstler

Holzmöbel, Schaukelstühle aus Leder und handbemalten Ochsenkarren berühmt. Letztere sind mit typischen floralen und geometrischen Mustern verziert. Die weiß getünchten Häuser des Stadtzentrums Sarchí Norte weisen ähnliche Motive auf. Sehenswert ist die rosa-türkisfarbene **Iglesia de Sarchí**, die ein Ochsenkarrenrad auf einem ihrer Zwillingstürme trägt.

Kunsthandwerksläden und *mueblerías* (Möbelwerkstätten) konzentrieren sich auf das einen Kilometer östlich gelegene Sarchí Sur. Schöne Souvenirs bekommt man in der **Fábrica de Carretas Joaquín Chaverri** *(siehe S. 239).* In den *tallers* (Werkstätten) im hinteren Bereich werden Ochsenkarren in verschiedenen Größen bemalt. **Taller Eloy Alfaro** stellt als Einziger noch Ochsenkarren her. Sarchí ist bei Reisegruppen beliebt – am Wochenende sollten Sie die Stadt meiden.

> **Fábrica de Carretas Joaquín Chaverri**
> Sarchí Sur. 📞 *2454-4411.*
> ⏰ *tägl. 8–18 Uhr.* 📷 📘 🍴 🚻
> **http://sarchicostarica.net**
> **Taller Eloy Alfaro**
> 150 m nördlich von Sarchí Norte.
> 📞 *2454-4131.* ⏰ *Mo–Fr 6–18 Uhr.* 📷 ♿

Los Angeles Cloud Forest Private Biological Reserve ❼

Straßenkarte C3. 32 km nordwestlich von Sarchí. 📞 *2461-0643.*
🚌 *nach San Ramón, dann Taxi.*
⏰ *tägl. 8–16 Uhr.* 📷 🍴 🚻 🍽

Das neun Quadratkilometer große Reservat bietet Zugang zu einem Nebelwald. Überall hört man die Rufe von Arassaris, Hämmerlingen und drei Affenarten. Das 700 bis 1800 Meter hoch gelegene Gebiet wird von Wildkatzen durchstreift. Die weitverzweigten Spazierpfade sind nach Länge und Schwierigkeitsgrad klassifiziert. Auch Ausritte, Führungen und Ausflüge zum Dach des Regen-

Eindrucksvolle Formsträucher im Hauptgang des Parque Francisco Alvardo, Zarcero

walds *(siehe S. 24f)* werden angeboten. Regencapes kann man gratis ausleihen.

El Silencio de Los Ángeles Reserve ist eine Erweiterung der Cloud Forest Reserve. Um das im Kolonialstil errichete Bauernhaus, das über der Kontinentalspalte liegt, ziehen Nebelbänke. Heute ist in dem Gebäude das Villablanca Cloud Forest Hotel *(siehe S. 204)* untergebracht.

Die winzige **La Mariana**-Kapelle in der Nähe ist mit handbemalten Fliesen verziert, die je einer anderen Heiligen gewidmet sind. Vor der Kirche steht eine Statue des schwarzen Heiligen San Martín de Porres.

El Silencio de los Ángeles
1 km nordwestlich von Los Ángeles Cloud Forest Reserve. **C** 2461-0300. **O** tägl. 8–17 Uhr. **www**.villablanca-costarica.com

Zarcero ❽

Straßenkarte C3. 22 km nordwestlich von Sarchí. **3800.** **Feria Civica (Feb).**

Der malerische Bergort liegt spektakulär auf 1700 Meter Höhe inmitten von üppigen Weiden und bewaldeten Abhängen. Er ist vor allem bekannt für seinen *palmito* genannten Käse. Hauptattraktion im Zentrum ist der weitläufige **Parque Francisco Alvardo** mit gepflegten Gärten und Ziersträuchern. Seit 1960 schneidet der Gärtner Don Evangelisto Blanco die Zypressen des Parks in fantasie-

volle Formen: Ochsen und Karren, ein Flugzeug, einen Stierkampf mit Matador und angreifendem Stier, sogar einen Affen auf einem Motorrad. Der Hauptpfad wird von einem Bogengang im Jugendstil gesäumt, der zu einer weiß getünchten Kirche mit bemaltem Innenraum führt.

Bosque de Paz Rain/Cloud Forest Biological Reserve ❾

Straßenkarte C2. 14 km östlich von Zarcero. **C** 2234-6676. **nach Zarcero, dann Taxi. O** tägl. 9–16 Uhr; nur nach Vereinbarung. **www**.bosquedepaz.com

Das Reservat erstreckt sich über zehn Quadratkilometer im Tal des Río Toro an der Nordseite des Volcán Pla-

tanar und verbindet den Parque Nacional Volcán Poás *(siehe S. 90)* mit dem abgelegeneren Parque Nacional Juan Castro Blanco. Rund 22 Kilometer Pfade führen durch Primär- und Sekundärwälder, durch Regen- und Nebelwälder. Der ausgiebige Niederschlag nährt die vielen Wasserfälle und Flüsse, die an Kolibri- und Schmetterlingsgärten vorbeirauschen.

An klaren Tagen bieten die *miradores* (Aussichtspunkte) atemberaubende Rundumblicke und die Chance, Faultiere, Wildkatzen und Affen zu sehen. Das Naturschutzgebiet mit seinen über 330 Vogelarten, darunter auch der prächtige Quetzal sowie der Hämmerling, ist ein Paradies für Ornithologen.

Für Mahlzeiten und eine Übernachtungsmöglichkeit sorgt eine rustikale Lodge *(siehe S. 204)*.

TRADITIONELLE OCHSENKARREN

Das Wahrzeichen Costa Ricas, die traditionelle *carreta* (Ochsenkarren), war einst auf Farmen und zum Transport der Kaffeebohnen nicht wegzudenken. Die Räder haben einen Durchmesser von bis zu 1,50 Meter. Sie haben keine Speichen und werden von einem Metallband zusammengehalten. Mitte des 19. Jahrhunderts begann man, die Karren anzumalen und mit Mustern zu versehen. Metallringe an der Radkappe sorgten für den unverwechselbaren Klang. Heute werden die *carretas* zwar noch auf traditionelle Weise hergestellt, dienen jedoch rein dekorativen Zwecken, z. B. als Hausbar. In voller Größe kosten sie bis zu 5000 US-Dollar.

Handbemalter Karren in Sarchí

Der atemberaubende Krater des Volcán Poás *(siehe S. 90)* ▷

**Doka Estate – Kaffeesträucher,
so weit das Auge reicht**

Doka Estate ⑩

Straßenkarte D3. Sabanilla de Alajuela, 11 km nördlich von Alajuela.
🚌 *ab Alajuela.* 📞 *2449-5152.* 📷
📅 *Mo – Fr 9, 10, 11, 13.30, 14.30,
15.30 Uhr, Sa, So 9, 10, 11, 13.30,
14.30 Uhr. Reservierung empfohlen.*
♿ 🏠 🌐 *www.dokaestate.com*

Die Kaffee-*finca* am Fuß
des Volcán Poás wurde
1929 von dem Kaufmann Don
Clorindo Vargas gegründet.
Das Anwesen, das auch heute
noch der Familie Vargas gehört, verfügt über rund
15 Quadratkilometer Kaffeesträucher, die von 200 Festan-
gestellten bearbeitet werden.
In der Erntezeit, von Oktober
bis Januar, kommen noch
etwa 3000 zusätzliche Arbeiter
hinzu.

Auf dem Doka Estate trock-
net man die Kaffeebohnen
noch auf traditionelle Weise,
indem man sie in der Sonne
ausbreitet. Die Angestellten
freuen sich über wissbegieri-
ge Besucher, denen sie alles
über die Kaffeeproduktion
und -verarbeitung erzählen
(siehe S. 30f). Die geführte
Tour im *beneficio* (1893), das
seit 2003 unter Denkmal-
schutz steht, beginnt mit einer
köstlichen Kaffeeprobe. Die
Führung zeigt alle Stationen
der Kaffeeherstellung und
endet im Röstraum.

Zudem hat man von der
Plantage aus einen herrlichen
Blick über Abhänge und Tal.
Nicht weit entfernt gibt es ein
kleines Hotel.

Parque Nacional Volcán Poás ⑪

Straßenkarte D1. 37 km nördlich
von Alajuela. 🚌 *ab Alajuela und San
José.* ℹ️ *2482-2165.* 📅 *Mai – Nov:
tägl. 8 – 15.30 Uhr.* 📷 *während
vulkanischer Aktivitäten.* 📷 📷 ♿
🏠 🏠 🏠

Der meistbesuchte Natio-
nalpark des Landes
wurde am 25. Januar 1971
eingeweiht. Er erstreckt sich
über 65 Quadratkilometer
rund um den Volcán Poás
(2700 m). Der ruhelose Riese
entstand vor über einer Million Jahren und ist seitdem un-
unterbrochen aktiv. Er bricht
etwa alle 40 Jahre aus. Eine
kleinere Eruption fand im
März 2006 statt, und ein Erdbeben der Stärke 6,2 auf der
Richterskala zerstörte viel der
unmittelbaren Umgebung.

Zugang zum Park hat man
über das Bergdorf **Poasito**.
Eine landschaftlich
unglaublich schöne
Fahrt führt zum
Gipfel des Vul-
kans. Die Straße
schlängelt sich
an Kaffeeplanta-
gen, blühenden Gärten
und Weideland für
Kühe vorbei. Dabei
hat man eine atemberaubende Aussicht zurück ins Tal.
Vom Parkplatz aus braucht
man nur fünf Minuten zu Fuß
über einen gepflasterten Weg
zum Krater eines der größten
aktiven Vulkane der Welt. Die
Aussichtsterrasse bietet einen
Furcht einflößenden Blick ins
Herz der zischenden *caldera*

**Tukane im
Parque Nacional
Volcán Poás**

(kollabierter Krater, *siehe
S. 153*), die 300 Meter tief und
1,6 Kilometer breit ist. In ihr
haben sich ein leuchtend türkisfarbener See, Schwefelfu-
marolen und seit den 1950er
Jahren ein 75 Meter großer
Kegel gebildet. An klaren
Tagen kann man sowohl bis
zur Pazifik- als auch bis zur
Karibikküste sehen.

Den ruhenden Botos-Krater
im Südosten füllt der jadegrü-
ne **Botos-See**. Man erreicht
ihn über einen Pfad durch
Wälder voller verkümmerten
Immergrüns, Magnolien sowie
bromelien- und moosüberwu-
cherter Lorbeerbäume. Hier
leben mehr als 80 Vogelarten,
darunter der Feuerkehlkolibri,
der grüne Tukan und der
prächtige Quetzal. Zu den
Säugetieren zählen Baum-
ozelots und das Poás-Eich-
hörnchen, das nur hier vor-
kommt.

Zur Anlage des National-
parks gehören auch eine Aus-
stellungshalle
für audiovi-
suelle Vor-
führungen,
ein Shop und
ein Café.

Am späte-
ren Vormittag
ziehen meist Wolken
auf, kommen Sie also
so früh wie möglich. Und
bringen Sie warme Kleidung
mit: Die Durchschnittstempe-
ratur auf dem Gipfel beträgt
nur 12°C, Tage ohne Sonne
sind bitterkalt. Zudem empfiehlt sich ein Besuch unter
der Woche – am Wochenende
ist es sehr voll. Es gibt auch
Führungen.

Der Botos-See in einem inaktiven Krater, Parque Nacional Volcán Poás

La Paz Waterfall Gardens ⓬

Straßenkarte D2. Montaña Azul, 24 km nördlich von Alajuela.
📞 2482-2720. 🚌 ab San José.
🕐 tägl. 8–17 Uhr, letzter Einlass 16 Uhr. 🖼️ 🎫 🍴 🛍️ ⬜
www.waterfallgardens.com

Wasser vermischt sich mit Schwefel, Parque Nacional Braulio Carrillo

Hauptattraktion sind die fünf donnernden Wasserfälle, die sich auf der Nordostseite des Volcán Poás in dicht bewaldete Schluchten stürzen. Auf den gepflasterten Wegen und den Aussichtsplattformen über, unter und vor den Fällen werden die Besucher von der Gischt geradezu durchnässt. Einige Wasserfälle erreicht man nur über Metalltreppen, und auch der Weg zurück den Berg hinauf erfordert körperliche Fitness.

Auf dem Gelände befindet sich auch der **Hummingbird Garden**, in dem 26 Kolibriarten leben – rund 40 Prozent der 57 Spezies des Landes. Am Wegesrand finden sich Informationstafeln. Mehr als 4000 Schmetterlinge flattern durch den **Butterfly Garden**, und viele Aras, Tukane und andere Vögel kann man während einer Besichtigung der großen Voliere, einer netzüberspannten massiven Kuppel von der Größe eines Fußballfeldes, sehen. Weitere Attraktionen sind ein begehbarer Froschteich mit Pfeilgiftfröschen und andere Froscharten, ein Serpentarium mit Dutzenden Schlangenarten und der Nachbau eines traditionellen Bauerngehöfts mit Personal in historischen Kostümen. Zudem werden Führungen anerkannter Ornithologen angeboten.

Vom Parkrestaurant aus hat man einen herrlichen Blick auf Tal und Wald. Die Peace Lodge *(siehe S. 205)* in der Nähe bietet Unterkünfte für den größeren Geldbeutel.

Parque Nacional Braulio Carrillo ⓭

Straßenkarte D2. Guápiles Hwy, 37 km nördlich von San José.
🚌 San José–Guápiles. 🛈 Rangerstation Puesto Quebrada, Hwy 32,
📞 2233-4533. 🕐 Di–So 8–16 Uhr.
🖼️ ⬜

Der nach Costa Ricas drittem Staatsoberhaupt benannte Park bedeckt rund 480 Quadratkilometer Fläche und reicht von 36 Meter (La Selva im nördlichen Tiefland) bis 2900 Meter Höhe (Volcán Barva). Der Parque Nacional Braulio Carrillo wird vom Guápiles Highway geteilt, der San José mit Puerto Limón verbindet. Eigentlich war es der Bau dieses Highways, der 1978 zur Gründung des Parks führte, um die Hauptwasserscheide San Josés zu schützen. Der Park mit Bergen, seinem dichten Regenwaldbewuchs und zahlreichen Wasserfällen gehört zu den zerklüftetsten Regionen Costa Ricas. Er wird immer wieder von sturzbachartigen Regen-

Baumozelot im Parque Nacional Braulio Carrillo

fällen heimgesucht. Er umfasst fünf Lebensräume, u. a. einen Nebelwald. Es gibt 135 Säugetier-, 500 Vogel- und viele Schlangenarten.

Haupteingang des Parks ist die Rangerstation **Quebrada González** 13 Kilometer nördlich der Rangerstation **Zurquí**, in der Nähe der Rainforest Aerial Tram *(siehe S. 159)*. Am interessantesten sind Wanderungen um den Gipfel des Volcán Barva auf der Westseite des Parks (mit Allradantrieb über die Rangerstation **Puesto Barva** oberhalb von Sacramento zu erreichen). Ein Wanderweg führt durch den spektakulären Nebelwald zum Kraterrand.

Der inaktive Barva besteht aus drei Vulkanformationen, die mindestens 13 eruptive Kegel umfassen, einige davon mit Seen. Um die Seen Danta und Barva herum kann man häufig Tapire beobachten.

Für erfahrene Wanderer gibt es auch längere Routen über mehrere Tage den nördlichen Abhang hinunter. Dafür benötigen Sie jedoch auf jeden Fall eine gute Ausrüstung.

Leider kommt es auch immer wieder zu bewaffneten Raubüberfällen und zu Diebstählen aus geparkten Autos. Wanderer müssen sich deshalb bei den Rangern an- und abmelden. Veranstalter in San José bieten Halbtages- und Tagestouren an.

Der Butterfly Garden in den La Paz Waterfall Gardens

Buntglasfenster in der Parroquia de la Inmaculada Concepción, Heredia

Heredia ⑭

Straßenkarte D3. 11 km nordwestlich von San José. 🚌 42 500. 🚐 🚶 nach Vereinbarung. 🚌 Sa. 🎉 Osterumzug in San Joaquín de Flores (März/Apr).

D
ie ruhige, ordentliche Stadt wurde 1706 gegründet. Im Zentrum stehen wichtige koloniale Gebäude, und dank eines Zweigs der Universität von Costa Rica *(siehe S. 71)* beleben Studenten die Stadt. In ihrer Mitte findet sich der Parque Nicolás Ulloa, kurz Parque Central. Zwischen seinen großen, Schatten spendenden Mangobäumen stehen Büsten und Denkmäler sowie die niedrige, verwitterte Kathedrale **La Parroquia de la Inmaculada Concepción**. Sie stammt von 1797, hat einen Dreiecksgiebel, wunderschöne Buntglasfenster und einen zweifarbigen Marmorboden.

Auf der Nordseite des Parks steht im Vorhof der Stadtverwaltung das *Monumento Nacional a la Madre*, die Bronzeskulptur einer Mutter mit Kind von Miguela Brenes. Im Westen des Gebäudes befindet sich die in der Kolonialzeit erbaute **Casa de la Cultura** mit der Residenz des Ex-Präsidenten Alfredo González Flores (1877–1962), in der heute eine Kunstsammlung und ein kleines Museum untergebracht sind. Der nahe gelegene runde Festungsturm **El Fortín** stammt von 1876.

Umgebung: Beliebte Sehenswürdigkeit der lebhaften Stadt Santa Barbara de Heredia nordwestlich von Heredia ist die **Ark Herb Farm**. Die Gärten erstrecken sich über acht Hektar. Ihre Heilpflanzen werden exportiert. Nördlich von Heredia liegt der steile

Volcán Barva, der bei den Josefinos vor allem wegen der guten Luft und der Ruhe beliebt ist. Im Naturschutzgebiet **Monte de la Cruz** kann man Häuser im Tiroler Stil inmitten von Zypressen- und Kiefernwäldern mieten. Im Juli und August findet im **Hotel Chalet Tirol** *(siehe S. 204)* das International Festival of Music statt. Im Südwesten von Heredia ist der Umweltpark **INBioparque** sehenswert, einschließlich verschiedener Nachstellungen natürlicher Lebensräume.

🏛 **Casa de la Cultura**
Calle und Ave Central.
📞 2260-4485. ⏰ tägl. 9–21 Uhr.

🌿 **Ark Herb Farm**
Santa Barbara de Heredia, 5 km nordwestlich von Heredia.
📞 8846-2694. ⏰ tägl. 9–16 Uhr, nach Vereinbarung. 📷 📞 9.30 Uhr, nach Vereinbarung. 📷
🌐 www.arkherbfarm.com

🌿 **INBioparque**
5 km südöstlich von Heredia.
📞 2507-8107. ⏰ Di–Fr 8–16 Uhr, Sa, So 8–17 Uhr. 📷 🍴 📷
🌐 www.inbioparque.com

Besucher bewundern die tropischen Pflanzen der Ark Herb Farm

Café Britt ⑮

Straßenkarte D3. Santa Lucía, 1 km nördlich von Heredia. 📞 2277-1600. 🚐 Transfers ab San José. 📷 📷 obligatorisch; 15. Dez–Apr: 9, 11, 15 Uhr; Mai–15. Dez: 9, 15 Uhr. **Konzerte, Vorträge, Filme.** 📷 🍴
📷 www.coffeetour.com

D
as Mekka der Kaffeeliebhaber ist eine der meistbesuchten Sehenswürdigkeiten des Landes: Im *beneficio* wird Gourmetkaffee geröstet und verpackt. Die Besichtigungstouren werden von als *campesinos* verkleideten Schauspielern geführt. Die Vorführung erzählt eine herzerwärmende Liebesgeschichte sowie alles über die Geschichte und Produktion des Kaffees, vom Anbau bis zur Tasse Kaffee. Die Besucher werden über das 2,5 Hektar große Anwesen bis zum Verpackungsraum geführt, wo es nach frisch gerösteten Kaffeebohnen duftet. Die Tour endet nach einer Multimedia-Vorführung über die Bedeutung des Kaffees für die politische und nationale Identität des Landes in Kaffeebar und Speisesaal.

Etikett eines Café-Britt-Produkts

Barva ⑯

Straßenkarte D3. 3 km nördlich von Heredia. 🚌 4900. 🚐 ab Heredia. 🎉 Festival de San Bartolomé (24. Aug).

D
as malerische Städtchen wurde 1613 als San Bartolomé de Barva gegründet und ist eine der ältesten Siedlungen Costa Ricas. Es liegt am Fuß des Volcán Barva und besteht aus vielen einfachen roten Lehmziegelhäusern aus dem 18. Jahrhundert.

Der blumenübersäte, palmengesäumte Marktplatz entstand 1913. Die hübsche **Iglesia de San Bartolomé de Barva** wurde 1867 auf einem alten Indianerfriedhof errichtet. Sie ersetzte zwei frühere, durch Erdbeben zerstörte Bauten. Auf der nordöstlichen Seite befindet sich eine der Jungfrau von Lourdes geweihte Grotte. Am Rand der Stadt gibt das **Museo de Cultura Popular** einen interessanten Einblick in das Leben Ende des 19. Jahrhunderts. Das Gebäude war einst Residenz des ehemaligen Präsidenten Alfredo González Flores. Das Mauerwerk wurde zu Demonstrationszwecken teilweise freigelegt, die Küche serviert traditionelle Gerichte.

🏛 **Museo de Cultura Popular**
Santa Lucía de Barva, südlich von Barva. 📞 2260-1619. ⏰ Mo–Fr 8–16, Sa, So nach Vereinbarung.

San Isidro de Coronado ⑰

Straßenkarte D3. 10 km nordöstlich von San José. 🚶 8400. 🚌
📷 Festival de San Isidro Labrador (15. Mai)

Am westlichen Hang des Vulkans Irazú liegt San Isidro. Das landwirtschaftliche Zentrum rühmt sich der größten gotischen Kirche des Landes. Die **Parroquia de San Isidro**, die sich über die von Bäumen beschattete Plaza der Stadt erhebt, wurde 1930 in Deutschland vorgefertigt, vor Ort aufgestellt und 1934 fertiggestellt. Die Stadt beherbergt auch das **Instituto Clodomiro Picado**, einen Teil der Universidad de Costa Rica und ein führendes Forschungszentrum für Schlangengift weltweit. Zum Parque Nacional Volcán Irazú startet man von San Isidro aus über eine landschaftlich einmalige Strecke durch Rancho Redondo. Die Straße schlängelt sich entlang den Berghängen und

Schild des Instituto Clodomiro Picado, San Isidro de Coronado

gewährt spektakuläre Blicke über San José und das Zentrale Hochland.

🏛 **Instituto Clodomiro Picado**
📞 2229-0344. ⏰ Mo–Fr 8–16 Uhr; nur für Gruppen und nach Vereinbarung. ♿ www.icp.ucr.ac.cr.

Cartago ⑱

Straßenkarte D3. 21 km östlich von San José. 🚶 120000. 🚌
📷 Fronleichnam (Mai/Juni); Día de Nuestra Señora de la Virgen de los Ángeles (2. Aug).

Costa Ricas erste Stadt und ursprüngliche Hauptstadt wurde 1563 von dem spanischen Eroberer und Gouverneur Juan Vásquez de Coronado (siehe S. 42) gegründet. Nach der Schlacht von Ochomogo 1823 musste sie ihren Titel als Hauptstadt an San José abtreten. Ein Ausbruch des Volcán Irazú zerstörte sie 1723. Viele Kolonialgebäude fielen von 1841 bis 1910 Erdbeben zum Opfer. Heute gibt es vor allem Landwirtschaft und Industrie.

Dennoch ist Cartago nach wie vor das religiöse Zentrum

Orchidee im Jardín Botánico Lankester

des Landes. Die im byzantinischen Stil errichtete **Basílica de Nuestra Señora de los Ángeles** (siehe S. 94f) ist La Negrita, der Schutzheiligen Costa Ricas, geweiht.

Die Ruinen der **Iglesia de la Parroquia** erinnern an das Erdbeben vom 13. April 1910. Die Kirche wurde seit ihrer Erbauung 1575 bereits fünfmal durch diese Naturkatastrophen zerstört. Die moosbedeckten Überreste stehen heute in einem kleinen Park.

Jardín Botánico Lankester ⑲

Straßenkarte D3. 6 km östlich von Cartago. 📞 552-3247. 🚌 ab Cartago. ⏰ tägl. 8.30–16.30 Uhr. 📷 ♿
🌐 www.jardinbotanicolankester.org

Die üppigen botanischen Gärten unterstehen als Forschungszentrum der Universität von Costa Rica. Sie wurden 1917 vom englischen Gartenbaumeister und Kaffeeproduzenten Charles Lankester West gegründet. Etwa 3000 neotropische, nach Familien geordnete Pflanzen sind auf elf Hektar zu sehen. Höhepunkt ist die Orchideensammlung. Die 1100 Spezies sind in der Trockenzeit, vor allem zwischen Februar und April, besonders schön. Pfade schlängeln sich an einem Bambustunnel, an Wäldern sowie an einem Heilpflanzen-, einem Kaktus-, einem Schmetterlings- und einem japanischen Garten vorbei. Besucher erhalten vor Beginn ihrer Tour eine Einführung.

Die verwitterten Ruinen der Iglesia de la Parroquia, Cartago

Cartago: Basílica de Nuestra Señora de los Ángeles

Detail an einer Säule

Die Basilika trägt ihren Namen zu Ehren der Schutzheiligen des Landes, Unserer Lieben Frau von Los Ángeles (»La Negrita«), und ist die wichtigste Kirche Costa Ricas. Einer Legende zufolge fand Juana Pereira, ein Mischlingsmädchen vom Land, am 2. August 1635 die kleine Figur einer dunkelhäutigen Jungfrau Maria auf einem Felsen. Man schloss die kleine Statue zweimal weg – und jedes Mal erschien sie mysteriöserweise wieder auf dem Felsen. An dieser Stelle steht heute die Basilika. Sie wurde 1926 durch ein Erdbeben zerstört und 1929 wieder aufgebaut. Der eindrucksvolle Bau im byzantinischen Stil hat eine verzierte Fassade und eine achteckige Kuppel. Der Quelle unter der Kirche werden heilende Kräfte nachgesagt.

Seitenaltäre
Die Schreine in den Seitenaltären sind San Antonio de Padua, San Cayetano, San Vicente de Paul und dem schwarzen Heiligen San Benito de Palermo gewidmet. Zudem stehen hier Statuen der Heiligen Familie.

★ La-Negrita-Statue
Die 20 Zentimeter hohe Statue der Jungfrau Maria, deren Entdeckung zum Bau der Kirche geführt haben soll, steht in einem Schrein über dem Hauptaltar. Den Schrein zieren Goldornamente und Edelsteine.

Fassade
Sie ist mit maurischen Bogen und kannelierten Pilastern mit Engeln geschmückt.

LA-NEGRITA-PILGERFAHRT

An jedem 2. August nehmen fromme Costa Ricaner an der Prozession der Día de Nuestra Señora de la Virgen de los Ángeles teil. Tausende legen die 24 Kilometer von San José nach Cartago zu Fuß zurück – viele sogar auf den Knien oder mit Kreuzen. Die Gläubigen besuchen die unterirdische Cripta de la Piedra, um den Stein zu berühren und Weihwasser aus einer Quelle zu schöpfen. Die Statue der Negrita wird durch die Stadt getragen, bevor sie wieder in ihrem Schrein ruht.

Pilger und Besucher vor der Kirche

Hotels und Restaurants im Zentralen Hochland *siehe Seiten 203–206 und Seiten 227–229*

Das Innere der Kuppel
Zentrum der Holzdecke ist die achteckige, holzgetäfelte Kuppel, durch deren Fenster das Licht hereinströmt und das Kirchenschiff erhellt.

INFOBOX

Calles 14/16 und Aves 2/4, Cartago. 2551-0465. ab San José (Calle 5 und Aves 18/20). tägl. 6–19 Uhr. den ganzen Tag über regelmäßig Gottesdienste.

★ Kirchenschiff
Das kunstvolle Kirchenschiff in Form eines doppelten Kreuzes besteht gänzlich aus Harthölzern und ist mit floralen Motiven bemalt. Parabelförmige Bogen ruhen auf kleeblattbekrönten Holzsäulen.

Die Mauern bestehen aus verzinktem Stahl mit Zementstuck.

In der Cripta de la Piedra (Felsenkrypta) steht der unterirdische Schrein mit dem Felsen, auf dem die La-Negrita-Statue gefunden worden sein soll. Man betritt sie über eine Rampe auf der Rückseite der Basilika. Sie ist voller Votivgaben.

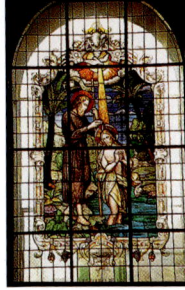

Buntglasfenster
Auf den wunderschönen vitrales (Buntglasfenstern) sind biblische Szenen dargestellt. Die schönsten befinden sich in der Sakristei (Südostecke). Sie zeigen Jesus mit verschiedenen Heiligen.

NICHT VERSÄUMEN

★ Kirchenschiff
★ La-Negrita-Statue

Im Parque Nacional Los Quetzales

Parque Nacional Los Quetzales ❷⓿

Straßenkarte D3/D4. Panam. Hwy, 76 km südöstlich von San José.
🚌 bis km 58, dann zu Fuß.
📞 2200-5354. 🕐 tägl. 8–16 Uhr.
📧 www.sinac.go.cr

An der Grenze zum Panamerikanischen Highway liegt der Parque Nacional Los Quetzales, der 2005 aus dem Los-Santos-Forest-Reservat, dem Biological Reserve of Cero de las Vueltas und verschiedenen anderen Staatseigentumen entstanden ist. Er bedeckt 5000 Hektar Nebelwald, der an den Ufern des Río Savegre liegt. In dieser biologisch vielseitigsten Region Costa Ricas leben 25 indigene Spezies, 116 Säugetierarten. Es gibt Mangroven und Lagunen, die aus Gletschern entstanden sind. Einer der Höhepunkte sind die Quetzals, nach denen der Park benannt wurde. Außerdem gibt es Rußdrosseln und Kolibris.

Die Pfade der **Dantica Cloud Forest Lodge**, knapp nördlich von San Gerado de Dota, führen durch Nebelwald, in dem Pekaris, Hirsche, Tapire, Otter, Ozelots und Pumas gesichtet worden sind.

Danticas dreiräumige Ausstellung einheimischer Kunst präsentiert Schmuck, Textilien, Keramik, Statuen und Masken aus Ländern wie Peru, Venezuela und Kolumbien. Es gibt auch Masken und natürlich gefärbte Baumwolltaschen, die die indigene Gruppe der Boruca herstellt.

🏨 **Dantica Cloud Forest Lodge**
📞 2740-1067. 🕐 24 Stunden. 🌐
📧 🍴 🌐 www.dantica.com

San Gerardo de Dota ❷①

Straßenkarte D4. 9 km westlich des Panam. Hwy bei km 80.
🏠 1000. 🚌 bis km 80, dann wandern oder Transfer (8367-8141).

Die kleine Gemeinde in einem tiefen Tal am Río Savegre bietet die landesweit beste Möglichkeit, Quetzals zu beobachten. Sie erreichen den Ort über eine Nebenstraße des Panamerikanischen Highway. Der Ort wurde 1954 von Don Efraín Chacón und seiner Familie gegründet. Heute schützt Chacóns **Savegre Mountain Hotel Biological Reserve** rund 400 Hektar Nebelwald. Auf dem Gelände befindet sich auch der Quetzal Education Research Complex (QERC). Das Forschungszentrum stellt den tropischen Zweig der Nazarene University von Oklahoma dar. Brutzeit ist von April bis Mai. Dann kann man die meisten Quetzals beobachten. Darüber hinaus finden sich saisonweise über 170 andere Vogelarten. Besucher, die den steilen Abstieg nach San Gerardo de Dota nicht scheuen, werden mit einer atemberaubenden Landschaft, frischer Luft und wohltuender Einsamkeit belohnt. Zwischen den uralten Eichen erstrecken sich Wiesen und Obstgärten.

Den Wald durchziehen rund 35 Kilometer Wanderwege. Zu den Angeboten zählen u. a. eine geführte Wanderung vom Cerro Frío (3450 m) nach San Gerardo de Dota (2200 m) und ein Spaziergang am Fluss, in dem sich Regenbogenforellen tummeln.

🏨 **Savegre Mountain Hotel Biological Reserve**
📞 2740-1028. 📧 🖥 🌐
www.savegre.co.cr

Savegre Mountain Hotel Biological Reserve, San Gerardo de Dota

Hotels und Restaurants im Zentralen Hochland *siehe Seiten 203–206 und Seiten 227–229*

Tour: La Ruta de los Santos ②

Südlich von San José erstreckt sich der steile Cerro de Escazú zwischen Desamparados und Aserrí. Die Straßen schlängeln sich an San Gabriel, San Pablo de León Cortés, San Marcos de Tarrazú, Santa María de Dota und San Cristóbal Sur vorbei durch das abfallende Kaffeeland, das als Tarrazú bekannt ist. Die abgelegenen Gemeinden sind nach Gabriel, Paul, Markus, Maria und Christophorus benannt. Ihnen verdankt die landschaftlich einmalige Tour durch das grüne Hochland ihren Namen: »Straße der Heiligen«.

ROUTENINFOS

Länge: 153 km Rundtour.
Rasten: Als Rastplatz für den schnellen Bissen bieten sich das zauberhafte Restaurant Vaca Flaca (siehe S. 228) und das gemütliche La Casona de Sara in Santa María an (siehe S. 229).
Information: Beneficio Coopedota ☏ 2541-2828. Beneficio Coopetarrazú ☏ 2546-6098.
www.cafetarrazu.com

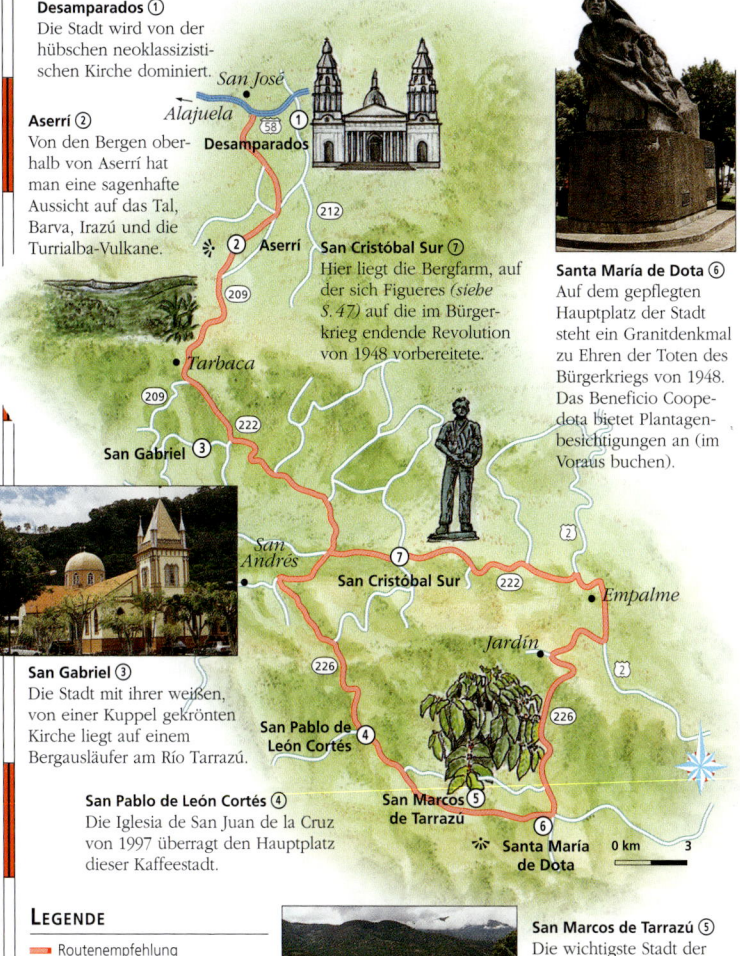

Desamparados ①
Die Stadt wird von der hübschen neoklassizistischen Kirche dominiert.

Aserrí ②
Von den Bergen oberhalb von Aserrí hat man eine sagenhafte Aussicht auf das Tal, Barva, Irazú und die Turrialba-Vulkane.

San Cristóbal Sur ⑦
Hier liegt die Bergfarm, auf der sich Figueres (siehe S. 47) auf die im Bürgerkrieg endende Revolution von 1948 vorbereitete.

Santa María de Dota ⑥
Auf dem gepflegten Hauptplatz der Stadt steht ein Granitdenkmal zu Ehren der Toten des Bürgerkriegs von 1948. Das Beneficio Coopedota bietet Plantagenbesichtigungen an (im Voraus buchen).

San Gabriel ③
Die Stadt mit ihrer weißen, von einer Kuppel gekrönten Kirche liegt auf einem Bergausläufer am Río Tarrazú.

San Pablo de León Cortés ④
Die Iglesia de San Juan de la Cruz von 1997 überragt den Hauptplatz dieser Kaffeestadt.

San Marcos de Tarrazú ⑤
Die wichtigste Stadt der Gegend ist von Kaffeesträuchern umgeben und hat eine schöne Kirche. Buchen Sie einen Besuch des Beneficio Coopetarrazú.

LEGENDE

— Routenempfehlung
— Panamerikanischer Highway
— Andere Straße
⚹ Aussichtspunkt

Orosi-Tal ㉓

Südlich von Cartago fällt das Land steil zum Orosi-Tal hin ab. Noch weiter südlich wird die tiefe Schlucht von den Talamanca-Bergen begrenzt. Der Río Reventazón versorgt das Tal mit Wasser und mündet in den Lago de Cachí, der auch von anderen Flüssen aus den mit Nebelwald bedeckten Hügeln gespeist wird. Das Tal war einst ein wichtiges koloniales Zentrum. Überall findet man Kaffeesträucher sowie zwei der ältesten religiösen Stätten des Landes. Auf keinen Fall versäumen sollten Sie die Ruinen der Kirche von Ujarrás (17. Jh.) am Ufer des Lago de Cachí sowie die älteste noch erhaltene Kirche Costa Ricas. Um das Orosi-Tal herum verläuft die unregelmäßige Route 224, die Sie innerhalb eines halben oder – gemütlicher – eines ganzen Tages zu den Hauptsehenswürdigkeiten führt.

Blick auf die Überlaufrinnen des Cachí-Damms am Lago de Cachí

Mirador de Orosi
Der Aussichtspunkt mit fantastischem Blick über das Tal wird vom ICT (Instituto Costarricense de Turismo) gepflegt. Um die Picknicktische auf der Wiese schwirren Kolibris.

Orosi
Das malerische Dorf, umgeben von Kaffeeplantagen und Wasserfällen, ist für die aus der Kolonialzeit stammende Iglesia de San José de Orosi berühmt, in der sich ein Museum mit religiöser Kunst befindet. Orosi verfügt über mehrere, balnearios *genannte Thermalquellen (siehe S. 100).*

CARTAGO

Mirador Ujarrás

Paraíso

224

224

Mirador de Orosi

Sanchiri

Río Aguacaliente

Orosi

224

Río Mac

Río

Legende

▬▬	Hauptstraße
══	Nebenstraße
▬ ▬	Wanderweg
⚜	Aussichtspunkt
⚓	Boote
⛺	Camping

Hotels und Restaurants im Zentralen Hochland *siehe Seiten 203–206 und Seiten 227–229*

INFOBOX

Straßenkarte D3. Cartago.
🚶 *14.000.* 🚌 *stündlich von
Cartago nach Orosi; auch nach
Cachí über Ujarrás.* 🛈 *2533-
3640 (Orosi Tourism).* 🎭 *Rome-
ria Virgen de la Candelaria (3. So
im Apr); Orosi Colonial Tourist
Fair (Sep).* **La Casona de
Cafetal** ⏰ *tägl. 11–18 Uhr.* ♿
Monte Sky Mountain Retreat
📞 *2231-3536.*

Ujarrás

*Nach seiner Überflutung 1833 ist das Dorf fast ganz ver-
schwunden. Berühmt sind die Ruinen der Iglesia de Nuestra
Señora de la Limpia Concepción von 1693 (siehe S. 100).*

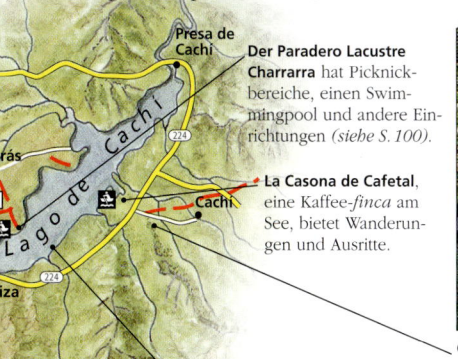

**Der Paradero Lacustre
Charrarra** hat Picknick-
bereiche, einen Swim-
mingpool und andere Ein-
richtungen *(siehe S. 100).*

La Casona de Cafetal,
eine Kaffee-*finca* am
See, bietet Wanderun-
gen und Ausritte.

0 Kilometer   2

Casa el Soñador

*Das Zuhause der berühmten
Holzschnitzerfamilie Quesada
zieren selbst gefertigte naive
Basreliefs (siehe S. 100).*

Lago de Cachí

*Im See leben Forellen. Er wurde als
Stausee des Río Reventazón (siehe S. 100)
zur Wasserkraftnutzung angelegt.*

Das Monte Sky Mountain Retreat schützt ein
Gebiet von 56 Hektar Nebelwald. Pfade führen
zu Wasserfällen und bieten die Möglichkeit,
Quetzals zu entdecken. Man kann in diesem
Gebiet zelten, doch Allradantrieb ist notwendig.

Überblick: Orosi-Tal

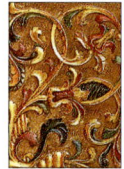

Schnitzerei, Iglesia de San José de Orosi

Die ersten weißen Siedler ließen sich 1564 im Tal des Río Reventazón nieder, um das einheimische Volk der Cabécar zu bekehren, deren Häuptling Orosi hieß. Das Tal entwickelte sich rasch zu einem religiösen Zentrum. Die Besucher kommen vor allem aufgrund der Überbleibsel aus der Kolonialzeit, doch auch die Landschaft hat ihre Reize. Die Route 224 führt ringförmig um das Tal herum.

Orosis ganzer Stolz ist die wunderschön erhaltene **Iglesia de San José de Orosi**, die älteste noch in Betrieb befindliche Kirche Costa Ricas. Franziskaner erbauten die Kirche mit dem gedrungenen Glockenturm 1743–66. Trotz ihrer einfachen Lehmziegelkonstruktion hat sie mehreren Erdbeben standgehalten. Im Inneren sind Deckenbalken, ein Terrakottaboden und ein einfacher, goldverzierter Holzaltar zu sehen. Im Franziskanerkloster nebenan befindet sich heute das **Museo de Arte Religioso** mit Möbeln und Ikonen aus drei Jahrhunderten. Viele der Stücke – z.B. Gemälde, Statuen und Teile des Altars – stammen aus Mexiko und Guatemala.

Innen besteht die Iglesia de San José de Orosi aus Holz und Terrakotta

Ujarrás

13 km südöstlich von Cartago. Der Ort liegt, umgeben von Kaffeesträuchern, am Ufer des Cachí-Sees und ist für die Ruinen der **Iglesia de Nuestra Señora de la Limpia Concepción** (1693) berühmt. Sie befinden sich in einem zauberhaften Garten voller tropischer Blumen.

Ursprünglich beherbergte die Stätte den Schrein La Parroquia de Ujarrás. Einer Legende zufolge fand ein bekehrter Indianer in einer Holzkiste eine Statue der Jungfrau Maria. Er brachte sie nach Ujarrás, wo sie plötzlich zu schwer zum Tragen wurde. Man deutete dies als Zeichen, ihr an Ort und Stelle einen Schrein zu widmen. Als Piraten unter Henry Morgan die Region 1666 angriffen, beteten die Einwohner am Schrein um ihre Rettung. Die Truppen des spanischen Gouverneurs Juan López de la Flor vertrieben die Piraten und erbauten eine Kirche zu Ehren der Virgen del Rescate de Ujarrás (Jungfrau der Rettung). Nach einer Überflutung 1833 gab man die Kirche auf. An jedem dritten Sonntag im April pilgern Gläubige vom sechs

Kilometer westlich liegenden Paraíso im Gedenken an die Jungfrau zu ihrem Schrein.

Orosi

8 km südlich von Paraíso. 🖼 8850.
Balnearios Termales Orosi
📞 2533-2156. ⏰ Mi–Mo 7.30–16 Uhr. 🖼 🔢
Museo de Arte Religioso
📞 2533-3051. ⏰ Di–Fr 13–17 Uhr, Sa, So 9–17 Uhr. 🖼 🔽 🏠 🚫
Das kleine Dorf am Ufer des Río Grande de Orosi ist ein bedeutendes Kaffeezentrum. In den umgebenden Hügeln entspringen heiße Mineralquellen, die man in den gepflegten **Balnearios Termales Orosi** genießen kann.

Die Ruinen von Nuestra Señora de la Limpia Concepción, Ujarrás

🚣 Lago de Cachí

Paradero Lacustre Charrarra
2 km östlich von Ujarrás. 📞 2574-7557. ⏰ tägl. 8–17 Uhr. 🖼 🔽 🔢
Casa el Soñador 8 km östlich von Orosi. 📞 2574-7557. ⏰ tägl. 9–18 Uhr. www.charrarra.com
Der große See wurde 1959–63 angelegt, als das Elektrizitätswerk (ICE) den Río Reventazón staute. Der Presa de Cachí (Cachí-Damm) führt Wasser über Ablaufrinnen zu riesigen hydroelektrischen Turbinen. Lokale Veranstalter bieten Kajak-, Kanu- und Bootsausflüge auf dem See an. Das nationale Fremdenverkehrsbüro unterhält den **Paradero Lacustre Charrarra**, einen Erholungskomplex am Nordufer. Neben Bootsausflügen sind auch Ausritte im Angebot.

Am Südufer steht die **Casa el Soñador** (Haus des Träumers) des Bildhauers Macedonio Quesada Valerín (1932–1994). Zu den oberen Fenstern schauen geschnitzte Figuren heraus – sie symbolisieren Klatsch und Tratsch. Zudem ziert das Äußere ein Basrelief von Leonardo da Vincis *Letztem Abendmahl*. Macedonios Söhne führen die väterliche Tradition fort und schnitzen Spazierstöcke und religiöse Figuren aus Kaffeestrauchwurzeln. Das Haus dient als Galerie für die Werke anderer einheimischer Künstler.

Hotels und Restaurants im Zentralen Hochland siehe Seiten 203–206 und Seiten 227–229

Wasserfall im Parque Nacional Tapantí-Macizo la Muerte

Parque Nacional Tapantí-Macizo la Muerte ㉔

Straßenkarte D3. 9 km südlich von Orosi. 🕿 2200-0090. 🚌 nach Orosi, dann mit dem Jeep-Taxi. 🕐 tägl. 8–16 Uhr. 🖬 ⬛

Südlich des Orosi-Tals schützt der üppig grüne Nationalpark Tapantí-Macizo (1982) rund 583 Quadratkilometer der Talamanca-Berge. Auf Höhen zwischen 1200 und 2550 Metern wächst die verschiedenste Vegetation, vom niedergebirgigen Regenwald bis zum Gebirgszwergwald an den höheren Hängen. Der Nationalpark wird fast das ganze Jahr über von Niederschlägen überflutet, die reißende Flüsse speisen. Für einen Besuch eignet sich die »Trockenzeit« zwischen Februar und April am besten.

Der Park verfügt auch über eine spektakuläre Fauna: Ameisenbären, Jaguare, Affen, Tapire und sogar Otter. Zudem ist Tapantí mit seinen über 260 Vogelspezies ein Paradies für Ornithologen. In der Nähe der Rangerstation mit ihrem kleinen Ausstellungsraum lassen sich manchmal sogar Quetzals blicken.

Das Terrain ist von gut ausgeschilderten Wegen durchzogen. Besonders schön ist der **Sendero La Catarata**, der zu einem Wasserfall führt. Zwischen April und Oktober darf man im Park auch angeln.

Turrialba ㉕

Straßenkarte E3. 44 km östlich von Cartago. 🚶 32 000. 🚌

Der hübsche Ort liegt in einem breiten Tal des Río Turrialba in einer Höhe von 650 Metern über dem Meeresspiegel vor der Kulisse des Volcán Turrialba (siehe S. 103). Einst war Turrialba wichtiger Umschlagplatz zwischen San José und der Karibikküste. Mit der Eröffnung des Guápiles Highway 1987 und der Einstellung des Bahnverkehrs 1991 verlor der Ort diese Position jedoch. Heute erinnern verrostete Gleise an die Glanzzeit der Atlantic Railroad.

Die Stadt selbst hat wenig Sehenswertes zu bieten. Sie ist allerdings für ihr Angebot an Kajak- und Rafting-Touren auf den Flüssen Reventazón und Pacuare berühmt. Zudem ist sie ein guter Ausgangspunkt für Ausflüge in die Umgebung.

Holzschildkröte, Turrialba

Umgebung: Die Talsohle südöstlich von Turrialba wird von dem 255 Hektar großen **Angostura-See** ausgefüllt, der durch den Bau eines Damms im Jahr 2000 entstand. Das Wassersportzentrum, das allmählich in überschießenden Wasserhyazinthen verschwindet, lockt auch jede Menge Wasservögel an. Der Río Reventazón unterhalb des Damms hat Stromschnellen der Kategorie III–IV und ist bei Rafting-Fans ebenso beliebt wie der nahe gelegene Río Pacuare (siehe S. 102). Vom wunderschönen Luxushotel **Casa Turire** am Südufer des Angostura-Sees aus kann man Rad fahren, wandern, ausreiten und vieles mehr (siehe S. 205).

Das **Centro Agronómico Tropical de Investigación y Enseñanza (CATIE)** östlich von Turrialba bietet Wanderwege auf neun Quadratkilometern landschaftlich gestaltetem Gelände mit Wäldern und Obstgärten, in denen exotische Früchte gedeihen, und einen botanischen Garten. Der See zieht Wasservögel an. Auf geführten Touren erhält man faszinierende Einblicke in das Ökosystem der Tiere. Im Serpentarium **Parque Viborana** weiter östlich leben verschiedene Schlangenarten, u. a. auch Boas. Die fachkundige Führung klärt den Besucher über die faszinierenden Tiere auf.

Sehenswert ist auch das Indianerreservat **Reserva Indígena Chirripó**, das landschaftlich wunderschön in den Talamanca-Bergen hinter Moravia del Chirripó südöstlich von Turrialba liegt.

🍴 **Centro Agronómico Tropical de Investigación y Enseñanza (CATIE)**
2 km östlich von Turrialba. 🕿 2556-2700. 🕐 tägl. 7–16 Uhr (botanischer Garten). 🕭 🍴 🖬 🛈
www.catie.ac.cr

🍴 **Parque Viborana**
Pavones, 9 km östlich von Turrialba. 🕿 2538-1510. 🕐 tägl. 9–17 Uhr. 🖬 🕭 nach Vereinbarung. 🛈

Casa Turire, ein hübsches Hotel in der Nähe von Turrialba

Wildwasser-Rafting

Costa Rica ist voller Flüsse, die sich ideal für Wildwasser-Rafting eignen. Die besten Möglichkeiten bieten die Flüsse aus dem Hochland, die sich auf ihrem Weg zur Karibikküste durch enge Schluchten voller Stromschnellen schlängeln. Überall trifft man auf Schlauchboote mit Raftern, die unter fachkundiger Anleitung eines Führers stromab-

Rafter mit Ausrüstung

wärts paddeln. Die Touren sind bis zu einer Woche lang, die Flüsse in Schwierigkeitsgrade (I = leicht bis VI = extrem schwierig) unterteilt. Mai, Juni, September und Oktober sind die besten Monate, dann führen die Flüsse das meiste Wasser. Das Rafting wird von professionellen Veranstaltern organisiert. Sie liefern Ausrüstung, Mahlzeiten und Unterkünfte *(siehe S. 250 f).*

Die Wildwasserflüsse des Landes *bieten eine außergewöhnliche Kombination aus Naturschönheit, Tierbeobachtung und Nervenkitzel. Der Río Reventazó (links), einer der besten Rafting-Flüsse, vereint verschiedene Schwierigkeitsstufen, von Kategorie II bis V. Er ist bei Fans besonders beliebt.*

Rafter sollten T-Shirts, Shorts und Turnschuhe tragen und Ersatzkleidung dabeihaben.

Die Führer steuern die Boote von hinten.

Schwimmwesten und Helme sind obligatorisch.

Ruhige Abschnitte *ermöglichen das Beobachten der Fauna: Eisvögel, Papageien, Tukane, Kaimane, Iguanas und verschiedene Affenarten sind am häufigsten zu sehen.*

RAFTING AUF DEM RÍO PACUARE

Der Río Pacuare gehört zu den fünf besten Wildwasserflüssen der Welt. Verschieden lange Rafting-Touren, vorbei an Wäldern, tierreichen Schluchten und atemberaubenden Stromschnellen, sorgen für Adrenalinschübe.

Zahlreiche Wasserfälle *ergießen sich in die Schluchten – einige über mehr als 100 Meter – und »erfrischen« die Rafter an heißen Tagen.*

Stromschnellen *findet man auf der gesamten Länge des Río Pacuare. Spektakuläre Wildwasserstrecken variieren zwischen Schwierigkeitsgrad III und IV.*

In den Pausen *gibt es herzhaftes Frühstück und Mittagessen. Wer auf längeren Touren in Lodges oder Zelten in der freien Natur übernachtet, hat auch die Möglichkeit zu wandern.*

Hotels und Restaurants im Zentralen Hochland *siehe Seiten 203–206 und Seiten 227–229*

Monumento Nacional Guayabo ㉖

Siehe S. 104f.

Parque Nacional Volcán Turrialba ㉗

Straßenkarte D3. 24 km nordwestlich von Turrialba. 🚌 *nach Santa Cruz, dann mit Jeep-Taxi.* 📞 *2273-4335 (Volcán Turrialba Lodge).* 📷 ✎

Der östlichste Vulkan Costa Ricas, der 3340 Meter hohe Turrialba, ist nach einer äußerst aktiven Phase in den 1860er Jahren seit mehr als 100 Jahren nicht mehr ausgebrochen. Sein Name stammt von den indianischen Wörtern *turiri* und *abá*, die zusammen »Fluss aus Feuer« bedeuten. Einer Legende zufolge hatte sich ein Mädchen namens Cira verlaufen und wurde von einem jungen Mann eines rivalisierenden Stamms gefunden. Die beiden verliebten sich ineinander. Als der erboste Vater den Verehrer seiner Tochter töten wollte, hielt der Turrialba ihn durch eine hohe Rauchsäule davon ab.

Der im Jahr 1955 gegründete Nationalpark Volcán Turrialba besteht aus 13 Quadratkilometern Land, meist Nebelwald. In den höheren Lagen finden sich bizarre Eichen und Myrten.

Auf unbefestigten Straßen und weiter auf Pfaden gelangt man bis hinauf zum Gipfel des Vulkans. Diese Strecke eignet sich nicht für Untrainierte! Von oben sieht man an klaren Tagen die Cordillera Central und die Karibikküste. Ein Pfad führt ebenfalls zum Boden des größten Kraters. Dort künden zischende Schwefelgase, Fumarolen und eine höhere Bodentemperatur von der ungeheuren Kraft des schlafenden Riesen.

Im Park gibt es keine Toiletten oder Transportmöglichkeiten. Die privat geführte **Volcán Turrialba Lodge** (*siehe S. 206*) in 2800 Meter Höhe an der Westflanke des Vulkans stellt jedoch einen guten Ausgangspunkt für die Erkundung der Gegend dar.

Smaragdgrüner Kratersee im Parque Nacional Volcán Irazú

Parque Nacional Volcán Irazú ㉘

Straßenkarte D3. 30 km nördlich von Cartago. 📞 *2200-5025.* 🚌 *ab Ave 2, Calles 1/3, San José, tägl. 8 Uhr.* ⏰ *tägl. 8–15.30 Uhr.* 📷

Der im Jahr 1955 gegründete Park rund um die oberen Abhänge des Volcán Irazú erstreckt sich über eine Fläche von 18 Quadratkilometer. Mit 3430 Metern ist der umwölkte Irazú Costa Ricas höchster Vulkan und historisch gesehen der aktivste: Das erste schriftliche Zeugnis eines Ausbruchs stammt von 1723. Zwischen 1917 und 1921 folgten mehrere katastrophale Eruptionen, am 13. März 1963 die berühmteste, als John F. Kennedy das Land besuchte, um am Gipfeltreffen der mittelamerikanischen Präsidenten teilzunehmen.

Der Name »Irazú« leitet sich von dem indianischen Wort *istarú* her, das »Berg der Donners« bedeutet. Eine Legende besagt, dass Häuptling Aquitaba den Vulkangöttern seine Tochter opferte. Als er später in einem Kampf mit einem feindlichen Stamm diese Götter um Hilfe anflehte, brach der Vulkan aus und spuckte Feuer auf die Feinde, während ein kochender Schlammfluss ihr Dorf auslöschte.

Die Straße zum Gipfel schlängelt sich an Gemüsebeeten vorbei. Auf einer Aussichtsplattform können die Besucher in einen 300 Meter tiefen und ein Kilometer breiten Krater auf einen smaragdgrünen See blicken. Vier weitere Krater sind zugänglich, allerdings auch aktiv – bleiben Sie auf den ausgeschilderten Wegen. Obwohl der Vulkan oft im Nebel zu verschwinden scheint, liegt der Gipfel oberhalb der Wolkengrenze. Zur mondähnlichen Landschaft gehört auch eine riesige, **Playa Hermosa** genannte Hochebene voller Eschen. Die widerstandsfähige Vegetation wie z.B. Myrten bietet in der bitteren Kälte Schutz vor den ätzenden Dünsten. Tiere gibt es kaum, aber manchmal kann man nur an Vulkanen vorkommende Vögel sehen.

Schild im Parque Nacional Volcán Irazú

Monumento Nacional Guayabo ㉖

Die wichtigste präkolumbische Stätte des Landes liegt am Südhang des Volcán Turrialba und wurde 1973 zum Nationaldenkmal erklärt. Mit 218 Hektar Fläche ist sie zwar nicht so groß wie die Maya-Stätten in Mexiko, dafür aber ebenso sagenumwoben und von ähnlicher kultureller und religiöser Bedeutung. Guayabo soll zwischen 1500 v. Chr. und 1400 n. Chr. bewohnt gewesen sein. Man glaubt, dass hier sogar bis zu 10 000 Menschen lebten, bevor die Stätte aus unbekannten Gründen verlassen wurde. Der Dschungel holte sich den Ort rasch zurück, er wurde erst im späten 18. Jahrhundert von Don Anastasio Alfaro wiederentdeckt. Ein Großteil der ruhigen Stätte mit ihren Hügeln, Steinsymbolen und Aquädukten ist noch nicht ausgegraben. Im Museo Nacional in San José *(siehe S. 70)* werden Tongefäße, Goldornamente und andere Funde ausgestellt.

Steinsymbole
Die interessantesten Petroglyphen finden sich am Sendero de los Montículos. Der Monolito Jaguar y Lagarto *stellt auf der einen Seite eine Eidechse und auf der anderen einen dürren Jaguar mit rundem Kopf dar.*

Zisternen
Im westlichen Teil der Siedlung befinden sich rechteckige, von einer Brücke überspannte Wasserbecken.

Im Regenwald um die Stätte leben Hunderte Vogelarten wie z. B. Arassaris und Stirnvögel.

Aquädukte aus Stein bilden ein Netzwerk aus bedeckten und unbedeckten Kanälen und speisen auch heute noch die Zisternen.

GRABUNGSSTÄTTE
Die Ausgrabungen begannen 1968 und werden von Archäologen der Universität von Costa Rica geleitet. Bis heute konnten nur etwa fünf Hektar Fläche bearbeitet werden. Einige Schlüsselbauten wurden rekonstruiert, die Restaurierung schreitet weiter voran.

Sendero de los Montículos
Ein 1,6 Kilometer langer Pfad führt vom Eingang zu dem Aussichtspunkt El Mirador Encuentro con Nuestros Orígenes (Begegnung mit unseren Ursprüngen), bevor er zur Hauptgrabungsstätte hin abfällt. Die Besucher können unterwegs an 15 Tafeln, die die soziale Organisation des Guayabo-Stamms erläutern, haltmachen.

NICHT VERSÄUMEN

★ Calzada (Straße)

★ Montículos (Steinfundamente)

Hotels und Restaurants im Zentralen Hochland *siehe Seiten 203–206 und Seiten 227–229*

INFOBOX

Straßenkarte E3. 19 km nördlich von Turrialba. ☎ 2559-1220. 🚌 ab Turrialba. ◷ tägl. 8–15.30 Uhr. 🈲 ♿ 🏕
www.sinac.go.cr

★ Montículos (Steinfundamente)

Die runden und rechteckigen Erhebungen aus Stein stammen wahrscheinlich von 300–700 n.Chr. Sie stellen die Fundamente konischer Bauten dar.

Die größte Erhebung
(30 m im Durchmesser, 4,50 m hoch) war wahrscheinlich das Fundament des Hauses, in dem der *cacique* (Häuptling) wohnte.

★ Calzada (Straße)

Die 6,50 Meter breite Straße erstreckte sich vermutlich vier bis zwölf Kilometer über die Stadt hinaus. Rund 225 Meter wurden bereits rekonstruiert, darunter auch zwei rechteckige Steinkonstruktionen, die wahrscheinlich als Wachtposten dienten.

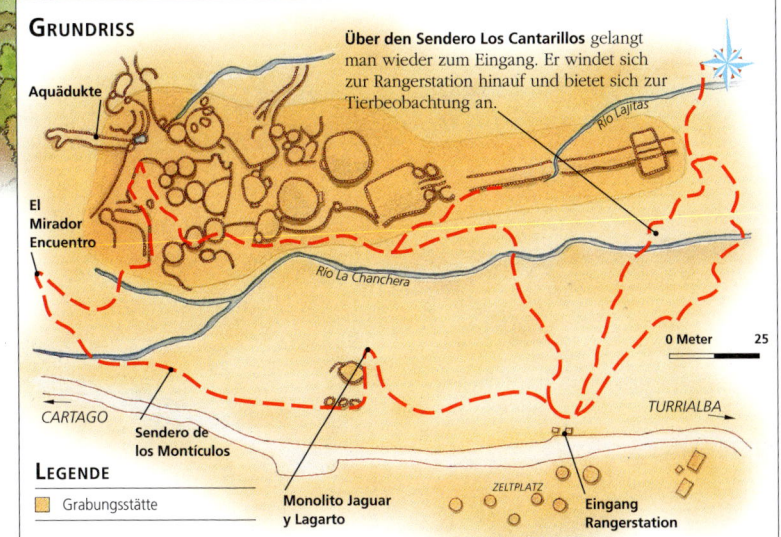

GRUNDRISS

Über den Sendero Los Cantarillos gelangt man wieder zum Eingang. Er windet sich zur Rangerstation hinauf und bietet sich zur Tierbeobachtung an.

Aquädukte

El Mirador Encuentro

Río Lajitas

Río La Chanchera

0 Meter　25

← CARTAGO

TURRIALBA

Sendero de los Montículos

LEGENDE

▨ Grabungsstätte

Monolito Jaguar y Lagarto

ZELTPLATZ

Eingang Rangerstation

ZENTRALE PAZIFIKKÜSTE UND SÜDLICHES NICOYA

Weiße Sandstrände bestimmen die Küsten des Südlichen Nicoya, während die sonnenverwöhnte Zentrale Pazifikküste durch Brandung und Wälder gekennzeichnet ist. Die Region verbindet zwei verschiedene Ökosysteme: das trockenere mesoamerikanische im Norden und das feuchtere Andengebiet im Süden. Deshalb gehören Naturschutzgebiete wie der Parque Nacional Manuel Antonio zu den interessantesten des Landes.

Der Golf von Nicoya ist umsäumt von Mangroven, die kleinen Inseln vor der Halbinsel bieten Vögeln wichtige Brutstätten. Im Lauf der letzten 100 Jahre wurden die Waldbestände des Südlichen Nicoya immer weiter dezimiert, bevor Erhaltungs- und Wiederaufforstungsprogramme die Natur schützten.

Im frühen 16. Jahrhundert erkundeten Spanier die Gegend und gründeten kurzlebige Siedlungen, deren Bewohner tropischen Krankheiten und Angriffen der Indianer zum Opfer fielen. Dennoch schlug man diese schnell zurück. Die Hauptstadt der Region, Puntarenas, wurde im frühen 19. Jahrhundert gegründet. Sie florierte aufgrund des Kaffeehandels und entwickelte sich zum Hauptexporthafen für den Handel mit Europa. Anfang des 20. Jahrhunderts pflanzte man entlang der schmalen Küstenebene weiter südlich Bananen. In den 1970er Jahren wurden sie durch afrikanische Ölpalmen ersetzt, die auch heute noch die Wirtschaft bestimmen und sich kilometerweit zwischen Küste und Bergen erstrecken. Seit Kurzem ist Jacó als Strand bei Surfern beliebt, während Quepos nach wie vor ein Zentrum der Sportfischer ist.

Einheimische warten in einer kleinen Stadt im Südlichen Nicoya auf den Bus

◁ Yacht vor der Playa Blanca an der Pazifikküste Costa Ricas

Überblick: Zentrale Pazifikküste und Südliches Nicoya

Strände und Nationalparks voller Tiere sind die unangefochtenen Highlights dieser Region. Die wichtigste Stadt ist der Fischerhafen Puntarenas. Von dort starten Tagesausflüge per Fähre zur Isla Tortuga mit ihrem wunderschönen Strand. Weitere schöne und abgelegenere Strände des Südlichen Nicoya erwarten den Besucher bei Montezuma und Malpaís, die bei Surfern und Rucksackreisenden beliebt sind. Das nahe gelegene Reservat Cabo Blanco ist das älteste des Landes. Im Hinterland der Zentralen Pazifikküste werden Krokodilsafaris auf dem Río Tárcoles und Wanderungen im Parque Nacional Carara angeboten, in dem es rote Aras, Affen und andere Tiere zu sehen gibt. Sehr beliebt sind die Surferstadt Jacó und Quepos, das Zentrum des Sportfischens, über das man in den Parque Nacional Manuel Antonio gelangt, einen der meistbesuchten Naturparks Costa Ricas.

Reserva Natural Absoluta Cabo Blanco

SEHENSWÜRDIGKEITEN AUF EINEN BLICK

Städte und Dörfer
Jacó ❾
Malpaís ❼
Montezuma ❺
Puntarenas ❶
Quepos ⓬
Tambor ❹

Nationalparks und Reservate
Parque Nacional Carara ❽
Parque Nacional Manuel Antonio
    S. 118f ⓭
Refugio Nacional
    de Vida Silvestre Curú ❷
Reserva Natural Absoluta Cabo Blanco ❻

Natur
Boca Damas ⓫
Isla Tortuga ❸
Rainmaker Conservation
    Project ❿
Valle del Río Savegre ⓮

Ein wahres Meer aus Farben bietet das Tango Mar Resort im Fischerdorf Tambor

Weitere Zeichenerklärungen *siehe hintere Umschlagklappe*

Eine Reihe von Sportfischerbooten säumt Los Sueños Marina in der Nähe von Jacó

Ein Werbeschild für Sportfischen lockt in den Docks von Quepos

0 Kilometer 10

AN DER ZENTRALEN PAZIFIKKÜSTE UND IM SÜDLICHEN NICOYA UNTERWEGS

Jacó, Quepos und Tambor werden täglich vom internationalen Flughafen Juan Santamaría und vom Inlandsflughafen Tobias Bolaños aus angeflogen. Puntarenas, Jacó und Quepos erreicht man zudem per Bus von San José aus. Einige Busunternehmen sind auf Urlauber spezialisiert. Puntarenas ist der wichtigste Fährhafen zum Südlichen Nicoya. Regelmäßig verkehren Fähren (auch Autofähren) nach Paquera. Von dort aus fährt der Bus auf dem schlecht ausgebauten Highway 160 nach Montezuma. An der Zentralen Pazifikküste verbindet der in gutem Zustand befindliche Highway 34 alle Hauptsehenswürdigkeiten. Abgesehen davon gibt es fast nur unbefestigte Straßen, für die Vierradantrieb unerlässlich ist.

LEGENDE

▬▬	Panamerikanischer Highway
▬▬	Schnellstraße
▬▬	Hauptstraße
▭▭	Nebenstraße
▬▬	Provinzgrenze

Map labels:
San José · Espíritu Santo · San Mateo · **131** · **3** · ALAJUELA · **23** · Coyolar · Orotina · Santiago de Puriscal · Río Tárcoles · coles · **8** PARQUE NACIONAL CARARA · Bijagual · Delicias · Río Tulín · **34** · SAN JOSÉ · Herradura · Gloria · San Vicente · adura · **9** JACÓ · Playa Jacó · Tulin · PUNTARENAS · Playa Hermosa · **34** · Playas Esterillos · Parrita · Río Damas · **10** RAINMAKER CONSERVATION PROJECT · Naranjito · Río Naranjo · Santo Domingo · **11** BOCA DAMAS · Londres · **14** VALLE DEL RÍO SAVEGRE · QUEPOS **12** · **13** · PARQUE NACIONAL MANUEL ANTONIO · Savegre · Río Savegre · **34** · Islas Mogote · Hatillo · San Isidro de El General

Fischer- und Ausflugsboote liegen im Hafen von Puntarenas vor Anker

Puntarenas ❶

Straßenkarte B3. 120 km westlich von San José. 🚶 100.000. 🚌 🚢 Carnaval (letzte Woche im Feb); Festival de la Virgen del Mar (Mitte Juli).

Obwohl Puntarenas heute das Image des Provinziellen anhaftet, war der »Sandige Fleck« früher ein bedeutender Hafen. Erstmals 1522 von den Spaniern besiedelt, stieg Puntarenas später zum Haupthandelshafen für Kaffeebohnen auf. Der Stern der Stadt sank 1890 mit dem Bau der Atlantic Railroad. Viele der Holzhäuser verfielen. Heute lebt Puntarenas vornehmlich vom Fischen, was die wenig vertrauenerweckenden Fischerboote beweisen, die im Hafen vor Anker liegen. Der Ort ist der wichtige Ausgangspunkt für Ausflüge zur Isla Tortuga und für Fähren nach Paquera und Naranjo auf der Halbinsel Nicoya.

Puntarenas liegt auf einer fünf Kilometer langen, schmalen Halbinsel mit einem Strand am südlichen Ende, von dem aus man auf den Golf von Nicoya blicken kann. Die Mangroven der breiten Flussmündung im Norden bieten Wasservögeln wie dem Rosalöffler, Störchen, Pelikanen und Fregattvögeln Schutz.

Viele Josefinos kommen zum Baden und Flanieren auf den Paseo de las Turistas. Am Boulevard liegt auch der **Parque Marino del Pacifico**, ein Aquarium mit 22 Fischbecken und einer Auswahl der einheimischen Tierwelt aus Naturschutzprojekten, einschließlich Krokodilen, Seeschildkröten und Pelikanen.

Umgebung: Die beeindruckende **Playa San Isidro**, acht Kilometer östlich von Puntarenas gelegen, ist am Wochenende von Sonnenanbetern aus San José bevölkert.

> 🦋 **Parque Marino del Pacifico**
> Paseo de las Turistas. 📞 2661-5272. 🕐 Di–So 9–17 Uhr. 📷 nach Vereinbarung.
> **www**.parquemarino.org.

Weißer Sandstrand im Refugio Nacional de Vida Silveste Curú

Refugio Nacional de Vida Silvestre Curú ❷

Straßenkarte B3. 3 km südlich von Paquera. 📞 2641-0100. 🚌 Paquera–Cobano. 🕐 tägl. 7–16 Uhr; Anmeldung erbeten. 📷 🖊 nach Vereinbarung. 🍴 🤿 🏠
www.curu.org

Der selten besuchte, rund 85 Hektar große Nationalpark ist nur Teil einer viel größeren Hazienda in Privatbesitz und umfasst vom Golfo Curú aus landeinwärts fünf verschiedene Lebensräume.

Der Großteil des hügeligen Reservats besteht aus tropischen Laub- und Mischwäldern, in denen Kapuziner- und Brüllaffen, Ameisenbären, Agutis, Faultiere, mehrere Wildkatzenarten sowie rund 220 Vogelspezies leben. Auch die gefährdeten Klammeraffen wurden erfolgreich wieder eingeführt. Durch die wenigen Besucher ist die Chance, Tiere zu sehen, in Curú wesentlich größer als in anderen Nationalparks.

Die drei wunderschönen Strände **Playa Colorada**, **Playa Curú** und **Playa Quesera** erstrecken sich über fünf Kilometer an der Küste. Nachts kommen Karett- und Olive Bastardschildkröten an Land, um im weichen Sand ihre Eier abzulegen. Vor der Küste kann man mit etwas Glück auch Wale und Delfine beobachten, in den Mangrovensümpfen und Lagunen des Río Curú sogar Kaimane.

Isla Tortuga ❸

Straßenkarte B3. 3 km südöstlich von Curú. 🚢 organisierte Ausflüge. 🍴 🏠 🚢

Das wunderschöne sonnengebleichte, 310 Hektar große Eiland vor Curú besteht eigentlich aus zwei Inseln – der Isla Tolinga und der unbewohnten Isla Alcatraz –. Es befindet sich in Privatbesitz und wird als Naturschutzgebiet geführt. Auf der Isla Tolinga kann man nicht übernachten. Sie ist aber bei Tagesausflüglern sehr beliebt. Die Trauminsel mit weißen Stränden, türkisfarbenem Wasser und Kokospalmen bede-

Der Katamaran **Manta Ray** bringt Besucher zur Isla Tortuga

Auf der Isla Tortuga werden Kajakfahrten und andere Strand- und Wassersportmöglichkeiten angeboten

cken im hügeligen Landesinneren Laubwälder. Ein kurzer, steiler Pfad führt zum höchsten Punkt (175 m). Schilder weisen auf seltene Harthölzer wie den Weißgummibaum hin.

Bevorzugter Zeitvertreib ist das Cocktailschlürfen in einer Hängematte. *Coco loco*, der »Nationaldrink« aus Rum, Kokosmilch und -likör, wird in einer Kokosnuss serviert. Die himmlische Ruhe wird nicht von Jetskis gestört, eine Reihe anderer Wassersportmöglichkeiten steht jedoch zur Verfügung.

Die ersten Ausflüge zur Insel Tortuga organisierte im Jahr 1975 **Calypso Cruises**, die heute einen 21 Meter langen, motorisierten Hochgeschwindigkeitskatamaran ab Puntarenas unterhält. Andere Veranstalter bieten Hoteltransfers, Rundreisen und ein Mittagsbüfett. Schon die 90-minütige Überfahrt lohnt wegen der Wale und Delfine, die man hier häufig sieht. An den Wochenenden ist es oft recht voll. Planen Sie, wenn möglich, einen Ausflug unter der Woche.

Umgebung: Tölpel, Pelikane, Fregatt- und andere Wasservögel nisten auf den Inselchen der **Reserva Biológica Isla Guayabo y Isla Negritos** nördlich der Isla Tortuga. Die Besucher dürfen nicht an Land gehen, können die Vögel jedoch bei organisierten Ausflügen rund um das Naturschutzgebiet beobachten.

Calypso Cruises
2256-2727.
www.calypsocruises.com

Tambor ➍

Straßenkarte B3. 18 km südwestlich von Paquera.

Das kleine gemütliche Fischerdorf mit seinem breiten, silbergrauen Strand erstreckt sich über die passend benannte Bahía Ballena (Walbucht), wo sich in der Mitte des Winters Wale sammeln. Der palmengesäumte Strand geht von der Bucht im Norden aus in Mangrovensümpfe über. Das Dorf selbst ist eher verschlafen, doch zwei moderne Ferienanlagen ganz in der Nähe ziehen Urlauber und Josefinos an, die meisten fliegen mit einer inländischen Linie hierher. Im **Tango Mar Resort** (*siehe S. 208*) kann man gegen Gebühr Golf oder Tennis spielen, der **Los Delfines Golf and Country Club** hat sogar einen 18-Loch-Golfplatz.

Sporttauchen für alle Klassen wird im nahe gelegenen **Playa Tambor Beach Resort and Casino** angeboten, welches dem Barceló Los Delfines Club angegliedert ist. Das Casino bietet alles von Spielautomaten über Caribbean Poker bis American Roulette. Weitere beliebte Freizeitaktivitäten in Tambor sind Fischen und Ausflüge zu Pferd.

Umgebung: Westlich von Tambor befindet sich der botanische Garten **Vivero Solera** mit Schmetterlingen und Kolibris.

Los Delfines Golf and Country Club
1,6 km östlich von Tambor.
2683-0294.

Vivero Solera
3 km westlich von Tambor.
2642-0469. Mo–Fr 6–16, Sa 6–12 Uhr.

Das üppige Grün des Golfplatzes von Tambor

Leuchtend bunte Ladenschilder in dem Dorf Montezuma

Montezuma ❺

Straßenkarte B3. 26 km westlich von Paquera. 🚌 ab Paquera.

Die abgelegene, relaxte Strandgemeinde ist vor allem bei Besuchern mit begrenztem Reisebudget beliebt, die den sagenhaften Meerblick, die schönen Strände und die unprätentiösen Bars genießen. Das kompakte Dorf zwischen steilen Hügeln öffnet sich zu einer Felsenbucht hin, in der Fischerboote vor Anker liegen. Die wunderschönen, palmengesäumten Strände Playa Montezuma und Playa Grande schließen sich vor dichter Waldkulisse gen Osten an. Badende seien allerdings vor der Strömung gewarnt. Bei der **Montezuma Canopy Tour** kann man zwischen Baumwipfeln umhergondeln, die **Finca Los Caballos** bietet Ausritte in den Hügeln rund um die Reserva Absoluta Nicolas Weissenburg an. Leider ist das Naturschutzgebiet zurzeit nicht zugänglich. Eine Klettertour zu den Wasserfällen westlich des Dorfs ist riskant. Kühlen Sie sich lieber am Fuß der Wasserfälle ab.

⚒ Montezuma Canopy Tour
1,6 km westlich von Montezuma. 📞 642-0808. ☐ tägl. 🖼 ⬛ 8, 10, 13 und 15 Uhr. **www. montezumatraveladventures.com**

⚒ Finca Los Caballos
3 km nordwestlich von Montezuma. 📞 642-0124. ☐ tägl. 9 Uhr. 🏠 ☀ www.naturelodge.net

Reserva Natural Absoluta Cabo Blanco ❻

Straßenkarte B4. 10 km westlich von Montezuma. 📞 642-0093. 🚌 Montezuma–Cabuya; auch Taxis ab Montezuma. ☐ Mi–So, Feiertage 8–16 Uhr. 🖼

Das zehn Quadratkilometer große Reservat wurde 1963 als erstes Naturschutzgebiet des Landes eröffnet und bekam 1974 den Status eines Reservats verliehen. Cabo Blanco verdankt seine Entstehung dem unermüdlichen Einsatz des verstorbenen Olof Wessberg und seiner Frau Karen Morgenson. Sie halfen auch bei der Gründung des Costa Rican National Park Service. Ursprünglich war Cabo Blanco ein »absolutes« Reservat, also nicht für Besucher geöffnet. Heute kann man den östlichen Teil der tropischen Wälder auf dem Gipfel der Halbinsel Nicoya besichtigen. Rund 85 Prozent des Gebiets bestehen aus Sekundär- und tropischem Tieflandwald mit Affen, Ameisenbären, Coatis und Wild. Der fünf Kilometer lange Sendero-Sueco-Pfad führt zur **Playa Cabo Blanco**. Die anderen Strände entlang der Küste sollten nicht bei steigender Flut aufgesucht werden.

Vor der Küste liegt die Isla Cabo Blanco, deren Felsen von Guano bedeckt sind, den Kolonien nistender Seevögel wie z. B. Fregattvögel und Brauntölpel produzieren.

Montezumas Highlights

Cabo Blanco erreichen Sie über Cabuya und eine 1,6 Kilometer lange unbefestigte Straße oder über Malpaís. Veranstalter im ganzen Land bieten Ausflüge in das Reservat an.

Malpaís ❼

Straßenkarte B4. 10 km nordwestlich von Montezuma. 🚌 ab Cóbano, 6 km nördlich von Montezuma.

Sein Name bedeutet zwar »schlechtes Land«, aber das Stück Pazifikküste ist an wildromantischer Schönheit kaum zu überbieten. Bis vor Kurzem war die Region noch völlig unbekannt, heute ist sie ein Paradies für Surfer.

Die unbefestigte Küstenstraße säumen drei Orte, die nach ihren grauen Sandstränden benannt sind. Sie zeichnen sich durch bunte Hotels, Restaurants und Bars aus. Der Hauptort ist **Carmen**. Von dort verläuft die Straße drei Kilometer nach Süden durch Santa Teresa zum Fischerdorf Malpaís, dem die Gegend ihren Namen verdankt. In Malpaís hocken Geier auf Fischerbooten, dahinter läuft der Strand zwischen bizarr geformten Felsen nahe dem Zugang zu Cabo Blanco aus. Sie brauchen auf jeden Fall Allradantrieb.

Der beste Surferstrand ist die **Playa Santa Teresa**, die im Norden in fast unentdeckte Strände übergeht: Los Suecos, Hermosa und Manzanillo. In Santa Teresa befindet sich das bescheiden auftretende Luxushotel Florblanca Resort (siehe S. 206) neben preiswerteren Alternativen.

Surfer und Sonnenanbeter am Pazifikstrand Santa Teresa

Wildkatzen

Costa Rica ist die Heimat von sechs Mitgliedern der Katzenfamilie. Sie leben in Feuchtgebieten bis hin zu alpinen *páramos* (Weiden). Alle sind mehr oder weniger stark gefährdet und selten zu sehen. Die gut getarnten, lautlosen Jäger variieren erheblich in Größe und Farbe. Vier der in Costa Rica heimischen Spezies haben Tup-

Eine Tigerkatze lauert ihrer Beute auf

fen auf dem Fell: der Jaguar, der Ozelot, der Baumozelot und die sehr seltene Tigerkatze. Die meisten Arten fühlen sich auf Bäumen ebenso wohl wie auf dem Boden. Sie benutzen Zweige als Laufstege und jagen Nager, Affen und andere Beutetiere. Katzen können ausgezeichnet sehen und sind meist tagsüber und nachts aktiv.

Der Jaguar (jaguar), *die größte Wildkatze der Neuen Welt, galt den präkolumbischen Völkern als heilig. Er wird bis zu 150 Kilogramm schwer, kommt in Tiefland-Regenwäldern und Savannen vor und wird von Abholzung und Wilderern bedroht.*

Jaguarundis (león breñero) *ziehen Savannen und Tieflandwälder vor. Sie zeichnen sich durch einen schlanken, langen Körper aus.*

Ozelots (manigordo) *finden sich im ganzen Land. Die einen Meter langen Katzen leben in Bodennähe. Sie haben kurze Schwänze mit einem Muster aus schwarzen und weißen Ringen.*

Der Baumozelot (caucel) *jagt nachts. Ans Leben auf Bäumen ist er durch sein einzigartiges, um 180 Grad drehbares Fußgelenk angepasst. Die Tigerkatze ist ein kleinerer Verwandter des Baumozelots.*

Pumas (puma), *gibt es zwar viele in Costa Rica, man sieht sie jedoch selten. Die schlanken Tiere sind Einzelgänger.*

Art	Merkmale	Vorkommen	Zu sehen
Jaguar	orangefarbenes oder blaugraues Fell mit großen schwarzen Tupfen	PN Corcovado	selten
Jaguarundi	rostfarbenes bis schokoladenbraunes Fell, langer Schwanz	PN Santa Rosa	am häufigsten
Baumozelot	Größe einer Hauskatze, auffällig gefleckt	PN Corcovado	recht häufig
Ozelot	graues Fell mit schwarz umrandeten beigefarbenen Tupfen	PN Corcovado	recht häufig
Tigerkatze	kleiner und dunkler als der Baumozelot; schlanker Schwanz	PN Tapantí und La Amistad Biosphere Reserve	selten, unwahrscheinlich
Puma	weiße Kehle; Fell einfarbig graubraun bis rotbraun	PN Santa Rosa und PN Guanacaste	selten

Wandern in einem Wald im Parque Nacional Carara

Parque Nacional Carara ❽

Straßenkarte C3. 50 km südöstlich von Puntarenas. 📞 *2637-1054.* 🚌 *ab San José und Jacó.* ⏰ *tägl. 7–16 Uhr.* 🚫 ♿ *www.sinac.go.cr*

D ie verschiedenartigen Wälder des Nationalparks Carara bedecken eine klimatische Übergangszone zwischen einem trockenen nördlichen und einem feuchten südlichen Ökosystem. Mit 52 Quadratkilometern ist der Park zwar relativ klein, bietet aber eine der vielfältigsten Tierwelten Costa Ricas. Spezies sowohl der mesoamerikanischen als auch der amazonasnahen Biotope sind reichlich vorhanden, darunter auch Klammeraffen und Pfeilgiftfrösche. Die Vogelbeobachtung lohnt besonders. Hauptattraktion ist der rote Ara. Er kann zweimal am Tag auf seinem Flug zwischen Wald und küstennahen Mangroven gesehen werden.

Die einfachen Wanderwege beginnen am Besucherzentrum an der Straße (der längste ist acht Kilometer lang). Von einem Führer kann man sich die präkolumbischen Stätten zeigen lassen. Viele Veranstalter in San José bieten Tagesausflüge an.

Umgebung: *Carara* ist das indianische Wort für Krokodil. Man kann die Tiere leicht vom Highway aus am Ufer des Río Tárcoles sehen. In **Tárcoles**, drei Kilometer südwestlich von Carara, werden Safaris angeboten. Der spektakuläre, 183 Meter hohe Wasserfall **Catarata Manantial de Agua Viva** ist bei Wanderern sehr beliebt (man kann dort auch baden), der zwölf Hektar große **Jardín Pura Vida** in der Nähe ebenfalls.

🏞 **Catarata Manantial de Agua Viva**
Bijagual, 6 km östlich von Tárcoles. 📞 *2645-1215.* ⏰ *tägl. 8–15 Uhr.* 🚫 ✔

🌿 **Jardín Pura Vida**
Bijagual. 📞 *2645-1001.* ⏰ *tägl. 7–17 Uhr.* 🚫 ✔ 🍴 🛍 📷
www.puravidagarden.com

Jacó ❾

Straßenkarte C4. 65 km südlich von Puntarenas. 🏘 *8000.* ✈ 🚌 🛥
🎵 *International Festival of Music (Juli–Aug).*

I n erster Linie lebt Jacó von der Surfbegeisterung. Mittlerweile ist es der größte und überfüllteste Badeort des Landes. Den drei Kilometer langen Strand säumen Palmen, doch abgesehen davon sind der graue Sand und das schlammig-braune Wasser wenig anziehend. Strömungen machen auch das Baden gefährlich. Dennoch kann man einiges unternehmen, von Krokodilsafaris über Ausritte bis zu nächtlichen Barbesuchen. Ansonsten ist und bleibt Jacó ein Surferparadies.

Außerhalb des kleinen Ortes bringt die **Pacific Rainforest Aerial Tram** Besucher in 90 Minuten und unter fachkundiger Führung in offenen Gondeln zum Dach des Regenwalds. Die Seilbahn erhebt sich über die riesigen Bäume, führt an Wasserfällen vorbei und gewährt eine sagenhafte Aussicht auf die Pazifikküste. Zudem werden geführte Wanderungen, z.B. entlang dem »Poison-dart Frog Trail« (Pfeilgiftfroschweg), angeboten. In der Nähe bietet die **Waterfalls Canopy Tour** Stahlseiltouren zwischen den Baumwipfeln an. Es gibt auch Wanderwege und »Abseiling«.

Umgebung: Von der **Playa Herradura** in Los Sueños Marina aus, einem grauen Sandstrand in einer breiten Bucht nördlich von Jacó, fahren Sportfischer- und Ausflugsboote ab. Der Hafen gehört zum **Los Sueños Marriott Ocean & Golf Resort** *(siehe S. 208),* auf dessen Golfplatz sogar Profis spielen.

Das **Hotel Villa Caletas** *(siehe S. 207)* auf einer Landzunge nördlich der Playa Herradura ist die bemerkenswerte

Die graue, palmengesäumte Playa Jacó

Hotels und Restaurants an der Zentralen Pazifikküste und im Südlichen Nicoya *siehe S. 206–208 und S. 229–231*

Schöpfung des französischen Designers Denis Roy. Der mit römischen Amphoren geschmückte Weg bietet atemberaubende Ausblicke auf das Meer und dient gleichzeitig als auffälliger Eingang des Luxusrestaurants und -hotels. Im Amphitheater im griechischen Stil, das in den Hügel gebaut wurde, treten Musiker beim International Festival of Music auf. Im Serenity Spa kann man sich ausgiebig verwöhnen lassen.

Über einen Pfad gelangt man zur **Playa Caletas** mit Bar und Grill hinunter. Südlich von Jacó bietet die **Playa Hermosa** preiswerte Surferunterkünfte. Hier ist die Brandung besonders gut.

Eidechse im Rainmaker Conservation Project

🏞 Pacific Rainforest Aerial Tram
3 km östlich von Jacó. 📞 *2257-5961.* 🕐 *Mo 9–16, Di–So 6–16 Uhr.* 🚫 📷 💲 🔲
www.rainforestram.com

🏞 Waterfalls Canopy Tour
3 km nordöstlich von Jacó. 📞 *2643-3322.* 📷 *tägl. 8, 11 und 14 Uhr.* 🚫
www.waterfallscanopy.com

Rainmaker Conservation Project ❿

Straßenkarte D4. Pocares, 6 km östlich des Hwy 34, 45 km südlich von Jacó. 📞 *2777-3565.* 🚌 *organisierte Transfers.* 🚫 📷 *nur Führungen: Mo–Sa 8.45, 10.45 und 12.45 Uhr.* 🔟 🔲
www.rainmakercostarica.com

Highlight des privaten Reservats und Erhaltungsprogramms ist ein Pfad durch das oberste Stockwerk des Regenwalds. Das Gebiet erstreckt sich über fünf Quadratkilometer an den Hängen der Fila-Chonta-Berge, liegt durchschnittlich 1700 Meter hoch und umfasst vier verschiedene Lebensräume, darunter auch Gebirgsnebelwald in den höheren Lagen.

Es gibt mehrere Wanderwege, einer davon am Fluss. Er führt durch die Schlucht des Río Seco zu einem kleinen, badesicheren Becken. Der Pfad durch die Baumwipfel ist anfangs sehr steil. Die Hängebrücken zwischen den Baumkronen erfordern Schwindelfreiheit. Die längste ist 50 Meter lang. Hier kann man Faultiere, Affen, Iguanas, Tukane und viele andere Tierarten sehen, u. a. auch den extrem seltenen Panama-Stummelfußfrosch, den man vor Kurzem wiederentdeckte.

Pflanzenbestimmungstafel im Rainmaker Conservation Project

Boca Damas ⓫

Straßenkarte D4. 53 km südlich von Jacó. 🚌

Zickzackförmig durchzieht der riesige Mangrovenhain *(manglare)* den Küstenabschnitt zwischen Parrita und Quepos an der Mündung des Río Damas. In den dichten Wäldern leben Coatis, Pumas, Kapuzineräffchen und mehrere Schlangenarten, in den gerbsäurehaltigen Gewässern lauern Krokodile und Kaimane. Stelzenläufer und Kahnschnäbel, erkennbar an den auffälligen kielförmigen Schnäbeln, suchen in Schlammpfützen nach Weichtieren.

Veranstalter in Quepos bieten Kajak-Exkursionen an, im Hafen von Damas kann man Bootsausflüge buchen.

KROKODILSAFARIS

Die wahllose Jagd auf Krokodile *(cocodrilo)* während der letzten 400 Jahre hat zu einer besorgniserregenden Dezimierung der Population geführt. Seit sie 1981 unter Schutz gestellt wurden, haben sich die Tiere in einem erfreulichen Maß wieder vermehrt. Heute sieht man sie in den Flüssen der pazifischen Tiefebene und ganz besonders zahlreich in der Nähe der Mündung des Río Tárcoles (rund 130 Tiere pro Kilometer). Auf zweistündigen Bootsausflügen (ab Tárcoles, in der Nähe der Flussmündung) können Besucher die Reptilien, die bis zu fünf Meter lang werden können, beinahe hautnah erleben. Passen Sie auf Ihre Hände auf: Strecken Sie sie nicht aus dem Boot! Zudem sieht man Rosalöffler, rote Aras und Dutzende anderer in Costa Rica heimischer Vogelarten.

Krokodile im Río Tárcoles, Puntarenas

Gemütliches Eiscafé im Zentrum von Quepos

Quepos ⑫

Straßenkarte D4. 55 km südlich
von Jacó. 🏃 *12000*. ✈ 🚌
🎭 *Carnaval (Feb – März).*
www.quepolandia.com

Als Fischerort und Zentrum
für Palmölproduktion hat
Quepos eine lange Tradition.
Seit es Zugang zum Parque
Nacional Manuel Antonio bietet, hat es sich auch zum Ur-
laubsort gemausert. Tagsüber
ist Quepos recht ruhig,
abends aber sind die Bars
und Restaurants sehr belebt.

Im Dorf Boca Vieja im
Nordseite der Stadt stehen
Holzhütten, die durch Stege
miteinander verbunden sind,
die auch über den braunen
Sand der **Playa Cocal** führen.
Auf den Hügeln im Süden er-
innern schindelgedeckte Häu-
ser an die 1930er Jahre, als
die Standard Fruit Company
Bananenplantagen anlegte.
Heute ersetzen afrikanische
Ölpalmen die durch Krank-
heit ausgerotteten Bananen.

Umgebung: Südlich von Que-
pos führt eine Straße nach
Manuel Antonio mit der **Playa
Espadilla**. In einer Lagune am
Nordende des Strands leben
Krokodile. Restaurants, Bars
und Hotels säumen die Stra-
ße, darunter **El Avión**, ein um-
gebautes Fairchild C-123-
Transportflugzeug, das die
CIA in den 1970er Jahren für
Waffenlieferungen an die
Contras *(siehe S. 135)* nutzte.

Auf den Wegen des 16 Hek-
tar großen **Fincas Naturales
Wildlife Refuge & Butterfly
Garden** kann man Faultiere,

Coatis, Blattschneiderameisen
und viele Vögel sehen.

Das **Río-Naranjo-Tal** erstreckt sich östlich von Quepos bis zu den Fila-Nara-Ber-
gen. Die Straße durch das Tal
führt an der Ruine einer 1570
gegründeten spanischen Mis-
sion vorbei. Wildwasser-Rafting ist hier sehr beliebt. Weiter oben im Tal liegt die
Rancho Los Tucanes, die Ausritte und Exkursionen zu Va-
nille- und Pfefferplantagen
anbietet. Den 90 Meter hohen
Los-Tucanes-Wasserfall erreicht man über Pfade durch
den Gebirgsregenwald.

🦋 **Fincas Naturales Wildlife
Refuge & Butterfly Garden**
1,6 km südlich von Quepos. 📞
2777-0850. 🕐 *tägl. 6 – 20 Uhr;
Schmetterlingsgarten tägl. 8 – 16 Uhr.*
📷 🚻 www.butterflygardens.co.cr

🦜 **Rancho Los Tucanes**
Londres, 11 km nordöstlich von
Quepos. 📞 *2777-0775.*
🕐 *tägl. 7 – 15 Uhr.* 🎫
www.ranchlostucanes.com

Parque Nacional Manuel Antonio ⑬

Siehe S. 118f.

Valle del Río Savegre ⑭

Straßenkarte D4. 25 km südöstlich
von Quepos. 🚌 *ab Quepos.*

Das Tal des Río Savegre
schlägt eine tiefe Schnei-
se durch die Fila-Bosco-
Berge und ist in den niederen

Lagen mit afrikanischen
Ölpalmen bepflanzt. Weiter
oben liegt die ländliche
Gemeinde El Silencio. Dort
unterhält die Kooperative der
Bauern das ökotouristische
Zentrum **Coopesilencio**. Besucher können Pferde mieten
oder die Tierrettungsstation
mit roten Aras, Wild und
Affen besichtigen.

Die **Rafiki Safari Lodge**
(siehe S. 208) auf einem Grat
oberhalb des Savegre ist im
Stil eines südafrikanischen
Safaricamps errichtet worden.
Von dort aus kann man wunderbar wandern, Vögel beobachten, ausreiten und
Rafting- oder Kajaktouren
unternehmen. Allradantrieb ist
für den zerfurchten, holprigen
Weg unbedingt notwendig,
der in der Regenzeit oft überflutet ist.

🦋 **Coopesilencio**
40 km südöstlich von Quepos.
📞 *2779-9554.* 🕐 *tägl. 9.30 – 12,
13 – 15.30 Uhr.* 🎫 🍴 🐴
www.turismorural.cr

**Pflanzung afrikanischer Ölpalmen
im Valle del Río Savegre**

Sportfischen an der Pazifikküste

Als ultimative Attraktion für den begeisterten Sportfischer bietet Costa Rica jedes Jahr neue Rekorde der International Game Fish Association. Hier fischen Angler um die Wette und fangen die meisten Marlins und zudem noch den einen oder anderen Segelfisch pro Tag. In der Regenzeit (Mai bis November) eignen sich die Gewässer vor dem Golfo de Papagayo am besten zum Angeln. In der Trockenzeit (Dezember bis April) sind die Wasser des Golfo de Papagayo wegen der Windverhältnisse sehr gefährlich. Die besten Fischgründe liegen dann weiter südlich vor Quepos um Bahía Drake und Golfito. An der Karibikküste landeinwärts ist die Lage für Angler ganz anders: Hier wird nur leichte Ausrüstung benötigt *(siehe S. 251).*

Fischköder

ORGANISIERTE ANGELAUSFLÜGE

Sportfischerboote fahren meist 32 Kilometer oder noch weiter aufs Meer hinaus. Dass ein Fisch anbeißt, ist erst der Anfang – der Sport besteht im nachfolgenden Kampf.

Die Angler *schnallen sich im »Kampfstuhl« fest, um größere Exemplare an Bord zu ziehen. Manchmal dauert der Kampf Stunden und erschöpft den Angler fast ebenso wie den Fisch.*

Charterläden *und Angler-Lodges gibt es in Costa Rica zuhauf. Abgesehen von den Booten organisieren sie auch Angellizenzen für Besucher.*

Die Politik des Fangens und Freilassens *wird von den meisten Veranstaltern befolgt. Dennoch werden die Gesetze zum Schutz der Fischbestände oft übertreten. Die Folge ist Überfischung.*

TIEFSEEFISCHE

An der Pazifikküste erwartet den eifrigen Angler eine große Vielfalt an Fischen. Das Angeln ist das ganze Jahr über erlaubt, es gibt jedoch eine Hochsaison für jede Spezies.

Gelbflossenthuns *wiegen bis zu 160 Kilogramm. Sie finden sich das ganze Jahr über in warmen Gewässern. Hochsaison ist von Juni bis Oktober.*

Wahoos *sind lang, schlank und unglaublich schnell. Man trifft sie zwischen Mai und August im Norden.*

Dorados *(Mahimahis) besitzen Schuppen in den verschiedensten Farben. Die zähen Kämpfer halten sich von Mai bis Oktober vor der Küste auf.*

Segelfische *werden bis zu zwei Meter lang und vollziehen am Angelhaken spektakuläre Sprünge. Sie kommen von Dezember bis April vor.*

Blaue Marlins *sind am begehrtesten. Der »Bulle des Ozeans« kämpft wie kein anderer. Die Weibchen werden bis zu 455 Kilogramm schwer. Man trifft meist von August bis Dezember auf Marlins.*

Parque Nacional Manuel Antonio ⓭

Hinweisschild im PN Manuel Antonio

Der wunderschöne, 1972 gegründete Park ist nach einem spanischen Eroberer benannt. Das Meer und bewaldete Hügel rahmen den Nationalpark ein, der mit 16 Quadratkilometern Costa Ricas kleinster ist. Er verfügt jedoch über eine bemerkenswerte Naturvielfalt mit vielen Tieren und prächtigen Stränden. Coatis, Faultiere, Tukane und rote Aras kann man fast immer beobachten. Der PN Manuel Antonio ist einer der meistbesuchten Parks des Landes. Obwohl die Besucherzahl beschränkt ist, sind Flora und Fauna dennoch von Verschmutzung und unkontrolliertem Hotelbau bedroht.

Besucherschlange am Parkeingang

Playa Espadilla Sur
Der lange korallenfarbene Sandstrand erstreckt sich südlich des Dorfs Manuel Antonio und geht im Norden in die Playa Espadilla Norte über.

QUEPOS

Quebrada Camaronera

Manuel Antonio

Playa Espadilla Norte

Playa Espadilla Sur

Playa Manuel Antonio

Punta Catedral

Isla Olocuita

P A

Punta Catedral
Die ehemalige Insel ist heute durch ein tombolo *(natürliche Brücke) mit dem Festland verbunden. Der Felsvorsprung besteht unten aus kleinen Meerwasserbecken. Ein Rundpfad führt zu einem* mirador *(Aussichtspunkt).*

Playa Manuel Antonio
Der sichelförmige Strand mit feinem Sand fällt sanft zum jadefarbenen Meer mit einem Korallenriff ab. Das Schnorcheln ist vor allem in der Trockenzeit fantastisch. Schildkröten legen hier ihre Eier ab.

Korallenriffe bieten Krebsen, Seesternen und Krabben Schutz. Auch Delfine und Buckelwale sieht man in der Gegend oft.

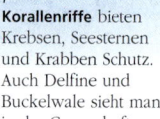

Hotels und Restaurants an der Zentralen Pazifikküste und im Südlichen Nicoya *siehe S. 206–208 und S. 229–231*

MANZANILLOBAUM

Manzanillobäume

Der Manzanillobaum *(Hippomane mancinella)* kommt an den Stränden des Parks häufig vor – und kann unwissenden Besuchern gesundheitliche Probleme bereiten. Die immergrüne, ausgesprochen toxische Pflanze erkennt man an ihrem kurzen Stamm und den hellgrünen, ellipsenförmigen Blättern. Saft und Rinde rufen Hautentzündungen hervor. Die Früchte sind giftig. Wird das Holz des Baums verbrannt, kann der Rauch die Lunge schädigen.

INFOBOX

Straßenkarte D4. 160 km südlich von San José und 8 km südlich von Quepos.
2777-4122. ab San José und Quepos. Di–So 8–16 Uhr; auf 600 Besucher pro Tag beschränkt.

Sendero Mirador
Der 1,3 Kilometer lange Pfad führt einen Hügel hinauf, hinter der Playa Escondido hinunter und wieder hinauf zu einem mirador mit Blick auf die Punta Catedral.

Affen
Kapuziner- und Rotrückentotenkopfaffen kommen im Park häufig vor. Sie dürfen nicht gefüttert werden, da dies Gesundheit und Verhalten beeinträchtigt.

Die Laguna Negra mit ihrem Brackwasser und den Mangrovensümpfen bietet Kaimanen ein Zuhause.

Die Playa Playitas ist abgelegen und als Nistplatz von Meeresschildkröten nicht zugänglich.

Playa Escondido

LAGUNA NEGRA

Río Naranjo

Quebrada Negra

la La Catarata

Playa Playitas

Punta Serrucho

Isla Mogote

Die Isla Mogote gilt den Quepoa-Indianern als heilig.

CHER N

0 Meter 500

LEGENDE

— Hauptstraße
-- Parkgrenze
-- Wanderweg
☆ Aussichtspunkt
ℹ Information

Felseninseln
Zwölf Inseln machen weitere 550 Quadratkilometer Schutzgebiet aus. Hier nisten große Seevögelkolonien.

GUANACASTE UND NÖRDLICHES NICOYA

Mit ihren trockenen Ebenen, den Männern zu Pferd, den Rodeos und den Stierkämpfen ist die Provinz Guanacaste noch tief im Hazienda-Erbe verwurzelt. Die Region reicht von den wolkenbedeckten Vulkanen der Cordillera de Guanacaste bis zu den Marschen des Río Tempisque und den Stränden des Nördlichen Nicoya – ein Paradies für Meeresschildkröten und Surfer.

Eine Kette von Vulkanen und Bergen durchzieht das riesige Gebiet und begrenzt es im Osten. An der Pazifikküste mit breiten Buchten liegen einige der besten Strände. Zwischen Bergen und Küste liegt eine breite Rinne, in deren Feuchtgebieten Krokodile und Wasservögel leben. Im Südwesten liegt die Halbinsel Nicoya am mangrovengesäumten Golf von Nicoya. In den Ebenen wird es sehr heiß, Berge und Strände umschmeichelt aber eine kühle Brise.

Im Frühling entfalten die Blätter der Laubwälder eine sagenhafte Farbenpracht. Dann hat man die beste Möglichkeit zur Tierbeobachtung. Der Nebelwald in den Bergen stellt einen hübschen Kontrast dazu dar.

Zur Zeit der spanischen Eroberung war die Kultur der Chorotega-Indianer die am weitesten entwickelte in dieser Region, wurde jedoch von den Spaniern schnell absorbiert. Präkolumbische Architektur entdeckte man deshalb kaum, dafür im Guaitíl-Gebiet eine lange Tradition des Töpferkunsthandwerks. Heute herrscht hier die Kultur der *sabaneros* (Cowboys) vor, die direkt auf koloniale Zeiten zurückgeht, als die großen Haziendas gebaut wurden. Hauptbeschäftigung der Einwohner ist noch immer die Viehzucht, obwohl auch viele noch einen präkolumbischen Lebensstil pflegen: Sie verdienen sich ihren Lebensunterhalt mit Fischen.

Sabaneros (Cowboys) mit ihrer Viehherde auf einer Ranch in Liberia

◁ Kaschubaum (*Anacardium excelsum*) mit einer Würgefige, Parque Nacional Rincón de la Vieja

Überblick: Guanacaste und Nördliches Nicoya

Die trockenste Region Costa Ricas wartet mit den spektakulären Nebelwäldern von Monteverde, den Vulkanparks von Rincón de la Vieja, Miravalles und Guanacaste sowie dem Parque Nacional Santa Rosa auf. In Palo Verde, Lomas Barbudal und Cañas kann man Vögel beobachten. Im Norden liegt das koloniale Liberia. Die westlichen Playas del Coco sind bei Tauchern, die Playa Flamingo bei Sportfischern beliebt. Im Süden liegt das Surferparadies Tamarindo, an der Playa Grande und der Playa Ostional kann man Meeresschildkröten sehen. Nicht versäumen sollten Sie die Töpferwaren von Guaitíl und die Höhlen von Barra Honda.

Der von Bäumen gesäumte Hauptplatz Liberias

SEHENSWÜRDIGKEITEN AUF EINEN BLICK

Städte und Dörfer

Cañas ❸
Guaitíl ㉒
Islita ⑲
Liberia ❼
Nicoya ⑳
Nosara ⑰
Sámara ⑱
Santa Cruz ㉑
Tamarindo ⑮
Tilarán ❷

Nationalparks und Reservate

Monteverde und Santa Elena S. 124–128 ❶
Parque Nacional Barra Honda ㉓
Parque Nacional Guanacaste ❾
Parque Nacional Palo Verde ❹
Parque Nacional Rincón de la Vieja ❽
Parque Nacional Santa Rosa S. 134 f ⑪
Refugio Nacional de Vida Silvestre Ostional ⑯
Reserva Biológica Lomas Barbudal ❺

Natur

Bahía Culebra ⑫
Bahía Salinas ❿
Zona Protectora Volcán Miravalles ❻

Strände

Playa Flamingo ⑭
Playas del Coco ⑬

Karte

Peñas Blancas
NIC...
BAHÍA SALINAS
La Cruz
San Ceci...
Refugio Nacional de Vida Silvestre Isla Bolaños ❿
Volcán Orosí 1500 m
Río Sapoa
Santa Rita
Cuajiniquil
Playa Blanca
Volcán C... 1650 r
PARQUE NACIONAL SANTA ROSA
PARQUE NACIONAL GUANACASTE ❾
Islas Murciélagos
Hacienda
Potrerillos
❶❶ 🏕
Playa Nancite
Playa Naranjo
Cañas Dulces
Hacienda Culebra
Curuba
BAHÍA CULEBRA ⑫
Daniel Oduber International Airport ✈ ❼
Col...
Playa Hermosa
🏕 ↑ LIBE
PLAYAS DEL COCO ⑬
Guardia
Playa Ocotal
151
Isla Catalina
Filadelfia
G U A N...
PLAYA FLAMINGO ⑭ ✈ Tempate
Playa Conchal
155
Or...
Río Cañas
Bernabela
Playa Grande ✈
Parque Nacional Marino Las Baulas ⑮ TAMARINDO
SANTA CRUZ
GUAITÍ
160 ㉑ 🏕 ㉒
152 ✈
San Juan
21
Playa Negra
Florida
NICOYA ⑳ ✈
Vista al Mar
Hojancha
Pilas Blancas
REFUGIO NACIONAL DE VIDA SILVESTRE OSTIONAL ⑯ ✈ ⑰
Río Nosara
NOSARA
150
Santa Maria
Playa Guiones
SÁMARA ⑱ ✈
ISL...
Playa Carrillo Carrill...

Maske auf der Rancho Armadillo, Playas del Coco

Rinder waten durch einen Fluss in der Nähe des Parque Nacional Palo Verde

LEGENDE

▬▬ Panamerikanischer Highway

▬▬ Schnellstraße

▬▬ Hauptstraße

▬▬ Nebenstraße

▬▬ Staatsgrenze

▬▬ Provinzgrenze

△ Gipfel

SIEHE AUCH

- **Hotels** S. 208–212

- **Restaurants** S. 231–234

(Kartenbeschriftungen)

AGUA

asilia

án Rincón
a Vieja
0 m

QUE
IONAL
CÓN
A VIEJA

Aguas Claras

6 ZONA PROTECTORA VOLCÁN MIRAVALLES

Laguna
Mogote

Volcán
Miravalles
2030 m

165

164

Río Tenorio

Río Blanco

Río Corobicí

6

0 Kilometer 10

142 **Nuevo Arenal**

142

2 TILARÁN

145

Laguna
de Arenal

Bagaces

ESERVA
IOLÓGICA
OMAS BARBUDAL

A S T E

3 CAÑAS

Río Cañas

San José

QUE NACIONAL
ALO VERDE

4

Quesara

Río Tempisque

Santa
Elena

145

1 MONTEVERDE UND SANTA ELENA

ARQUE NACIONAL
ARRA HONDA

San
Buenaventura

Río Lajas

Río Lagarto

Río Aranjuez

San Gerardo

Miramar

18

Limonal

San José

PUNTARENAS

132

1

144

Carmona

San José

zalito
ejúco

Zapote

160

San Francisco
de Coyote

IN GUANACASTE UND IM NÖRDLICHEN NICOYA UNTERWEGS

Der Panamerikanische Highway durchzieht die Region der Länge nach bis zur Grenze zu Nicaragua. Unbefestigte Straßen verbinden den Highway mit Monteverde und anderen Sehenswürdigkeiten. Highway 21 führt nach Liberia im Nördlichen Nicoya und verzweigt sich in Zufahrtsstraßen zu den westlich liegenden Hauptstränden. Effiziente Busverbindungen ab San José bedienen alle Städte entlang dem Panamerikanischen Highway sowie einige Strände. Die Fahrt mit dem Bus zwischen den Stränden ist jedoch sehr zeitaufwendig. Autos kann man in Liberia und Tamarindo mieten. Liberia verfügt über einen internationalen Flughafen, Tamarindo, Nosara und Sámara über Inlandsflughäfen.

Monteverde und Santa Elena ❶

Monteverde-Logo

Monteverde ist in der ganzen Welt für seinen einzigartigen Nebelwald berühmt, der Costa Ricas Ruf als Vorreiter des »sanften Tourismus« mitbegründet hat. Das Reservat liegt auf 1400 Meter Höhe im Herzen der Cordillera de Tilarán. Das nordwestlich liegende Santa Elena ist das wichtigste Wirtschaftszentrum. Darüber hinaus umfasst die Zona Protectora Arenal-Monteverde noch andere Schutzgebiete. Im Park gibt es zahlreiche Attraktionen, darunter auch viele Touren, die dem Besucher einen Blick von oben auf den Regenwald ermöglichen. Doch trotz aller Aktivitäten hat sich Monteverde bis heute sein bukolisches Idyll bewahrt.

»Canopy Tours«
Vier Touren ermöglichen es den Besuchern, das Dach des Regenwalds aus der Nähe zu erkunden.

Reserva Bosque Nuboso Santa Elena
Im Nebelwaldreservat von Santa Elena finden sich ähnlich viele Tierarten wie in Monteverde, es ist jedoch nicht so überfüllt (siehe S. 128).

Las Juntas

Orquídeas de Monteverde stellt ein Drittel aller Orchideenarten Costa Ricas aus *(siehe S. 126).*

Sky Walk/ Sky Trek

Reserva Bosque Nuboso Santa und Selvatura

Original Canopy Tour

SANTA ELENA

Ranario de Monteverde

Original Canopy Tour Office

SAN JOSÉ

Büro des Sky Walk/Sky Trek

CERRO PLANO

Die Finca Ecológica bietet vier Wanderwege durch den tropischen Bergwald.

Quebrada Maquina

Serpentario
Hier kann man die Schlangen der Gegend sowie viele andere Reptilien und Amphibien hautnah erleben (siehe S. 126).

Der Lehrpfad »Bajo del Tigre« ist mit Informationstafeln bestückt. Hämmerlinge und Quetzals sieht man hier oft.

Der Bat Jungle hat eine Flugstrecke für Fledermäuse.

LEGENDE

═══ Hauptstraße
═══ Nebenstraße
▬ ▬ Wanderweg
═ ═ Parkgrenze
ℹ️ Information

Monteverde Nature Center & Butterfly Garden
In diesem Garten und Bildungszentrum schwirren Dutzende von Schmetterlingsarten umher. Ausstellungen informieren über die Welt der Insekten (siehe S. 126).

Hotels und Restaurants in Guanacaste und im Nördlichen Nicoya *siehe Seiten 208–212 und Seiten 231–234*

Santa Elena

Der Hauptort der Gegend liegt hügelabwärts von Monteverde hinter Cerro Plano. Er verfügt über eine Bank, eine Bushaltestelle und andere Serviceeinrichtungen.

INFOBOX

Straßenkarte C2. 68 km nördlich von Puntarenas, 35 km den Hügel hinauf ab Panamerikanischem Hwy. 🚶 5000. 🚌 nach Santa Elena und hinauf zum *Reserva Biológica Bosque Nuboso Monteverde*. **www**.acmcr.org
Original Canopy Tour 📞 2645-5243. ⏰ tägl. 7.30, 10.30, und 14.30 Uhr.
www.canopytour.com

La Lechería

Die »Käsefabrik« wurde von Quäker-Einwanderern aus den USA gegründet und bildet die Basis der regionalen Wirtschaft. Hier kann man sehen, wie Käse gemacht wird (siehe S. 127).

Weideland

Die grünen Hügel von Monteverde bieten dem Vieh, der Quelle der Käseproduktion, ausgezeichnete Weiden.

0 Meter — 500

Sarah Dodwell
Watercolor Gallery

MONTEVERDE

La Lechería

Río Guacimal

Friend's
Meeting House

SAN
LUIS

RESERVA
BIOLÓGICA
BOSQUE
NUBOSO
MONTEVERDE

Reservatseingang

Monteverde ist eigentlich der Name einer aus den USA stammenden Quäker-Gemeinde, deren Mitglieder in den Wäldern unterhalb des Reservats leben.

Im **»Friend's Meeting House«** treffen sich die Mitglieder der Quäker-Gemeinde von Monteverde *(siehe S. 126).*

Reserva Biológica Bosque Nuboso Monteverde

Das weltberühmte Nebelwaldreservat von Monteverde ist die erste Adresse des Landes, um einen Blick auf Quetzals zu erhaschen – nur eine von 400 Vogelspezies des Reservats (siehe S. 127).

Überblick: Monteverde und Santa Elena

Hinweisschild auf das Monteverde-Reservat

Das kühle und grüne Monteverde hat viele Sehenswürdigkeiten zu bieten. Viele davon liegen an der unbefestigten Straße, die sich sanft den Berg hinauf von Santa Elena zum Nebelwaldreservat Monteverde schlängelt. Andere Attraktionen liegen an Nebenstraßen versteckt, die teilweise recht zerklüftet und steil sind. Das Wandern ist eine angenehme Alternative, wobei die Wege je nach Wetter schlammig oder staubig sein können. Es kann nie schaden, einen Regenschirm mitzunehmen. Die Route wird von Dutzenden von Hotels und Restaurants gesäumt. Eine steilere unbefestigte Straße führt nordwestlich von Santa Elena zum gleichnamigen Nebelwaldreservat an vielen Highlights vorbei.

🦋 Ranario de Monteverde

300 m südwestlich von Santa Elena.
📞 2645-6320.
🕐 tägl. 9–20.30 Uhr. 🔲 🔲 🔲 🔲
www.ranario.com

Im Froschbiotop von Monteverde (mit Souvenirladen) sind rund 20 Frosch- und andere Amphibienarten sowie Schlangen, Salamander und Eidechsen zu sehen. Mit den großen Glaskästen versucht man, ihre natürliche Umgebung zu simulieren. Mehrere der faszinierendsten Frosch- und Krötenarten Costa Ricas leben hier, u. a. auch auffällig bunte Pfeilgiftfrösche, niedliche Rotaugen-Laubfrösche, Glasfrösche und riesige Meeresschildkröten. Die beste Besuchszeit ist abends oder nachts: Dann sind die Frösche am aktivsten und lassen ihre verschiedenen Rufe erschallen.

🦋 Serpentario

500 m südlich von Santa Elena.
📞 2645-6002. 🕐 tägl. 8–20 Uhr.
🔲 🔲 🔲 www.snaketour.com

Unter den rund 20 Schlangenspezies, die in diesem Schlangenhaus hinter Glas zu sehen sind, befinden sich die gefährliche Lanzenotter *(Bothrops asper)* und ihr natürlicher Feind, die Mussarana *(Clelia clelia)*. Den meisten Arten kann man auch in den umgebenden Wäldern begegnen. Ebenfalls zu sehen sind Schildkröten, Iguanas, Basilisken, Chamäleons und Frösche. Die Lehrtafeln sind zwar nur auf Spanisch, doch es stehen auch Englisch sprechende Führer zur Verfügung.

Zarte Orchideen in den Orquídeas de Monteverde

🦋 Orquídeas de Monteverde

1,3 km östlich von Santa Elena.
📞 2645-5308. 🕐 tägl. 8–17 Uhr.
🔲 🔲

In Monteverdes Orchideengarten mit seinen 500 in der Gegend vorkommenden Arten erfährt man alles über die wunderschönen Pflanzen *(siehe S. 183)*. Sie sind entlang einem Lehrpfad in 22 Gruppen unterteilt. Die Besucher erhalten eine Lupe, um auch so kleine Arten wie *Platystele*

jungermannioides, die kleinste Blume der Welt, gebührend bewundern zu können.

🦋 Monteverde Nature Center & Butterfly Garden

1,8 km südlich von Santa Elena.
📞 2645-5512. 🕐 tägl. 9.30–16 Uhr.
🔲 🔲 🔲 www.monteverde butterflygarden.com

In diesem Naturzentrum mit seinen Lehrexponaten sowie drei verschiedenen Schmetterlingsbiotopen erfährt man sehr viel über den Lebenszyklus des Schmetterlings. Zu den faszinierenden Ausstellungsstücken gehören Taranteln, Riesenkäfer und 13 Zentimeter lange Raupen.

Darüber hinaus werden Lehrvideos gezeigt. Über eine »Käfer-Cam« sieht man in einen Bau von Blattschneiderameisen. Höhepunkt der einstündigen Führung ist eine riesige Voliere, in der über 40 Arten farbenprächtiger Schmetterlinge umherflattern. Vormittags sind die Schmetterlinge am aktivsten.

🦋 Bat Jungle

2,5 km südöstlich von Santa Elena.
📞 2645-5052. 🕐 tägl. 9–20 Uhr.
🔲 🔲 www.monteverdeinfo.com/bat-jungle

In Costa Rica leben 109 Fledermausarten, Monteverde allein hat schon 65. Diese Ausstellung zeigt alles über diese faszinierenden Lebewesen. Das Highlight ist ein verglaster Flugweg, der die Wohnstatt von acht Fledermausarten ist. Filme werden gezeigt, und Sie können riesige Ohren anziehen, um ein Gefühl für das phänomenale Hörvermögen der Tiere zu bekommen.

QUÄKER

Die ersten Siedler in Monteverde waren 44 Mitglieder der pazifistisch-protestantischen Gemeinde der Quäker. Sie kamen aus Alabama in den USA, wo man sie eingesperrt hatte, weil sie sich nicht zum Militärdienst einziehen lassen wollten, und ließen sich 1951 in Costa Rica nieder (das seit dem Bürgerkrieg von 1948 keine Armee mehr hatte). Sie züchteten Rinder in der Cordillera de Tilarán, um den heute im ganzen Land berühmten Käse herzustellen. Die Quäker stehen bei den Naturschutzbemühungen in Monteverde an vorderster Front.

Quäker in traditioneller Kleidung

GOLDKRÖTEN

1964 entdeckten Wissenschaftler im Nebelwald oberhalb von Monteverde eine neue Krötenspezies *(Bufo periglenes)*. Sie nannten das leuchtend orangefarbene Tier *sapo dorado* – Goldkröte. Tatsächlich ist nur das drei Zentimeter lange Männchen hellorange. Das Weibchen ist größer und schwarz-rot-gelb gefleckt. 1986 kam die Kröte noch häufig vor. Seit 1988 hat man sie nicht mehr gesehen. Heute gilt sie als ausgestorben.

Goldkröten, heute ausgestorben

🏛 La Lechería

3 km südöstlich von Santa Elena.
📞 2645-5436. ⭕ tägl. 7.30–17 Uhr, So bis 12.30 Uhr. 🏷 🏷 9, 14 Uhr.
www.monteverde.net

Die »Käsefabrik« wurde 1953 von den in Monteverde ansässigen Quäkern gegründet. Heute werden hier 14 verschiedene Käsesorten hergestellt, darunter Parmesan, Gouda und der Bestseller Monte Rico. Es werden Führungen durch die Fabrik angeboten, in der täglich mehr als 1000 Kilogramm Käse produziert werden. Man kann außerdem *cajeta*, einen Brotaufstrich aus Karamell, und Käse kaufen.

🎟 Reserva Biológica Bosque Nuboso Monteverde

6 km südöstlich von Santa Elena.
📞 2645-5122. ⭕ tägl. 7–16 Uhr.
🏷 🏷 Anmeldung erforderlich.
📷 🏷 ✉ www.cct.or.cr

Die unbefestigte Straße hügelaufwärts von Santa Elena endet im riesigen Nebelwaldreservat von Monteverde, dem Juwel der Schutzzone Arenal-Monteverde. Es gehört dem Tropenzentrum von Costa Rica und wird auch von diesem geleitet. Es umfasst sechs verschiedene ökologische Zonen entlang des zum Pazifik und zur Karibik hin abfallenden Berge. Die höher gelegenen Wälder des Reservats liegen fast immer im Nebel, der durch die feuchten atlantischen Winde erzeugt wird. Die dem Wind ausgesetzten Bäume sind zwergenhaft klein.

Tiere gibt es zuhauf: über 150 Amphibien- und Reptilienarten sowie mehr als 500 Schmetterlingsspezies. Zu den über 100 Säugetierarten gehören fünf verschiedene Wildkatzen (Jaguare, Jaguarundis, Pumas, Baumozelots und Ozelots). Kurzlappen-Schirmvogel und der gefähr-

Iguana, Reserva Biológica Bosque Nuboso Monteverde

dete Hämmerling sind nur zwei Vertreter der hier lebenden 400 Vogelspezies. Sogar Quetzals sieht man oft, vor allem in der Paarungszeit von April bis Mai, in der sie kurz nach der Morgendämmerung am aktivsten sind. An den Futterstellen vor dem Besucherzentrum sammeln sich Kolibris, von denen man bisher über 30 Arten gezählt hat. Die meisten Tiere jedoch sind sehr scheu und nur selten zu sehen. Das Reservat durchziehen 120 Kilometer Wanderwege. Eine Broschüre ergänzt die Lehrtafeln an den beliebtesten Wegen, die mit Holzplanken bedeckt und untereinander verbunden sind, um »das Dreieck« zu bilden, wie die Einheimischen sagen. Der steile Sendero Chomogo führt zu einem *mirador* (Aussichtspunkt) auf der Kontinentalscheide. Von hier aus kann man an den seltenen klaren Tagen sowohl den Pazifik als auch die Karibik sehen.

Schwierigere, schlammigere Wanderwege führen auf der karibischen Seite die Berge hinab zur Ebene. Für sie braucht man einen ganzen Tag. Neben Gummistiefeln kann man sich aber auch Ferngläser ausleihen. Die Monate Dezember bis April sind am trockensten. Von Santa Elena aus fahren Taxis und Busse zum Reservat.

Auf einer Wanderung in der Reserva Biológica Bosque Nuboso Monteverde

⚡ Reserva Bosque Nuboso Santa Elena

6 km nordöstlich von Santa Elena.
📞 645-5390. ⏰ tägl. 7–16 Uhr.
📷 🎫 7.30, 11.30, 19 Uhr, nach Vereinbarung. 🏪 🏨
www.reservasantaelena.org

Das fünf Quadratkilometer große Nebelwaldreservat, von der Gemeinde Santa Elena finanziert und geleitet, widmet sich Naturschutz und Bildung. Schüler der städtischen Schule haben viel zu seiner Entwicklung beigetragen.

Das Reservat liegt höher als sein berühmterer und überfüllterer Nachbar in Monteverde *(siehe S. 127)* und ist auch nebliger und nasser. Klammer- und Brüllaffen sieht man oft, ebenso wie den Quetzal, den Veilchentrogon, Eichhörnchen und Agutis. Etwas scheuer sind die Tapire, Jaguare, Ozelots, Pumas und Tayras, die wie Otter und Wiesel zur Familie der Marderartigen gehören. An klaren Tagen hat man eine atemberaubende Sicht auf den Volcán Arenal im Nordosten. Für die elf Kilometer langen Wanderwege ist eine Begleitbroschüre erhältlich.

⚡ Sky Walk/Sky Trek

5 km nordöstlich von Santa Elena.
📞 2645-5238. ⏰ tägl. 7–16 Uhr.
📷 🎫 8, 10 und 13 Uhr (Sky Walk); 7.30, 9.30, 11.30, 13.30 und 14 Uhr (Sky Trek). ♿ 🏪 🏨
www.skywalk.co.cr
www.skytrek.co.cr

Das Projekt am Rand des Nebelwaldreservats von Santa Elena bietet mit seinen Wegen über den Baumwipfeln, den Abseilmöglichkeiten und den

Ein »Skywalker« über dem Dach des Nebelwalds

Hängebrücken viel Spannendes, um das Dach des Waldes zu erkunden.

Besonders Mutige sollten es mit dem zweistündigen Sky Trek (1,6 km) probieren: Dabei schwingt man sich in sicheren Geschirren an Stahlseilen von Plattform zu Plattform. Von den beiden Panoramatürmen aus sieht man die Ebenen von Guanacaste und Puntarenas. Auf dem einen Kilometer langen Sky Walk mit fünf Hängebrücken sieht man wahrscheinlich mehr Tiere als beim Sky Trek.

⚡ Selvatura Park

6 km nordöstlich von Santa Elena.
📞 2645-5929. ⏰ tägl. 7–17 Uhr.
📷 🎫 ♿ 🏪 🏨
www.selvatura.com

Der Selvatura Park verfügt über insgesamt drei Kilometer Wege zwischen den Baumkronen, die von acht Hänge-

brücken unterbrochen werden. Besucher können auch eine Stahlseiltour zu 14 Plattformen unternehmen, die längste in ganz Costa Rica, bei der man das oberste Stockwerk des faszinierenden Nebelwalds ganz aus der Nähe erlebt.

Höhepunkt des Selvatura Park ist die beeindruckende Bio-Kunst-Ausstellung **Jewels of the Rainforest**, die weltweit größte private Insektensammlung des Entomologen Dr. Richard Whitten mit über einer Million Exemplaren. Ziel dieser Sammlung ist es, die wundersamen Kreaturen aus einer ganzheitlichen Perspektive wahrzunehmen. Die farbenprächtigen Insekten wie Mücken, Schmetterlinge, Spinnen, Wespen, Käfer und Motten werden mit Lehrtafeln ausgestellt und sind nach geografischer Lage und Themen geordnet. Zu sehen sind riesige Krustentiere und prähistorische Schädel, z. B. des Säbelzahntigers. Es gibt auch menschliche Schädel, vom Australopithecus bis zum Homo sapiens. Faszinierende Videos über das Leben der Insekten werden in einem Auditorium gezeigt. Man kann Dr. Whitten via Video im Selvatura-Labor arbeiten sehen.

Darüber hinaus locken ein Besuch im Kolibrigarten von Selvatura mit über 14 Kolibriarten, eine Kletterwand, geführte Wanderungen und ein von einer Kuppel überwölbter, klimatisierter Schmetterlingsgarten mit mehr als 20 Spezies, u. a. dem blauen Morphofalter.

Eingang zur Reserva Bosque Nuboso Santa Elena

Hotels und Restaurants in Guanacaste und im Nördlichen Nicoya *siehe Seiten 208–212 und Seiten 231–234*

Nebelwälder

Nach dem Nebel benannt, der sie beinahe permanent einhüllt, finden sich die Nebelwälder Costa Ricas meist in einer Höhe über 1050 Meter. Die korrekte Bezeichnung lautet »tropischer Gebirgsregenwald«. Er ist hinsichtlich der Pflanzen der vielfältigste der Welt. Auf den windgepeitschten Gebirgskämmen erreichen die Bäume und Sträucher zum Schutz der Erde

Glasflügler-Exemplar

nur eine geringe Höhe und bilden winzige, elfenhafte Wälder. In geschützteren Regionen findet sich die für den Regenwald typische in Schichten wachsende Vegetation (*siehe S. 22f*). Höher als 30 Meter werden diese Bäume jedoch kaum. An den Zweigen wachsen Epiphyten wie Orchideen und Bromelien sowie Flechten, Pilze, Moose und Leberblümchen.

Pfeffergewächse *(in Costa Rica gibt es 94 verschiedene) finden sich in feuchten Gebieten. Ihre Blätter sind bis zu 50 Zentimeter groß.*

Der Nebel wird von karibischen Winden erzeugt, die auf ihrem Weg über die Kontinentalscheide kondensieren.

Moose *ziehen das Wasser mit ihren Wurzeln, die wie Bärte an den Bäumen hängen, direkt aus der Luft.*

FLORA UND FAUNA

Das konstante Wechselspiel von Sonnenschein, Wolken und Regen bringt erstaunlich vielfältige Pflanzen hervor. Nebelwälder sind entsprechend reich an Tieren, die man durch das dichte Blattwerk allerdings kaum sieht.

Die Bäume, u.a. Cecropien, Feigen und Breiapfelbäume, sind oft von Epiphyten überwuchert.

Javelinas, *aus der Familie der Pekaris, sind sehr gesellig. Sie nutzen ihre langen Eckzähne zur Verteidigung.*

Aztekenbartvögel *geben ein typisches Jodeln von sich, werden aber selten gesehen. Nachts kuscheln sie sich aneinander.*

Brüllaffen *ernähren sich von Blättern und Früchten. Die Männchen drohen mit furchterregendem Gebrüll.*

Tilarán ❷

Straßenkarte B2. 22 km östlich von Cañas. 7700. 🚌 📷 *Feria del Día Cívica (Apr–Juni).*

Die hübsche kleine Stadt liegt in einer Höhe von 550 Metern auf der Kontinentalscheide. Die Luft ist frisch, der Hauptplatz wird von Kiefern und Zypressen gesäumt. Tilarán bietet sich als Stopp auf dem Weg zum Arenal-See an, wobei man sich die mit Intarsien geschmückte Kathedrale aus den 1960er Jahren ansehen sollte. In der von Feldern umgebenen Agrarstadt finden jährlich ein Viehmarkt und Rodeos statt.

Turm, Kathedrale Tilarán

Umgebung: Im **Vivero Poporí** werden die tropischen Orchideen gezüchtet, zwischen denen 20 Schmetterlingsarten herumflattern.

🌸 **Vivero Poporí**
3 km östlich von Tilarán. 📞 2695-5047. 🕐 tägl. 7.30–18 Uhr. 📷 🅿 🚻

Cañas ❸

Straßenkarte B2. 77 km nördlich von Puntarenas. 19.000. 🚌 📷 *Feria Domingo de Resurrección (März/Apr).*

Die staubige Cowboystadt, die spektakulär im Schutz der Cordillera de Guanacaste liegt, ist auch als Ciudad de la Amistad (Stadt der Freundschaft) bekannt. Sie ist von den Vieh-Haziendas der extrem heißen Tempisque-Ebene umgeben und dient mit ihrer Lage am Panamerikanischen Highway als Tor zum Parque Nacional Palo Verde und zum Arenal-See.

Umgebung: Im Norden kümmert sich das **Centro de Rescate Las Pumas** um vor Wilderern gerettete Pumas. Unter den Wildkatzen befinden sich auch Jaguare, Jaguarundis, Baumozelots, Ozelots und Tigerkatzen. Manche sind

Freizeitornithologen in überdachten Booten, Parque Nacional Palo Verde

recht zahm, da sie von der verstorbenen Gründerin des Zentrums, Lilly Bodmer de Hagnauer, aufgezogen wurden. Man kann an die Käfige herangehen – seien Sie vorsichtig. Auf dem Río Corobicí in der Nähe veranstaltet **Safaris Corobicí** Rafting-Touren.

🦋 **Centro de Rescate Las Pumas**
Panam. Hwy, 5 km nördlich von Cañas. 📞 2669-6044. 🕐 tägl. 8–17 Uhr. 📷 http://laspumas.org

Safaris Corobicí
Panam. Hwy, 5 km nördlich von Cañas. 📞 2669-6091.

Parque Nacional Palo Verde ❹

Straßenkarte B2. 42 km westlich von Cañas. 📞 200-0125. 🚌 *nach Puerto Humo, dann mit dem Boot zum Weg zur Rangerstation; nach Bagaces (22 km nördlich von Cañas), dann mit dem Jeep-Taxi.* 🕐 tägl. 8–16 Uhr. 📷 📷 🍴 🍴 🛶 🔺

Palo Verde ist einer der vielfältigsten Nationalparks des Landes. Er wurde 1980 eingeweiht und erstreckt sich über 130 Quadratkilometer mit einer Vielzahl an Lebensräumen: Mangrovensümpfe, Feuchtgebiete, Savannen und tropischer Trockenwald in der Mündung des Río Tempisque. Die trockenheitsresistente Vegetation besteht aus Guajak- und Sandbüchsenbäumen sowie dem immergrünen *Paloverde* (Jerusalemdorn), der dem Park den Namen gab.

Auch Tiere kommen zahlreich vor. In der Trockenzeit von Dezember bis April blühen die Bäume. Die Früchte ziehen Affen, Coatis, Wild, Pekaris, Pumas und andere

Säugetiere an. In der Regenzeit wird ein Großteil des Gebiets überschwemmt. Dann fühlen sich Wasservögel neben Stelzenläufern wie Reihern, Jabirus, Ibissen und Rosalöfflern hier besonders wohl. In Palo Verde gibt es zudem mehr als 300 Vogelarten, beispielsweise rote Aras und Hokkohühner. Die **Isla de Pájaros** in der Mitte des Río Tempisque ist ihr Hauptnistplatz.

Die Tiere sieht man am besten in der Trockenzeit, wenn die Laubbäume ihre Blätter abwerfen. Sie sammeln sich an Wasserstellen, die von Aussichtspunkten überblickt werden können.

Reserva Biológica Lomas Barbudal ❺

Straßenkarte A2. 6 km südwestlich des Panamerikanischen Hwy, 19 km nordwestlich von Bagaces. 📞 2695-5908. 🚌 *nach Bagaces, dann mit dem Jeep-Taxi.* 🕐 tägl. 8–16 Uhr (variiert). 📷 Spende. 🔺

Obwohl das Reservat für seine große Insektenpopulation, u. a. 250 verschiede-

Seltener Trockenwald in der Reserva Biológica Lomas Barbudal

Hotels und Restaurants in Guanacaste und im Nördlichen Nicoya *siehe Seiten 208–212 und Seiten 231–234*

ne Bienenarten, berühmt ist und den seltenen tropischen Trockenwald zu bieten hat, wird es wenig besucht. Das hügelige, dicht bewaldete Gebiet steht seit dem Jahr 1986 unter Naturschutz. Hier leben fast ebenso viele Tiere wie im Parque Nacional Palo Verde. Es gibt auch viele, für Trockenwälder normalerweise unübliche Pflanzen wie den Guapinol und den Breiapfelbaum.

Wege durchziehen das 23 Quadratkilometer große Reservat vom Besucherzentrum Casa de Patrimonio am Ufer des Río Cabuyo aus. In dem Fluss kann man sogar schwimmen. Die beste Zeit für einen Besuch sind Februar und März, wenn die Bäume des Parks blühen.

Fumarolen bei Las Hornillas, Zona Protectora Volcán Miravalles

Zona Protectora Volcán Miravalles ❻

Straßenkarte B2. 26 km nördlich von Bagaces. 🚌 ab Bagaces.

Der aktive Vulkan erhebt sich 2030 Meter hoch über die Ebenen von Guanacaste. Nur wenige Besucher wandern auf den höher gelegenen Wegen des Waldreservats Miravalles. Die Seen in der Nähe des Gipfels ziehen Tapire an, daneben gibt es mehrere andere Tierarten.

Hauptattraktion ist **Las Hornillas** (Kleine Öfen), ein Gebiet voller zischender Dampflöcher und Schlammpfützen an den westlichen Hängen. Das Elektrizitätswerk (ICE) nutzt den heißen Wasserdampf im **Proyecto Geotérmico Miravalles**. Die Fumarolen

und Schlammpfützen kann man am besten vom **Las Hornillas Volcanic Activity Center** aus sehen. Ein kurzer Weg führt in den aktiven Krater. Sie können in dem warmen Heilschlamm liegen, bevor Sie in den Swimmingpool eintauchen. Eine aufregende Wasserrutsche taucht Sie in einen Pool mit großartigem Blick auf den Vulkan. Man kann hier auch Reiten.

🔲 **Proyecto Geotérmico Miravalles**
27 km nordöstlich von Bagaces. 📞 673-1111 und -232. 🔲 nach Vereinbarung. 📷

🔲 **Las Hornillas Volcanic Activity Center**
1,6 km südöstlich von Proyecto Geotérmico Miravalles. 📞 8839-9769. 🔲 tägl. 9–17 Uhr. 📷 🍴 **www**.hornillas.com

Liberia ❼

Straßenkarte A2. 26 km nördlich von Bagaces. 🚶 39 000. 🚌 ℹ 665-0135. 🎉 Día de la Anexión de Guanacaste (25. Juli).

Die historische Hauptstadt von Guanacaste ist wegen ihrer weiß getünchten Lehmziegelhäuser mit Dächern aus Terrakottafliesen auch als »Weiße Stadt« bekannt. Die schönsten Häuser stehen in der Calle Real (Calle Central). Markenzeichen der Stadt sind die *puertas del sol* – Doppeltüren an zwei Ecken des Hauses, die die Morgen- und die Abendsonne einfangen. Im **Monumento Sabanero** erlebt man Liberias

Interieur eines Hauses aus der Kolonialzeit, Calle Real, Liberia

Monumento Sabanero, Liberia

Cowboykultur. Die **Hacienda La Cháraca** bietet viele Möglichkeiten rund ums Pferd. Auf dem Hauptplatz steht die moderne **Iglesia Inmaculada Concepción de María**. Auf dem *ayuntamiento* (Rathaus) weht die Flagge Guanacastes, die einzige Provinzflagge des Landes. Im Juli feiert man hier die Unabhängigkeit der Provinz von Nicaragua (1824). Die Iglesia de la Ermita de la Resurrección, auch **Iglesia de la Agonía**, von 1825 beherbergt ein kleines Museum religiöser Kunst. Über Liberia gelangt man zum Parque Nacional Rincón de la Vieja *(siehe S. 132)* und zu den Stränden des Nördlichen Nicoya.

🐴 **Hacienda La Chácara**
2,5 km westlich von Liberia. 📞 8350-1527. **www**.haciendalachacara.com

🔓 **Iglesia de la Agonía**
Calle 9 und Ave Central. 📞 2666-0107. 🔲 tägl. 14.30–15.30 Uhr.

COWBOYKULTUR

Ein Großteil der Einwohner von Guanacaste verdient sich den Lebensunterhalt als *sabanero* (Cowboy), nach der zähen Viehart auch *bramadero* genannt. Die stolzen *sabaneros* reiten aufrecht in ihren kunstvoll verzierten Sätteln und treiben ihre Pferde zu einer schnellen Gangart an.

Sabanero auf einer Ranch

Die wichtigsten Tage im Veranstaltungskalender der Cowboys sind die der *topes* (Pferdeshows) und *recorridos de toros* (Stierkämpfe). Die Stiere werden aber nicht getötet.

Der eindrucksvolle Volcán Rincón de la Vieja

Parque Nacional Rincón de la Vieja ⑧

Straßenkarte B1. 30 km nordöstlich von Liberia. ☎ 2200-0296. 🚌 nach Liberia, dann mit dem Jeep-Taxi. ◻ tägl. 7–17 Uhr; letzter Einlass 15 Uhr. 🚳 🌳 Ⓐ
www.acguanacaste.ac.cr

Nicht nur atemberaubend schön, sondern auch beeindruckend groß ist der Vulkan Rincón de la Vieja mit seinen neun Kratern, von denen nur noch der Rincón de la Vieja selbst (1800 m) aktiv ist. Am höchsten ist der Krater Santa María (1900 m), den Von-Seebach-Krater füllt ein türkisfarbener See.

Der Park umfasst 140 Quadratkilometer. Die östlichen Abhänge des Vulkans sind das ganze Jahr über regendurchnässt. Auf der Westseite finden sich neben den Nebelwäldern in der Nähe des Gipfels auch Laub wechselnde Wälder in niedrigeren Höhen.

Im Park leben Kapuziner-, Brüll- und Klammeraffen, Ameisenbären, Faultiere, Kinkajous und mehr als 300 Vogelarten, darunter auch Quetzals und Hämmerlinge. Am erbsengrünen **Lago Los Jilgueros** halten sich oft Tapire auf.

Wanderwege ab der Aufsichtsstation **Hacienda Santa María** (19. Jh.) und ab der Rangerstation **Las Pailas** führen an Schlammbecken, heißen Schwefelquellen, Wasserfällen und Fumarolen vorbei. Der Rundweg zum Gipfel (18 km) mit Blick auf den Lago de Nicaragua erfordert eine frühe Abfahrt. Wanderer müssen sich in der Station an-

und abmelden. Beide Rangerstationen erreicht man von Liberia aus mit Jeep-Taxis. Zudem sind sie durch einen Weg miteinander verbunden. Die beste Zeit für einen Besuch ist zwischen Dezember und April.

Umgebung: Mehrere Lodges auf der Westseite des Vulkans bieten auch Unternehmungsmöglichkeiten. Die **Hacienda Lodge Guachipelín** *(siehe S. 211)* im Südwesten erreicht man von Liberia aus über Curubandé. Die Viehranch ist auf Ausritte spezialisiert. Die **Rincón de la Vieja Lodge** *(siehe S. 211)* hat ein 364 Hektar großes privates Waldschutzgebiet. Beide Lodges bieten Ausflüge zum Regenwalddach. Von Liberia aus führt eine Straße über Cañas Dulces zum **Buena Vista Mountain Lodge & Adventure Center** *(siehe S. 211)* an der nordwestlichen Seite des Vul-

Das ökologische Zentrum Hacienda Los Inocentes

kans mit einer 400 Meter langen Wasserrutsche. Im **Hotel Borinquen Mountain Resort Thermae & Spa** kann man wunderbar entspannen.

🔥 **Hotel Borinquen Mountain Resort Thermae & Spa**
30 km nordöstlich von Liberia über Cañas Dulces. ☎ 2690-1900. 🚳
🍽 🌳 www.borinquenresort.com

Parque Nacional Guanacaste ⑨

Straßenkarte A1. 35 km nördlich von Liberia. ☎ 2666-5051. 🚌 nach Liberia, dann mit dem Jeep-Taxi. ◻ tägl. 8–17 Uhr mit Anmeldung. 🚳 🌳 Reservierung erforderlich. Ⓐ
www.acguanacaste.ac.cr

Der abgelegene Nationalpark umfasst mehr als 840 Quadratkilometer aufgeforstetes Gebiet und Weideland, das bis zu den Gipfeln von Volcán Cacao (1650 m) und Volcán Orosi (1500 m) reicht. Es gibt kaum Einrichtungen, doch der Besuch ist lohnenswert. Der Park, eine Erweiterung des Parque Nacional Santa Rosa, umfasst mehrere Lebensräume, Tiere sieht man oft. Die Stationen **Cacao**, **Pitilla** und **Maritza** bieten spartanische Unterkünfte. Cacao und Maritza sind zu Fuß oder mit Pferd erreichbar. Im **Llano de los Indios** an der Westseite des Volcán Orosi sieht man Steinfiguren aus präkolumbischer Zeit.

Bahía Salinas ⑩

Straßenkarte A1. 62 km nordwestlich von Liberia. 🚌 nach La Cruz, dann mit dem Jeep-Taxi.

Eingerahmt von Klippen im Norden, Salzmarschen im Osten und mangrovengesäumten Stränden im Süden, weht an dieser Bucht von Dezember bis April eine angenehme Brise. Die Hotels in La Coyotera und Playa Copal sind bei Surfern beliebt.

Fregattvögel nutzen den Wind am **Refugio Nacional de Vida Silvestre Isla Bolaños** zum Abheben. Die Insel, ein geschützter Nistplatz für Pelikane und Austernfischer, ist nicht zugänglich.

Trockenwälder

Einst waren die pazifischen Küstenebenen von Mexiko bis Panama von Laub-Trockenwäldern bedeckt, darunter auch ein Großteil des heutigen Guanacaste und Nicoya. Nach Kolumbus' Ankunft holzten die Spanier den Wald größtenteils ab, um Weideland zu gewinnen. Heute stehen nur noch etwa zwei Prozent des ursprünglichen Bewuch-

Blüten des Korallenbaums

ses, vor allem im Tempisque-Becken und in den Nationalparks von Santa Rosa, Rincón de la Vieja und Guanacaste. Der US-amerikanische Biologe Dr. Daniel Janzen bemüht sich seit Kurzem intensiv darum, die Savannen- und Weidegebiete wieder in ihren alten Zustand zu versetzen. Er beabsichtigt eine Regenerierung des originalen Ökosystems Trockenwald.

Das Untergeschoss mit kurzen Bäumen wird von flachen Baumkronen überragt.

Gras und Dornenbüsche bedecken den Boden.

Die Bäume werden meist nur zwölf Meter hoch und stehen weit auseinander.

Die Vegetation ist relativ karg, es gibt weniger Arten als in anderen Wäldern.

In der Trockenzeit *ist der Wald am farbenprächtigsten: Zuerst blüht der Rosa Trompetenbaum, dann der hellorange Korallenbaum, die rosenfarbene Savanneneiche, der zinnoberrote Flammenbaum und zum Schluss der purpurne Palisanderbaum.*

Der Parque Nacional Santa Rosa (siehe S.134f) *schützt die wichtigsten Überbleibsel des Trockenwalds in ganz Mittelamerika.*

Guanacaste-Bäume breiten ihre Äste in Bodennähe aus und sorgen somit für kostbaren Schatten. Trockenwaldspezies wie diese haben sich an die lange saisonale Dürre angepasst, indem sie ihr Laub abwerfen.

Der Indio desnudo *(Weißgummibaum) verdankt seinen spanischen Namen der kupferfarbenen Rinde und dem darunter zum Vorschein kommenden olivenfarbigen Stamm.*

Weißwedelhirsche *sind farblich perfekt an Gras und Wald angepasst. Man sieht sie höchstens in der Dämmerung, wenn sie auf Futtersuche sind.*

Dornensträucher *wie Akazien hindern mit ihren Dornen Tiere daran, ihre Blätter und Samen zu fressen.*

Parque Nacional Santa Rosa ⓫

Santa Rosa, der erste Nationalpark des Landes, wurde 1971 eingeweiht und erstreckt sich über 492 Quadratkilometer der Halbinsel Santa Elena sowie des angrenzenden Landes. Er ist in zwei Sektoren unterteilt: in den wenig besuchten Murciélago-Sektor im Norden, mit versteckten Stränden wie der Playa Blanca, die man über einen Feldweg erreicht, und den größeren Santa-Rosa-Sektor im Süden, der 1856 und 1955 Schauplatz von Kämpfen war. Der Park schützt den größten Teil tropischen Trockenwaldes des Landes sowie neun weitere Lebensräume. Es gibt 115 Säugetierspezies, darunter allein 20 Fledermausarten, und 250 Vogelarten. Vor allem in der Trockenzeit, wenn die Bäume ihre Blätter verlieren, sieht man die Tiere oft.

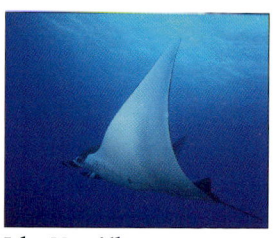

Islas Murciélagos
Hier kann man wunderbar tauchen (siehe S. 252). *Mantarochen, Barsche und andere große Tiere sieht man häufig.*

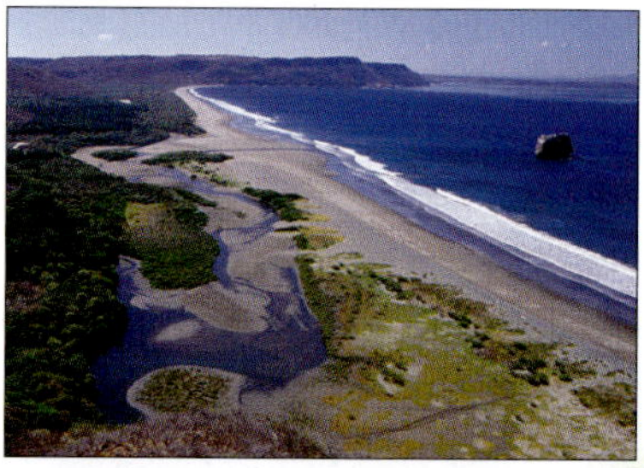

Playa Nancite
*Dies ist eine von drei Stätten in Costa Rica, an der Olive Bastardschildkröten in Massen-*arribadas (siehe S.141) *im September und Oktober ihre Eier ablegen. Besucher brauchen eine Erlaubnis, um hierherzukommen.*

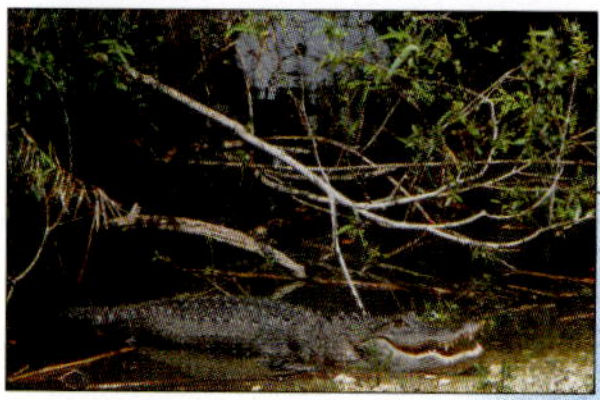

Krokodile
In den Mangroven am nördlichen und südlichen Ende der Playa Naranjo leben Krokodile.

Der Witch's Rock vor der Playa Naranjo ist bei Surfern wegen der hohen, röhrenförmigen Wellen, die sich am Felsen auftürmen, beliebt.

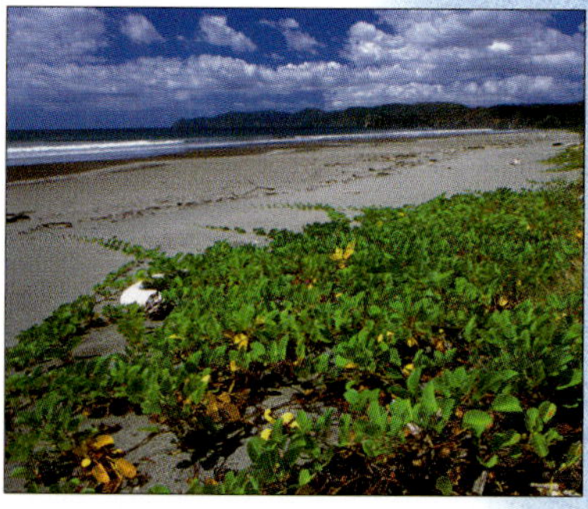

Playa Naranjo
Der fantastische Surfstrand mit weißem Sand verfügt auch über einen einfachen Campingplatz. Man erreicht ihn über einen Feldweg, der zur Regenzeit meist überschwemmt ist – erkundigen Sie sich bei den Rangern.

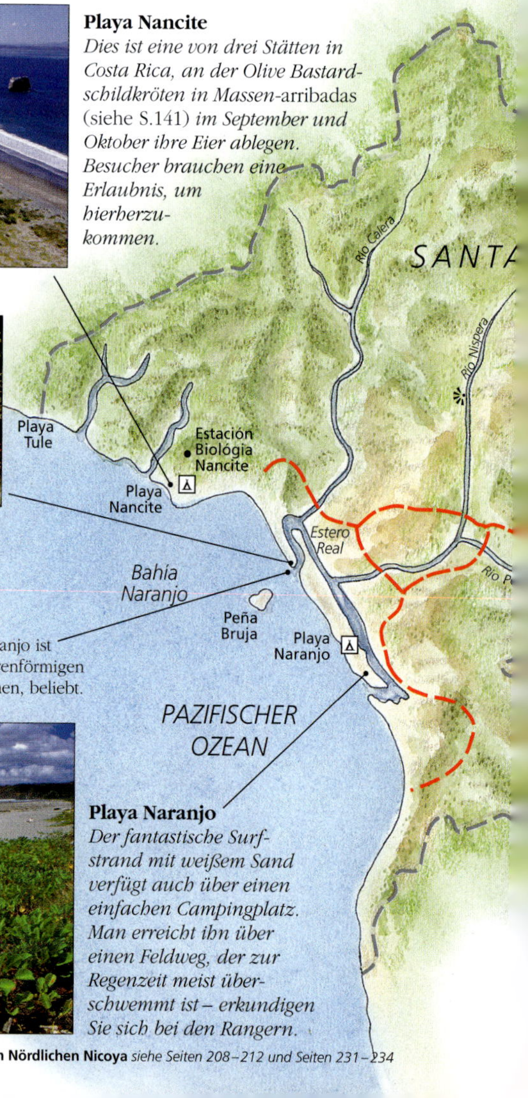
SANTA
Río Calera
Río Nispera
Playa Tule
Estación Biológia Nancite
Playa Nancite
Estero Real
Bahía Naranjo
Peña Bruja
Playa Naranjo
PAZIFISCHER OZEAN

Hotels und Restaurants in Guanacaste und im Nördlichen Nicoya *siehe Seiten 208–212 und Seiten 231–234*

LEGENDE

■ Murciélago-Sektor

■ Santa-Rosa-Sektor

Tanquetas (Panzerfahrzeuge) liegen halb begraben im Unterholz als Überbleibsel des unglückseligen Angriffs, den der nicaraguanische Diktator Anastasio Somoza 1955 gegen Costa Rica unternahm.

INFOBOX

Straßenkarte A1. 35 km nördlich von Liberia. ☎ 2666-5051. 🚌 Santa-Rosa-Sektor: ab Liberia; Murciélago-Sektor: ab Santa-Rosa-Parkeingang über Cuajiniquil. ⛴ Touren zur Playa Naranjo ab Playa Tamarindo und Playas del Coco. 🕐 tägl. 8–16 Uhr für Fahrzeuge; rund um die Uhr für Wanderer. 🚿 🍽 Reservierung erforderlich. ✆ Reservierung erf. 🏕 www.acguanacaste.ac.cr

Sendero Indio Desnudo

Der kurze Weg ist nach dem Weißgummibaum benannt. Er führt an einem Denkmal für die Costa Ricaner vorbei, die in den Kämpfen von 1856 und 1955 tapfer fochten.

La Casona

Das auch Hacienda Santa Rosa genannte wichtige Denkmal ist eine 2001 entstandene Nachbildung des Gebäudes von 1663, das Brandstiftern zum Opfer fiel. Davor wurde 1856 der Kampf gegen William Walker (siehe S. 45) ausgetragen. Heute beherbergt es ein Geschichtsmuseum.

Centro de Investigaciones – das landesweit wichtigste Forschungszentrum für tropischen Trockenwald.

Der Sendero Los Patos führt zu Wasserstellen, an denen man in der Trockenzeit ausgezeichnet Pekaris und andere Säugetiere beobachten kann.

0 Kilometer   2

LEGENDE

— Panamerikanischer Highway

— Hauptstraße

-- Wanderweg

-- Parkgrenze

ℹ Information

🏕 Camping

☼ Aussichtspunkt

DIE CONTRA-CONNECTION

Col. Oliver North

In den 1980er Jahren wurde der abgelegene Murciélago-Sektor als Trainingscamp der CIA-gestützten nicaraguanischen Contras genutzt, die sich auf die Stürzung der sandinistischen Regierung vorbereiteten *(siehe S. 46)*. Colonel Oliver North – auch bekannt aus der Iran-Contra-Affäre von 1983–88 – ließ illegalerweise einen Flugplatz anlegen. Die Straße zum Parkeingang führt daran vorbei. Das Land war damals von Anastasio Somoza konfisziert worden.

Urlauber genießen am breiten grauen Sandstrand von Tamarindo Sonne und Aussicht

Bahía Culebra ⑫

Straßenkarte A2. 19 km westlich von Liberia.

Umgeben von spektakulären Klippen und Stränden in mehreren Farben stellt die Bahía Culebra (Schlangenbucht) die Kulisse für das Proyecto Papagayo, ein umstrittenes Tourismusprojekt, dar, das den Zugang zur Bucht eingeschränkt hat. Hier stehen große Hotels wie das **Four Seasons Resort at Papagayo Peninsula** (siehe S. 208). Präkolumbische Siedlungen warten noch auf ihre Ausgrabung. **Witch's Rock Canopy Tour** bietet Touren durch den tropischen Trockenwald an.

✂ **Witch's Rock Canopy Tour**
37 km westlich von Liberia.
☎ 2666-7101. ⏰ tägl. 8–17 Uhr.
💻 http://witchsrockcanopytour.com

Playas del Coco ⑬

Straßenkarte A2. 35 km südwestlich von Liberia. 🚌 📠 Fiesta Cívica (Jan); Festival de la Virgen del Mar (Mitte Juli).

Der breite silberne Strand ist traditionelles Fischerdorf und Ferienort in einem. Der von Pelikanen besuchte Strand ist vor allem bei Familien sehr beliebt und hat auch ein ausgeprägtes Nachtleben. Lokale Veranstalter bieten Sportfischen und -tauchen vor den Islas Murciélagos (siehe S. 134) und der Isla Catalina an, wo man Schwärme von Rochen sichten kann.

Umgebung: Die abgeschiedene Playa Ocotal, westlich der Playas del Coco, ist der beste

Tauchplatz der Region und hervorragend zum Sportfischen geeignet. Landschaftlich wunderschön sind auch die Playas Hermosa und Panamá nördlich von Coco.

Playa Flamingo ⑭

Straßenkarte A2. 62 km südwestlich von Liberia. 🚶 2000. 🚌

Mit ihrem sanft geschwungenen weißen Sandstrand auf einer zerklüfteten Landzunge macht die großartige Playa Flamingo ihrem offiziellen Namen »Playa Blanca« (Weißer Strand) alle Ehre. Der große Hafen ist ein Zentrum des Sportfischens, aber er ist momentan geschlossen. Luxusvillen schmücken die Felsen. Die meisten Hotels sind recht teuer, und trotz des schönen Sands meiden Partygruppen den Strand.

Umgebung: Nördlich der Playa Flamingo öffnet sich die Mündung des Río Salinas zur bescheidenen Playa Penca, an der man Rosalöffler, Silberreiher und andere Vögel in den Mangroven sehen kann.
Südwestlich des Flamingo-Strands liegt die **Playa Conchal** (Muschelstrand). Das diamantartige Glitzern des Sands wird durch Muschelstücke erzeugt. Der Strand fällt sanft ins türkisfarbene Wasser ab, das sich ideal zum Schnorcheln eignet. Gegen eine Gebühr können Besucher im **Paradisus Playa Conchal Beach & Golf Resort** (siehe S. 210) auf einem Profi-Golfplatz spielen.

Tamarindo ⑮

Straßenkarte A2. 18 km südlich von Flamingo. 🚶 3800. ✈ 🚌
📠 International Festival of Music (Juli–Aug).

Früher war Tamarindo ein verschlafenes Fischerdorf. Heute ist es einer der wichtigsten Ferienorte der Region. Das angesagte Surferparadies ist auch bei Sportfischern, Tauchern und Schnorchlern beliebt. Neben Einrichtungen für Rucksackreisende findet man hier auch teure Restaurants und Hotels.
Tamarindo liegt im 1990 gegründeten **Parque Nacional Marino Las Baulas**, der 220 Quadratkilometer Ozean und 445 Hektar Strand – die **Playa Grande** – schützt. Der Strand ist der wichtigste Eiablageplatz der Lederschildkröten. Zwischen Oktober und April kommen rund 100 der Tiere an Land. Auch Olive Bastard-, Grüne Meeres- und Echte Karettschildkröten legen an diesem Strand gelegentlich ihre Eier ab. Während der Eiablagezeit darf außer geführten Gruppen mit Reservierung niemand den Strand nach Sonnenuntergang betreten.
Der Park umfasst auch die Playa Langosta südlich von Tamarindo sowie 400 Hektar Mangroven, die man per Boot erkunden kann.

✂ **Parque Nacional Marino Las Baulas**
☎ 686-4967. ⏰ Okt–Feb: rund um die Uhr; März–Sep: tägl. 6–18 Uhr. 💻 ✂ obligatorisch am Strand; Okt–Feb: tägl. 18–6 Uhr.

Surfer auf dem Weg ins Wasser

Surfstrände des Nördlichen Nicoya

Costa Rica wird auch das »Hawai'i Lateinamerikas« genannt. Das Land bietet ganzjährig ein warmes Meer und erstklassige Surfmöglichkeiten. Das Epizentrum der Surfstrände befindet sich im Nördlichen Nicoya. Dort gibt es das ganze Jahr über pazifische Brecher. Die Bedingungen sind zwischen Dezember und März ideal, wenn der Papagayo die Wellen aufpeitscht. An Dutzenden von

Surfbrett

Stränden finden Surfer garantiert eine Herausforderung pro Tag, die verschieden hohen Brecher stellen Anfänger und Fortgeschrittene gleichermaßen zufrieden. Doch Achtung: Unterströmungen sind keine Seltenheit! Jahr für Jahr kommen hier Surfer ums Leben, Rettungsschwimmer gibt es wenige. Viele Orte sind inzwischen wahre Surferparadiese mit Bretthandel, Surfcamps und -läden geworden.

Playa Naranjo ①
Der abgelegene Strand am Golfo de Papagayo rühmt sich sagenhafter Brecher am Witch's Rock. Naranjo erreicht man mit dem Jeep oder dem Boot vom Nördlichen Nicoya aus.

Playa Grande ②
Permanent hohe Wellen brechen sich an diesem langen, einfach zugänglichen Strand. Er ist als Eiablageplatz der Lederschildkröte geschützt.

Playa Nosara ④
Der Strand in spektakulärer Lage wurde erst vor Kurzem von Surfern entdeckt. Er ist von Mangroven und Felsenbecken mit warmem Wasser gesäumt.

Tamarindo ③
Die Surferhauptstadt des Nördlichen Nicoya bietet Wellen an einer Flussmündung, an einem Felsen und am Strand. Zudem erreicht man über Tamarindo die isolierten Surfstrände Langosta, Avellanas und Negra.

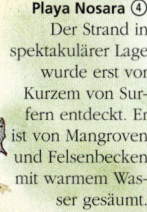

Playas Bongo, Ario und Manzanillo ⑥
Die drei Strände sind die abgelegensten von Costa Rica. Schon die Anfahrt macht Spaß. Große Wellen und Einsamkeit garantieren Surfers Seligkeit. Einrichtungen gibt es praktisch keine.

Playas Bejuco und San Miguel ⑤
Schöne Surfwellen brechen sich an den langen, silbrigen und abgelegenen (preiswerten) Stränden.

0 Kilometer 20

Farm und Ranch in der Cordillera de Guanacaste ▷

Refugio Nacional de Vida Silvestre Ostional ⓰

Straßenkarte A3. 55 km südlich von Tamarindo. 📞 2682-0470. 🚌 ab Santa Cruz und Nicoya über Nosara. 🕐 tägl. rund um die Uhr. 🏷️🅿️ obligatorisch am Strand.

Teilnehmer eines Surfwettbewerbs an der Playa Guiones, Nosara

Das Schutzgebiet Ostional, Schauplatz eines der bemerkenswertesten Naturschauspiele, umfasst zehn Quadratkilometer Land und Meer um die Playa Ostional. Der Strand ist einer von weltweit nur zwölf Stränden, an dem die Olive Bastardschildkröte in konzentrierten *arribadas* ihre Eier ablegt. Die beste Zeit, sie dabei zu beobachten, ist im August und September. Auch Grüne Meeres- und Lederschildkröten kommen in kleinerer Zahl hierher. Ostional ist der einzige Ort des Landes, in dem die Einwohner, strengen gesetzlichen Richtlinien folgend, in den ersten 36 Stunden einer *arribada* Eier »ernten« dürfen.

In der Regenzeit erreicht man Ostional nur mit dem Jeep. Da der Ort so abgelegen ist, ist sein ursprünglicher Zustand erhalten, obwohl es jetzt einige wenige Hotels gibt. Die Schildkröten dürfen nicht angefasst und nur ohne Blitzlicht fotografiert werden.

Nosara ⓱

Straßenkarte A3. 5 km südlich von Ostional. 🏨 2800. ✈️ 🚌

Die abgeschiedene Gemeinde an der Küste von Nicoya besteht aus zwei Dörfern. **Bocas de Nosara** liegt fünf Kilometer landeinwärts am Ufer des Río Nosara. In dem hübschen Dorf sieht man noch Ochsenkarren die staubige Straße entlangrattern. An den **Nosara-Stränden** im Süden haben sich dagegen vornehmlich Nicht-Einheimische niedergelassen. In den warmen Meerwasserbecken der wunderschönen **Playa Guiones** weiter südlich kann

man manchmal sogar Affen beim Baden beobachten. Im Meer ist das Baden sehr gefährlich, obwohl die Brecher ideal zum Surfen sind. Die **Playa Pelada** im Norden ist von Klippen umgeben. Die **Reserva Biológica Nosara** ganz in der Nähe umfasst 50 Hektar tropischen Trockenwalds an der Mündung des Río Nosara. Hier nisten u. a. Waldstörche, Weißstirnamazonen und Fregattvögel. An der Mündung kann man sogar Krokodile beobachten.

Geier, Nosara

🦅 **Reserva Biológica Nosara**
Bocas de Nosara. 📞 2682-0035.
🏷️🅿️ nach Vereinbarung. 🍴 📷 🛏️ 🛒 www.lagarta.com

Sámara ⓲

Straßenkarte A3. 26 km südlich von Nosara. 🏨 2700. ✈️ bei Carrillo. 🚌

Sámara, der südlichste Badeort des Landes, ist bei Rucksackreisenden, Surfern und bei Costa Ricas Mittelklasse beliebt. Am südlichen Ende der Playa Sámara, bei Matapalo, steht eine riesige Würgefeige. Hier verdienen sich die Anwohner ihren Lebensunterhalt mit Fischen. Sehenswürdigkeiten gibt es in dem entspannten Ferienort kaum. An der **Playa Carrillo** drei Kilometer südlich von

Strandschild, Sámara

Sámara kann man gut fischen, die **Flying Crocodile Lodge and Flying Center** im Norden bietet Flüge in Ultraleichtflugzeugen an.

🛩️ **Flying Crocodile Lodge and Flying Center**
Esterones, 5 km nördlich von Sámara. 📞 2656-8048. 🕐 tägl. 7–15 Uhr. 🏷️ 🛏️ 🍴 🛒 www.flying-crocodile.com

Islita ⓳

Straßenkarte B3. 14 km südlich von Sámara. 🏨 1000. 🚌 nach Sámara, dann mit dem Jeep-Taxi.

Am besten ist das hübsche Dorf im Schutz der riesigen Punta Islita für das **Hotel Punta Islita** *(siehe S. 209)* bekannt. Die auf einem Hügel gelegene Unterkunft beherbergt die **Galería de Arte Contemporáneo Mary Anne Zürcher**, in der Werke einheimischer Künstler verkauft werden. Das Hotel unterstützt auch das **Museo de Arte Contemporáneo al Aire Libre**: Im Rahmen dieses Projekts wurden die Häuser, Bäume und sogar der Fußballplatz von Anwohnern und Hotelangestellten mit Fresken und anderen Kunstwerken verziert. Auf der unbefestigten Straße von Islita nach Sámara überquert man mehrere Flüsse. In der Regenzeit muss man größere Umwege über das östlich gelegene San Pedro in Kauf nehmen, deshalb fliegen viele hierher.

Arribadas der Oliven Bastardschildkröte

Die Massen-Eiablage (*arribada* = Ankunft) kommt nur bei der Oliven Bastardschildkröte vor – und zwar regelmäßig an weltweit nur einem Dutzend Stränden. Drei davon – die Playa Nancite, die Playa Ostional und die Playa Camaronal – liegen in Costa Rica. Die *arribadas* finden zwischen April und Dezember, überwiegend im August und September, alle zwei bis vier Wochen statt, meist im letzten Viertel des Mondzyklus. Sie

Mosaik-Schildkröte

dauern drei bis acht Tage. Dabei tummeln sich nachts bis zu 20 000 Schildkröten gleich hinter den Brechern und lassen sich Welle für Welle an Land spülen. Sie klettern sogar übereinander in ihrem Bemühen, am überfüllten Strand noch einen Eiablegeplatz zu finden. Während jeder *arribada* werden Millionen von Eiern gelegt – eine evolutionäre Anpassung, die sicherstellen soll, dass die Art überlebt.

Mit den flossenähnlichen Vorderbeinen schaufeln die Tiere Sand auf die Eier.

100 000 Bastardschildkröten *können während einer einzigen* arribada *an Land kommen. Die Tiere legen jedes Jahr Eier ab, manchmal bis zu dreimal pro Saison.*

Die Schildkröten *schlüpfen nachts und suchen dann möglichst schnell Schutz im Meer. Nur etwa ein Prozent der Jungtiere überlebt.*

Jedes Weibchen legt während einer *arribada* durchschnittlich 100 Eier ab.

EIABLAGE

Die Schildkröten suchen sich zur Eiablage sandige Plätze oberhalb der Flutlinie. Die Jungtiere schlüpfen nach rund 50 Tagen. Ihr Geschlecht wird von der Umgebungstemperatur bestimmt: Bei kühleren Temperaturen gibt es männlichen Nachwuchs, bei wärmeren weiblichen.

Die »Nester« sind einen Meter tief und werden mit den Hinterbeinen gegraben.

Wissenschaftler *markieren* Bastardschildkröten bei einer arribada *an der Playa Nancite bei Santa Rosa zu Studienzwecken.*

Coatis, *Waschbären und Geier graben die Eier aus, um sie auszuschlürfen. Weniger als zehn Prozent der Jungtiere schlüpfen.*

Laut Gesetz *dürfen nur die Einwohner von Ostional die Eier kommerziell nutzen.*

Nicoya ⑳

Straßenkarte A3. 71 km südwestlich von Liberia. 🚶 *21 000*. 🚌 🚖 *Fiesta de la Yegüita (12. Dez).*

Nicoya verströmt einen verschlafenen, kolonialen Charme. Der Ort aus der Mitte des 17. Jahrhunderts ist nach dem Chorotega-Häuptling *(cacique)* benannt, der 1523 den spanischen Eroberer Gil González Dávila empfing. In präkolumbischer Zeit gab es hier eine weit entwickelte Chorotega-Siedlung. Heute dient die Stadt voller *campesinos* (Bauern) und Cowboys als Verwaltungszentrum der Halbinsel und als Tor zu Sámara und den Pazifikstränden des Südlichen Nicoya.

Das Leben spielt sich um den alten Hauptplatz herum ab, den **Parque Central**. Die kleine, 1644 erbaute **Iglesia Parroquia San Blas** mit ihren Deckenbalken aus Holz und ihrer einfachen Fassade liegt an der Nordostecke des Platzes. Innen werden in einem kleinen Museum historische Artefakte ausgestellt.

Die einfache Fassade der Iglesia Parroquia San Blas in Nicoya

Umgebung: Naturfreunde sollten den 27 Kilometer nordöstlich liegenden **Puerto Humo** nicht versäumen: Dort legen die Boote zum Parque Nacional Palo Verde *(siehe S. 130)* ab. Von Nicoya aus gibt es Busverbindungen. Das in der Nähe gelegene **Tempisque Safari Ecological Adventure** ist ein Zentrum für die Rettung und Aufzucht von Tieren wie Tapiren, Krokodilen und Wildkatzen.

🦅 **Tempisque Safari Ecological Adventure**
6 km nordwestlich von Puerto Humo. 📞 *2698-1069*. 🕐 tägl. 10–17 Uhr. 🅿️ 🚫 🍴
www.tempisquesafaricr.com

Santa Cruz ㉑

Straßenkarte A2. 22 km nördlich von Nicoya. 🚶 *17 500*. 🚌 🚖 *Fiesta Patronal de Santo Cristo (Mitte Jan); Fiesta de Santiago (25. Juli).*

Santa Cruz ist tief in der Tradition der Gegend verwurzelt. Der Ort ist offizielle Folklorestadt (Ciudad Folklórica).

Ruinen eines Glockenturms, Plaza Bernabela Ramos, Santa Cruz

Der Highway 160 verbindet Santa Cruz mit Tamarindo und den Stränden des Nördlichen Nicoya. Viele der kolonialen Gebäude wurden durch ein Feuer zerstört, aber der Ort hat sich sein zauberhaftes Ambiente bewahrt. Auf der **Plaza de los Mangos** finden Feste statt, die Besucher mit *Marimba*-Musik und Tanz anlocken. *Topes* (Pferdeshows) und *recorridos de toros* (Stierkämpfe) werden ebenfalls abgehalten.

Architektonisches Highlight ist die **Plaza Bernabela Ramos**. Auf der Ostseite steht eine moderne Kirche mit sehenswerten Buntglasfenstern. Daneben steht die Ruine des Glockenturms einer Kirche aus der Kolonialzeit, die ein Erdbeben 1950 zerstörte. Zu den weiteren Attraktionen des Platzes gehören eine Statue des Chorotega-*cacique* Diría in der Südwestecke und die eines *montador* (Rodeoreiters) in der Nordostecke.

Statue eines Rodeoreiters, Plaza Bernabela Ramos, Santa Cruz

FIESTA DE LA YEGÜITA

Die Jungfrau von Guadelupe von Miguel Cabrera

Das Fest ist auch als das der Jungfrau von Guadelupe bekannt und vermischt katholische mit den Traditionen der Chorotega. Einer Legende zufolge kämpften Zwillingsbrüder erbittert um die Liebe einer indianischen Prinzessin, bis eine *yegüita* (kleine Stute) eingriff und den Kampf beendete. Das Fest findet im Dezember statt und wird mit Essen, Stierkämpfen, Rodeos, Straßenprozessionen, Feuerwerk, Musik, Tanz und alten indianischen Ritualen gefeiert.

Hotels und Restaurants in Guanacaste und im Nördlichen Nicoya *siehe Seiten 208–212 und Seiten 231–234*

Guaitíl ㉒

Straßenkarte A2. 11 km östlich von Santa Cruz. *1500.*

Das kleine Dorf bietet die authentischste traditionelle Kultur *(siehe S. 32f)* ganz Costa Ricas. Fast die gesamte Gemeinde verdient sich ihren Lebensunterhalt mit der Herstellung von Keramik im präkolumbischen Stil. Selbst zeitgenössische Stücke beziehen ihre Inspiration aus den traditionellen Mustern der Chorotega. Die meisten Haushalte verfügen über einen traditionellen, mit Holz betriebenen *horno* (Ofen) zum Brennen der Tongefäße. Die Besucher können den Kunsthandwerkern in den Höfen dabei zusehen, wie sie den roten Lehm bearbeiten. An den Straßen bieten überall Stände die Waren zum Verkauf an. Die Kultur der Chorotega ist auch in den Nachbarorten zu finden.

In San Vicente bietet das kleine **Ecomuseo de la Cerámica Chorotega** einen historischen und kulturellen Einblick in die Tradition der Keramikherstellung.

Ecomuseo de la Cerámica Chorotega
1,6 km östlich von Guaitíl. *2681-1563.* *Mo–Fr 8–16 Uhr.*
www.ecomuseosanvicente.org

Töpferarbeiten der Chorotega-Indianer

Auch heute noch benutzen die Kunsthandwerker von Guaitíl das gleiche einfache Werkzeug wie ihre Vorfahren, um Töpferarbeiten herzustellen. Die Schmuckschüsseln, -töpfe und -figuren werden mit *zukias* (antiken Mahlsteinen) poliert und von Schamanen gesegnet. Danach werden die Gefäße mit schwarzen, roten und weißen Tiermotiven bemalt. Das typischste Stück ist eine dreibeinige Vase in Form einer Kuh. Die meisten Werke sind traditionell, einige Kunsthandwerker arbeiten jedoch in kreativer Synthese, die Grenze zwischen Alt und Neu verblasst.

Tonfigur aus Guaitíl

Parque Nacional Barra Honda ㉓

Straßenkarte B3. 18 km östlich von Nicoya. *2659-1551.* *Nicoya–Santa Ana (1 km vom Parkeingang entfernt), dann mit dem Jeep-Taxi.* *tägl. 8–16 Uhr; letzter Einlass 12 Uhr; Höhlen tägl. 7–13 Uhr (Dez–Apr: bis14 Uhr).*

Einer der besten Orte für Höhlenerkundungen ist dieser 23 Quadratkilometer umfassende Nationalpark. Das Trockenwaldgebiet wurde zur Viehzucht genutzt und nun systematisch aufgeforstet.

Das Wandern im Park ist überaus beeindruckend. Wege führen zu Aussichtspunkten auf dem durch massive tektonische Kräfte entstandenen Cerro Barra Honda (442 m).

Der Berg ist von einem Labyrinth aus Kalksteinhöhlen durchzogen, das steter Wassertropfen in Millionen von Jahren gebildet hat. Von den 40 bislang entdeckten Höhlen wurden 20 bereits erkundet. **Santa Ana**, die größte, ist 240 Meter hoch. In der **Cueva Terciopelo** produziert eine Tropfsteinformation namens El Órgano (Die Orgel) Töne, wenn man daran schlägt. **La Pozo Hediondo** (Stinkender Brunnen) ist nach den Ausscheidungen der hier lebenden Fledermäuse benannt. In anderen Höhlen mit fantastischen Stalagmiten und Stalaktiten leben blinde Salamander und Fische. In einigen Höhlen wurden Artefakte der Ureinwohner entdeckt.

In die Cueva Terciopelo darf man hinabsteigen – allerdings nur mit einem offiziellen Führer. Offizielle Führer sind ebenso erforderlich für den Las-Cascadas-Weg, der zu Wasserfällen führt. Für die anderen Höhlen braucht man eine vorherige Erlaubnis. Ausrüstung und Führer kann man anheuern. Wanderer müssen sich in der Rangerstation melden. Zum Eingang fahren Jeep-Taxis ab Nicoya.

Puente de Amistad con Taiwan über den Río Tempisque, Hwy 18

Umgebung: Die 2003 eröffnete **Puente de Amistad con Taiwan** (Brücke der Freundschaft mit Taiwan) führt als spektakuläre Hängebrücke über den Río Tempisque. Sie verbindet Nicoya mit dem Panamerikanischen Highway.

Höhlenforscher in der Cueva Terciopelo, Parque Nacional Barra Honda

NORDEN

*C*osta Ricas Norden besteht aus sanften Ebenen voller Weiden, Obstplantagen und Regenwald. Dahinter erhebt sich eine Kulisse dramatisch aufragender Berge. Der äußerste Norden der konstant feuchten Region umfasst saisonal überflutete Lagunen mit Wanderwasservögeln. Die Berge im Süden sind dagegen von dichten Wäldern bedeckt, die durch eine Reihe von Nationalparks und Tierreservaten geschützt sind.

Die sanften *llanuras* (Ebenen) bilden ein gen Westen schmaleres Dreieck, das sich von den *cordilleras* (Bergketten) des Río San Juan bis zur nicaraguanischen Grenze im Norden erstreckt. Am schönsten ist die Landschaft am Arenal-See zwischen den Guanacaste- und den Tilarán-Bergen. Über dem See erhebt sich der Volcán Arenal. Seine beinahe ständigen Ausbrüche und weitere Attraktionen in der Umgebung haben La Fortuna zu einem beliebten Ausgangspunkt für Abenteuerunternehmungen gemacht.

Als die Spanier im Land ankamen, lebten die Corobicí-Völker an den unteren Bergabhängen. Sie befanden sich auf dem Kriegspfad gegen ihre Nachbarn in Nicaragua. In der Kolonialzeit wurden die Siedlungen auf das Gebiet um den Fluss beschränkt und damit Opfer plündernder Piraten.

Die Region gehörte erst ab dem frühen 19. Jahrhundert zum Rest des Landes, als eine Handelsroute zwischen einer Flusssiedlung, dem heutigen Puerto Viejo, und den Bergdörfern entstand. In diesem Zug mauserte sich die Ciudad Quesada zum Verwaltungssitz der Region. Eine Siedlungskampagne in den 1950er Jahren führte zur Abholzung großer Teile der Wälder, um für Viehfarmen, Bananen- und Zitrusplantagen Platz zu schaffen. Seit dieser Zeit sind überall im Norden Costa Ricas neue Siedlungen entstanden.

Der von Wolken umgebene Volcán Arenal ist der aktivste Vulkan des Landes

◁ Überquerung einer der Arenal Hanging Bridges *(siehe S. 149)*

Überblick: Norden

Hauptzugang zu den Ebenen im Norden ist die Ciudad Quesada an den Bergen im Süden der Region, die sich auf Milchviehzucht spezialisiert hat. La Fortuna im Westen bietet viele Aktivitäten im Freien, vom Höhlenforschen bis zum Ausreiten. Hauptattraktion sind der Volcán Arenal und die heißen Thermalquellen von Tabacón. Am Arenal-See ganz in der Nähe kann man wunderbar angeln und erstklassig windsurfen. Östlich der Ciudad Quesada befinden sich mehrere private Naturschutzgebiete – eines davon mit der atemberaubenden Rainforest Aerial Tram. In Puerto Viejo de Sarapiquí legen Boote für Naturausflüge zum Río Sarapiquí ab. Das Tierreservat Caño Negro im äußersten Norden bietet sich zur Vogelbeobachtung und zum Angeln an.

Steinfigurine, Centro Neotrópico SarapiquíS

NICARAGUA

La Cruz
Brasilia
San José
Upala
Los Chiles
REFUGIO NACIONAL DE VIDA SILVESTRE CAÑO NEGRO
Caño Negro ⑧
Lago Caño Negro
Río Pizole
Aguas Claras
Río Negro
Río Frío
PARQUE NACIONAL VOLCÁN TENORIO
⑨ Bijagua
Cañas
Río Frío
San Rafael
Orquídea
AL
Lago de Coter
CAVERNAS DE VENADO
HEISSE QUE UND THERM BÄDER VO TABACÓN
Nuevo Arenal
ARENAL HANGING BRIDGES
⑦
LA FORTUN
LAGUNA DE ARENAL
④
⑤
②
③
①
PARQUE NACIONAL VOLCÁN ARENAL
⑥ Volcán A 1650 m
ARENAL RAINFOREST RESERVE AND AERIAL TRAM

0 Kilometer 10

Cowboy in Selva Verde

Volcán Arenal, eingehüllt in Nebelschwaden

IEHE AUCH

• *Hotels* S. 212–214
• *Restaurants* S. 234f

**Die heißen Quellen von Tabacón
in der Nähe des Volcán Arenal**

REFUGIO NACIONAL
DE VIDA SILVESTRE
CORREDOR FRONTERIZO ⑭
Concho

Boca San
Carlos
Coopevega
Río San Juan
*Laguna
Camacas*
Trinidad

UELA *Río San Carlos* Boca Tapada

San Marcos Las Medias
Pangola
Río Toro
Río Sarapiquí

Buenos Aires

HEREDIA

Pital PUERTO VIEJO
La Virgen DE SARAPIQUÍ ⑫
de Sarapiquí SELVA
VERDE
⑬ ⑮ SARAPIQUÍ
LA SELVA ⑯ HELICONIA ISLAND
BIOLOGICAL
STATION
⑪
CENTRO
CIUDAD NEOTRÓPICO
⑩ QUESADA SARAPIQUÍS Las
(SAN CARLOS) Horquetas
⑰ RARA AVIS
Alajuela *Río Corinto*

RAINFOREST Guápiles
AERIAL TRAM ⑱

LEGENDE

— Schnellstraße
— Hauptstraße
— Nebenstraße
-- Piste
— Staatsgrenze
— Provinzgrenze
△ Gipfel

IM NORDEN COSTA RICAS UNTERWEGS

Die Städte Upala und Los Chiles bilden die Startpunkte in das Caño Negro Wildlife Refuge, in das man über holprige Straßen gelangt. Sansa und Nature Air bieten Flüge nach La Fortuna, das über Touristenbusse mit San José und wichtige Ferienorte außerhalb der Region verbunden ist. Organisierte Touren können bei verschiedenen Veranstaltern und Hotels gebucht werden. Das beste Fortbewegungsmittel ist der Mietwagen. Für Caño Negro und andere abgelegene Sehenswürdigkeiten brauchen Sie Allradantrieb. Insbesondere am Nordufer des Arenal-Sees und zwischen La Fortuna und Upala können Erdrutsche die Straßen blockieren.

La Fortuna ❶

Straßenkarte C2. 131 km nordwestlich von San José. 🚶 9750. 🚌

Das Agrar- und Tourismus-
zentrum (offiziell: La Fortuna de San Carlos) wird vom
Vulkan Arenal überragt. Die
malerische Stadt liegt auf
einem sanften Hügel und ist
schachbrettförmig um den be-
pflanzten Hauptplatz herum
angelegt, auf dem die Skulptur eines ausbrechenden Vulkans steht. Der hohe Turm
der modernen Kirche eifert
dem Arenal dahinter
nach. **Arenal Bun-
gee** bietet ver-
schiedene Mög-
lichkeiten für
adrenalinaufgela-
dene Sprünge von
einem Metallturm.
Es gibt zahlreiche
Restaurants und Ho-
tels. Agenturen
bieten Ausritte,
Höhlenwanderun-
gen, Angeln, Rad-
fahren und Rafting
an. Nach Monteverde eifert
ein beliebter Ausritt *(siehe
S. 124–127)*. Achten Sie dabei
auf das Wohlergehen der
Tiere.

**Ausflug
zu Pferd,
La Fortuna**

Umgebung: Der **Ecocentro
Danaus Butterfly Farm &
Tropical Garden** informiert die
Besucher über die regionale
Fauna. Er verfügt über
Schmetterlings- und Froschgarten, Schlangenhaus und
eine kleine Lagune mit Wasservögeln und Kaimanen. Im
fünf Quadratkilometer großen
Arenal Mundo Aventura
kann man wandern, sich ab-
seilen lassen und das Dach
des Regenwalds besuchen.
Ein steiler Pfad in der Nähe
führt zur **Catarata La Fortuna**,
ein erfrischender, 70 Meter
hoher Wasserfall. Nach
schwerem Regen ist das
Schwimmen unter dem Was-
serfall jedoch gefährlich. Al-
ternativ können sich die Besucher im **Baldi Termae Spa**
mit Poolbar und Restaurant
entspannen. Südöstlich von
La Fortuna am Highway 142
liegt die Viehranch **Hotel
Bosques de Chachagua** *(siehe
S. 212)* mit 130 Hektar priva-
tem Waldschutzgebiet am Fuß

**Bus von La Fortuna zu den um-
liegenden Sehenswürdigkeiten**

hoher Berge. In dem Reservat
sind auch Tagesausflügler
herzlich willkommen. Man
kann ausreiten oder die Wälder zu Fuß erkunden.

🏹 Arenal Bungee
La Fortuna. 📞 2479-7440. 🕐 tägl.
9.30–20.30 Uhr. 📷
www.arenalbungee.com

**🦋 Ecocentro Danaus Butter-
fly Farm & Tropical Garden**
3 km östlich von La Fortuna.
📞 2479-7019. 🕐 tägl. 8–16 Uhr.
📷 🌐 www.ecocentrodanaus.com

🏹 Arenal Mundo Aventura
1,6 km südlich von La Fortuna.
📞 2479-9762. 🕐 tägl. 8–17 Uhr.
📷 🍴
www.arenalmundoaventura.com

🏹 Catarata La Fortuna
5 km südwestlich von La Fortuna.
📞 2479-8078. 🕐 tägl. 8–17 Uhr.
📷 🍴

🛁 Baldi Termae Spa
5 km westlich von La Fortuna.
📞 2479-9651. 🕐 tägl. 10–22 Uhr.
📷 🚻 🍴 🌐 www.arenal.
net/baldi-hot-springs.htm

Heiße Quellen und Thermalbäder von Tabacón ❷

Straßenkarte C2. 13 km westlich
von La Fortuna. 📞 2519-1999.
🚌 ab La Fortuna und Nuevo Arenal.
🕐 tägl. 10–22 Uhr. 📷 🚻 🍴
🛁 🌐 www.tabacon.com

Am Fuß des Volcán Arenal
entspringen dampfend
heiße Quellen, deren Wasser
sich durch das landschaftlich
gestaltete *balneario* von Tabacón ergießt. Der Río Tabacón speist eine Reihe von
therapeutisch wirksamen
Thermalbecken, die zwischen
27 und 39°C warm sind. Das
Hauptbecken verfügt über
eine Bar, zu der man schwimmen kann, das Restaurant
(siehe S. 235) hat eine sagenhafte Aussicht. Das nahe gelegene Thermalbad La Fuentes
Termales erreicht man über
einen Stahlseilweg von der
Tabacón Lodge aus.
    Tabacón liegt gefährlich nah
am Hauptlavastrom. Der letzte
verheerende Ausbruch fand
1968 statt. Dennoch ist der
Ort meist recht voll, vor allem
an den Wochenenden.

Umgebung: Die **Arenal Waterfall Gardens** öffneten 2009
und bieten landschaftlich
schön eingebundene Ther-
malbäder und Wasserfälle
sowie eine Rettungsstelle für
Wildkatzen.

🏹 Arenal Waterfall Gardens
10 km westlich von La Fortuna.
📞 2401-3313. 🕐 tägl. 8–24 Uhr.
📷 🍴 www.thespringscostarica.com

Gestalteter Pool im *balneario* von Tabacón

Panoramablick auf den Volcán Arenal und die Ebenen von San Carlos

Parque Nacional Volcán Arenal ❸

Straßenkarte C2. 18 km westlich von La Fortuna. 📞 2461-8499. 🚌 nach La Fortuna, dann mit dem Jeep-Taxi. ☐ tägl. 8–16 Uhr, letzter Einlass 15 Uhr. 📷 🌿

Der Nationalpark, der den aktivsten Vulkan des Landes umschließt, erstreckt sich über 120 Quadratkilometer. Der majestätische Vulkan erhebt sich über die Ebenen von San Carlos und bietet einen der schönsten Anblicke ganz Costa Ricas. Die präkolumbischen Völker verehrten den Arenal als »Sitz des Feuergotts«. Zwischen dem 13. und 16. Jahrhundert stellte der Vulkan seine Tätigkeit ein und blieb ruhig, bis ihn am 29. Juli 1968 ein Erdbeben weckte. Heute raucht der perfekt konisch geformte, 1650 Meter hohe Arenal unablässig vor sich hin und bricht fast täglich aus. Nachts erinnern die Lavaströme auf der Nordwestseite an ein Feuerwerk. Tagsüber sieht man die Ausbrüche selten, da der Gipfel oft von Wolken bedeckt ist. Am meisten Glück hat man in der Trockenzeit.

Auf der unteren Westseite des Vulkans durchziehen Wanderwege die mondähnliche Lavalandschaft. Einige Bereiche sind aus Sicherheitsgründen nicht zugänglich. Leisten Sie den »No Entry«-Schildern bitte Folge. Der un-

Schild in der Arenal Observatory Lodge

berechenbare Arenal hat bereits mehrere Menschenleben gefordert. Karten bekommt man in der Rangerstation am Parkeingang (dort sind auch Toiletten). In La Fortuna starten geführte Touren.

Zum Park gehört auch der inaktive, 1150 Meter hohe Volcán Chato im Osten. Von der **Arenal Observatory Lodge** (siehe S. 213) aus, auf der Westflanke des Chato, hat man einen fantastischen Blick auf Arenal und Arenal-See. Das Museum vermittelt Wissenswertes zum Thema »Vulkane«. Vom Restaurant der Lodge aus genießt man einen Panoramablick. Über dicht bewaldete Wege gelangt man zum Krater mit dem jadegrünen See, den man mit Kanus befahren kann.

Laguna de Arenal ❹

Siehe S. 150–152.

Arenal Hanging Bridges ❺

Straßenkarte C2. 19 km westlich von La Fortuna. 📞 2290-0469. 🚌 nach La Fortuna, dann Jeep-Taxi. ☐ tägl. 8–16.30 Uhr. 📷 ♿ 🍴 www.hangingbridges.com

Ein Wanderweg durch 250 jungfräuliche Hektar Primärwald wird von 14 Hängebrücken über tiefe Schluch-

ten unterbrochen. Der Weg ist drei Kilometer lang, recht einfach und bietet vom Boden bis zu den Baumkronen Einblick in jedes Stockwerk des tropischen Regenwalds. Zu den geführten Touren gehören eine Vogel- und eine Nachtwanderung.

Arenal Rainforest Reserve and Aerial Tram ❻

Straßenkarte C2. El Castillo, 22 km westlich von La Fortuna. 📞 2479-9944. ☐ tägl. 7.30–17 Uhr. 🚌 nach La Fortuna, dann mit dem Jeep-Taxi. 📷 📷 7.30, 15.30 Uhr. ♿ 🍴 📷 www.arenalreserve.com

Seilbahnen (teleféricos) bringen die Besucher zu den nördlichen Abhängen der Cordillera de Tilarán am südlichen Ufer des Arenal-Sees. Die offenen Kabinen fahren durch den Regenwald bis zu einem Aussichtspunkt in 1300 Meter Höhe, von dem aus man einen sagenhaften Blick auf den Arenal hat. Dort beginnt eine drei Kilometer lange Stahlseiltour, die über Schluchten von Plattform zu Plattform führt.

Umgebung: Im **Jardín de Mariposas/Castillo de Insectos** kann man Insekten, Skorpione und Schlangen bewundern. Zudem gibt es einen Schmetterlings- und einen Heilkräutergarten.

🦋 **Jardín de Mariposas/ Castillo de Insectos**
El Castillo, 22 km westlich von La Fortuna. 📞 2479-1149. ☐ tägl. 8–17 Uhr. 📷 www.butterflyconservancy.org

Teleféricos im Arenal Rainforest Reserve and Aerial Tram

Laguna de Arenal ④

Schmetterling, Laguna de Arenal

Umgeben von Hügeln und dem Volcán Arenal im Osten, erfreut sich der Arenal-See einer spektakulären Lage auf 540 Meter Höhe. Der See ist 124 Quadratkilometer groß und füllt eine tektonische Spalte zwischen Tilarán und der Cordillera de Guanacaste. Er entstand 1973, als das Instituto Costarricense de Electricidad (ICE) im Ostteil des Tals einen Damm baute. Die einzige Stadt ist Nuevo Arenal am Nordufer. Der östlichste Teil des Sees ist von Wäldern gesäumt, im Süden und Westen liegen riesige grüne Weidelandflächen. Am See weht fast immer Wind, der erstklassige Windsurfbedingungen schafft. Im See haben Archäologen präkolumbische Siedlungen entdeckt.

Lucky Bug Gallery
In dem kleinen Laden am Restaurant Willy's Caballo Negro (siehe S. 235) gibt es eine bunte Mischung aus hochwertigem Kunsthandwerk.

Lago de Coter
An dem kleinen See kann man Kajaks mieten, schwimmen gehen und Vögel beobachten (siehe S. 152).

Das Hotel Tilawa hat ein Pub mit Brauerei und schönem Seeblick.

Windräder säumen den Kamm der kontinentalen Wasserscheide am Westufer des Sees und beliefern das nationale Versorgungsnetz mit Strom *(siehe S. 152).*

Tilawa Viento Surf Center *(siehe S. 152)*

Map labels: Río Aguacate · Lago de Coter · SAN RAFAEL · 143 · Lucky Bug Gallery · 142 · Río Piedra · Río Sabalo · Guadalajara · Nuevo Arenal · Río Dos Bocas · Tilawa Viento Surf Center · LAGUNA · Tronadora · Tejona · Quebrada Azul · 142 · CAÑAS · Silencio · Tilarán

0 Kilometer   3

LEGENDE

━━━ Hauptstraße

═══ Nebenstraße

- - Grenze des Parque Nacional Volcán Arenal

Die atemberaubende Landschaft der Laguna de Arenal

Arenal Hanging Bridges
Eine Reihe von Hängebrücken sind Teil dieses drei Kilometer langen Lehrpfads durch den Regenwald. Er bietet eine fantastische Sicht auf den Volcán Arenal. **5**

INFOBOX

Straßenkarte B2. 18 km von La Fortuna entfernt am Hwy 142. 🚌 *ab La Fortuna.*
Hotel Tilawa
📞 *2695-5050.*
www.hotel-tilawa.com

Die Presa Sangregado, der 88 Meter lange und 56 Meter hohe Erddamm, der den See bildete, erzeugt einen Großteil der Wasserkraft des Landes.

Arenal Rainforest Reserve and Aerial Tram
Die Seilbahn des Regenwaldreservats von Arenal besteht aus offenen Gondeln, welche die waldbedeckten Berghänge hinauffahren. Der Blick auf Vulkan und See ist einzigartig. **6**

Unión

VENADO

Mata de Caña

DE

ARENAL

Arenal Hanging Bridges

Presa Sangregado

LA FORTUNA

142

Volcán Arenal

Arenal Rainforest Reserve

El Castillo

Rancho Margot

El Castillo
Die Gemeinde ist Ausgangspunkt für Ausritte nach Monteverde über die Cordillera Tilarán. Ein weiterer Höhepunkt ist der Schmetterlingsgarten Jardín de Mariposas mit einem kleinen Insekten- und Reptilienmuseum (siehe S. 149).

Rancho Margot ist ein autarker Biobauernhof, der auch ein Aufzuchtzentrum für wilde Tiere hat. Von hier aus führen Wege in das Regenwaldreservat. Kajakfahrten und weitere Extremsportarten werden angeboten *(siehe S. 152)*.

Überblick: Laguna de Arenal

Route 142 schlängelt sich im Westen und Norden um den Arenal-See und verbindet Tilarán mit La Fortuna. Östlich von Nuevo Arenal wird die Straße schlechter und ist oft von Erdrutschen blockiert. Die unbefestigte Straße am Südostufer ist von Westen her ganzjährig unpassierbar. Die Hotels und Restaurants am Nordufer bieten angenehme Rastplätze. Die größte Attraktion der Gegend ist das Postkarten-Panorama, das man vor allem vom Südwestufer des Arenal-Sees aus hat. Der See ist auch bei Sportfischern, Windsurfern und anderen Wassersportlern beliebt.

Das Tilawa Viento Surf Center an der Laguna de Arenal

Nuevo Arenal

39 km westlich von La Fortuna.
🚶 2200.

Die hübsche Stadt ersetzte diejenige, die im Jahr 1973 beim Bau des neuen Damms überflutet wurde. Sie ist heute das Servicezentrum der Seeregion. In Nuevo Arenal steht die einzige Tankstelle weit und breit. Hier gibt es einige gute Restaurants. Eine unbefestigte Straße führt nach Norden zum Tal des Río Quequer und nach San Rafael am Highway 4.

Blick über die faszinierende Laguna de Arenal

🏃 Rancho Margot

3 km westlich von El Castillo.
📞 2479-7259. 🚌 bis La Fortuna, dann mit Jeep-Taxi. ⏰ tägl. 8–17 Uhr. 🌐📷🍴
www.ranchomargot.org

Die unbefestigte Straße entlang des südöstlichen Seeufers führt am Parque Nacional Volcán Arenal vorbei zur Rancho Margot. Lehrpfade der autarken, ökologisch orientierten Farm am Río Caño Negro geben einen Einblick in das Leben auf diesem Hof.

Dem Gehöft ist ein Rettungs-, Rehabilitations- und Aufzuchtzentrum für wilde Tiere angeschlossen. Viele Sportbegeisterte kommen hierher, um Kajak zu fahren, zu reiten, sich an Wasserfällen abzuseilen oder um in dem 152 Hektar großen Waldreservat der Rancho Margot zu wandern. Im Gehöft im Kolonialstil werden auch Speisen serviert.

Tilawa Viento Surf Center

18 km südwestlich von Nuevo Arenal. 📞 2695-5050.
http://windsurfcostarica.com

An der Laguna de Arenal wehen zwischen November und März stetige starke Nordostwinde. Damit ist die Laguna einer der weltbesten Windsurfing-Seen. Das Tilawa Viento Surf Center am Westufer bietet Kurse für alle Klassen. Man kann sich Surfbretter leihen und mehrtägige Kompaktkurse buchen.

Das **Tico Windsurf Center** (2692-2002; www.tico wind.com) liegt 15 Kilometer südwestlich von Nuevo Arenal. Es bietet eine kleine Servicerange zwischen November und April.

🚢 Rain Goddess

📞 231-4299.
www.bluwing.com

Im Arenal-See gibt es neben *guapotes* (eine Barschart) auch andere Fische. Bei Anglern ist der See deshalb sehr beliebt. Hotels und lokale Veranstalter wie die *Rain Goddess* organisieren mehrtägige Angelausflüge. Das 20 Meter lange Kreuzfahrtschiff verfügt über luxuriöse holzgetäfelte Kabinen.

🏔 Lago de Coter

6 km nordwestlich von Nuevo Arenal.

Nördlich des Arenal-Sees liegt der Lago de Coter in einem Tal in den Fila-Vieja-Dormida-Bergen. Die **Lake Coter Eco-Lodge** *(siehe S. 213)* bietet Unternehmungen wie Kanu- und Kajakfahren, Ausritte und Mountainbiking. Man wohnt in angenehmem Ambiente, in den umliegenden Wäldern wurden über 350 Vogelarten gesichtet. In dem neun Quadratkilometer großen Waldschutzgebiet in der Nähe kann man wandern, Vögel beobachten und das Dach des Regenwalds besuchen.

WINDENERGIE

Auf zwei parallel verlaufenden Bergkämmen auf der Westseite des Arenal-Sees stehen 100 Windräder, jedes davon 35 Meter hoch. Das Windkraftwerk liegt in der Nähe des Dorfs Tejona, in dem die weltweit größte Windgeschwindigkeit gemessen wurde. Es ist das größte in ganz Mittelamerika und erzeugt jährlich bis zu 70 Megawattstunden. Die Elektrizität wird an das staatliche ICE (Instituto Costarricense de Electricidad) verkauft.

Windkrafträder am Ufer des Arenal-Sees

Hotels und Restaurants im Norden siehe Seiten 212–214 und Seiten 234f

Vulkane

Costa Rica hat sieben aktive Vulkane, mindestens 60 weitere sind entweder untätig oder erloschen. Vulkane entstehen durch Plattentektonik, d.h. durch die Bewegung aneinandergrenzender Platten, die die Erdkruste bilden und auf dem Magma (geschmolzenem Gestein) unter der Erdoberfläche schwimmen. Die meisten Vulkane finden sich an der Grenze zwischen zwei

Das Mammutblatt wächst auf vulkanischem Boden

Platten, an der Magma durch Risse in den Platten an die Erdoberfläche tritt. Die Vulkane des Landes liegen 160 bis 240 Kilometer landeinwärts der Subduktionszone der Cocos- und Karibischen Platte. Sie konzentrieren sich im Nordwesten und in der Mitte Costa Ricas. Meist bildet das kieselerdereiche Magma steile, hochexplosive Kegel. Der Arenal ist der aktivste.

ENTSTEHUNG

Die Landmasse Costa Ricas liegt auf der Karibischen Platte, unter der die östlich driftende Cocos-Platte eine Subduktionszone bildet. Der immense Druck schmilzt das Gestein, das als Magma an die Erdoberfläche tritt.

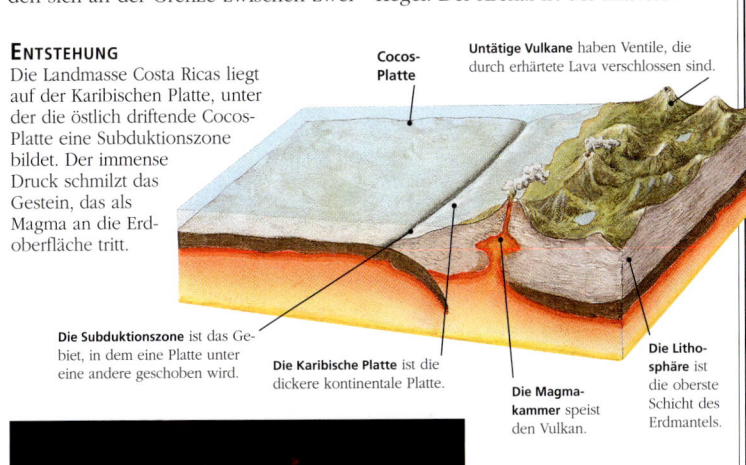

Cocos-Platte

Untätige Vulkane haben Ventile, die durch erhärtete Lava verschlossen sind.

Die Subduktionszone ist das Gebiet, in dem eine Platte unter eine andere geschoben wird.

Die Karibische Platte ist die dickere kontinentale Platte.

Die Magmakammer speist den Vulkan.

Die Lithosphäre ist die oberste Schicht des Erdmantels.

Vulkanausbrüche *können vor allem am Arenal beobachtet werden, der in seinen aktivsten Phasen alle paar Stunden ausbricht und heiße Lava ausstößt. Seitliche Lavaausstöße nennt man* nuées ardentes *(Glutwolken) – Lawinen aus Gas, Asche und Gestein, die sich rasend schnell hügelabwärts ergießen.*

Rauch und Asche *werden von vielen aktiven Vulkanen stetig ausgestoßen* (siehe S. 149). *Manchmal sieht man rauchende Gesteinsbrocken die Abhänge hinunterrollen.*

Blubbernde Schlammlöcher *und Fumarolen, die sich aus erhitztem Regenwasser bilden, sind Merkmale von Vulkanen wie dem Mira-valles* (siehe S. 131).

Calderas *bilden sich, wenn Vulkankrater kollabieren und riesige ringförmige Einbuchtungen hinterlassen. Die Caldera des 2700 Meter hohen Volcán Poás ist 1,6 Kilometer breit, raucht noch immer und enthält einen Mineralsee* (siehe S. 90).

In den Sümpfen des Refugio Nacional de Vida Silvestre Caño Negro

Cavernas de Venado ❼

Straßenkarte C2. 1,6 km westlich von Venado, 39 km nordwestlich von La Fortuna. ☎ 2478-9081. 🚌 ab Ciudad Quesada. ◷ tägl. 7–16 Uhr. 🅿️✔️ 8, 13 Uhr. ▣

Biolumineszente Pilze leuchten Besuchern den Weg in diesen labyrinthartigen Kalksteinhöhlen. Bislang wurden zehn insgesamt fast drei Kilometer große Kammern entdeckt. Viele der wunderschönen Stalagmiten, Stalaktiten und anderen unterirdischen Formationen enthalten Meeresfossilien. In der Regenzeit von Mai bis November sowie nach schweren Regenfällen bildet sich der unterirdische Wasserfall **Cascada de La Muerte**. In den Höhlen wimmelt es von Fledermäusen, blinden Fischen und kleinen durchsichtigen Fröschen. Die zwei Stunden dauernde Höhlenerkundung wird von professionellen Führern geleitet. Wilbert Solis, der Besitzer des Gebiets, stellt Helme, Taschenlampen und Gummistiefel zur Verfügung. Besucher sollten sich auf jeden Fall Kleidung zum Wechseln mitnehmen.

Auch einige Agenturen in La Fortuna bieten Touren an. Venado erreicht man über eine unbefestigte Straße von Toad Hall *(siehe S. 234)* aus, am Nordufer der Laguna de Arenal. Der kleine Ort bietet auch einfache Übernachtungsmöglichkeiten.

Refugio Nacional de Vida Silvestre Caño Negro ❽

Straßenkarte C1. 105 km nordwestlich von La Fortuna. ☎ 2471-1309. 🚌 ab Upala. ⛵ ab Los Chiles. ◷ tägl. 8–16 Uhr. 🅿️✎

Caño Negro, eines der wichtigsten Feuchtschutzgebiete Costa Ricas, erstreckt sich über 98 Quadratkilometer Marsche, Lagunen und *Yolillo*-Palmenwald. Viele Besucher möchten Glasbarsche und Frauenfische angeln, die im Río Frío, der den Lago Caño Negro speist, und anderen Flüssen leben. Auch der seltene Hornhecht kommt in den gerbsäurehaltigen Ge-

Olivenscharbe

wässern vor. In der kurzen Trockenzeit (Dez–Apr) sammeln sich Krokodile, Kaimane und große Säugetiere an den Wasserstellen. Affen und Tapire gibt es viele, Jaguare und andere Wildkatzen sind dagegen scheu. Auch Wander- und Wasservögel wie Jabirus, den Nicaragua-Grackel, Rosalöffler und Olivenscharben kann man sehen.

Das Dorf **Caño Negro** am Westufer des Lago Caño Negro ist die einzige Gemeinde im Reservat. Hier befinden sich die Aufsichtsstation sowie mehrere Lodges, die geführte Touren anbieten und Angellizenzen organisieren. Boote kann man auch im nahe gelegenen Los Chiles bekommen, Agenturen in San José bieten vor allem in der Saison zwi-

schen Juli und März Angelausflüge an. Die Region wird in der Regenzeit oft überflutet. Dann stellen die unbefestigten Straßen eine echte Herausforderung dar.

Parque Nacional Volcán Tenorio ❾

Straßenkarte B2. 11 km östlich von Bijagua. ☎ 2200-0135. 🚌 von Upala, dann mit Jeep-Taxi. ◷ tägl. 8–16 Uhr. 🅿️✔️

Einige Natur-Lodges bieten einen leichten Zugang in den 184 Quadratkilometer großen Park. Wege führen durch Gebirgsregenwald, zu Thermalquellen und zum Pozo Azul, dem türkisblauen Teich am Fuß des Vulkans. Einheimische Führer leiten Wanderungen auf der Suche nach Tapiren und anderen Wildtieren. Den Weg zum Gipfel dürfen allerdings nur Wissenschaftler nutzen.

Ciudad Quesada (San Carlos) ❿

Straßenkarte C2. 95 km nordwestlich von San José. 🏛 36 350. 🛈 Catuzon, südlich der Plaza, 2461-1112. 🚌 Sa. 🎪 Feria del Ganado (Apr).

Ciudad Quesada ist für die umliegenden Milch- und Viehindustrien besonders wichtig. Die Stadt liegt inmitten von Weideland an einem Abhang der Cordillera de Tilarán auf 650 Meter Höhe.

Mineralquellen in den Termales del Bosque, Ciudad Quesada

In der Region ist sie auch als San Carlos bekannt. Das Verwaltungszentrum ist berühmt für die jährlichen Viehmärkte und *topes* (Pferdeshows). Sehenswert sind der gartenbaulich gestaltete Hauptplatz sowie die Arbeiten der *talabarterías* (Sattler).

Umgebung: Der von Ciudad Quesada gen Osten verlaufende Highway 140 führt an den **Termales del Bosque** vorbei, die Schlammbäder und heiße Quellen bieten. Man kann wandern, reiten und Ausflüge zum Regenwalddach unternehmen.

Die in der Nähe liegende **La Marina Zoológica**, ein privater, gemeinnütziger Zoo, nimmt verwaiste und verletzte Tiere auf, z. B. Jaguare, Agutis, Affen, Pekaris und Schlangen sowie Aras, Tukane und viele andere Vogelarten. Es werden auch Tapire zur Auswilderung gezüchtet.

Termales del Bosque
6 km östlich von Ciudad Quesada. ☎ 2460-4740. ◷ tägl. 7–22 Uhr.
🖥️♿🍴🛍️
www.termalesdelbosque.com

La Marina Zoológica
10 km östlich von Ciudad Quesada. ☎ 2474-2202. ◷ tägl. 8–16 Uhr. 🖥️🚻

Schamanischer Heiltisch mit Steinen, Museo de Cultura Indígena

Centro Neotrópico SarapiquíS ⓫

Straßenkarte D2. La Virgen de Sarapiquí, 47 km nördlich von Alajuela. ☎ 2761-1004. 🚌 San José–Puerto Viejo de Sarapiquí. ◷ tägl. 7–20 Uhr. 🖥️♿🍴🛍️ www.sarapiquis.org

Das weitläufige ökologische Zentrum am Ufer des Río Sarapiquí gewährt einen faszinierenden Einblick in die Kultur der Ureinwohner (*siehe S. 32f*). Das **Museo de**

Der Parque Arqueológico Alma Alta im Centro Neotrópico SarapiquíS

Cultura Indígena widmet sich den Ureinwohnern Costa Ricas sowie der Erhaltung ihrer Artefakte. Zu den eindrucksvollen Exponaten gehören eine große Maskensammlung, mit Rinde bemalte Kleider und rituelle Objekte, beispielsweise schamanische Heilstäbe. Die Lehrtafeln erläutern das animistische Naturverständnis der Indianer. Im klimatisierten Theater werden audiovisuelle Vorführungen und eine 15-minütige Dokumentation gezeigt.

Im **Parque Arqueológico Alma Alta** sind zwischen Orangenbäumen vier Gräber der Ureinwohner (15. Jh.) und der Nachbau eines präkolumbischen Dorfs zu sehen. Die von Indianern geführten Touren in den **Chester's Field Botanical Gardens** sind faszinierend. Sie sind nach dem Naturforscher Chester Czepulos (1916–1992) benannt und umfassen rund 500 einheimische Pflanzenspezies, die seit präkolumbischer Zeit als Heilpflanzen bekannt sind. Neben einer guten Informationsbroschüre gibt es auch ein Restaurant, ein Hotel, eine Bibliothek und ein Konferenzzentrum.

Umgebung: Gleich nebenan schützt das Regenwaldreservat **Tirimbina** 300 Hektar vorgebirgigen Regenwalds. Man erreicht es vom Centro Neotrópico SarapiquíS aus über eine 260 Meter lange Hängebrücke über den Río Sarapiquí. Unter den insgesamt acht Kilometer langen Wanderwegen in Tirimbina gibt es auch einen 100 Meter langen zwischen den Baumkronen sowie eine Nachtführung zum Thema Fledermäuse. Auf der

Tirimbina-Insel im Fluss liegt das Bildungszentrum, in dem die Ökologie der Tropen erforscht wird.

Die **Hacienda Pozo Azul** bietet Wildwasser-Rafting und Ausflüge zum Dach des Regenwalds. In der Magsasay Lodge im angrenzenden Parque Nacional Braulio Carrillo (*siehe S. 91*) findet man Übernachtungsmöglichkeiten.

Im **Snake Garden** können Besucher über 70 Schlangenarten ganz aus der Nähe bewundern.

Regenwaldreservat Tirimbina
☎ 2761-1579. ◷ tägl. 7–17 Uhr.
🖥️🔗 www.tirimbina.org

Hacienda Pozo Azul
La Virgen de Sarapiquí. ☎ 2761-1360. ◷ tägl. 9–18.30 Uhr.
🖥️🍴🛏️🛍️♿🅿️ www.haciendapozoazul.com

Snake Garden
La Virgen de Sarapiquí. ☎ 2761-1059. ◷ tägl. 9–17 Uhr. 🖥️♿🚻
✉️ snakegarden@costarricense.co.cr

Die Hacienda Pozo Azul bietet Ausritte an

Puerto Viejo de Sarapiquí ⑫

Straßenkarte D2. 84 km nördlich von San José. 🚶 16300. 🚌 🛥

Wegen der Lage am Fuß der Cordillera Central am Río Sarapiquí dient Puerto Viejo seit der Kolonialzeit als wichtiger Binnenhafen. Vor der Eröffnung der Atlantic Railroad 1890 war die Stadt Hauptpforte zwischen San José und der Karibik. Hafenhandel gibt es kaum noch, doch die *pangas* (Wassertaxis) verbinden die Stadt über den Río San Juan noch mit dem Parque Nacional Tortuguero *(siehe S. 167)* und der Barra del Colorado. Es gibt auch Naturexkursionen per Boot.
  Die Tiefebene Llanura de San Carlos um Puerto Viejo bedecken hauptsächlich Bananenbäume. Die Fabrik Bananero La Colonia kann man besichtigen.

Bananero La Colonia
5 km südöstlich von Puerto Viejo. 📞 2768-8683. 📷 🔘 nach Vereinbarung. 🏠 **www.** bananatourcostarica.com

Wassertaxis auf dem Río San Juan bei Puerto Viejo de Sarapiquí

Üppig grüner Wanderweg in den Wäldern von Selva Verde

Selva Verde ⑬

Straßenkarte D2. 8 km westlich von Puerto Viejo de Sarapiquí. 📞 2766-6800. 🚌 San José–Puerto Viejo über Vara Blanca. 🔘 tägl. 7–15 Uhr. 📷 🔘 🍴 🏠 ⬧ **www.selvaverde.com**

Selva Verde (Grüner Wald) ist eines der besten privaten Reservate des Landes. Seine 190 Hektar grenzen an den Parque Nacional Braulio Carrillo *(siehe S. 91)*. Im Wald leben über 420 Vogelspezies, darunter allein acht verschiedene Papageienarten. Ozelots, Faultiere, Kapuzineräffchen und Brüllaffen fühlen sich neben weiteren rund 120 Säugetierarten hier ebenfalls wohl. Zudem gibt es Pfeilgiftfrösche und Schlangen, die man aber selten sieht. Mehrere der 500 in Selva Verde lebenden Schmetterlingsarten kann man in einem Garten umherschwirren sehen.
  Auf dem Río Sarapiquí werden geführte Kanutouren angeboten. Man kann Naturführer buchen. Zudem stehen Karten für die gepflegten Wanderwege sowie eine bequeme Lodge zum Übernachten zur Verfügung.

SÜSSWASSERHAIE
Die Anwesenheit von Haien im Süßwasser des Lago de Nicaragua gab der Wissenschaft jahrhundertelang Rätsel auf. In den 1970er Jahren entdeckte man per Funküberwachung, dass die Tiere am Río San Juan entlang zwischen See und Karibik hin- und herschwimmen – eine 169 Kilometer lange Strecke! Die Haie können demnach in Salz- und Süßwasser leben.

Bullenhai im Lago de Nicaragua

Refugio Nacional de Vida Silvestre Corredor Fronterizo ⑭

Straßenkarte C1. Bahía Salinas bis Punta Castillo. 📞 2471-2191 (Los Chiles). @ refugio.fronterizo@sinac.go.cr

Als biologischer Korridor gedacht, schützen die 590 Quadratkilometer des Corredor Fronterizo einen breiten Streifen costa-ricanischen Gebiets an der Grenze zu Nicaragua, von Bahía Salinas an der Westküste bis Punta Castillo im Osten. Der östliche Teil des Schutzgebiets verläuft am Río San Juan entlang, der von unberührtem Regenwald gesäumt wird und sich – von zwei Nationen beansprucht – 195 Kilometer östlich des Lago de Nicaragua nach Punta Castillo schlängelt.
  Pangas verbinden Puerto Viejo de Sarapiquí am Zusammenfluss von Sarapiquí und San Juan mit dem Ort Trinidad. Per Schiff kann man Faultiere, Krokodile und unzählige Vögel sehen, u. a. Montezuma-Stirnvögel und den seltenen Speerreiher.

Umgebung: Boca San Carlos, 39 Kilometer flussaufwärts von Trinidad am Río San Juan, verfügt über einen Flugplatz und kann auch über eine unbefestigte Straße erreicht werden. Von dort aus kann man Bootsausflüge nach Nicaragua unternehmen. Das private Reservat **Laguna del Lagarto** schützt fünf Quadratkilometer Regenwald und Sümpfe. Von einer Natur-Lodge aus kann man sogar die scheuen Seekühe sehen. Das restaurierte Hügelfort **Fortaleza de la Inmaculada Concepción** (17. Jh.) in der Nähe des nicaraguanischen El Castillo, 40 Kilometer flussaufwärts von Boca San Carlos, beschwört die abenteuerliche Zeit der Piratenkriege und großer englischer Seeschlachten herauf.

🦋 Laguna del Lagarto
16 km südlich von Boca San Carlos. 📞 2289-8163. 📷 🍴 ⬧ **http://lagarto-lodge-costa-rica.com**

Schlangen

Costa Rica rühmt sich mehr als 140 Arten von *serpientes* oder *culebras*, von denen nur 18 giftig sind. Schlangen findet man in verschiedenen Lebensräumen von der Savanne bis zum Gebirgsregenwald. Es gibt sogar pelagische, im Meer heimische Arten. Einige weisen eine grellbunte Zeichnung auf, andere sind in Grün- und Brauntönen getarnt. Die meis-

Bild im Snake Garden von La Virgen

ten sind nachtaktiv und deshalb selten zu sehen. Sie beißen nur zu, wenn sie sich bedroht fühlen. Die Wahrscheinlichkeit, gebissen zu werden, ist also relativ gering. Als Wanderer sollte man sich generell an die Wege halten und hinsehen, bevor man an einen Ast oder in die Vegetation fasst. Knöchelhohe Stiefel sind ebenfalls empfehlenswert.

SCHLANGENARTEN

Die Schlangen Costa Ricas gehören neun Familien an, u. a. den Elapidae (Korallenschlangen), Boidae (Boas) und Viperidae (Vipern). Die meisten anderen sind Nattern.

Serpentarios *(Schlangenfarmen) erlauben Besuchern, die Tiere unter professioneller Anleitung ganz aus der Nähe zu erleben.*

Tarnung verschafft der Greifschwanz-Lanzenotter ihre gelbe bis limettengrüne Haut.

Über den Augen hat die Lanzenotter verdickte Schuppen.

Bleistiftdünn und mit langer, spitzer Schnauze – daran erkennt man die etwa 30 Zentimeter langen Erzspitznattern.

Greifschwanz-Lanzenottern *sind hochgiftig und haben nadelspitze Fänge. Im Oberkiefer verfügen sie über Wärmesensoren, die ihnen das Aufspüren warmblütiger Beute erleichtern.*

Die Lanzenotter *ist durch ihre braungraue Farbe getarnt und lebt in Wiesen und an Flussufern. Die riesige Schlange ist pfeilschnell und aggressiv und für die Mehrzahl der tödlichen Bisse im ganzen Land verantwortlich.*

Erzspitznattern *findet man häufig in Bromelien, wo sie Fröschen und Vögeln auflauern. Mit ihren schlanken Körpern können sie sich besonders gut zwischen den Pflanzen bewegen.*

Korallenschlangen *sind sehr giftig. In Costa Rica gibt es vier Arten, die auffällig rot, schwarz und weiß oder gelb gestreift sind.*

Boas, *auch Abgottschlangen, sind recht scheu. Sie sind nicht giftig, haben aber große Fänge, die schmerzhafte Wunden verursachen. Boas können über vier Meter lang werden und ihre Beute erwürgen.*

Plattschnabelmotmot, La Selva Biological Station

La Selva Biological Station ⓯

Straßenkarte D2. 3 km südlich von Puerto Viejo. *2766-6565. OTS Shuttle-Busse ab Puerto Viejo und San José. tägl. 8–17 Uhr, nach Vereinbarung. 8 und 13.30 Uhr. www.ots.ac.cr*

Die Wissenschaftlerin Dr. Leslie Holdridge schuf 1954 diese Forschungsstation, die seit 1968 als private Einrichtung von der Organization of Tropical Studies (OTS) geführt wird. Zum Forschungsschwerpunkt des 15 Quadratkilometer großen Reservats gehören physiologische Ökologie, Boden- und Waldforschung. Im Holdridge Arboretum finden sich mehr als 1000 Baumarten.

Vorherrschender Lebensraum ist eine riesige, regenwaldbedeckte Ebene am Fuß des Parque Nacional Braulio Carrillo *(siehe S. 91)*. Schlangen gibt es zwar viele, sie sind jedoch selten zu sehen. Auffälliger sind die grellbunten Pfeilgiftfrösche und über 500 Schmetterlingsarten, darunter auch der blaue Morpho-

falter. Jaguare und andere Großkatzen durchstreifen den Wald auf der Suche nach Affen, Coatis und Wild, drei von 120 Säugetierarten La Selvas. Blattschneiderameisen tragen emsig ihre Fracht umher, und die Hälfte aller Vogelarten Costa Ricas wurde hier ebenfalls gesichtet. Zur jährlichen, 24-stündigen Vogelzählung um Weihnachten kommen Ornithologen aus aller Welt. Am Samstagvormittag wird ein Grundlagenkurs zur Vogelkunde angeboten.

Der Zutritt zum Reservat ist jeweils auf 65 Personen beschränkt, wobei Wissenschaftler und Studenten bevorzugt werden. Mehr als 50 Kilometer Plankenwege ziehen sich zickzackförmig durch La Selva, nach (häufigen) schweren Regenfällen sind die Wege sehr schlammig. Im Souvenirladen sind Broschüren erhältlich. Die Organization of Tropical Studies bietet Führungen ab San José inklusive Transfer an. Es gibt Übernachtungsmöglichkeiten in Schlafsälen.

Sarapiquí Heliconia Island ⓰

Straßenkarte D2. 8 km südlich von Puerto Viejo. *2761-5220. San José–Puerto Viejo de Sarapiquí über den PN Braulio Carrillo. tägl. 8–17 Uhr, nach Vereinbarung.* www.heliconiaisland.com

Der wunderschön gestaltete Garten am Ufer des Río Puerto Viejo wurde 1992 von dem US-amerikanischen Naturforscher Tim Ryan angelegt und gehört nun Niederländern. Auf zwei Hektar Rasenfläche wachsen Hunderte tropischer Pflanzenarten. Der Garten ist auf Helikonien spezialisiert, die in 80 Arten aus aller Welt vertreten sind. Auch verschiedene Ingwer-, Bambus- und Orchideenarten gedeihen hier. Gleichermaßen beeindruckend ist die Palmensammlung mit dem aus Madagaskar stammenden Baum des Reisenden – er versorgt Reisende im Notfall mit wertvollem Wasser, das er in seinem Stamm speichert.

Tropische Helikonie

Auch die Vogelwelt ist sehenswert: Kolibris, Veilchentrogons und Tovisittiche gehören zu den mehr als 200 Arten, die von den exotischen Pflanzen angezogen werden. In den Mandelbäumen nisten seltene grüne Aras.

Geführte Touren vermitteln faszinierendes Wissen über die Ökologie der Pflanzen. Besonders interessant sind die Nachttouren. In ruhigen Flussabschnitten kann man auch schwimmen.

PFEILGIFTFRÖSCHE

Farbenprächtiger Pfeilgiftfrosch

In den Regenwäldern Mittel- und Südamerikas leben die sogenannten Pfeilgiftfrösche, deren Gift die Indianer für ihre Pfeilspitzen entdeckten. Es existieren rund 65 verschiedene Arten, nur drei davon sind für Menschen tödlich (keine davon wurde in Costa Rica gefunden). Die Frösche sind nur etwa drei Zentimeter groß, produzieren das Gift in ihren Schleimdrüsen und signalisieren dies durch eine grelle Färbung – meist rot, grün und/oder blau –, die Feinde abschrecken soll. Sie sind tagsüber im feuchten Laubwerk aktiv. Mehrere nicht giftige Arten imitieren ihre tödlichen Artgenossen hinsichtlich ihrer Färbung. In Gefangenschaft verliert das Gift der Frösche an Wirkung, die auf ihrer Ernährung (Ameisen und Termiten) beruht.

Rara Avis ⓱

Straßenkarte D2. 27 km südlich von Puerto Viejo. 📞 *2764-1111.*
🚌 *San José–Las Horquetas.* 🅿️ 🍴
🖱️ www.rara-avis.com

Weltberühmt ist dieses Regenwaldreservat, eines der ersten privaten Naturschutzgebiete Costa Ricas. Das zehn Quadratkilometer große Reservat grenzt an den Parque Nacional Braulio Carrillo und an La Selva. Es liegt auf der abgelegenen Nordostseite des Volcán Chato in 700 Meter Höhe.

Geistiger Vater von Rara Avis war der Unternehmer Amos Bien, der es 1983 in der Überzeugung schuf, dadurch Arbeitsplätze sichern zu können. Zu den von Rara Avis geförderten Projekten gehören eine Schmetterlingsfarm sowie die Kultivierung von Philodendren und Orchideen.

Durch den unberührten, auf mittlerer Höhe gelegenen Regenwald ziehen sich zahlreiche Wege. Die Bio-Vielfalt hier ist beeindruckend: Ameisenbären, Klammeraffen, Stachelschweine, Boa constrictors, Korallenschlangen, Rotaugen-Laubfrösche, scheue Jaguare und Pumas sowie fast 400 Vogelarten, u. a. Schirmvögel, Sonnenrallen und der gefährdete grüne Ara. Ein Zugseilsystem gewährt den Besuchern faszinierende Einblicke in Baumkronen, in denen Tukane und Kapuzineräffchen leben. Zudem gibt es mehrere Wasserfälle, die zum Baden allerdings nicht geeignet sind.

Stachelschwein

Zugang zu Rara Avis bietet ein Weg, auf dem man meist knietief in Schlamm versinkt. Von Las Horquetas am Highway 4 aus fahren auch traktorgezogene Wagen – die rumpelige, 14 Kilometer lange Fahrt dauert drei Stunden. Auf heftigen Regen sollte man vorbereitet sein, Gummistiefel werden den Wanderern zur Verfügung gestellt. Eine Übernachtung kann nur dringend empfohlen werden. Diese ist in mehreren ländlichen Lodges möglich.

BANANEN

Costa Rica ist der siebtgrößte Bananenproduzent und der zweitgrößte Exporteur der Welt. Die Plantagen bedecken rund 500 Quadratkilometer, riesige Flächen Regenwalds fallen ihnen jährlich zum Opfer. Hinzu kommt der Einsatz von Chemikalien, die den Gewässern und damit den Fischen schaden: Sie nähren wuchernde Pflanzen, die Flussmündungen und Korallenriffe ersticken. Umweltorganisationen versuchen unermüdlich, eine ökologisch verträglichere Praxis durchzusetzen.

Reifende Früchte auf einer Bananenplantage

Rainforest Aerial Tram ⓲

Straßenkarte D3. Hwy 32, 40 km nordöstlich von San José. 📞 *2257-5961.* 🚌 *San José–Guápiles.*
🕐 *Mo 9–16, Di–So 6.30–16 Uhr.*
📷 🚫 ♿ 🍴 🅿️ 🖱️
🖱️ **www**.rainforesttram.com

Einen neuen Blick über das Dach des Regenwalds bietet diese automatisierte Bahn, die der US-amerikanische Naturforscher Dr. Donald Perry entwickelte, als er in Rara Avis forschte. Eingeweiht wurde die auch als »El Teleférico« bekannte Rainforest Aerial Tram im Jahr 1994. Sie ist das Highlight des 355 Hektar großen privaten Naturschutzgebiets am östlichen Rand des Parque Nacional Braulio Carrillo. Man sitzt in offenen Gondeln, die sich zunächst lautlos am Waldboden bewegen, bevor sie sich auf einem drei Kilometer langen Rundweg über die Baumkronen erheben. Die Tour dauert 90 Minuten. Ihr geht ein Video voraus, das die Konstruktion des zwei Millionen US-Dollars teuren Systems sowie die Flora und Fauna erläutert. In jeder Gondel sitzt ein Führer, der über Tiere und Pflanzen informiert. Brüll- und Kapuzineraffen, Iguanas, Faultiere und Schlangen sieht man gelegentlich. Die beste Zeit zur Tierbeobachtung sind der frühe Morgen und der späte Nachmittag. Hauptanliegen der Tour ist jedoch die Ökologie des Regenwalds.

Einige Wege führen zum Río Corinto, es werden auch ornithologische Führungen neben Ausstellungen zu Fröschen, Schlangen und Schmetterlingen angeboten. Unterkünfte stehen in Form von einfachen Kabinen zur Verfügung.

Eine Gondel der Rainforest Aerial Tram zu Beginn der Tour

KARIBIKKÜSTE

Mit ihrer einzigartigen afrokaribischen Kultur wurzelt die Region in den Traditionen der jamaikanischen Einwanderer, die den Küstendörfern einen farbenfrohen, entspannten Charme verleihen. Die Karibikküste, eine der feuchtesten Regionen des Landes, erstreckt sich über 200 Kilometer zwischen Nicaragua und Panama. Die Küste wird von atemberaubenden Stränden gesäumt, an denen der Regenwald in die sumpfigen Lagunen im Norden und in die Talamanca-Berge im Süden übergeht.

Nachdem der Hafen von Puerto Limón 1665 geschlossen wurde *(siehe S. 43)*, besiedelten die Spanier die Gegend kaum. Dies zog Piraten und Schmuggler an, deren Sklaven Harthölzer für den illegalen Handel schlagen mussten. Im späten 19. Jahrhundert kamen jamaikanische Einwanderer, um die Atlantic Railroad zu bauen und auf Bananenplantagen zu arbeiten. Die nachfolgenden Generationen lebten von der Viehzucht und vom Fischen, was auch heute noch die kreolische Kultur bestimmt. Landeinwärts leben an Traditionen festhaltende Ureinwohner relativ zurückgezogen in den Reservaten der Talamanca-Berge.

Einzig bedeutende Stadt ist Puerto Limón, das etwa in der Mitte der Küste liegt. Nördlich davon erstrecken sich Ebenen bis zur nicaraguanischen Grenze. Im Hinterland befinden sich ein sumpfartiger Urwald und Süßwasserlagunen sowie die Naturschutzgebiete Tortuguero und Barra del Colorado. Kanäle aus den 1960er Jahren verbinden Puerto Limón mit Barra und bieten Zugang zu der eher unwirtlichen Region. Südlich von Puerto Limón säumen wunderschöne Strände die Küste. Die Städte Cahuita und Puerto Viejo sind besonders bei Surfern und jungen Abenteuerurlaubern beliebt.

Farbenfrohes Holzhaus in Cahuita

◁ **Palmen am Surfstrand Playa Chiquita, in der Nähe von Puerto Viejo de Talamanca**

Überblick: Karibikküste

Der Parque Nacional Tortuguero ist ein Juwel der feuchten Region mit ihren Nationalparks und Naturschutzgebieten. Hier kann man im Regenwald und in den Sümpfen exotische Tiere sehen. Weiter nördlich zieht die regennasse Barra del Colorado viele Angler an. Die Hafenstadt Puerto Limón ist der Eingang zu den Dörfern Cahuita und Puerto Viejo de Talamanca, in denen die afrokaribische Kultur am lebhaftesten zu spüren ist. Der Parque Nacional Cahuita in der Nähe von Cahuita schützt auch ein kleines Korallenriff. Im Süden schließt sich Gandoca-Manzanillo an, ein Küstenstreifen, an dem Seekühe leben und Meeresschildkröten ihre Eier ablegen. Am Highway 32 finden sich einige Gärten mit üppig tropischer Vegetation.

Hauseingang in Puerto Limón

SEHENSWÜRDIGKEITEN AUF EINEN BLICK

Städte und Dörfer
Cahuita ❾
Puerto Limón ❸
Puerto Viejo de Talamanca ⓫

Nationalparks und Reservate
Parque Nacional Cahuita ❿
Parque Nacional Tortuguero ❺
Refugio Nacional de Fauna Silvestre Barra del Colorado ❻
Refugio Nacional de Vida Silvestre Gandoca-Manzanillo ⓬
Reserva Biológica Hitoy-Cerere ❽
Veragua Rainforest Research & Adventure Park ❼

Natur
EARTH ❷
Las Cusingas ❶

Tour
Canal de Tortuguero S. 166 ❹

Stätten der Ureinwohner
Reservate der Ureinwohner ⓭

SIEHE AUCH

- **Hotels** S. 214–216
- **Restaurants** S. 235f

LEGENDE

═══ Schnellstraße
─── Hauptstraße
═══ Nebenstraße
▬▬▬ Staatsgrenze
▬▬▬ Provinzgrenze
- - - Kanal

Weitere Zeichenerklärungen *siehe hintere Umschlagklappe*

Strand bei Puerto Viejo de Talamanca

🦅🎣
4 CANAL-DE-TORTUGUERO-TOUR

Matina ○ Punta de Riel
○ Estrada
2 **VERAGUA** **PUERTO** 🏛
RAINFOREST Moin **LIMÓN** 🏨
RESEARCH & **3**
ADVENTURE 🗺 *Isla Uvita*
🍴 **PARK** **7**
○ Petróleo *Trébol*
○ Aguas Zarcas
○ Finca Banaga 🛤
L I M Ó N
─ripó *Río Banano*
─jo Penshurst
Playa Negra
Finca 7 234 **CAHUITA** **9** **10** **PARQUE NACIONAL**
Vesta **CAHUITA** 🍴
Cuen ○ **8** **PUERTO VIEJO DE**
TALAMANCA *Playa*
RESERVA BIOLÓGICA *Cocles* **REFUGIO NACIONAL**
HITOY-CERERE Bribri 🛤♣ **11** **DE VIDA SILVESTRE**
Río Telire ○ Shiroles Manzanillo **12** **GANDOCA-MANZANILLO**
Teliré ○ **RESERVATE** **13** 🏛 36 Gandoca ○
DER UREINWOHNER Bratsi
Río Coén Sixaola ○
○ San José *Río Uren*
Cabécar
P A N A M A

0 Kilometer   20

○ Purisqui

Arbeiter auf einer Bananenplantage in Cahuita

AN DER KARIBIKKÜSTE UNTERWEGS

Der vor allem in den Bergregionen verkehrsreiche Highway 32 verbindet San José mit Puerto Limón. Nach Cahuita und Puerto Viejo de Talamanca gibt es gute Busverbindungen. Tortuguero und Barra del Colorado sind nicht über Straßen erreichbar, verfügen dafür aber über Flugplätze, die täglich von San José aus angeflogen werden. Beliebt ist auch die Reise auf dem Kanal, die von mehreren Veranstaltern angeboten wird. Zu den Reservaten der Ureinwohner fahren ebenfalls Busse – wenn auch unregelmäßig und über holprige Straßen.

Ein Kappennaschvogel, eine der in Las Cusingas heimischen Vogelarten

Las Cusingas ❶

Straßenkarte D3. 3 km südlich des Hwy 32, 59 km östlich von San José. 🚌 *San José–Guápiles, dann mit dem Jeep-Taxi oder zu Fuß.* ℹ 2382-5805. 🕐 tägl. 8.30–16.30 Uhr.
🖼✔🍴🛇

Ganz in der Nähe der weniger ansprechenden Stadt Guápiles erstreckt sich dieser botanische Garten über 14 Hektar. Er widmet sich der Erforschung tropischer Pflanzen, Früchte und über 80 Spezies von Heilpflanzen. Kolibris, Papageien und Dutzende anderer Vögel kann man hier auf zwei Spaziergängen sehen, die zum Río Santa Clara und 26 Quadratkilometern geschützten Waldes führen. Im Besucherzentrum gibt es eine Bibliothek sowie Vorträge zu Wiederaufforstung, Naturschutz, tropischer Ökologie und Heilpflanzen.

Es werden auch etwa zwei Stunden lange Führungen angeboten. Man kann eine rustikale Hütte mit Holzofen mieten und mit den gastfreundlichen *Tico*-Besitzern zu Abend essen.

Umgebung: Die anerkannte, aus den USA stammende Künstlerin Patricia Erickson empfängt gern Besucher in ihrer **Gallery at Home**. Ihre Gemälde zeigen Szenen karibischen Familienlebens. Das Studio liegt ganz in der Nähe des Río Blanco. Im Haus gegenüber kann man Patricias Ehemann Brian bei **Muebles de Bamboo** bei der Fertigung von Bambusmöbeln zusehen. Er benutzt dazu 32 verschiedene Bambusarten aus dem eigenen Garten.

Die **Finca La Suerte** grenzt an den Parque Nacional Tortuguero und an das Refugio Nacional de Fauna Silvestre Barra del Colorado *(siehe S. 167)*. Hier kann man Tiere in verschiedenen Lebensräumen wie Regenwäldern und Marschen beobachten. Pfeilgiftfrösche *(siehe S. 158)* und Affen sind zahlreich vertreten. Das private Bildungs- und Forschungszentrum hat sich auf Workshops zur tropischen Ökologie spezialisiert und bietet Übernachtungsmöglichkeiten an. Man erreicht es per Bus über Guápiles, der auch an der kleinen Gemeinde Cariari vorbeifährt.

🏛 **Gallery at Home**
300 m südlich des Hwy 32, 6 km westlich von Guápiles. ℹ 2711-0823. 🕐 nach Vereinbarung. @ patricia_erickson@amerisol.com

🍴 **Finca La Suerte**
La Primavera, 43 km nordöstlich von Guápiles. ℹ 2710-8005. 🕐 tägl. 9–17 Uhr. 🖼✔♿🍴🛇
www.lasuerte.org

EARTH ❷

Straßenkarte D2. 1,6 km westlich von Guácimo. ℹ 2713-0000. 🚌 *San José–Puerto Limón.* 🕐 tägl. 9–16 Uhr. 🖼✔♿🛏🛇🛇
www.earth.ac.cr

Die Escuela de Agricultura de la Región Tropical Húmeda ist ein weltweit führendes Tropenforschungszentrum, dessen Hauptaugenmerk auf ökologisch vertretbaren Praktiken liegt. Es wurde 1990 gegründet und bietet Studenten die Möglichkeit, hier ihren Universitätsabschluss zu erlangen. EARTH unterhält seine eigene experimentelle Bananenplantage sowie -verarbeitungsstation und stellt Papier aus Bananenschalen her. Den 400 Hektar großen Regenwald kann man auf geführten Wanderungen und Ausritten erkunden.

Umgebung: Über 600 Spezies tropischer Blumen, darunter mehrere Helikonienarten, tauchen die Landschaft der **Costa Flores** in unzählige Farben. Die weltweit größte kommerzielle Blumenfarm ist 120 Hektar groß. Ein 19 Kilometer langes Bahnsystem unterstützt die Arbeiter beim Pflücken und Verpacken der tropischen Pflanzen. Kolibris, alleinige Bestäuber der Helikonien, flattern überall in den gestalteten Gärten mit ihren zahlreichen Teichen umher.

Helikonie, Costa Flores

🖼 **Costa Flores**
14 km östlich von Guápiles. ℹ 2716-6430. 🕐 Mo–Fr 8–16 Uhr, Sa, So nach Vereinbarung. 🖼✔♿

Schild des Tropenforschungszentrums EARTH

Büste von Don Balvanero Vargas
im Parque Vargas, Puerto Limón

Puerto Limón ❸

Straßenkarte F3. 160 km östlich
von San José. ⌂ 85 000. ✕ ▭ ⛴
⌂ Black Culture Festival (Sep); Día de
las Culturas (12. Okt).

D ie Hafenstadt Puerto
Limón liegt in der Bucht,
in der Christoph Kolumbus
und sein Sohn Fernando 1502
vor Anker gingen. Die Ur-
sprünge der Stadt reichen bis
in die frühe Kolonialzeit zurück. Die Siedlung gedieh vor
den Augen der spanischen
Behörden durch den illegalen
Handel, den Piraten und
Schmuggler mit Harthölzern
wie Mahagoni betrieben. Puerto Limón hat viele chinesi-
sche Einwohner, deren Vorfahren in den 1880er Jahren
als Arbeiter für den Bau der
Atlantic Railroad ins Land geholt wurden. Ein kleiner chi-
nesischer Friedhof am Eingang der Stadt erinnert daran.
Heute wird über den Hafen
ein Großteil des Seehandels
Costa Ricas abgewickelt. Die
Hafenanlage wurde erweitert
und für Kreuzfahrtschiffe zugänglich gemacht.

Wahrscheinlich war es die
Isla Uvita einen Kilometer
vor der Küste, an der Kolumbus landete. Seiner Ankunft
wird mit einer Bronzebüste
gedacht, die 1992, rechtzeitig
zum 500. Jahrestag der Entdeckung Amerikas, feierlich enthüllt wurde. Die Büste steht
gegenüber dem von Bäumen
gesäumten **Parque Vargas**, der
nach Don Balvanero Vargas,
einem ehemaligen Gouver-
neur der Provinz Limón, be-

nannt ist. Der Park enthält
eine Büste Vargas' und befindet sich am östlichen Ende
der Fußgängerstraße Avenida 2 («El Bulevar»). Ganz in
der Nähe schildert ein wun-
derschönes Fresko von
Guadalupe Alvarez die Ge-
schichte der Stadt.

Puerto Limón verfügt über
einige interessante Bauten mit
filigran gestalteten Eisenbal-
konen. Die cremefarbene
Alcaldía (Rathaus) westlich des
Parque Vargas ist ein schönes
Beispiel stuckverzierter Belle-
Époque-Architektur. Andere
Häuser sind im klassisch karibischen Stil gehalten, sie bestehen aus Holz und sind in
bunten Farben angemalt.
Unter den breiten, überhän-
genden Balkonen dieser Häuser spielen die Einheimischen
Domino. Auf dem geschäftigen **Mercado Central** nördlich
des Museums bekommt man
beinahe alles.

Detail eines Freskos von
Guadalupe Alvarez, Parque Vargas

Einkaufsbummel im Mercado
Central in Puerto Limón

Puerto Limóns Nachtleben
ist etwas anrüchig – es wird
auch mit Drogen gehandelt.
Den Parque Vargas sollten Sie
nachts auf jeden Fall meiden.

Umgebung: Die **Playa Bonita**,
drei Kilometer nördlich der
Stadt, eignet sich gut zum
Surfen. An den Wochenenden
ist der goldfarbene Strand allerdings recht überfüllt. Das
Baden am Südende der Bucht
ist gefährlich. 1,6 Kilometer
nördlich der Playa Bonita liegt
Moín. Dort wird das Rohöl
des Landes weiterverarbeitet,
und Bananen werden nach
Europa und Nordamerika verschifft. Darüber hinaus ist
Moín aber auch Ablegestelle
für Boote nach Tortuguero
(siehe S. 167).

🏛 **Mercado Central**
Calles 3/4 und Aves Central/2.
⌂ tägl. 6–18 Uhr.

KARNEVAL

In der zweiten Oktoberwoche findet in Puerto Limón der
Karneval *(siehe S. 37)* statt. Das einwöchige karibische
Mardi-Gras-Fest erreicht am Día de
las Culturas seinen Höhepunkt. In
der Stadt tummeln sich 100 000 Besucher, die teilweise mit Bussen
aus San José angereist kommen.
Reggae, Salsa und Calypso animie-
ren zum Tanzen. Zudem gibt es
Schönheitswettbewerbe, Stierkämpfe, *desfiles* (Paraden), Straßenmärkte und Feuerwerke. Höhepunkt ist
der Gran Desfile, ein farbenprächtiger Kostüm- und Festwagenumzug
am Samstag vor dem 12. Oktober.
Die meisten Veranstaltungen finden
am Hafen statt.

Tänzerinnen beim
Karneval in Puerto Limón

Tour: Canal de Tortuguero ❹

Eisvogel

Reisen entlang der Karibikküste wurden durch den Bau des Kanalsystems von Tortuguero (1966–74) ermöglicht. Die 105 Kilometer lange Wasserstraße besteht aus vier Kanälen. Sie verbindet Moín mit Barra del Colorado und ist von Regenwald gesäumt. An den Stellen, an denen der Wald besonders üppig wächst, ist sie sehr eng, aber ideal zur Tierbeobachtung geeignet. Es gibt Kaimane und Flussschildkröten sowie Vögel, beispielsweise Arassaris und Eisvögel, zu sehen.

Bootsausflug durch das Kanalsystem von Tortuguero

Caño de Penitencia ⑥
Der in den Río Colorado mündende Kanal verbindet Tortuguero mit Barra del Colorado. Der nördlich gelegene Caño-de-Palma-Kanal bietet einen sagenhaften Blick auf Sümpfe und Palmenwälder.

Laguna del Tortuguero ⑤
Bei Tortuguero öffnet sich der Kanal zu einer sechs Kilometer langen Lagune, an deren Ufer Natur-Lodges stehen.

Puesto Jalova ④
Das südliche Tor zum Parque Nacional Tortuguero ist durch eine Rangerstation gekennzeichnet, von der aus Wege in den Wald führen.

Barra de Parismina ③
Das Dorf in der Nähe der Mündung des Río Parismina ist als bester Glasbarsch-Angelort Costa Ricas bekannt. Achtung vor Sandbänken!

Caño Blanco ②
An dieser kleinen Anlegestelle inmitten von Bananenplantagen am Río Matina beginnt und endet die Kanaltour. Rosalöffler sieht man hier oft.

Moín ①
Die Endstation des Tortuguero-Kanals ist gleichzeitig der für den Bananenexport zuständige Haupthafen des Landes.

0 Kilometer 10

KARIBISCHES MEER

Río San Juan
Río Colorado
Barra del Colorado
Caño de Penitencia
Laguna del Tortuguero
Tortuguero
Parque Nacional Tortuguero
Puesto Jalova
Parismina
Río Parismina
Barra de Parismina
Caño Blanco
Puerto Limón
Moín

ROUTENINFOS

Tourboote: Die meisten Besucher kommen mit den Booten der Lodges. Warme Kleidung empfiehlt sich.
Länge: 2,5 Stunden.
Rasten: In Parismina gibt es Angel-Lodges und einfache Restaurants. Die Tourboote machen auf Wunsch eine Rast.

LEGENDE

— Hauptstraße
— Canal de Tortuguero
- - - Staatsgrenze
- - - Parkgrenze

Hotels und Restaurants an der Karibikküste *siehe Seiten 214–216 und Seiten 235f*

Ein Führer erklärt Flora und Fauna des Parque Nacional Tortuguero

Parque Nacional Tortuguero ❺

Straßenkarte E2. 52 km nördlich von Puerto Limón. 📞 *2709-8086.* 🚤 *ab Pavona, Moín und Caño Blanco.* ⏰ *tägl. 6–18 Uhr; letzter Einlass 17 Uhr.* 📷 ✔

Der 190 Quadratkilometer große Nationalpark wurde gegründet, um die größte Eiablegestätte der Grünen Meeresschildkröte auf der westlichen Hemisphäre zu schützen. Tortuguero erstreckt sich entlang 22 Kilometer Küste und über 30 Kilometer Meeresgebiet. Im Park verbindet der Canal de Tortuguero ein Labyrinth aus Flussdeltas, Kanälen und Lagunen.

Elf unterschiedliche Lebensräume von Bastpalmenwäldern bis hin zu Krautsümpfen sorgen für eines der lohnenswertesten Naturerlebnisse in ganz Costa Rica. An den Rangerstationen am Nord- und Südende des Parks beginnen zwar Wanderwege, doch am besten erkundet man die Wasserwelt per Boot: Die lautlose Annäherung auf den breiten Kanälen erlaubt einen engen Kontakt mit Flora und Fauna. Flussotter, Kaimane sowie Brüll-, Klammer- und Kapuzineraffen sieht man oft, ebenso Montezuma-Stirnvögel, Tukane, Glanz- und andere Wasservögel. Die Wasserwege sind geradezu labyrinthartig – es wird deshalb dringend empfohlen sich einen Führer mit entsprechender Ortkenntnis zu suchen.

Hauptattraktion ist die Grüne Meeresschildkröte, die hier zwischen Juni und November ihre Eier ablegt. Drei weitere Arten von Meeresschildkröten kommen ebenfalls hierher, allerdings weniger zahlreich. Pro Nacht dürfen nur drei Besuchergruppen mit einem Führer an den Strand. Achtung: Im Park gibt es keine Straßen. Zugang hat man nur per Boot oder per Kleinflugzeug, das im Ort Tortuguero landet. Einheimische Lodges organisieren geführte Touren, mit der Tortuga Lodge *(siehe S. 216)* kann man Sportfischen.

Umgebung: Die Einwohner von **Tortuguero** (nördlich des Parks, zwischen Laguna del Tortuguero und Canal de Tortuguero) leben vom Holzfällen und dem Fangen von Schildkröten. Heute ist der Tourismus Haupteinnahmequelle, der Umweltschutz hat hohe Priorität. Das **John H.**

Phipps Biological Station and Natural History Visitor's Center zeigt an hervorragenden Schautafeln die einheimische Ökologie, besonders die Seeschildkröten.

> 🦎 **John H. Phipps Biological Station and Natural History Visitor's Center**
> 500 m nördlich des Ortes Tortuguero. 📞 *2709-8091.* ⏰ *Mo–Sa 10–12, 14–17, So 14–17 Uhr.* 📷

Refugio Nacional de Fauna Silvestre Barra del Colorado ❻

Straßenkarte E2. 34 km nördlich von Tortuguero. 📞 *2709-8086.* 🚤 *ab Tortuguero, Puerto Viejo de Sarapiquí und Pavona.* ⏰ *tägl. 8–16 Uhr.* 📷 *im Eintritt für PN Tortuguero enthalten.*

Das Naturschutzgebiet ist durch den Caño de Penitencia mit dem Parque Nacional Tortuguero verbunden und grenzt im Norden an Nicaragua. Die Marschen, der Regenwald und die Bastpalmenwälder beheimaten viele wilde Tiere, sind aber wenig besucht. Krokodile und Vögel wie den Jabiru-Storch und den gefährdeten grünen Ara kann man ebenso erspähen wie Tapire, Jaguare und Seekühe, die in den Wäldern bzw. Sümpfen leben. In den Flüssen des Reservats sind Frauenfische, Glasbarsche und Hornhechte heimisch. Die Lodges für Angel-Fans konzentrieren sich um Barra del Colorado an der Mündung des Río Colorado.

SEEKÜHE (MANATIS)

Der gefährdete Karibik-Manati *(Trichechus manatus)*, auch als Seekuh bekannt, lebt in Lagunen und anderen küstennahen Gewässern. Das felllose graubraune Säugetier mit Vorderflossen und einem paddelartigen Schwanz ähnelt einem Walross. Es ernährt sich von unterseeischer Vegetation, z. B. Wasserhyazinthen, und wird nur selten gesichtet. Da die Tiere bei Tortuguero und Barra del Colorado in letzter Zeit allerdings öfter auftauchten, scheint die Population wieder zu wachsen.

Karibik-Manati
(Trichechus manatus)

Veragua Rainforest Research & Adventure Park ➐

Straßenkarte F3. 28 km südwestlich von Puerto Limón. ⒸC 2296-5056. 🚍 *Puerto Limón – Liverpool, dann Jeep-Taxi.* ⭘ *tägl. 9–15 Uhr.* 🅿️🎫🍴
www.veraguarainforest.com

Im Jahr 2008 wurde dieses 1300 Hektar große Reservat eröffnet. Es dient der Erforschung des Umweltschutzes von INBio, dessen Labore für Besucher geöffnet sind. Man kann durch den Schmetterlings- und Froschgarten gehen, Schlangen- und Insektenausstellungen sehen. Mit einer Bahn gelangt man zum Flussufer, wo Pfeilgiftfrösche am Boden umherspringen. Es gibt auch eine Stahlseiltour über den Wald und ein Restaurant.

Pfeilgiftfrosch, Veragua Rainforest Research & Adventure Park

Reserva Biológica Hitoy-Cerere ➑

Straßenkarte F3. 45 km südlich von Puerto Limón und 20 km südwestlich des Hwy 36 bei Penshurst. ⒸC 2798-3170. 🚍 *ab Puerto Limón zur Finca 12, dann mit dem Jeep-Taxi.* ⭘ *tägl. 8–17 Uhr.* 🅿️
www.sinac.go.cr

Das 100 Quadratkilometer große Paradies für Wanderer und Naturliebhaber im Tal des Río Estrella erstreckt sich über die Westflanke der Talamanca-Berge. Heftige Regenfälle tränken die unberührten Regenwälder. Juli und August sowie November und Dezember sind die feuchtesten Monate. In den üppig grünen Lebensräumen fühlen sich große Säugetiere besonders wohl, z.B. alle sechs Wildkatzenarten des Landes *(siehe S. 113)*. Man kann sogar Harpyien erspähen. Das abgelegene Reservat verfügt allerdings über eine nur minimale Infrastruktur.

Umgebung: Das Reservat **Selva Bananito** neben dem Parque Internacional de La Amistad *(siehe S. 179)* schützt

Einer der vielen Strände im Parque Nacional Cahuita

13 Quadratkilometer ökologisch bearbeiteten Ackerlands und Regenwald. Es bietet geführte Wanderungen und Ausritte an. Für mehr Aufregung sorgt »Wasserfall-Abseiling«. Ein Fahrzeug mit Allradantrieb ist notwendig. In der Lodge kann man übernachten. **Piedmont** ist eine einheimische biologische Farm für tropische Früchte. Der Botaniker Pierre Dubois bietet Führungen.

🦋 Reserva Selva Bananito
35 km südwestlich von Puerto Limón. ⒸC 2253-8118. 🅿️🎫🍴 ⭘ **www.**selvabananito.com

🌿 Piedmont
Penshurst, 31 km südlich von Puerto Limón. ⒸC 2750-0789. ⭘ *tägl. 9–15 Uhr.* 🅿️🎫♿🍴🅰️

Cahuita ➒

Straßenkarte F3. 43 km südlich von Puerto Limón. 🚶🚍 🎵 *Southern Caribbean Music Festival (März–Apr); Carnavalito Cahuita (Anfang Dez).*

Cahuita ist mit seiner Rasta-Kultur das bunteste Dorf Costa Ricas. Die afrokaribischen Einwohner leben in bunten Holzhäusern, die zum

Einheimische vor einer Snackbar im Ort Cahuita

Teil auf Stelzen über die sandige Straße gebaut sind. Die Cahuitaner haben einen eigenen Akzent, die würzige Küche *(siehe S. 222)* geht auf jamaikanisches Erbe zurück. Nördlich des Dorfs liegt die palmengesäumte **Playa Negra** mit schwarzem Sand.

Umgebung: Aviarios del Caribe Wildlife Refuge bietet das weltweit einzige Zentrum, das sich der Erforschung und Rettung des Faultiers widmet.

🦋 Aviarios del Caribe Wildlife Refuge
8 km nördlich von Cahuita. ⒸC 2750-0775. ⭘ *tägl. 7–14.30 Uhr.* 🅿️🎫 **www.**slothrescue.org

Parque Nacional Cahuita ➓

Straßenkarte F3. 43 km südlich von Puerto Limón. ⒸC 2755-0461. 🚍 *Puerto Limón – Cahuita.* ⭘ *tägl. 6–17 Uhr (Kelly Creek); Mo–Fr 8–16 Uhr, So 7–17 Uhr (Puerto Vargas).* 🅿️ *an der Rangerstation Puerto Vargas; an der Station Kelly Creek Spende erbeten.*

Direkt südlich von Cahuita befindet sich dieser zehn Quadratkilometer große Nationalpark, in dem viele Tiere wie Gürteltiere, Agutis, Ameisenbären sowie Tukane und grüne Aras leben. In den Flüssen leben Kaimane, am Korallenriff vor der Playa Blanca Papageifische, Hummer und Grüne Meeresschildkröten. An der Playa Vargas weiter südlich sollten Sie nicht baden. An dem langen Strand legen Meeresschildkröten ihre Eier ab. Ein sechs Kilometer langer Weg verbindet die Rangerstation Kelly Creek in Cahuita mit der in Puerto Vargas.

Meeresschildkröten

Sie stammen aus der Zeit der Dinosaurier und haben sich in über 200 Millionen Jahren kaum verändert. Meeresschildkröten (Chelonidae) können mit ihren kräftigen, flossenähnlichen Extremitäten große Strecken zurücklegen. Sie durchqueren Ozeane, um zu fressen, sich zu paaren und Eier zu legen. Die Männchen verbringen ihr ganzes Leben im Meer. Die ausgewachsenen

Pflanzenbehältnis in Form einer Schildkröte

Weibchen kommen alle zwei bis drei Jahre für die Eiablage an Land. Der Strand, an dem sie im Abstand von einigen Wochen mehrmals Eier ablegen, ist meist derselbe, an dem sie selbst zur Welt kamen. Die Zahl der Besucher, die dieses Ereignis miterleben dürfen, ist begrenzt. Die Meeresschildkröten Costa Ricas sind weiterhin gefährdet, u. a. durch Wilderer.

SCHILDKRÖTENARTEN

Fünf der weltweit sieben Meeresschildkrötenarten legen ganzjährig an den Küsten Costa Ricas, vor allem an der Karibikküste, ihre Eier ab.

Die golfballgroßen Eier werden oft gestohlen.

Panzerartige Rückenschilde schützen das Tier.

Olive Bastardschildkröten *bilden die kleinste Meeresschildkrötenart. Sie legen ihre Eier gleichzeitig ab, oft kommen mehrere Zehntausend Weibchen zu den Playas Ostional und Nancite (siehe S. 141).*

Lederschildkröten *sind stark gefährdet. Die Männchen wiegen bis zu 905 Kilogramm – und sind somit die größten Reptilien der Welt. Die Weibchen legen ihre Eier an mehreren Stränden Costa Ricas ab, vor allem an der Playa Grande (siehe S. 136).*

Grüne Meeresschildkröten *(Suppenschildkröten) wurden im 19. Jahrhundert dezimiert. Heute ist Tortuguero ein Eiablegeplatz (siehe S. 167).*

Unechte Karettschildkröten *kommen in Costa Rica seltener vor. Sie bevorzugen die Karibikküste und sind im Parque Nacional Tortuguero heimisch.*

Art	Vorkommen	Eiablage
Grüne Meeresschildkröte	PN Tortuguero (K) Playa Grande (P)	Juni–Nov Mai–Aug
Echte Karettschildkröte	Gandoca-Manzanillo (K)	März–Aug
Lederschildkröte	Gandoca-Manzanillo (K) Playa Grande (P)	Feb–Apr Okt–Apr
Unechte Karettschildkröte	PN Tortuguero (K)	ganzjährig
Olive Bastardschildkröte	Playa Ostional und Playa Nancite (P)	Apr–Dez

K = Karibik, P = Pazifik

Echte Karettschildkröten *wurden wegen ihrer wunderschönen Panzer gejagt. Die Tiere sind nur etwa 92 Zentimeter groß. Man findet sie vor allem im Naturschutzgebiet Gandoca-Manzanillo (siehe S. 172).*

Puerto Viejo de Talamanca ⓫

Straßenkarte F3. 13 km südlich von Cahuita. 🏠 5000. 🚌 ℹ️ 2750-0191 (Talamanca Association for Ecotourism & Conservation/ATEC).

Puerto Viejo de Talamanca hat einen der besten Surfstrände der Region und ist bei Reisenden beliebt, die abseits ausgetretener Pfade unterwegs sind. Vor zehn Jahren war der Ort noch eine Ansammlung von Holzhütten, heute expandiert er. Trotz der Einführung der Elektrizität (1996) und gepflasterter Straßen (2001) hat in Puerto Viejo die moderne Hektik keinen Einzug gehalten.

Surfer testen hier zwischen Dezember und März ihre Fähigkeiten am Riff La Salsa Brava, an dem sich bis zu 6,50 Meter hohe Wellen brechen. Die palmengesäumte schwarze **Playa Negra** erstreckt sich gen Norden. Weiter nördlich bietet der **Finca la Isla Botanical Garden** auf gepflegten Wegen eine gute Möglichkeit zur Regenwalderkundung. Bromelien sind die »Spezialität« des fünf Hektar großen Gebiets, in dem auch exotische Früchte und Zierpflanzen wachsen (Broschüre erhältlich).

In Puerto Viejo gibt es einige der preiswertesten Unterkünfte in Costa Rica sowie zahlreiche abwechslungsreiche Restaurants. Die Freiluftbars und -discos erwachen

Detail einer Statue, Lodge in Puerto Viejo

am späten Abend zu überschäumendem Leben.

Umgebung: Die schönen Surfstrände **Playa Cocles**, **Playa Uva** und **Playa Chiquita** erstrecken sich südlich von Puerto Viejo bis nach Manzanillo. Die Küste säumen Hotels und *cabinas (siehe S. 197)*, dahinter erheben sich bewaldete Hügel. **Crazy Monkey Canopy Ride** bringt Mutige an Stahlseilen zwischen die Baumwipfel. Im **Mariposario** an der Playa Uva kann man Schmetterlinge bewundern. Öffentliche Verkehrsmittel sind hier rar, in Puerto Viejo kann man jedoch Fahrräder und Autos mieten.

🦋 **Finca la Isla Botanical Garden**
1 km nordwestlich von Puerto Viejo. 📞 2750-0046. ⏰ Fr–Mo 10–16 Uhr. 🅿️ 📷
http://greencoast.com/garden.htm
Crazy Monkey Canopy Ride
13 km südlich von Puerto Viejo. 📞 2271-3000. 🅿️ 📷 ⏰ tägl. 8, 14 Uhr. www.almondsandcorals.com

TUCUXÍ-DELFINE

Der seltene Tucuxí-Delfin *(Sotalia fluviatilis)* – auch als Amazonas-Sotalia bekannt – lebt in den Flüssen und Lagunen von Gandoca-Manzanillo. Die kleine

Tucuxí-Delfin

Spezies wird nur zwei Meter groß und ist von blaugrauer Farbe mit rosa Bauch und langer Schnauze. Die scheuen Tiere sieht man selten in der Nähe von Booten, dafür umso öfter in der Gesellschaft von Großen Tümmlern.

🦋 **Mariposario**
6 km südl. von Puerto Viejo.
📞 2750-0086. ⏰ tägl. 8–16 Uhr.
🅿️ 📷

Refugio Nacional de Vida Silvestre Gandoca-Manzanillo ⓬

Straßenkarte F4. 13 km südlich von Puerto Viejo. 📞 2759-9001. 🚌 ab Puerto Viejo de Talamanca. ⏰ tägl. 8–16 Uhr. 📷 🍴 🏊 🅰️

Gandoca-Manzanillo umfasst ein Mosaik an Lebensräumen. Das Reservat ist von Siedlungen durchsetzt, deren Einwohner im Einklang mit der Natur leben. Das 1985 gegründete, 83 Quadratkilometer große Schutzgebiet reicht bis ins Meer, wo es ein Korallenriff und 44 Quadratkilometer Lebensraum schützt, in dem Meeresschildkrötenarten leben. Der Naturschutzbund **Asociación ANAI** unterstützt ein Programm, bei dem Freiwillige bei der Erhaltung dieser Arten helfen können.

Der Strand des Refugio Nacional de Vida Silvestre Gandoca-Manzanillo

Hotels und Restaurants an der Karibikküste *siehe Seiten 214–216 und Seiten 235f*

An Land findet man Mangrovensümpfe, *Manicaria-saccifera*-Palmen, *Cativo*-Bäume und tropischen Regenwald voller Tiere. In den Flüssen und Lagunen leben Seekühe, Tucuxís sowie Haie, Fische und Hummer.

Ein Weg an der Küste und mehrere im Inneren des Landes – meist überwuchert und schlammig – bieten sagenhafte Möglichkeiten zur Tierbeobachtung, von Säugetieren über Vögel bis zu Amphibien und Reptilien. Der Küstenweg führt nach Punta Mona und zum **Punta Mona Center**, einer Bildungseinrichtung und Bio-Farm.

In einem Haus in der Reserva Indígena KeköLdi

Umgebung: Aquamor bietet Sport- und Schnorcheltauchen sowie Kajakfahrten und eine Tour zum Delfinbeobachten in das Gandoca-Manzanillo Wildlife Refuge. Auch mit der einheimischen Kooperative **Guias MANT** kann man geführte Touren in das Reservat sowie zum Angeln und Schnorcheln unternehmen.

Grüner Iguana, Reserva Indígena KeköLdi

Im Reservat befindet sich die von der ANAI geleitete, experimentelle **Finca Lomas**.

Asociación ANAI
Manzanillo. ☎ 2224-3570.
www.anaicr.org

Punta Mona Center
5 km südöstlich von Manzanillo.
☎ 2614-5735. ◷ tägl. 8–17 Uhr.
☷ ⛴ ⑪ http://puntamona.org

Aquamor
Manzanillo. ☎ 2759-9012.
◷ tägl. 7–18 Uhr. **www**.
greencoast.com/aquamor.htm

Guias MANT
Manzanillo. ☎ 2759-9064.
◷ tägl. 8–17 Uhr.

Reservate der Ureinwohner ⑬

Straßenkarte F4. 🚌 nach Bribri, dann mit dem Jeep-Taxi.
ℹ 750-0191 (ATEC).

Die Völker der Bribri und Cabécar bewohnen eine Reihe auseinandergerissener Reservate auf der Karibikseite der Talamanca-Berge. Sie leben in erster Linie von Agrarwirtschaft. Die beiden verwandten Gruppen konnten sich einen Großteil ihrer Kultur bewahren, etwa Dialekte, rituelle Tänze und schamanische Praktiken *(siehe S. 32f)*.

Am besten zugänglich ist die **Reserva Indígena KeköLdi**, die sich über 36 Quadratkilometer in den Hügeln südwestlich von Puerto Viejo erstreckt. Hier gibt es eine Farm, auf der Iguanas gezüchtet werden. Sie liegt in der Nähe von Hone Creek, 30 Gehminuten von Puerto Viejo. Weiter südlich, hinter dem regionalen Verwaltungszentrum Bribri, liegt die **Reserva Indígena Talamanca-Bribri**. Sie konzentriert sich um Shiroles, 18 Kilometer südwestlich von Bribri, und umfasst das Valle de Talamanca, ein breites Tal mit Bananenplantagen. Der **Albergue Finca Educativa Indígena** in Shiroles bietet Ausflüge ins Reservat an.

Von Bambú aus, zehn Kilometer westlich von Bribri, kann man per Kanu den Río Yorkín hinab zur **Reserva Indígena Yorkín** fahren. Die Besucher werden in traditionellen Unterkünften untergebracht und gewinnen einen faszinierenden Einblick in die Kultur der Ureinwohner.

Ein weiteres besuchenswertes Reservat, die **Reserva Indígena Talamanca-Cabécar**, erreicht man von Shiroles aus über unbefestigte Straßen durch das Tal des Río Coén. Die abgelegene Siedlung ist das wichtigste Zentrum des Schamanismus und der indianischen Kultur. Geführte Wanderungen und Übernachtungen in den Reservaten organisiert die Talamanca Association for Ecotourism and Conservation (ATEC) in Puerto Viejo de Talamanca. Für die Reisen in dieser Region brauchen Sie die Erlaubnis der ATEC. Der einzige Ort, den man ohne eine Genehmigung besichtigen kann, ist die Iguanafarm in der Reserva Indígena KeköLdi.

Albergue Finca Educativa Indígena
Shiroles. ☎ 8378-4181. ◷ nach Vereinbarung. ☷ ⑪ 🛏 📷 🍴

SCHAMANISMUS

Die Bribri und Cabécar glauben an eine von Geistern erfüllte Welt, in welcher der schamanische Heiler – der *awá* bei den Bribri und der *jawá* bei den Cabécar – die höchste Autorität der Gemeinde darstellt. Zu seinen Heilmitteln gehören magische Steine, *seteé* (Halsbänder), *uLú* (Heilstäbe) und zahlreiche Kräuter. Diese werden mit rituellem Gesang und Tanz angewendet, um eine Krankheit zu vertreiben oder den Frieden in der Gemeinde wiederherzustellen.

Rituelles Musikinstrument

Feder der Bribri

SÜDEN

Der abgelegene Süden des Landes ist die ideale Kulisse für zahlreiche Abenteuer – ob Surfen, Sportfischen, Bergwanderungen oder Tauchen inmitten von Hammerhaien. Im Dschungel finden sich präkolumbische Überreste und viele der interessantesten Tiere Costa Ricas, in den fernen Bergregionen die größten Siedlungen der Ureinwohner.

Die spanischen Eroberer kamen in das Land, um die Nomadenstämme der Chibchas und Diquis zu unterwerfen und nach Gold zu suchen – vergeblich. In der Kolonialzeit und danach blieb die Küstenregion isoliert und vernachlässigt. 1938 pflanzte die United Fruit Company Bananen quer durch die Täler des Sierpe und Coto-Colorado, die heute noch Haupteinnahmequelle der Gegend sind. Im Norden säumen die üppig bewaldeten Fila-Costanera-Berge die grauen Strände. Weiter südlich wird die Península de Osa regelmäßig durch schwere Regenfälle überschwemmt, die auch den smaragdgrünen Regenwald tränken. Die Halbinsel umschließt die ruhige Bucht des Golfo Dulce, in der Delfine und Wale leben und Sportfischer von Golfito aus auf Tour gehen. Vor der Bucht lockt die Isla del Caño, die von den präkolumbischen Völkern als heilig verehrt wurde und antike Grabstätten beherbergt. Artenreiches Meeresleben umgibt die unbewohnte Isla del Coco im Süden.

Die Talamanca-Berge im Nordosten erreichen mit dem Cerro Chirripó eine Höhe von 3820 Metern. Hier kämpfen die Boruca und Guaymí um das kulturelle Überleben, denn Abholzung und andere kommerzielle Interessen bedrohen sie. Die Berge bedeckt dichter Regenwald, in dem Jaguare, Tapire und andere gefährdete Arten leben. Zwischen den beiden Bergketten stellt das fruchtbare Valle de El General eine produktive landwirtschaftliche Anbaufläche dar.

Ein Wanderer vor den unendlichen Weiten des Parque Nacional Chirripó

◁ Schwarm einer amerikanischen Zanderart (»Walleye«) vor der Isla del Coco

Überblick: Süden

Die dschungelgesäumte Küste des Südens kann einige der schönsten Strände des Landes ihr Eigen nennen, darunter die bei Bahía Drake, Zancudo und dem Parque Nacional Marino Ballena. Dominical und Pavones sind bei Surfern sehr beliebt, Golfito bei Sportfischern. Insbesondere vor der Isla del Caño sammeln sich Wale und Delfine, in der Nähe der abgelegenen Isla del Coco können erfahrene Taucher mit Hammer- und Walhaien schwimmen. Entlang der Küste ziehen sich die Regenwälder des Parque Nacional Corcovado (auf der Península de Osa) sowie der weniger bekannten Reservate Terraba-Sierpe und Barú. Im Norden bietet der Chirripó abenteuerliche Gipfelwanderungen.

Kajakfahren in der Reserva Forestal del Humedal Nacional Terraba-Sierpe

LEGENDE

— Panamerikanischer Highway
— Schnellstraße
— Hauptstraße
— Nebenstraße
— Staatsgrenze
— Provinzgrenze
△ Gipfel

SEHENSWÜRDIGKEITEN AUF EINEN BLICK

Städte und Dörfer
Dominical **8**
Golfito **16**
Palmar **11**
Pavones **18**
San Isidro de El General **2**
Zancudo **17**

Nationalparks und Reservate
Parque Internacional La Amistad **5**

Parque Nacional Chirripó S. 180f **4**
Parque Nacional Isla del Coco **19**
Parque Nacional Marino Ballena **9**
Parque Nacional Piedras Blancas **15**
Refugio Nacional de Vida Silvestre Barú **7**
Reserva Biológica Isla del Caño **13**

Reserva Forestal del Humedal Nacional Terraba-Sierpe **12**

Natur
Cerro de la Muerte **1**
Las Cruces Biological Station **6**
Península de Osa S. 188–191 **14**
Valle del Río Chirripó **3**

Stätte der Ureinwohner
Reserva Indígena Boruca **10**

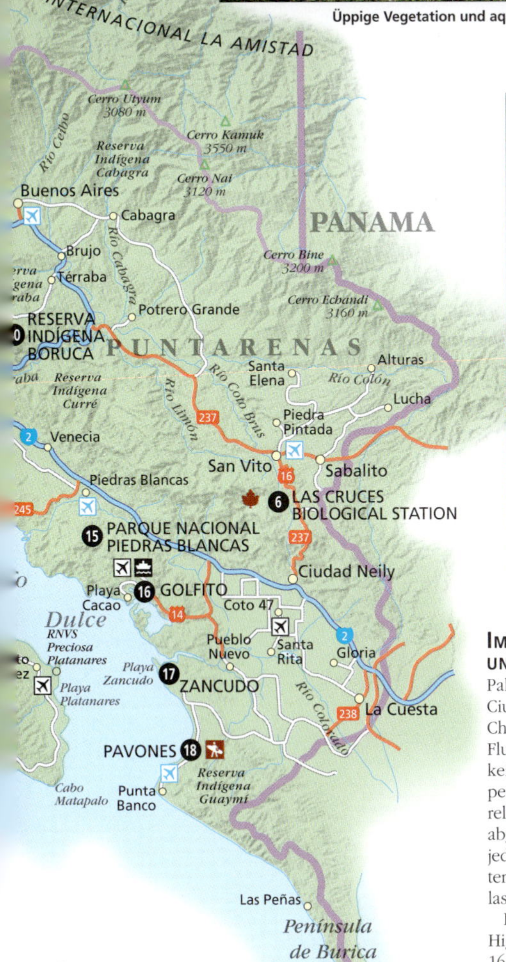
MÓN
Río Telire
Cerro Pumbeta
2440 m
5
Río Coén
PARQUE INTERNACIONAL LA AMISTAD
Cerro Utyum
3080 m
Río Ceibo
Reserva
Indígena
Cabagra
Cerro Kamuk
3550 m
Cerro Nai
3120 m
Buenos Aires
Cabagra
PANAMA
Brujo
Río Cabagra
Térraba
Cerro Bine
3200 m
Cerro Echandi
3160 m
Potrero Grande
RESERVA
INDÍGENA
BORUCA
PUNTARENAS
Santa
Elena
Alturas
Río Colón
Reserva
Indígena
Curré
Río Limón
Río Coto Brus
Lucha
Piedra
Pintada
237
2
Venecia
San Vito
Sabalito
16
Piedras Blancas
6
LAS CRUCES
BIOLOGICAL STATION
245
15
PARQUE NACIONAL
PIEDRAS BLANCAS
237
Ciudad Neily
Playa
Cacao
16
GOLFITO
Coto 47
14
Dulce
RNVS
Preciosa
Platanares
2
Pueblo
Nuevo
Santa
Rita
Gloria
Playa
Zancudo
17
ZANCUDO
Playa
Platanares
Río Colorado
238
La Cuesta
PAVONES
18
Reserva
Indígena
Guaymí
Cabo
Matapalo
Punta
Banco

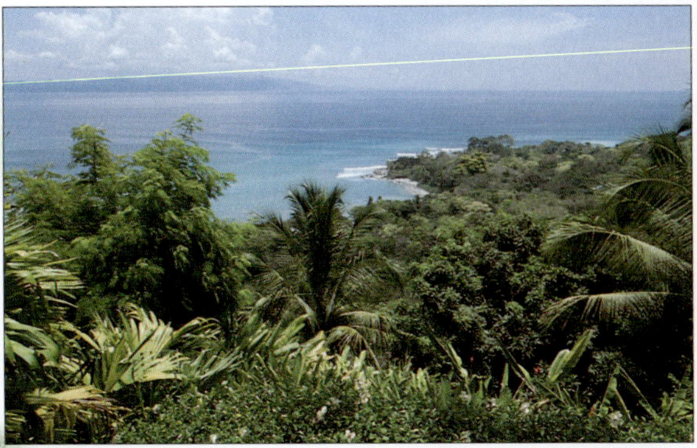

Üppige Vegetation und aquamarinblaues Wasser in der Bahía Drake

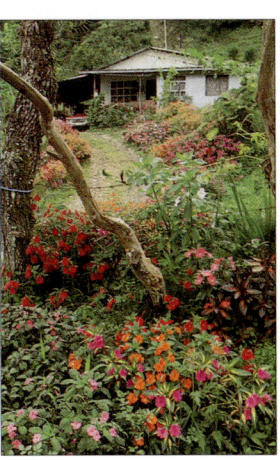

Farbenprächtige Blüten in der Nähe des Parque Nacional Chirripó

Im Süden Costa Ricas unterwegs

Palmar, Puerto Jiménez, Golfito und Ciudad Neily haben Inlandsflughäfen, Charterflüge gibt es auch zu kleineren Flugplätzen. Die Hauptsehenswürdigkeiten erreicht man von San José aus per Langstreckenbus. Busse sind generell Hauptverkehrsmittel der Region, für abgelegenere Attraktionen braucht man jedoch ein Jeep-Taxi oder die preiswerten, da unbequemen *colectivos* (Kleinlaster mit Ladefläche).

Highway 2 (der Panamerikanische Highway) ist befestigt, ebenso Highway 16 durch das Valle de Coto Brus. Die übrigen Straßen sind nach schwerem Regen kaum befahrbar. Viele Lodges auf der Halbinsel Osa und am Golfo Dulce erreicht man nur mit dem Wassertaxi.

Las Peñas

Península de Burica

Siehe auch

- ***Hotels*** S. 216–219
- ***Restaurants*** S. 236f

Eine Straße schlängelt sich durch das Tal des Cerro de la Muerte

Cerro de la Muerte ❶

Straßenkarte D4. 50 km südlich von Cartago. 🚌 *San José–San Isidro.*

Eigentlicher Name des Berges ist Cerro Buenavista – »Berg des Todes« heißt er im Volksmund im Gedenken an die vielen Bauern, die auf dem Weg nach San José starben, wohin sie ihre Waren bringen wollten. Heute führt der Panamerikanische Highway über das Gebirge. Der Highway verbindet San José mit dem Valle de El General und verläuft unterhalb des eigentlichen Gipfels (3500 m). Dort wächst der Anden-*páramo*, eine verkümmerte Grasart, die sich an die kalten, sumpfigen Bedingungen angepasst hat. An klaren Tagen bietet sich eine atemberaubende Sicht.

Die **Príncipe de la Paz**, eine zehn Meter hohe Christusstatue etwa vier Kilometer von San Isidro entfernt, überblickt die Straße, die vom Cerro de la Muerte herabführt. Am Sockel der Statue treffen sich die Einheimischen für Picknicks. Man kann auf die Statue klettern und durch ihre Augen hinausspähen. Der costa-ricanische Bildhauer Francisco Ulloa schuf sie 1979 als Symbol des Friedens, während in Nicaragua der Bürgerkrieg tobte.

Dieser Abschnitt des Panamerikanischen Highway ist sehr gefährlich – meiden Sie ihn nachts.

San Isidro de El General ❷

Straßenkarte E4. 82 km südlich von Cartago. 🏚 *41 200.* 🚌
ℹ *Selva Mar, Calle 1 und Aves 2/4, 2771-4582.* 🎭 *Día de San Isidro Labrador (15. Mai).*

Der friedliche Marktflecken San Isidro de El General am Fuß des Cerro de la Muerte ist Verwaltungszentrum des Valle de El General. Hier kann man tanken. Der Ort eignet sich als bequemer Ausgangspunkt zum Erkunden des Nationalparks Chirripó sowie des Parque Internacional La Amistad.

Einzige Sehenswürdigkeit der Stadt ist die moderne Betonkathedrale. Sie wurde im Jahr 1967 erbaut und steht auf der Ostseite des Hauptplatzes mit ihren Buntglasfenstern und dem einfachen Altar, der von einem Wandgemälde des Schutzheiligen San Isidro Labrador beherrscht wird.

Umgebung: Vogelliebhaber sollten keinesfalls das **Los Cusingos Neotropical Bird Sanctuary** versäumen. Das vom Tropeninstitut verwaltete, 142 Hektar große Zentrum wurde von dem US-amerikanischen Ornithologen Dr. Alexander Skutch (1904–2004) gegründet, Koautor des Standardwerks *Birds of Costa Rica*. In dem Schutzgebiet wurden bislang über 300 Vogelarten gesichtet. Beachtenswert in diesem Naturrefugium sind darüber hinaus indianische Petroglyphen, Steinzeichnungen, die den Boden bedecken.

Die auffällig moderne Kathedrale von San Isidro de El General

✈ Los Cusingos Neotropical Bird Sanctuary
Quizarrá de Pérez Zeledón, 14 km südöstlich von San Isidro. ℹ *2200-5472 (Tropeninstitut).* 🕐 *tägl. 7–16 Uhr (So bis 13 Uhr), nach Vereinbarung.* ♿ 🎞 🖼

Kunstwerke im Museo el Pelicano, Valle del Río Chirripó

Valle del Río Chirripó ❸

Straßenkarte E4. 10 km östlich von San Isidro. 🚌 *ab San Isidro.*

Der reißende Río Chirripó trennt das Tal von den Talamanca-Bergen. In seinem Wasser tummeln sich Forellen, die Stromschnellen lassen das Herz jedes Kajakfahrers höherschlagen. Halten Sie unbedingt an der Obst- und Kaffee-*finca* **Rancho La Botija** (siehe S. 219) an, zu deren Attraktionen eine antike *trapiche* (Zuckerrohrmühle), ein Restaurant und Übernachtungsmöglichkeiten gehören. Auf der **Piedra de los Indios** (Stein der Indianer) ganz in der Nähe finden sich präkolumbische Steinfiguren und moderne Graffiti.

Je weiter sich die Straße nach **San Gerardo de Rivas** hinaufwindet, desto spektakulärer und alpiner wird die Landschaft. Der Ort liegt an einer Schlucht am Eingang zum Parque Nacional Chirripó. Das nahe gelegene **Museo el Pelicano** stellt Stein- und Holzarbeiten des Kaffeefarmers Rafael Elizondo Basulta aus. In der Nähe wartet **Aguas Termales** mit natürlichen öffentlichen Thermalbecken in der kühlen Bergluft.

Vielfältigste Pflanzen im Chirripó Cloudbridge Reserve

Ein steiler Pfad führt am Cerro Chirripó vorbei zum privaten Naturschutzgebiet **Chirripó Cloudbridge Reserve**, in dem man die nur hier heimische Papageienschlange sehen kann. Außerdem gibt es schöne Wanderwege.

🏛 Museo el Pelicano
Canaan, 16 km östlich von San Isidro. 390-4194.

Aguas Termales
0,8 km nordwestlich von San Gerardo. 2742-5210.
🕘 tägl. 7–18 Uhr.

Chirripó Cloudbridge Reserve
San Gerardo de Rivas, 20 km östlich von San Isidro. 771-1866.
🕘 tägl. 8–16 Uhr.

Parque Nacional Chirripó ❹

Siehe S. 180f.

Parque Internacional La Amistad ❺

Straßenkarte F4. nach Guácimo, 107 km südöstlich von San Isidro, dann mit dem Jeep-Taxi. Estación Altamira, HQ, 50 km südöstlich von Buenos Aires, 730-0846.
🕘 tägl. 8–16 Uhr.

Der »Park der internationalen Freundschaft« erstreckt sich bis nach Panama und bildet zusammen mit anderen Schutzgebieten das Biosphären-Reservat Reserva de la Biosfera La Amistad. Es bedeckt 1750 Quadratkilometer der zerklüfteten Talamanca-Berge in Höhen von 150 bis

3550 Meter auf dem Cerro Kamuk. Der riesige Park umfasst acht Lebensräume vom niedergebirgigen Regenwald bis zu gebirgig-sumpfigem Weideland. Unter den vielfältigen Tierspezies befinden sich fünf Wildkatzenarten sowie die Harpyie.

Mit Genehmigung und Führer können erfahrene Wanderer die Talamanca-Berge auf einem Pfad überqueren, der in Buenos Aires, 61 Kilometer südöstlich von San Isidro, beginnt und zur Reserva Indígena Talamanca-Cabécar (siehe S. 173) führt. Die Haupt-Rangerstation, eine Herberge und eine Ökologieausstellung findet man am Eingang **Estación Altamira** (nur mit Allradantrieb).

Umgebung: Östlich von Buenos Aires liegt das neun Quadratkilometer große Waldschutzgebiet **Reserva Biológica Dúrika**, eine autarke ganzheitliche Gemeinde. ngeboten werden geführte Wanderungen, vegetarische Kost und rustikale Unterkünfte. Hinter dem Hügeldorf San Vito liegt

die **La Amistad Lodge** (siehe S. 218), ein guter Ausgangspunkt, um die südlichen Talamanca-Berge zu erkunden. Die gemütliche Lodge ist Teil einer Vieh- und Bio-Kaffeefarm und bietet Zugang zur Zona Protectora Las Tablas. Man kann Ausritte und Ausflüge zur Vogelbeobachtung unternehmen.

Reserva Biológica Dúrika
18 km nördlich von Buenos Aires.
2730-0657.
www.durika.org

Las Cruces Biological Station ❻

Straßenkarte F5. 6 km südlich von San Vito. 2773-4004.
San Vito– Ciudad Neily.
🕘 tägl. 8–17 Uhr.
www.ots.ac.cr

Las Cruces ist eines der weltweit führenden Tropenforschungs- und -bildungszentren. Es untersteht der Organization of Tropical Studies (OTS). Das Zentrum ist von einem 235 Hektar großen Wald mit mittlerer Höhe umgeben, in dem viele Vogel- und Säugetierarten auf insgesamt zehn Kilometer langen Wegen zu beobachten sind. Nebel nährt die vielfältigen Farne, Palmen, Bromelien und

Farne in der Las Cruces Biological Station

Orchideen der zehn Hektar großen **Wilson Botanical Gardens**, die der anerkannte brasilianische Landschaftsarchitekt Roberto Burle-Marx entworfen hat. Sogar bei Regen ist die Farbenpracht unglaublich. In zahlreichen Gewächshäusern werden tropische Pflanzen gezüchtet.

SAGENUMWOBENER QUETZAL

In Costa Rica ist einer der schönsten aller tropischen Vögel heimisch: der Quetzal (siehe S. 26). Das Männchen hat ein schillernd grünes Gefieder mit scharlachroter Brust und 60 Zentimeter langen Schwanzfedern. Das Weibchen ist weniger prächtig. Präkolumbische Völker verehrten den Vogel als Reinkarnation von Quetzalcoatl, dem gefiederten Schlangengott. Die in Ritualen verwendeten Schwanzfedern waren für sie wertvoller als Gold. Nur Würdenträger und Priester durften sie tragen.

Der prächtige Quetzal

Parque Nacional Chirripó ❹

**Rot-
schwanz-
bussard**

Costa Ricas höchster Berg, der Cerro Chirripó (3820 m), liegt in dem 502 Quadratkilometer großen Nationalpark Chirripó. Er ist Teil des Amistad-Reservats und umfasst mit seinem zerklüfteten Terrain drei von Menschen weitgehend unberührte Lebensräume voller Tiere. Hier finden sich 60 Prozent aller Tierspezies des Landes, darunter alle sechs Wildkatzenarten *(siehe S. 113)* und viele andere, nur hier heimische Arten von Flora und Fauna. Gletscherbewegungen vor etwa 35000 Jahren formten kleine, u-förmige Täler und hinterließen Moränen. Wandern kann man am besten im Frühling, doch das Wetter ist mit Nebel und Regen immer unberechenbar.

COSTA RICA

Süden

PAZIFISCHER OZEAN

LEGENDE

◻ Parque Nacional Chirripó

◻ Dargestellte Gegend

Nebelwald
Die Wälder oberhalb 2500 Meter sind fast immer in Nebel gehüllt und von kleinen Heidelbeersträuchern mit Epiphyten und Flechten gekennzeichnet. Affen und Quetzals sieht man hier oft.

Die Rangerstation in San Gerardo de Rivas verkauft Wanderkarten. Die Besucher müssen sich hier vor Beginn der Wanderung melden.

Der Sendero Termómetro führt in den Nebelwald und ist einer der steilsten Abschnitte der Strecke.

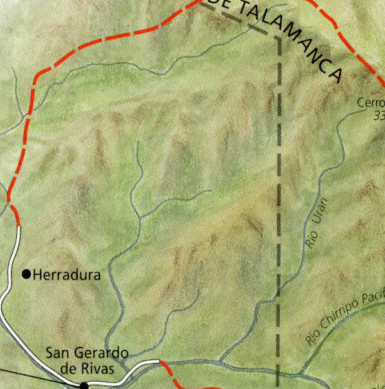

CORDILLERA DE TALAMANCA

Cerro Uran
3320 m

Río Uran

Río Blanco

●Herradura

Río Chirripó Pacífico

San Gerardo
de Rivas

Río Bos

Río Chirripó

SAN ISIDRO
DE EL GENERAL

Refugio
Llano Bonito

WANDERN IM PARK

Die meisten Besucher wandern auf einem gut markierten Weg zum Chirripó. Der 32 Kilometer lange Weg führt ab San Gerardo de Rivas 2500 Meter hoch. Die Tour dauert zwei Tage (Übernachtung auf dem Gipfel), in San Gerardo gibt es Führer. Von Herradura aus gelangt man über den Cerro Uran zum Gipfel.

Wanderer, Parque Nacional Chirripó

LEGENDE

═ Straße

▬ Parkgrenze

▬ Wanderweg

❅ Aussichtspunkt

ℹ Information

△ Gipfel

Lago San Juan, Parque Nacional Chirripó

INFOBOX

Straßenkarte E4. 19 km nord-
östlich von San Isidro de El Ge-
neral. 🚌 nach San Gerardo de
Rivas, 3 km vom Park entfernt.
🛈 Rangerstation, San Gerardo
de Rivas; 2771-3155 (Parkbüro,
San Isidro de El General).
🕐 tägl. 7.30–17 Uhr; nach
Vereinbarung. Nicht mehr als
40 Besucher gleichzeitig erlaubt.
⬤ Mai. 📷 🎫 obligatorisch.
🖎 Reservierung erforderlich.

0 Kilometer   2

Cerro Chirripó

*An klaren Tagen ist die Sicht hier
rundum atemberaubend.
Wanderer übernachten
meist im Centro Ambi-
entalista El Páramo
und machen sich früh
am nächsten Morgen
bereit für den letzten
Anstieg zum Gipfel
(90 Minuten).*

Valle de las
Morrenas

Cerro Cupula
3700 m

Cerro Nido
3760

Cerro Laguna
3760 m

Laguna Los
Morrenas

Lago Roja

Cerro Truncado
3680 m

Lago
San Juan

Cerro Chirripó
3820 m

Río Ventisqueros
3700 m

Cerro Nuevo
3710 m

Cerro Piramide
3810 m

Lago Ditkevi

Valle de
Los Conejos

Pico Noreste
3740 m

Cerro Páramo
3810 m

Tapire

*Im Park gibt es die größte
Tapirpopulation des Lan-
des. Am Lago San Juan,
westlich des Gipfels, kann
man oft den Mittelameri-
kanischen Tapir sehen.*

Das Valle de los Conejos
(Kaninchental) ist sumpfig
und voller Wildkaninchen.
Hier brach 1992 ein ver-
heerendes Feuer aus.

**Das Centro Ambientalista El
Páramo** ist die einzige Unterkunft
in den Bergen. Hier können bis zu
40 Besucher in Kojen schlafen.
Es gibt eine mit Sonnenenergie
betriebene Gemeinschaftsküche,
und man kann Schlafsäcke, Decken
und Öfen mieten.

onte Sin Fe
3200 m

Cerro Crestones
3720 m

Cerro Terbi
3760 m

Río Talari

Río Terbi

Cerro Amo
3400 m

**Die Sabana de los
Leones** (Löwensavanne)
ist nach den Pumas be-
nannt, die häufig hier-
herkommen.

Den Monte Sin Fe
(Berg ohne Glauben)
erreicht man über
einen steilen Aufstieg
(La Cuesta del Agua).

Los Crestones

*Am Ende eines steilen, zwei Kilo-
meter langen Aufstiegs
namens La Cuesta de los
Arrepentidos stehen
spektakuläre Felsfor-
mationen, die von
präkolumbischen
Völkern als heilig
verehrt wurden.*

Von Baum zu Baum im Refugio Nacional de Vida Silvestre Barú

Refugio Nacional de Vida Silvestre Barú ❼

Straßenkarte D4. 3 km nördlich von Dominical. 2787-0003. Dominical–Quepos. tägl. 7–17.30 Uhr. www.haciendabaru.com

Die 330 Hektar große ehemalige Viehranch und Kakaoplantage umfasst mehrere Lebensräume, u. a. einen drei Kilometer langen Strand, an dem Meeresschildkröten ihre Eier ablegen. Die Eier werden eingesammelt und zur Auswilderung ausgebrütet. In Barú gibt es über 310 Vogel- und mehrere Säugetierarten wie z. B. Jaguarundis und Kinkajous. Zudem sind ein Schmetterlings- und Orchideengarten, geführte Waldausflüge, Kanufahrten, Wanderungen, Ausritte und Übernachtungen in den Baumkronen im Angebot.

Dominical ❽

Straßenkarte D4. 29 km südwestlich von San Isidro. 1400.

Als ultimatives Ziel jedes Surfers lebt dieser Ort in erster Linie von Rucksackreisenden. Der lange braune Strand erstreckt sich südlich von der Mündung des Río Barú aus bis zu dem Fischerdorf Dominicalito. Erfahrene Surfer fühlen sich von dem Strand, dem Riff und den Wellen der Flussmündung angezogen, doch auch diese sollten sich vor der reißenden Strömung dort in Acht nehmen.

Umgebung: Die dicht bewaldeten Berge südlich von Dominical, die Fila Costanera, heißen auch **Escaleras** (Treppen). Hier bietet die **Bella Vista Lodge** (siehe S. 217) Ausritte und Unterkünfte in Hütten mit wunderbarer Aussicht an. Auf der kleinen Obstfarm **Reserva Biológica La Danta** in der Nähe kann man Vögel beobachten, herzhafte *Campesino*-Kost genießen und in einer durch Feuer aufgeheizten Badewanne am Fluss baden.

Highway 243 führt durch das Tal des Río Barú von Dominical nach San Isidro. Veranstalter bieten Ausflüge zu **Las Cascadas Nauyaca** an, einem spektakulären Wasserfall, den man über einen sechs Kilometer langen Weg vom Highway aus erreicht. Der **Parque Reptilandia** zeigt Dutzende Schlangen und andere Reptilienarten.

🦥 **Reserva Biológica La Danta**
Escaleras, 5 km südöstlich von Dominical. 8396-6206. nach Voranmeldung.

🍴 **Las Cascadas Nauyaca**
Platanillo, 10 km östl. von Dominical. 2787-8013. 8, 14 Uhr.

🐍 **Parque Reptilandia**
Platanillo. 2787-8007. tägl. 9–21.30 Uhr.

Parque Nacional Marino Ballena ❾

Straßenkarte D4. 18 km südlich von Dominical. 2786-5392. ab Dominical. tägl. 6–18 Uhr. www.sinac.go.cr

Der zum Schutz des größten Korallenriffs Costa Ricas gegründete Nationalpark erstreckt sich über 13 Kilometer entlang der Bahía de Coronado und 14 Kilometer ins Meer hinaus. Er ist nach den Walen benannt, die sich während der Trockenzeit zwischen Dezember und April in den warmen Gewässern paaren.

Zum Park gehören **Las Tres Hermanas** und die **Isla Ballena**, wichtige Nistplätze für Fregattvögel, Brauntölpel und Pelikane. In der Regenzeit legen die Echte Karett- und die Olive Bastardschildkröte am ruhigen Palmenstrand ihre Eier ab. Kajak- und Tauchtouren sind möglich.

Umgebung: Das nördlich gelegene **Refugio Nacional de Vida Silvestre Rancho Merced** ist Naturschutzgebiet und Cowboyparadies in einem. Die familiengeführte Farm **Reserva Biológica Oro Verde** in den Fila-Tinamaste-Bergen ist für ihre Vogelvielfalt bekannt. Zur Erkundung der Gegend bieten sich **Tortuga Abajo** und **Ojochal** an. Ojochal hat zwei ordentliche Restaurants.

Nachhaltig arbeitet **La Cusinga Lodge**. Sie bietet eine faszinierende Tierwelt auf ihren Pfaden.

Schild des RNVS Rancho Merced

🐄 **Refugio Nacional de Vida Silvestre Rancho Merced**
Uvita, 18 km südlich von Dominical. 2771-4582. www.rancholamerced.com

🐦 **Reserva Biológica Oro Verde**
3 km nordöstlich von Uvita. 743-8072. www. costarica-birding-oroverde.com

🏨 **La Cusinga Lodge**
5 km südlich der Uvita-Brücke, zwischen km 166 und km 167. 2770-2549. www.lacusingalodge.com

Surfer an einem Strand bei Dominical

Hotels und Restaurants im Süden siehe Seiten 216–219 und Seiten 236f

Tropische Pflanzen

Ganz Costa Rica ist ein Gewächshaus von ungeheurer Vielfalt. Es gibt über 15000 bekannte Pflanzenarten, darunter allein 800 Farne. In den warmen und feuchten Regionen gedeihen Blumenrohr, Tempelbäume und Begonien sowie Bromelien und andere Epiphyten. In den ausgedörrten Tiefebenen finden sich Kakteen, in

größeren Höhen Zwergwälder sowie rosa, weiß und lila blühendes Springkraut. Die tropischen Wälder werden ebenfalls von blühenden Bäumen bunt gefärbt: Der Flammenbaum ist leuchtend zinnoberrot, die violettblauen, glockenförmigen Blüten des Palisanderbaums bedecken im Frühling geradezu teppichartig die Erde.

Orchideenblüte

Helikonien *haben ungewöhnliche Deckblätter. Die Geschnäbelte Helikonie* (rechts) *z.B. ist rot und gelb gefärbt. Die 30 in Costa Rica heimischen Helikonienarten gedeihen in feuchten Gegenden.*

Die Deckblätter sitzen auf riesigen Stängeln, die bis zu acht Meter hoch werden können.

Die großen Blätter sind typisch für die Helikonie, die mit der Banane verwandt ist.

Passionsblumen *sondern einen fauligen Geruch ab, um Bestäuber wie den Passionsblumenfalter anzulocken.*

Die Pfeifenwinde *(Aristolochia) riecht nach verrottendem Fleisch. Der »Duft« ist für Bestäuber – in erster Linie Fliegen – unwiderstehlich.*

Anthurien *haben charakteristisch herzförmige Blätter, die in Rot, Weiß oder Grüntönen leuchten.*

Schmetterlingslilien *haben hyazinthartige, nektarreiche Blüten. Die auch als Zierpflanzen beliebten Gewächse stammen aus Asien.*

Bromelien *sammeln Wasser in ihren dicken, fleischigen Blättern. Hier bleibt auch organischer Abfall liegen, der die Pflanze nährt und sie damit zu einem autarken Ökosystem macht.*

Paradiesvogelblumen *(Strelitzien) verdanken ihren Namen den hellorangefarbenen Kelch- und blauen Blütenblättern, die von der Seite betrachtet wie ein Vogelkopf wirken.*

ORCHIDEEN

In Costa Rica wachsen mehr als 1400 Orchideenarten. Die meisten Arten finden sich auf mittlerer Höhe unterhalb von 1830 Metern. Ihre Blütenblätter sind zwischen einem Millimeter *(Platystele jungermannioides)* und einem Meter lang. Alle Arten sind mit drei Blüten- und drei Kelchblättern ausgestattet. Einige haben ganz erstaunliche »Tricks« entwickelt, um Bestäuber anzuziehen: Die Blütenzeichnungen bei einigen Orchideenarten sind z.B. nur für Insekten sichtbar, die ultraviolettes Licht sehen können.

Detail eines Wandgemäldes mit Orchideen

Reserva Indígena Boruca ❿

Straßenkarte E5. 35 km südwestlich von Buenos Aires. 🚌 *ab Buenos Aires.* 🎭 *Fiesta de los Diablitos (31. Dez – 2. Jan).*

Dies ist eines von mehreren Reservaten der Ureinwohner (Boruca und Bribri) in den Bergen um das Valle de El General. Das in den Fila-Sinancra-Bergen liegende Reservat ist für die Fiesta de los Diablitos, die geschnitzten *jícaras* (Gefäße) und *mascaras* (Masken) aus Balsaholz bekannt. Die Frauen weben Schals auf traditionellen Webstühlen. Die Fahrt nach **Boruca** bietet einen großartigen Blick auf die Schlucht des Río Terraba. Im **Museo Comunitario Boruca** sind Ausstellungsstücke zur Kultur der Region zu sehen.

Die Reservate **Indígena Terraba** und **Indígena Curré** grenzen direkt ans Boruca-Reservat. In die Heimat der Bribri, **Reserva Indígena Cabagra**, gelangt man von Brujo aus, elf Kilometer südöstlich von Buenos Aires. Da sich die Besucher zunehmend für die Kultur der Ureinwohner interessieren, sind immer mehr Reservate zugänglich.

🏛 **Museo Comunitario Boruca**
Boruca, 40 km südwestlich von Buenos Aires. 📞 *2730-1673.* 🕐 *nach Vereinbarung.* 📷

Palmar ⓫

Straßenkarte E5. 125 km südöstlich von San Isidro de El General. 🚶 *9900.* ✈ 🍴

Im Tal des Río Terraba zwischen Costanera Sur und dem Panamerikanischen Highway liegt Palmar, das Dienstleistungszentrum der Region. Der Río Terraba fließt gen Westen durch das breite Valle de Diquis. Präkolumbische *esferas de piedra* (Steinkugeln) und eine alte Dampflok stehen auf dem Hauptplatz von Palmar Sur. Palmar Norte ist das moderne Viertel der Stadt.

In der Reserva Forestal del Humedal Nacional Terraba-Sierpe

Reserva Forestal del Humedal Nacional Terraba-Sierpe ⓬

Straßenkarte E5. 18 km westlich von Palmar. 🚤 ℹ *2788-1212 (Tours Gaviota de Osa).* **www.tourcorcovado.com**

Terraba-Sierpe wurde geschaffen, um den größten Mangrovenwald und -sumpf des Landes zu schützen. Das Feuchtgebiet bedeckt eine Fläche von 220 Quadratkilometern zwischen den Flussdeltas des Sierpe und des Terraba. Unzählige Kanäle durchziehen dieses lebenswichtige Ökosystem an 40 Kilometern Küste.

Besucher, die sich per Kajak durch die ruhigen Kanäle bewegen, können viele Tiere sehen, u. a. Basilisken, Iguanas, Krokodile und Kaimane sowie zahlreiche Affen, Nasen- und Krabbenwaschbären. Auch Ornithologen kommen auf ihre Kosten. Boots- und Kajaktouren werden von Sierpe aus, 14 Kilometer südlich von Palmar, angeboten.

Reserva Biológica Isla del Caño ⓭

Straßenkarte D5. 19 km westlich von Bahía Drake. ℹ *2735-5580 (PN Corcovado).* 🚤 *Touren ab Bahía Drake, Manuel Antonio und Dominical.* 🕐 *tägl. 8–16 Uhr.* 📷 **www.sinac.go.cr**

Die 325 Hektar große, unbewohnte Isla del Caño entstand durch tektonische Kräfte. 1976 wurde sie zusammen mit 26 Quadratkilometern Meer zum Naturschutzgebiet erklärt. Verwaltungstechnisch gehört sie zum Parque Nacional Corcovado *(siehe S. 191).* Präkolumbische Diquis-Völker verehrten sie in der Vergangenheit als heilig.

Die korallenfarbenen Strände eignen sich hervorragend zum Sonnenbaden. Die Riffe wimmeln vor Hummern und Fischen, und draußen tummeln sich Delfine, Wale und Mantarochen. In bestimmten Bereichen darf man auch tauchen *(siehe S. 252).* Mit etwas Glück sieht man Füchse, Brauntölpel und Fischadler.

Auf dem Weg von der Rangerhütte am Strand zu einem Aussichtspunkt stehen von Flechten überwucherte präkolumbische Gräber und *esferas* (Steinkugeln). Der Weg führt weiter an einer Maulbeerbaumart *(Brosimum utile)* vorbei, deren milchiges Harz man trinken kann. Übernachten darf man auf der Insel nicht.

Lodges im Bahía-Drake-Gebiet *(siehe S. 190)* bieten Tagesausflüge und Tauchen.

FIESTA DE LOS DIABLITOS

Am 31. Dezember, genau um Mitternacht, versammeln sich die Boruca, um den Krieg ihrer Vorfahren gegen die spanischen Eroberer nachzustellen. Auf das Signal einer Meeresmuschel hin verfolgen Männer in Teufelsmasken ein als Stier verkleidetes Stammesmitglied. Die *diablitos* trinken *chicha* (Maisbier) und spielen kleine Szenen. Nach drei Tagen wird der Stier symbolisch getötet und der Stamm von den Unterdrückern befreit.

Boruca mit Teufelsmasken

Hotels und Restaurants im Süden *siehe Seiten 216 – 219 und Seiten 236f*

Mangrovenküsten

An Costa Ricas Küsten finden sich mindestens vier der weltweit 65 Mangrovenarten, u. a. die schwarze, rote, weiße sowie die Knopfmangrove. Die Holzgewächse haben eine hohe Salztoleranz (Halophyten) und bilden sumpfige Wälder in Überschwemmungsgebieten. Für das Ökosystem des Meeres sind sie von lebenswichtiger Bedeutung. Sie bieten unzähligen Tierarten Schutz. Die verzweigten Wurzeln schwächen die Wellen ab und verhindern somit die Erosion der Küste. Zudem filtern sie aus den Flüssen Schlick, der sich als Landzunge ins Meer erstreckt. Das fragile System ist durch die Entwicklung an den Küsten bedroht und wird nun u. a. durch das Terraba-Sierpe-Reservat geschützt.

Mangrovenkrabbe

AUSGEKLÜGELTES ÖKOSYSTEM

Mangroven wachsen in kompaktem Schlamm mit nur wenig Sauerstoff. Nährstoffe bekommen sie über abgestorbene Pflanzen an der Wasseroberfläche. Deshalb bilden viele Mangroven Stelzwurzeln, die über dem Wasser Sauerstoff aufnehmen.

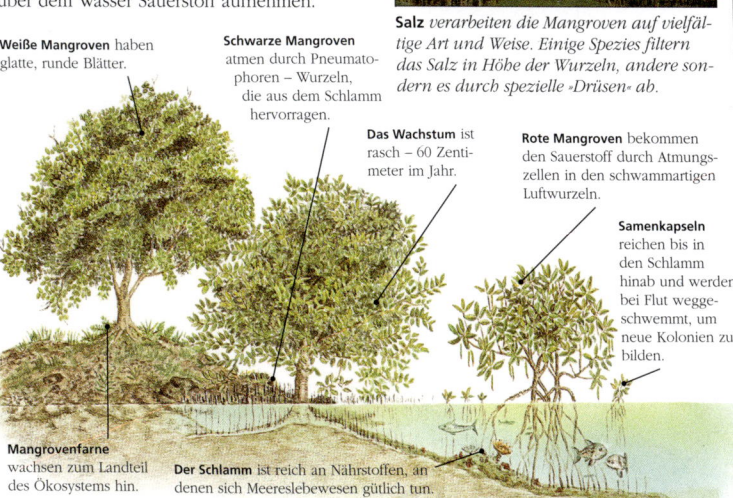

Salz verarbeiten die Mangroven auf vielfältige Art und Weise. Einige Spezies filtern das Salz in Höhe der Wurzeln, andere sondern es durch spezielle »Drüsen« ab.

Weiße Mangroven haben glatte, runde Blätter.

Schwarze Mangroven atmen durch Pneumatophoren – Wurzeln, die aus dem Schlamm hervorragen.

Das Wachstum ist rasch – 60 Zentimeter im Jahr.

Rote Mangroven bekommen den Sauerstoff durch Atmungszellen in den schwammartigen Luftwurzeln.

Samenkapseln reichen bis in den Schlamm hinab und werden bei Flut weggeschwemmt, um neue Kolonien zu bilden.

Mangrovenfarne wachsen zum Landteil des Ökosystems hin.

Der Schlamm ist reich an Nährstoffen, an denen sich Meereslebewesen gütlich tun.

ARTENREICHER LEBENSRAUM

Die Mikroorganismen in dem nährstoffreichen Schlamm ermöglichen die Entwicklung größerer Lebewesen wie Krabben und anderer Krustentiere. Diese wiederum ziehen Säugetiere, Reptilien und Vögel an.

Unterseeische Lebensräume *für Austern, Schwämme und Fische wie Haie und Stachelrochen entstehen in dem gerbsäurehaltigen Gewässer. Die Wurzeln schützen Baby-Kaimane und -Krokodile vor Feinden.*

Größere Spezies *wie Waschbären, Kojoten, Schlangen und Wasservögel suchen nach kleinen Leguanen und Krabben.*

Vögel *wie Fregattvögel, Pelikane und der nur hier heimische Goldwaldsänger haben in den Mangrovenwipfeln ihre Schlafplätze.*

Península de Osa ⑭

Die abgelegene Halbinsel ist an drei Seiten vom warmen Wasser des Pazifiks umgeben und schmiegt sich an der vierten Seite an den Golfo Dulce. Die Península de Osa war ein Zentrum der präkolumbischen Diquis-Kultur, deren Goldschmiedekünste die spanischen Eroberer auf der vergeblichen Suche nach Minen anlockten. Das zerklüftete Gebiet ist ganzjährig von schweren Regenfällen überschwemmt. Es ist weitgehend unbewohnt, durch den dichten Regenwald führen kaum Wege. Etwa die Hälfte der Halbinsel gehört zum Parque Nacional Corcovado, dem größten der Parks und Reservate, die das Schutzgebiet Corcovado bilden. Abenteurer werden mit einer fantastischen Wildnis belohnt, in der zahlreiche Tiere leben.

Roter Ara

Bahía Drake
Hier kann man vor atemberaubender Kulisse tauchen und fischen. Zentrum der Gegend ist das kleine Dorf Agujitas (siehe S. 190).

Playa San Josecito
Der wunderschön goldene Strand mit Unterkünften wird von Regenwald gesäumt. Zugang hat man per Boot oder Wanderweg.

Das Refugio Nacional de Vida Silvestre Punta Río Claro liegt landeinwärts von Punta Marenco und schützt über 400 Vogelspezies, vier Affenarten und ein an Corcovado *(siehe S. 190)* grenzendes Regenwaldgebiet.

0 Kilometer   5

Cerro Chocuaco 650 m

RESERVA FORESTAL GOLFO DULCE

Laguna Chocuaco

Bahía Drake

Playa Caletas
Playa Cocalito

Punta Marenco
Agujitas

Río Agujitas

RNVS PUNTA RÍO CLARO

Playa San Josecito

Rangerstation San Pedrillo

P E N Í N S U L A

Río Corcovado

PARQUE NACIONAL CORCOVADO

P A Z I F I S C H E R

Laguna Corcovado

Río Sirena
Rangerstation Los Patos

Playa Corcovado

Río Clar...

Rangerstation Sirena

O Z E A N

Corcovado • Madrig

Punta Río Claro

Parque Nacional Corcovado
Der weitläufige Nationalpark schützt einen der letzten ursprünglichen Abschnitte pazifischen Regenwalds in Mittelamerika. La Leona (links) *ist eine der vier Rangerstationen. Krokodile, Tapire, Jaguare und rote Aras sind hier zahlreich vertreten* (siehe S. 191).

Hotels und Restaurants im Süden *siehe Seiten 216–219 und Seiten 236f*

ABHOLZUNG

Die Bestände der Halbinsel an wertvollen Harthölzern wie Mahagoni haben unter der exzessiven Abholzung gelitten. Obwohl die Holzfällergesellschaften strikten gesetzlichen Reglements unterworfen sind, werden weiterhin geschützte Hölzer geschlagen.

Lastwagen mit wertvoller Ladung

Delfine

Delfine und Buckelwale sieht man oft im Golfo Dulce (Süßer Golf) spielen.

LEGENDE

- ━━ Hauptstraße
- ╸╸ Wanderweg
- ╌╌ Parkgrenze
- ✕ Flugplatz
- ⛺ Camping
- ℹ Information

Pan-American Highway

Rincón

Puerto
ondido

La Palma

Barrigones

Golfo Dulce

Agujas

Sandalo

Lalitás

Dos Brazos

Puerto
Jiménez

Playa Preciosa
Playa Platanares

DE OSA

Cerro Rincón 750 m

RNVS PRECIOSA PLATANARES

HUMEDAL LACUSTRINO LAGUNA PEJEPERRITO

agerstation
Leona

Carate

RESERVA FORESTAL GOLFO DULCE

RNVS PEJEPERRO

Cerro Osa 320 m

Playa
Sombrero

Cabo
Matapalo

Puerto Jiménez

Die einzige Stadt auf der Península de Osa ist der Ausgangspunkt für Ausflüge in den Nationalpark Corcovado sowie ein Wander- und Surfzentrum. Man kann auch die Mangroven per Kajak erkunden (siehe S. 190).

Playa Platanares

Der waldgesäumte Strand ist ein wichtiger Eiablageplatz für Meeresschildkröten. Am Korallenriff kann man schnorcheln.

Carate am Eingang zum PN Corcovado erreicht man per Charterflugzeug oder über unbefestigte Straßen.

In der Laguna Pejeperrito leben Kaimane, Krokodile und Wasservögel.

Dos Brazos, ein ehemaliges Goldschürfzentrum, bietet Ausflüge an, bei denen Besucher ihr Glück selbst versuchen können.

Cabo Matapalo ist bei Surfern beliebt.

Überblick: Península de Osa

Rangerstation, Parque Nacional Corcovado

Im Herzen der Península de Osa liegen die üppigen Regenwälder des Corcovado. Obwohl die Gegend durch den Tourismus weitgehend erschlossen ist, bleibt das Reisen abenteuerlich. Highway 245 folgt der Ostküste, eine anspruchsvolle Piste verbindet Rincón mit Bahía Drake, an die Westküste gelangt man jedoch nur per Boot oder Flugzeug. Überall finden sich Natur-Lodges.

Am breiten Küstenstreifen der Bahía Drake

Bahía Drake

Felsenklippen und bewaldete Hügel bilden die Kulisse der geschwungenen Drake-Bucht. Sir Francis Drake soll mit seiner *Golden Hind* im März 1579 hier vor Anker gegangen sein. Es ist eine der am schwierigsten zugänglichen Gegenden Costa Ricas. 2003 legte man eine unbefestigte Straße zwischen Rincón am Golfo Dulce und Bahía Drake an. Diese ist bei Regen jedoch oft unpassierbar, selbst mit Allradantrieb. Die meisten Besucher kommen per Boot von Sierpe *(siehe S. 184)*. Das Dorf **Agujitas** am Südende der Bucht lebt in erster Linie von der Viehzucht und dem Fischen.

Ausflüge zum Beobachten von Delfinen und Walen sind besonders beliebt. Am Südende der Bucht kann man außerdem schnorcheln. Mit dem Kajak kann man die Schlucht des Río Agujitas erkunden. Es gibt hier einige preiswerte Unterkünfte, aber auch teurere Lodges, die Sporttauchen und -fischen anbieten. Eine davon ist die **Jinetes de Osa** *(siehe S. 216)*, wo man schnorcheln, tauchen und hochseefischen kann. Zu den weiteren Attraktionen zählen verschiedene Ausflüge zum Dach des Regenwalds. Mit **Corcovado Canopy Tour** kann man über elf Stahlseile zwischen den Baumwipfeln schwirren.

Von Agujitas aus führt ein Küstenweg 13 Kilometer nach Süden, über die **Playas Cocalito, Caletas** und **San Josecito** sowie das **Refugio Nacional de Vida Silvestre Punta Río Claro** zum PN Corcovado. Das fünf Quadratkilometer große Refugio Nacional grenzt an Corcovado. In den Schutzgebieten leben annähernd die gleichen Tierarten. In der nahe gelegenen Punta Marenco Lodge kann man geführte Wanderungen buchen. Bei Kanuausflügen auf der **Laguna Chocuaco** östlich von Agujitas sind oft Krokodile und Tapire zu sehen. Die dortige Gemeinde-Kooperative bietet Touren an.

🐒 Corcovado Canopy Tour
Los Planos, 14 km südöstlich von Agujitas. 📞 8810-8908.
www.corcovadocanopytour.com

🐒 Refugio Nacional de Vida Silvestre Punta Río Claro
Playa Caletas, 6 km südlich von Agujitas. ℹ️ 8877-3535 (San José).
🕐 tägl. 8–17 Uhr. 🎫 🚗 🍴 🛍
www.puntamarenco.com

Puerto Jiménez
🏠 6200.

Der Ort ist die einzige bedeutende Siedlung auf der Península de Osa und vor allem bei Rucksackreisenden beliebt. In den 1980er Jahren erlebte Puerto Jiménez eine recht kurze Blütezeit und erlangte aufgrund von Goldfunden einen Ruf als »Wildwest-Stadt« – fast jeder trug einen Revolver bei sich, und Prostituierte wurden mit Gold-Nuggets bezahlt. Heute lebt die Stadt vom Tourismus.

Lokale Veranstalter bieten zahlreiche Abenteueraktivitäten an: Kajakfahrer können die Mangroven im Osten entlang dem Golfo Dulce bis zur Mündung des Río Platanares erkunden. Mit ihren Krokodilen, Kaimanen, Flussschildkröten und -ottern sind sie Teil des 225 Hektar großen **Refugio Nacional de Vida Silvestre Preciosa Platanares**. Das Naturschutzgebiet liegt an der wunderschönen **Playa Platanares**, deren Korallenriff sich ausgezeichnet zum Schnorcheln eignet. Zudem legen an dem Strand fünf verschiedene Meeresschildkrötenarten zwischen Mai und Dezember ihre Eier ab. Eine kleine Aufzuchtstation hilft den Tieren.

Die Strände **Cabo Matapalo** und **Playa Sombrero** südlich von Puerto Jiménez bieten sich zum Surfen an.

🦌 Refugio Nacional de Vida Silvestre Preciosa Platanares
3 km östlich von Puerto Jiménez.
🎫 *Spende.* 🚗 🍴 🛍

Einheimische an der Hauptstraße von Puerto Jiménez

Idyllische Gegend an einem Strand im Parque Nacional Corcovado

🦋 Parque Nacional Corcovado

40 km südwestlich von Puerto Jiménez. 📞 2735-5580.
🕐 tägl. 8–16 Uhr. 🏛 🚻 ✏ ▲
www.sinac.go.cr

Der 425 Quadratkilometer große Park gilt als Kronjuwel aller Naturschutzgebiete in den Tropen. Er wurde 1975 gegründet, um den größten Abschnitt pazifischen Regenwalds in ganz Amerika sowie 52 Quadratkilometer Lebensraum im Meer zu schützen. Corcovado (»Buckliger«) umfasst acht verschiedene Zonen, darunter Krautsümpfe, überschwemmten Sumpfwald und Bergwald. In der Gegend fallen jährlich an die 4000 Millimeter Niederschlag, von April bis Dezember geradezu sintflutartig.

Die Fauna gehört zur vielfältigsten in ganz Costa Rica. Es finden sich über 400 Vogelarten, u. a. die gefährdete Harpyie und die größte Population roter Aras in Mittelamerika. Jaguare und Tapire sieht man in diesem Park häufiger als irgendwo sonst. Meist lassen sie sich in der Abenddämmerung an den Stränden

blicken. Darüber hinaus ist Corcovado für seine großen Pekari-Rudel berühmt – den Tieren sollte man allerdings mit Vorsicht begegnen. Auch der gefährdete *titi* (Rotrücken-Totenkopfaffe) ist im Park vertreten. Es gibt über 115 Spezies von Amphibien und Reptilien. Die auffälligen Pfeilgiftfrösche *(siehe S. 158)* sind leicht auszumachen. Schwieriger ist das beim scheuen limettengrünen Rotaugen-Laubfrosch oder bei Fleischmanns Glasfrosch. Mit viel Glück erlebt man sogar, wie Schildkröten ihre Eier ablegen. Leider gibt es nicht viel Parkpersonal. Wilderer haben daher leichtes Spiel.

In der Nähe gibt es Hotels und Veranstalter geführter Touren. Abenteuerlustige können den Park auf eigene Faust erkunden. Es gibt vier offizielle Eingänge und Rangerstationen. **San Pedrillo** im Westen ist durch einen Weg mit Bahía Drake verbunden. **Los Patos** im Osten erreicht man über La Palma, 19 Kilo-

Kleines Transportflugzeug auf Osa

meter nordwestlich von Puerto Jiménez. **La Leona** im Süden liegt 1,5 Kilometer westlich des Flugplatzes von Carate, einem Ort 40 Kilometer westlich von Puerto Jiménez (die Besucher müssen ab Carate zu Fuß oder zu Pferd weiter). Die Haupt-Rangerstation **Sirena** liegt 16 Kilometer nordwestlich von La Leona und 26 Kilometer südöstlich von San Pedrillo. Schlecht markierte Wege verbinden die Stationen. Weniger Abenteuerlustige nehmen sich am besten einen Führer.

Der Küstenweg San Pedrillo–La Leona führt am spektakulären, 30 Meter hohen Wasserfall **Cascada La Llorona** vorbei. Bei der zweitägigen Wanderung sollten Sie darauf vorbereitet sein, Flüsse durchqueren zu müssen, in denen Krokodile leben. Der nördliche Abschnitt des Wegs ist nur von Dezember bis April geöffnet. Der Weg San Pedrillo–Los Patos führt zur **Laguna Corcovado**, in der man oft Tapire und Jaguare beobachten kann.

Für die Flugplätze in der Nähe des Parks gibt es allerdings keine regelmäßigen Flugpläne. Chartergesellschaften bieten sogenannte Flugtaxis an.

Interessant in der Umgebung des Parks sind die 43 Hektar große **Humedal Lacustrino Laguna Pejeperrito** drei Kilometer östlich von Carate und das 350 Hektar große **Refugio Nacional de Vida Silvestre Pejeperro**, vier Kilometer weiter östlich.

GOLDRAUSCH

Oreros (Goldschürfer) gab es an den Flüssen der Halbinsel Osa schon seit präkolumbischer Zeit. Als die United Fruit Company *(siehe S. 45)* sich 1985 aus der Region zurückzog, blieben viele Arbeitslose zurück, die einen kurzlebigen Goldrausch auslösten. Das hatte fatale Folgen für die Umwelt: Bäume wurden gefällt, Flussufer gesprengt, der Boden erodierte. Nach gewalttätigen Zusammenstößen mit den Behörden wurden die *oreros* 1986 vertrieben. Einige arbeiten noch heute am Rande des PN Corcovado, andere leiten Veranstaltungen für Besucher.

Gold-Nuggets

Parque Nacional Piedras Blancas ⑮

Straßenkarte E5. 46 km südöstlich von Palmar. ☎ *2741-8001 (Esquinas Rainforest Lodge).* 🚌 *ab Golfito.* ⭕ *tägl. 8–16 Uhr.*

D er 140 Quadratkilometer große Park war bis 1991 Teil des Parque Nacional Corcovado. Er schützt die bewaldeten Berge nordöstlich des Golfo Dulce. In dem Ort La Gamba leitet eine Kooperative die **Esquinas Rainforest Lodge** *(siehe S. 218).* Dort werden Pakas gezüchtet und Wanderungen angeboten.

Neben der Playa Cativo befindet sich an der Playa San Josecito der botanische Garten **Casa de Orquídeas** mit unzähligen Orchideen- und Zierpflanzenarten. An der Küste findet man zudem viele Natur-Lodges. Man erreicht sie und die Strände per Boot oder Wassertaxi von Puerto Jiménez und Golfito aus.

🏵 **Casa de Orquídeas**
Playa San Josecito, 10 km nördlich von Puerto Jiménez. ☎ *8829-1247.* ⭕ *Sa–Do 8–17 Uhr nach Vereinbarung.* 📷📹

Schild des botanischen Gartens Casa de Orquídeas

Golfito ⑯

Straßenkarte F5. 77 km südöstlich von Palmar. 🚶 *10 900.* ✈️ 🚌

G olfito, Hafen, Tauch- und Verwaltungszentrum der südlichen Region, erstreckt sich sechs Kilometer entlang der Küste. Der Ort wurde im Jahr 1938 von der United Fruit Company gegründet. Seine Vormachtstellung als Hauptexporthafen für Bananen endete, als sich die Gesellschaft 1985 aus der Gegend zurückzog. Ihr Erbe ist noch heute in der architektonisch interessanten Zona Americana am Nordende der Stadt zu sehen: Hier stehen

Auf Stelzen gebautes Haus in der Zona Americana, Golfito

auf Stelzen gebaute Holzhäuser. Auf dem kleinen Hauptplatz von Pueblo Civil (dem Stadtzentrum) kann man eine alte Lokomotive bewundern, im **Museo Marino** in der Nähe Korallen und Muscheln. Am Wochenende und an Feiertagen kommen viele *ticos* nach Golfito, um in der Depósito Libre (Freihandelszone) einzukaufen.

Die bewaldeten Hügel im Osten und Norden sind Teil des **Refugio Nacional de Vida Silvestre Golfito**.

🏛 **Museo Marino**
Hotel Centro Turístico Samoa, nördlich von Pueblo Civil. ☎ *775-0233.* ⭕ *tägl. 7–11 Uhr.*

🦅 **Refugio Nacional de Vida Silvestre Golfito**
Östlich von Golfito. ⭕ *tägl. 8–16 Uhr.* 📹 *mit regionalen Veranstaltern.*

Zancudo ⑰

Straßenkarte F5. 10 km südlich von Golfito (66 km auf der Straße). 🚌 🚢 *Wassertaxi ab Golfito.*

A n der Ostküste des Golfo Dulce gelegen, ist das Dorf vor allem für seinen wunderschönen grauen Sandstrand mit toller Brandung

bekannt. Er ist sechs Kilometer lang und reicht wie eine Landzunge ins Meer hinaus. In den Mangrovensümpfen landeinwärts kann man Krokodile, Kaimane sowie Wasservögel beobachten. Es werden zahlreiche Angeltouren angeboten *(siehe S. 251),* bei denen man Frauenfische und Glasbarsche fangen kann.

Pavones ⑱

Straßenkarte B5. 12 km südlich von Zancudo. ✈️ 🚌 🚢 *Wassertaxi ab Golfito.*

B ei Surfern ist Pavones für seine beständigen, einen Kilometer langen Wellen bekannt, die sich alle drei Minuten am Strand brechen. Zwischen April und Oktober ist die Brandung besonders schön – und das alles vor einer Kulisse voller Kokospalmen und Klippen.

Umgebung: Entlang der Küste legen Meeresschildkröten ihre Eier ab. Bei **Punta Banco**, zehn Kilometer südlich von Pavones, nimmt die Bevölkerung am Tiskita Foundation Sea Turtle Restoration Project teil, in dem Baby-Schildkröten zur Wiederauswilderung großgezogen werden.

Die **Tiskita Lodge** *(siehe S. 218)* in der Nähe bietet eine fantastische Aussicht von einem Hügel herab sowie viele Vögel und Säugetiere. In dem privaten Reservat werden auch Führungen angeboten.

In der **Reserva Indígena Guaymí**, 14 Kilometer südlich von Punta Banco, lebt der Stamm der Guaymí. Urlaubern wird von einem Besuch des Reservats abgeraten.

Ein Surfer mit seinem Brett bei Pavones

Parque Nacional Isla del Coco ⓳

INFOBOX

500 km vom Festland entfernt (südwestliche Richtung). ⛴ *mit Tauch-Veranstaltern (36-Stunden-Ausflug).* ℹ 2256-7476 *(Fundación Amigos de La Isla del Coco).* ⬚ *tägl.; zum Betreten der Insel braucht man eine Genehmigung.* 🏊 **Tauch-Veranstalter** *Undersea Hunter: 2228-6613; Okeanos Aggressor: siehe S. 253.* **www**.cocosisland.org

Die 23 Quadratkilometer große Insel wurde 1978 zum Nationalpark erklärt. Sie ist die größte unbewohnte Insel der Welt, vulkanischen Ursprungs und Teil der Galapagos-Kette. Heute gehört sie zum UNESCO-Welterbe. Sturzbachartige Niederschläge nähren spektakuläre Wasserfälle, das Land ist von dichtem vorgebirgigem Regenwald bedeckt. Das fragile Ökosystem schützt eine einzigartige Fauna. Viele Arten, u. a. Zwerggeckos und Anolis, sowie 70 Pflanzenarten kommen nur hier vor. Höhepunkt ist die riesige Seevogelkolonie mit Fregattvögeln, Noddi- und weißen Seeschwalben. Mit ihrem kristallklaren Wasser ist die Insel ein Taucherparadies.

Auf der Insel wurde der Film *Jurassic Park* gedreht

Bahía Chatham
Am Hauptankerplatz haben Seeleute Zeichnungen in die Felsen geritzt. Einige sind viele Jahrhunderte alt.

Bahía Wafer ist für Yachten sicher. Die steilen Klippen, die die ganze Insel umgeben, bilden eine fantastische Kulisse.

Korallenriffe bieten über 18 Korallenarten und mehr als 300 Fischspezies Schutz.

Isla Pájara
BAHÍA WESTON
Isla Cáscara
BAHÍA CHATHAM
ℹ
BAHÍA WAFER
ℹ
Isla Manuelita

Punta Maria

Isla del Coco

Cerro Yglesias 640 m

Río Genio

Cascada Yglesias

Isla Montagne

Punta Rodriguez

Islas Dos Amigos

BAHÍA YGLESIAS
Isla Juan Bautista
Isla Muela
Cabo Dampier

PAZIFISCHER OZEAN

Cerro Yglesias ist der höchste Punkt. Man erreicht ihn über einen steilen Pfad. Auf dem Berg stehen Kiefern.

Rotfußtölpel
Die Tiere haben fast keine Angst vor Menschen. Neben ihnen kommen auch andere Vogelarten – Kuckucke und Finken – nur auf dieser Insel vor.

0 Kilometer   2

LEGENDE

– – Wanderweg

☀ Aussichtspunkt

△ Gipfel

ℹ Information

Hammerhaie
Sie tauchen zu Hunderten auf und bieten Tauchern einen atemberaubenden Anblick. Auch Weißspitzen-Riffhaie werden von der reichen Fischpopulation angezogen.

Zu Gast
in Costa Rica

HOTELS

Orosi Lodge
(siehe S. 205)

Costa Rica verfügt über eine exzellente Auswahl an Unterkünften in jeder Preisklasse. Sogar in den abgelegensten Gegenden stehen noch preiswerte *cabinas* (Hütten). Die Stärke des Landes sind die Natur-Lodges in außergewöhnlicher Lage, in denen man Tiere beobachten kann, ohne aus der Hängematte aufzustehen. Für Surfer und Angler stehen spezielle Lodges zur Verfügung. Die Hotels reichen von Selbstversorger-*apartotels* über Welt-klasse-Luxushotels bis hin zu Boutiquehotels, welche die Individualität ihrer Besitzer widerspiegeln. In den letzten Jahren sind auch Unterkünfte für Rucksackreisende wie Pilze aus dem Boden geschossen. Statt des Sterne-Klassifizierungssystems gibt es in Costa Rica die Kategorien des Certificate for Sustainable Tourism (CST), das Hotels nach ihrer kulturellen und ökologischen Umsicht (z. B. in puncto Energiesparen) einteilt.

Einladendes Zimmer im Four Seasons *(siehe S. 208)*

HOTELKETTEN

Die wichtigsten Hotelketten des Landes umfassen mehrere Preiskategorien. Bei der **Enjoy Group** gibt es Angebote, die alle Mahlzeiten, Unterhaltungsmöglichkeiten und Freizeitaktivitäten für einen festen Zimmerpreis enthalten. Internationale Ketten wie **Best Western**, **Choice Hotels** und **Quality Inn** sind im unteren und mittleren Preissegment gut vertreten. **Occidental** und **Marriott** stehen für verlässlichen Service und gute Qualität. Das **Four Seasons** repräsentiert das obere Ende der Skala.

Tägliches Saubermachen, Wäschewechsel und eigene Badezimmer mit Dusche sind Standard, alle Hotelketten haben zudem Restaurant und Bar. Dennoch variiert die Qualität vor allem bei den preiswerteren Hotels erheblich. Mit denen in Europa sind sie nicht vergleichbar. Die teureren Unterkünfte bieten meist ein Gourmetrestaurant, einen Fitnessraum sowie ein Casino oder einen Nachtclub, manchmal auch ein Reisebüro und Boutiquen.

BOUTIQUEHOTELS

Eine gute Alternative stellen die kleineren sogenannten Boutiquehotels dar, die sich durch Individualität und Gast-freundschaft auszeichnen. Sie reichen von hochwertigen familiengeführten Bed-and-Breakfasts über architektonisch erstaunliche Bauten inmitten von Kaffeeplantagen bis hin zu Strandhotels im balinesischen Stil. Diese Art exquisiter Unterkünfte findet sich ebenfalls über das ganze Land verstreut.

Die meisten Boutiquehotels wurden von ausländischen Unternehmern mit einer künstlerischen Vision geschaffen. Fast alle profitieren vom praktischen Management ihrer Besitzer. Oftmals sind sie preiswerter als Kettenhotels ähnlichen Standards und zeichnen sich durch ein exzellentes Preis-Leistungs-Verhältnis aus. Viele Boutiquehotels bieten Gourmetkost, einen Wellnessbereich und Veranstaltungen.

NATUR-LODGES

Naturliebhaber haben die Wahl zwischen mehreren Hundert Lodges dieser Art. Ein Großteil der Natur-Lodges liegt in der Nähe von oder in Nationalparks und Naturschutzgebieten, oder sie bieten direkten Zugang zu landschaftlich besonders schönen Gegenden. Die Lodges organisieren geführte Wanderungen und ähnliche Aktivitäten.

Die Unterbringung reicht von einfach bis bescheiden luxuriös, ist jedoch durchweg rustikal. Das Hauptaugenmerk liegt auf dem Naturerlebnis. Einige Lodges sind inzwischen international bekannt.

Capitán Suizo, eines der vielen Boutiquehotels *(siehe S. 212)*

◁ **Hotelbalkon in San José mit wunderschönem Blick auf die umliegenden Hügel**

Bad in der Shawandha Lodge in Puerto Viejo *(siehe S.215)*

Diese sollten im Voraus gebucht werden. Viele der einfacheren Lodges, darunter die in den Reservaten der Ureinwohner, werden von regionalen Kooperativen geführt. Sie bieten die Möglichkeit, die lokale Kultur näher kennenzulernen. Der Veranstalter **Cooprena** bewirbt und vermittelt viele dieser Öko-Lodges.

PREISWERTE HOTELS

Costa Rica hat Tausende preiswerte Unterkünfte, sogenannte *cabinas*, zu bieten, die von vielen *ticos* und Rucksackreisenden bevorzugt werden. Normalerweise bezieht sich die Bezeichnung auf eine Reihe von Hotelzimmern, kann jedoch auch viele andere Arten von Unterkünften abdecken. Manchmal wird *cabina* gleichbedeutend mit *albergue*, *hospedaje* oder *posada* gebraucht – alle drei Wörter bedeuten »Unterkunft«. *Albergue* bezieht sich meist auf einfache, ländliche Lod-

ges, *hospedaje* und *posada* sind mit Bed-and-Breakfasts vergleichbar.

Sich das Zimmer anzusehen, bevor man es bucht, wird meist akzeptiert. Service und Einrichtung sind minimal, die Ausstattung im Bad beläuft sich häufig nur auf Handtücher und Seife. Bei vielen preiswerten *cabinas* gibt es nur Gemeinschaftsbäder. Auch auf kaltes Wasser sollten Sie sich einstellen, warmes Wasser hängt von unzuverlässigen elektrischen Systemen ab. Toilettenpapier muss manchmal in spezielle Behälter entsorgt werden, um die Toiletten nicht zu verstopfen. Diebstahl kommt in *cabinas* häufiger vor. Nehmen Sie ein Vorhängeschloss mit, und vergewissern Sie sich, dass Sie nicht durch Löcher oder Ritzen in den Wänden beobachtet werden können.

Einige Hotels sind Mitglieder der International Youth Hostel Federation (IYHF). Hier ist der Standard oft hoch. Es gibt separate, manchmal aber auch gemeinsame Schlafräume. Die Organisation **Hostelling International Costa Rica** vertritt den IYHF in Costa Rica und nimmt entsprechende Buchungen im ganzen Land vor.

APARTOTELS UND MOTELS

Apartotels sind bei den *ticos* ausgesprochen beliebt. Die einfachen Selbstversorger-Apartments haben ein Schlafzimmer, eine Küche oder eine Küchenzeile sowie ein kleines Wohn- und Esszimmer. Meist werden sie

über einen längeren Zeitraum vermietet. Restaurants gibt es selten. *Apartotels* finden sich in San José sowie in anderen Städten und an den Hauptstränden.

Motels sollten nicht mit ihren Namensvettern in den USA verwechselt werden. Die einfachen Unterkünfte finden sich landesweit und werden meist stundenweise von Liebespärchen gemietet. Doch auch Übernachtungen sind gestattet, selbst für allein Reisende. In hotelarmen Gegenden sind Motels oft die einzige Rettung.

Eingerichtete Zelte des Corcovado Adventures Camp *(siehe S.216)*

CAMPING

In vielen Nationalparks und Naturschutzgebieten ist das Campen erlaubt, auch bei Rangerstationen, an denen es meist fließendes Wasser, Toiletten und manchmal sogar Duschen gibt. Manche Ranger bereiten auf Wunsch auch Mahlzeiten zu, bei anderen muss man sich selbst versorgen. Nehmen Sie auf jeden Fall ein Moskitonetz und ein wasserdichtes Zelt mit.

Außerhalb der Reservate gibt es nur an einigen Stränden Campingplätze. Am Wochenende und an Feiertagen campen viele *ticos* wild – diesem Beispiel sollten Sie allerdings nicht folgen. Gekaufte oder gemietete Hängematten können Sie dagegen fast überall aufhängen. Leider ist Diebstahl auch auf Campingplätzen weitverbreitet – achten Sie auf Ihr Gepäck.

Casa de Las Tías *(siehe S.202)*, Escazú

Pool des Hotel Villa Caletas *(siehe S. 207)*

HOTELGRUPPEN

Einige Hotels in Costa Rica haben sich aufgrund ihrer Ähnlichkeit zu Gruppen zusammengeschlossen. Acht der schönsten Boutiquehotels des Landes bilden beispielsweise die **Small Distinctive Hotels of Costa Rica**. Diese Gruppe zeichnet sich durch ein spezielles Ambiente der exzellenten Unterkünfte aus, die in San José, den Bergen oder an Stränden liegen. Die Gruppe **Small Unique Hotels** umfasst ebenfalls sechs qualitativ hochwertige Hotels an strategischen Orten im ganzen Land. Der Service ist überall erstklassig. Einige Hotels unter Schweizer oder deutscher Leitung sind als **Charming & Nature Hotels of Costa Rica** gebündelt.

SPEZIALUNTERKÜNFTE

Viele Unterkünfte sind speziell auf bestimmte Freizeitaktivitäten ausgerichtet. Mehrere Natur-Lodges z. B. sind mit »All inclusive«-Angeboten auf Angler und Sportfischer zugeschnitten. Meist befinden sie sich in abgelegenen Regionen, die nur per Boot erreichbar sind. Andere Hotels haben sich auf das Tauchen spezialisiert und bieten entsprechende Kurse an. Wer keinen Kurs besuchen möchte, sollte seine Fähigkeiten nachweisen können. An den zahlreichen Stränden des Landes gibt es spezielle »Surf Camps«. Der Standard reicht von Freiluftschlafsälen mit Hängematten bis hin zu Zimmern mit Klimaanlage. Darüber hinaus gibt es viele Well-nesshotels, die als rustikale Lodges oder luxuriöse Yogazentren daherkommen.

Viele Veranstalter fächern ihr Programm nach bestimmten Interessengebieten auf *(siehe S. 248)*. Das Hauptaugenmerk liegt dabei meist auf Natur-Urlauben: Die Pakete beinhalten Übernachtungen in Natur-Lodges sowie arrangierte Wanderungen, Vogelbeobachtungen und ähnliche Exkursionen.

RESERVIERUNG

Am besten buchen Sie Ihre Unterkunft im Voraus, vor allem wenn Sie Costa Rica in der Trockenzeit (Dezember bis April) besuchen möchten. Das gilt insbesondere für die Zeit um Weihnachten, Silvester und Ostern sowie an Nationalfeiertagen wie dem Karneval in Puerto Limón. Auch Reisende, die einer bestimmten Route folgen wollen, sollten reservieren. *Cabinas* sind außer in der Hochsaison leichter zu haben.

Leider haben einige Hotels in Costa Rica den Ruf, Reservierungen nicht einzuhalten und auch kein Rückzahlung zu leisten. Buchen Sie deshalb möglichst über ein Reisebüro. Falls Sie doch selbst tätig werden wollen, sollten Sie sich nicht auf die costa-ricanische Post verlassen. Rufen Sie an, schicken Sie ein Fax oder buchen Sie online. Benutzen Sie für Vorauszahlungen Ihre Kreditkarte. Stellen Sie jedoch auf alle Fälle sicher, dass Sie für Ihre Buchung eine schriftliche Bestätigung erhalten.

Los Sueños Marriott Ocean & Golf Resort *(siehe S. 208)* an der Playa Herradura

El Sano Banano Hotel, Ylang Ylang
Beach Resort *(siehe S. 207)*

PREISE UND BEZAHLUNG

Ungeachtet des Hoteltyps
sind die Preise in der
Trockenzeit höher als in der
Regenzeit (Mai bis November). Die exklusiveren Hotels
verlangen meist einen Aufschlag für die Hochsaison
zwischen Weihnachten und
Neujahr bzw. an Ostern.
Zudem variieren die Preise je
nach Zimmerkategorie. Unterkünfte, die von Geschäftsreisenden frequentiert werden,
bieten am Wochenende und
bei längeren Aufenthalten
Sonderangebote an. Auch
Veranstalter können Zimmer
zu günstigeren Konditionen
organisieren. Manchmal gibt
es für bestimmte Gruppen
wie Surfer Sonderpreise.

Unterkünfte in Ferienhotels
sind mit einer Steuer in Höhe
von 16,39 Prozent belegt, die
im Zimmerpreis nicht immer
enthalten ist. Die meisten Hotels akzeptieren Reiseschecks
und Kreditkarten, in den
preiswerteren muss man bar
bezahlen. Oft ist das Begleichen der Rechnung in US-
Dollars möglich.

TRINKGELD

Es ist üblich, dem Hotelpersonal am Ende des Aufenthalts eine *propina* (Trinkgeld)
zu geben. Der Betrag richtet
sich nach Art und Qualität des
Service sowie nach der Dauer
des Aufenthalts. Für Gepäckträger und Zimmermädchen
sind ein Dollar Minimum üblich. Besucher sollten sich
darüber im Klaren sein, dass

die Löhne im Servicebereich
in Costa Rica sehr niedrig sind
und dass das Trinkgeld einen
nicht unbeträchtlichen Teil
des Lebensunterhalts ausmacht.

BEHINDERTE REISENDE

Nur die neueren Hotels
verfügen über rollstuhlgerechte Zugänge und andere
Einrichtungen für behinderte
Reisende. Viele Natur-Lodges
haben ebene, für Rollstühle
geeignete Wege angelegt.
Das Hotelpersonal im ganzen
Land ist jedoch ausgesprochen hilfsbereit. Bei der
Organisation **Vaya con Silla de
Ruedas** kann man sich über
entsprechende Möglichkeiten
wie z. B. Empfehlungen
geeigneter Unterkünfte
informieren.

Suite im Hotel Grano de Oro *(siehe S. 203)* in San José

AUF EINEN BLICK

HOTELKETTEN

Best Western
📞 0800-011-0063.
www.bestwestern.com

Choice Hotels
📞 0800-011-0517.
www.choicehotels.com

Enjoy Group
📞 2296-6263.
www.enjoygroup.net

Four Seasons
📞 2696-0000.
www.fourseasons.
com/costarica

Marriott
📞 888-236-2427.
www.marriott.com

Occidental
📞 2248-2323.
www.occidental-
hoteles.com

Quality Inn
📞 0800-011-0517.
www.qualityinn.
com

NATUR-LODGES

Cooprena
📞 2290-8646.
www.turismoruralcr.
com

JUGENDHERBERGEN

**Hostelling
International
Costa Rica**
Ave 8 und Calle 41,
1002 San José.
📞 2234-5486.
www.hihostels.com

HOTELGRUPPEN

**Charming & Nature
Hotels of Costa Rica**
www.charminghotels.net

Small Distinctive
Hotels of Costa
Rica
📞 2258-0150.
www.distinctivehotels.
com

Small Unique
Hotels
www.costa-rica-
unique-hotels.com

BEHINDERTE
REISENDE

**Vaya con Silla
de Ruedas**
📞 2454-2810.
www.gowithwheelchairs.
com

Hotelauswahl

Die hier aufgeführten Hotels und Resorts unterschiedlicher Preisklassen wurden aufgrund von Service, Ausstattung und Lage ausgewählt. Die Preisangaben stammen von den Hotels selbst – bei Buchungen über Reiseveranstalter kann der Aufenthalt billiger sein. Den Stadtplan von San José finden Sie auf den Seiten 76–79.

SAN JOSÉ

ZENTRUM Casa Ridgway

Calle 15 und Aves 6 bis/8 2233-6168 FAX 2222-1400 *Zimmer 13*

ℂ

Stadtplan 2 E4

Das Casa Ridgway, nahe am Museo Nacional in der Innenstadt von San José gelegen, ist ein ruhiges Haus, das von Quäkern betrieben wird. Das Hotel bietet einiges fürs Geld: geräumige Zimmer und Schlafsäle, eine Gemeinschaftsküche, eine Bibliothek und einen Fernsehraum. **www.amigosparalapaz.org**

ZENTRUM Costa Rica Backpackers

Calles 21/23 und Ave 6 2221-6191 *Zimmer 16*

ℂ

Stadtplan 2 F4

Das Hotel am östlichen Rand der Innenstadt wird hauptsächlich von Rucksackreisenden besucht, bietet aber nichtsdestotrotz hohen Komfort. Es gibt Zimmer und Schlafsäle, eine Küche, einen TV- und Internet-Raum. Im üppigen Garten gibt es sogar einen Pool. **www.costaricabackpackers.com**

ZENTRUM Hostel La Casa del Parque

Calles 19 und Ave 3 2233-3437 FAX 2258-7113 *Zimmer 4*

ℂℂ

Stadtplan 2 E2

Das einladende Hostel befindet sich in einem Art-déco-Haus in der nordöstlichen Ecke des Parque Nacional. Es ist gemütlich, und man hat einen schönen Blick. Kaffee und Küchennutzung sind inklusive. Die Besitzer arrangieren gern Touren oder helfen bei der Anmietung eines Autos. **www.hostelcasadelparque.com**

ZENTRUM Kap's Place

Calle 19 und Aves 11/13 2221-1169 FAX 2256-4850 *Zimmer 18*

ℂℂ

Stadtplan 2 E2

Das umgebaute Privathaus in der Nähe des Barrio Amón bietet eine familiäre Atmosphäre und eine farbenfrohe Ausstattung. Die Zimmer sind alle unterschiedlich, in manchen gibt es Fernseher. Die Gäste können die Küche mitbenutzen und in den Hängematten auf der Terrasse relaxen. Freier Internet-Zugang. **www.kapsplace.com**

ZENTRUM Britannia Hotel

Calle 3 und Ave 11 2223-6667 FAX 2223-6411 *Zimmer 23*

ℂℂℂ

Stadtplan 1 C2

Das restaurierte Herrenhaus im Barrio Amón wurde 1910 von einem spanischen Kaffeebaron gebaut. Buntglasfenster, Mosaikfliesen und zeitgenössische Möbel schaffen eine warme Atmosphäre. Ein moderner Anbau ist ähnlich ausgestattet und hat üppige Innenhöfe. **www.hotelbritanniacostarica.com**

ZENTRUM Gran Hotel

Calle 3 und Ave 2 2221-4000 FAX 2255-0139 *Zimmer 94*

ℂℂℂ

Stadtplan 1 C4

Das 1899 erbaute Gran Hotel ist ein echtes historisches Monument. Das Haus ist ein guter Ausgangspunkt für Besichtigungstouren, und im hoteleigenen Casino ist immer etwas los. Das im Patio gelegene Café ist 24 Stunden geöffnet – hier kann man gemütlich *Marimba*-Musik hören und die Füße hochlegen. **www.granhotelcostarica.com**

ZENTRUM Hotel Don Carlos

Calle 9 bis und Ave 9 2221-6707 FAX 2258-1152 *Zimmer 36*

ℂℂℂ

Stadtplan 2 D2

Das Don Carlos – im Herzen des Barrio Amón gelegen und früher Residenz zweier Staatspräsidenten – ist Teil von San Josés kulturellem Erbe. Ehrfurcht gebietende stille Korridore, ausgestattet mit Kunstwerken und präkolumbischen Motiven, führen in einen üppigen Garten. Großartiger Souvenirladen. **www.doncarloshotel.com**

ZENTRUM Hotel Kekoldi

Calles 5/7 und Ave 9 2248-0804 FAX 2248-0767 *Zimmer 10*

ℂℂℂ

Stadtplan 2 D2

Das Art-déco-Gebäude liegt im Herzen des historischen Barrio Amón. Das einflutende Sonnenlicht lässt die pastellfarbenen Wände erstrahlen. Die eleganten Zimmer sind bestens ausgestattet. Ein kleiner japanischer Garten rundet das Ambiente ab. Man organisiert Ausflüge und Mietwagen. **www.kekoldi.com**

ZENTRUM Hotel Presidente

Calles 7/9 und Ave Central 2222-3022 FAX 2221-1205 *Zimmer 100*

ℂℂℂ

Stadtplan 2 D4

Nur wenige Schritte von der Plaza de la Cultura liegt dieses Hotel mit Casino, Whirlpool auf der Dachterrasse und Sauna, exzellentem Straßencafé und Restaurant. Die teuerste Suite bietet einen Acht-Personen-Jacuzzi, eine Freiluftdusche und einen überwältigenden Blick durch riesige Fenster. **www.hotel-presidente.com**

Zeichenerklärung *siehe hintere Umschlagklappe*

ZENTRUM Hotel Santo Tomás
P ⅱ ▤ ♒ TV   ©©©

Ave 7, Calles 3/5 ☎ 2255-0448 **FAX** 2222-3950 **Zimmer** 19   *Stadtplan* 1 A2

Das Santo Tomás liegt zwischen dem Zentrum und Barrio Amón. Die Zimmer in dem früheren Kolonialgebäude, die in der Größe variieren, sind geschmackvoll eingerichtet. Das dazugehörige Restaurant ist eines des besten in der Stadt und führt auf einen Garten mit einem Whirlpool-Spa. **www.hotelsantotomas.com**

ZENTRUM Clarion Hotel Amón Plaza
P ⅱ ▼ ▤ ♿ TV   ©©©©

Calle 3 bis und Ave 11 ☎ 2523-4600 **FAX** 2523-4614 **Zimmer** 90   *Stadtplan* 2 C2

Modernes Hotel im Barrio Amón mit gutem Service und exzellenter Ausstattung. Die elegante Lobby ist geschmackvoll mit Kunstgegenständen eingerichtet. Das Haus bietet Diskothek, Konferenzzentrum, Whirlpool sowie ein Restaurant gehobener Qualität. Alle Zimmer bieten drahtlose Internet-Verbindung. **www.hotelamonplaza.com**

ZENTRUM D'Raya Vida Villa
P TV   ©©©©

Calle 15 bis und Ave 11 ☎ 2223-4168 **FAX** 2223-4157 **Zimmer** 4   *Stadtplan* 2 E2

Das großzügige Herrenhaus im Hazienda-Stil ist heute ein Bed-and-Breakfast mit schicken, modernen Möbeln und viel Kunst. Ideal zum Entspannen: ein ruhiger, sonnendurchfluteter Wintergarten mit Springbrunnen. Kostenlose Transfers vom und zum Flughafen. **www.rayavida.com**

ZENTRUM Hotel Balmoral
P ⅱ ▼ ▤ ♿ TV   ©©©©

Calles 7/9 und Ave Central ☎ 2222-5022 **FAX** 2221-1919 **Zimmer** 112   *Stadtplan* 2 D3

Das moderne Balmoral eignet sich gleichermaßen für Geschäftsreisende und Urlauber. Die Einrichtung mag etwas einfallslos sein, doch das Haus ist günstig gelegen und bietet einen guten Service, beispielsweise einen Tagungsraum. Im Casino kann, wer sich traut, sein Glück versuchen. **www.balmoral.co.cr**

ZENTRUM Hotel Fleur de Lys
ⅱ ▤ TV   ©©©©

Calle 13 und Ave 2 ☎ 2223-1206 **FAX** 2221-6310 **Zimmer** 31   *Stadtplan* 2 E2

Das reizende von Schweizern geführte Boutiquehotel ist nur wenige Schritte von den Hauptsehenswürdigkeiten in San José entfernt. Jedes Zimmer trägt den Namen einer Blume und ist individuell eingerichtet entweder mit einem Korb- oder Eisenbett. In dem italienischen Restaurant wird Live-Musik geboten. **www.hotelfleurdelys.co**

ZENTRUM Hotel Villa Tournon
P ⅱ ♒ ▤ ♿ TV   ©©©©

Barrio Tournon, östlich von »La Republica« ☎ 2233-6622 **FAX** 2222-5211 **Zimmer** 80   *Stadtplan* 2 D1

Das moderne Hotel nördlich des Barrio Amón bietet Kunst der Gegenwart, glänzendes Tropenholzparkett und reichhaltig ausgestattete Zimmer (alle mit Internet-Zugang). Die Pianobar ist genauso gepflegt wie das Restaurant. Auch Konferenzzimmer stehen zur Verfügung. **www.costarica-hotelvillatournon.com**

ZENTRUM Hotel Aurola Holiday Inn
P ⅱ ♒ ▼ ▤ ♿ TV   ©©©©©

Calle 5 und Ave 5 ☎ 2523-1000 **FAX** 2255-1171 **Zimmer** 200   *Stadtplan* 2 D3

Das Aurola Holiday Inn ist ein 17-stöckiges, modernes Gebäude am Parque Morazán. Von einigen der Zimmer hat man einen atemberaubenden Blick über Vulkane und die Stadt. Es gibt eine elegante, großzügige Lobby, ein Casino, Fitnessräume und Sauna sowie alle wichtigen Einrichtungen für Geschäftsreisende. **www.aurola-holidayinn.com**

ZENTRUM Radisson Europa Hotel and Conference Center
P ⅱ ♒ ▼ ▤ ♿ TV   ©©©©©

Calle 3 und Ave 15 ☎ 2257-3257 **FAX** 2257-8221 **Zimmer** 210   *Stadtplan* 1 C1

Das zeitgemäße Businesshotel im Norden des Zentrums bietet internationalen Standard in Service und Ausstattung. Es gibt ein Casino, einen Fitnessraum, drahtlosen Internet-Zugang, sechs Konferenzzimmer und mehrere Läden. **www.radisson.com/sanjosecr**

ÖSTLICH DES ZENTRUMS Hostel Toruma
P ⅱ TV   ©

Calles 29/31 und Ave Central ☎ 2234-8186 **FAX** 2224-4085 **Zimmer** 18

Die Jugendherberge war früher Residenz eines Präsidenten von Costa Rica, und so ist der Standard des Hauses entsprechend. Schlafsäle und Zimmer sind makellos sauber. Das Frühstück ist inbegriffen, eine Gästeküche und ein Internet-Café stehen zur Verfügung. **www.hosteltoruma.com**

ÖSTLICH DES ZENTRUMS Hotel 1492 Jade y Oro
P ♿ TV   ©©©

Calles 31/33 und Ave 1, Nr. 2985 ☎ 2225-3752 **FAX** 2280-6206 **Zimmer** 10

Das charmante, nette Bed-and-Breakfast in einem Haus im Kolonialstil hat seinen Namen von dem Jahr, in dem Kolumbus Amerika entdeckte. Das 1492 zeichnet sich durch freundlichen Service, eine gemütliche Lounge mit Kamin und einen hübschen Patio aus, wo Wein und Käse serviert werden. **www.hotel1492.com**

ÖSTLICH DES ZENTRUMS Hotel Milvia
P ⅱ TV   ©©©

Nordöstlich des Centro Comercial M & N, San Pedro ☎ 2225-4543 **FAX** 2225-7801 **Zimmer** 9

Das Milvia ist ein kleines, charmantes Hotel in einem Holzgebäude aus den 1930er Jahren in einer ruhigen Wohngegend. Die Aufenthaltsräume und der tropische Garten laden zum Entspannen ein. Tropenholzböden, großzügige Zimmer und Bäder mit handbemalten Fliesen verströmen Eleganz. **www.hotelmilvia.com**

ÖSTLICH DES ZENTRUMS Boutique Hotel Jade
P ⅱ ▤ ♿ TV   ©©©©

Nördlich des Subaru-Autohauses, Barrio Dent ☎ 2224-2455 **FAX** 2224-2166 **Zimmer** 29

Der Eingangsbereich des zweistöckigen Hotels nahe der Universidad de Costa Rica umfasst eine Zigarrenbar und ein exzellentes Restaurant *(siehe S. 225)*. Alle Zimmer haben Internet-Anschluss und Minibar. Das Haus gehört zur Vereinigung Small Unique Hotels of Costa Rica *(siehe S. 198)*. **www.hotelboutiquejade.com**

Stadtplan *siehe Seiten 76 – 79*

ÖSTLICH DES ZENTRUMS Hôtel Le Bergerac
P ⫶ ♿ TV ©©©©

Calle 35, südlich der Ave Central ☎ 2234-7850 **FAX** 2225-9103 **Zimmer** 19

Ein früheres Kolonialhaus in San Pedro beherbergt heute dieses Hotel, das klassisch-europäischen Stil ausstrahlt. Hier gibt es ein gutes französisches Restaurant *(siehe S. 225)*. Viele der geräumigen Zimmer haben eine eigene begrünte Terrasse. Das Haus ist bekannt für seinen exzellenten Service. **www.bergerachotel.com**

ESCAZÚ Apartotel María Alexandra
P ⫶ ♨ 🍴 ▤ ♿ TV ©©©

Nordwestlich von El Cruce, San Rafael de Escazú ☎ 2228-1507 **FAX** 2289-5192 **Zimmer** 14

Moderne Apartments und Maisonettezimmer mit eleganten Möbeln in Zentrumsnähe von Escazú. Die Einrichtungen umfassen Swimmingpool, Sauna, Fitnessräume und eine Minigolfanlage genauso wie ein Reisebüro und eine Harley-Davidson-Vermietung für Motorradfreaks. **www.mariaalexandra.com**

ESCAZÚ Casa de Las Tías
P TV ©©©

San Rafael de Escazú ☎ 2289-5517 **FAX** 2289-7353 **Zimmer** 5

In Gehweite zu Escazú liegt inmitten üppiger Gärten dieses Bed-and-Breakfast in einem ausgedehnten und verwinkelten viktorianischen Holzgebäude. Die Atmosphäre ist gemütlich und verschlafen. Die Gastgeber sind sehr freundlich und servieren ein exzellentes Frühstück. **www.hotels.co.cr/casatias.html**

ESCAZÚ Costa Verde Inn
P ⫶ ♨ ♿ TV ©©©

Barrio Rosa Linda, San Miguel de Escazú ☎ 2228-4080 **FAX** 2289-8591 **Zimmer** 18

Auf Hochglanz poliertes Tropenholzparkett ist das Markenzeichen dieses Bed-and-Breakfast-Hotels, dessen gemütliche Lounge von einem offenen Feuer geheizt wird. Alle Zimmer sind unterschiedlich eingerichtet. Die Gäste können sich im Pool tummeln oder in einer Hängematte in dem üppigen Garten relaxen. **www.costaverdeinn.com**

ESCAZÚ Out of Bounds Hotel & Tourist Center
P ⫶ ▤ ♿ TV ©©©

Carretera John F. Kennedy, San Rafael de Escazú ☎ 2288-6762 **FAX** 2288-5747 **Zimmer** 5

Das Mittelklassehotel, das 2007 eröffnete, liegt an der Straße nach Santa Ana und bietet große, modern eingerichtete Zimmer mit Holzböden. Von den Balkonen aus hat man einen fantastischen Blick. Die italienisch-kanadischen Besitzer sorgen auch für einen kompletten Abenteuerreiseservice. **www.bedandbreakfastcr.com**

ESCAZÚ Posada El Quijote
P TV ©©©

An der Calle del Llano, San Miguel de Escazú ☎ 2289-8401 **FAX** 2289-8729 **Zimmer** 10

Ein exquisiter Garten, von einem plätschernden Bach durchzogen, und eine beeindruckende Aussicht durch die riesigen Fenster machen dieses moderne Hotel, das sich auf einem Hügel befindet, zum Erlebnis. Jedes der acht Zimmer und zwei Apartments ist mit handgeschreinerten Möbeln ausgestattet. Keine Kinder erlaubt. **www.quijote.co.cr**

ESCAZÚ Villa Escazú
▤ P ©©©

Westlich der Banco Nacional, San Miguel de Escazú ☎ 2289-7971 **FAX** 2289-7971 **Zimmer** 6

Ein Chalet im Schweizer Stil mit einer über drei Seiten laufenden Veranda. Die umliegenden Gärten sorgen für ein idyllisch-rustikales Flair, offene Kamine schaffen im Inneren Gemütlichkeit. Das Apartment hat eine eigene Küche, auf dem Balkon laden Schaukelstühle zum Entspannen ein. **www.hotels.co.cr/vescazu.html**

ESCAZÚ The Alta Hotel
P ⫶ ♨ 🍴 ▤ ♿ TV ©©©©©

Alto de las Palomas, 3 km westlich von Escazú ☎ 2282-4160 **FAX** 2282-4162 **Zimmer** 23

Das elegante Hotel verbindet zeitgenössische und viktorianische Stilelemente und bietet – dank seiner Lage auf einem Hügel – eine wunderbare Aussicht. Die liebevoll ausgestatteten Zimmer haben römisch angehauchte Badewannen. Das Gourmetrestaurant La Luz *(siehe S. 226)* zählt zu den besten in der Region. **www.thealtahotel.com**

ESCAZÚ Intercontinental Real Hotel & Club Tower
P ⫶ ♨ 🍴 ▤ ♿ TV ©©©©©

Autopista Próspero Fernández und Blvd Camino Real ☎ 2208-2100 **FAX** 2208-2101 **Zimmer** 372

Das prächtige Hotel 1,5 km westlich von San Rafael de Escazú besticht mit exzellenter Ausstattung und ist vor allem bei Geschäftsreisenden beliebt. Wellness-Center, Fitnessräume und Swimmingpool sind Teil des Angebots, dazu kommen Tennisplatz mit Flutlicht, Läden und ein Reisebüro. **www.ichotelsgroup.com**

WESTLICH DES ZENTRUMS Gaudy's Backpackers
▤ P ©

Calles 36/38 und Ave 5 ☎ 2248-0086 **FAX** 2258-2937 **Zimmer** 13

Saubere Unterkunft für Rucksackreisende in einer ruhigen Wohngegend nahe Paseo Colón. Sie bietet Schlafsäle und Zimmer mit Bad. Dazu gibt es gratis Tee und Kaffee, eine Lounge mit Kabelfernsehen und freien Internet-Zugang. Und: Es gibt keine Sperrstunde. **www.backpacker.co.cr**

WESTLICH DES ZENTRUMS Mi Casa Hostel
P ⫶ ♿ TV ©

Calle 48, Sabana Norte ☎ 2231-4700 **FAX** 2232-3928 **Zimmer** 5

Das Backpacker-Hostel befindet sich in einem schönen modernen Haus in einer ruhigen Wohngegend. Es gibt einen gemischten Schlafsaal, einen nur für Frauen und auch private Zimmer. Darüber hinaus können Gäste einen Fernsehraum, einen Pooltisch, ein Internet-Café, die Küche und den schönen Garten nutzen. **www.micasahostel.com**

WESTLICH DES ZENTRUMS Apartotel La Sabana
P ♨ 🍴 ▤ ♿ TV ©©©

Calle 44, nördlich der Avenida las Américas ☎ 2220-2422 **FAX** 2231-7386 **Zimmer** 25

Das moderne *apartotel* nahe dem Parque Sabana bietet Zimmer, Studios und Apartments. Für Geschäftsreisende gibt es ein Büro – komplett mit ergonomischem Chefsessel. Weitere Einrichtungen sind ein Babysitterservice (auf Anfrage) und eine Sauna. **www.apartotel-lasabana.com**

Preiskategorien *siehe S. 200* **Zeichenerklärung** *siehe hintere Umschlagklappe*

WESTLICH DES ZENTRUMS Hotel Cacts 🅿 🏠 🏊 ♿   ⓒⓒⓒ
Calles 28/30 und Ave 3 bis, Nr. 2845 ☎ 2221-2928 FAX 2221-8616 **Zimmer** 33

Das Hotel in einer hügeligen Wohngegend bietet blitzsaubere, unprätentiös ausgestattete Zimmer; die im modernen Anbau sind etwas gemütlicher. Einige Zimmer teilen sich ein Bad, die besseren haben auch Fernsehen. Frühstück gibt es auf der Dachterrasse, Ausflüge und Transfers werden organisiert. **www.hotelcacts.com**

WESTLICH DES ZENTRUMS Hotel Rosa del Paseo 🅿 🏠 ▤ ♿ 📺   ⓒⓒⓒ
Calles 28/30 und Paseo Colón ☎ 2257-3225 FAX 2223-2776 **Zimmer** 18

Das jahrhundertealte viktorianische Haus am Paseo Colón steckt voller alter Relikte: italienische Mosaikböden, alte englische Möbel und Stuckdecken. Die Zimmer sind um zwei Patio-Gärten herum gruppiert, das Frühstück wird im Freien serviert. Auch ein Kunstgewerbeladen ist vorhanden. **www.rosadelpaseo.com**

WESTLICH DES ZENTRUMS Best Western Irazú Hotel & Casino 🅿 🏠 ▤ ▤ ♿ 📺   ⓒⓒⓒⓒ
Barrio La Uruca ☎ 2290-9300 FAX 2520-2483 **Zimmer** 214

Das Best Western Irazú ist ein komfortables, modernes Hotel am Nordwestrand der Stadt. Zu den Anlagen gehören Tennisplätze, ein Casino, eine Bar, ein Reisebüro und eine Einkaufspassage. Zur Innenstadt und zum internationalen Flughafen gibt es einen Shuttle-Service. **www.bestwesterncostarica.com**

WESTLICH DES ZENTRUMS Hotel Occidental Torremolinos 🅿 🏠 🏊 🏠 ▤ ♿ 📺   ⓒⓒⓒⓒ
Ave 5 und Calle 6 ☎ 2222-5266 FAX 2255-3167 **Zimmer** 92

Das gehobene zweigeschossige Hotel liegt in der Nähe des Parque Sabana und ist von einem wunderschönen Garten mit Swimmingpool umgeben. Die Zimmer haben alle modernen Annehmlichkeiten und sind elegant eingerichtet. Ein Shuttle-Bus bringt Gäste ins Zentrum von San José und wieder zurück. **www.occidental-hoteles.com**

WESTLICH DES ZENTRUMS Hotel Parque del Lago 🏠 ▤ 📺   ⓒⓒⓒⓒ
Calles 40/42 und Ave 2 ☎ 2257-2000 FAX 2223-1617 **Zimmer** 40

Gut geführtes, modernes Hotel am Parque Sabana. Seine elegante Bar zieht vor allem Geschäftsreisende an, die Gemeinschaftsräume sind mit Tropenholzdekor, Fliesen im Kolonialstil und anderen Details traditioneller costa-ricanischer Architektur ausgestattet. **www.parquedellago.com**

WESTLICH DES ZENTRUMS Quality Hotel Centro Colón 🅿 🏠 🏠 ▤ ♿ 📺   ⓒⓒⓒⓒ
Calle 38 und Ave 3 ☎ 2257-2580 FAX 2257-2582 **Zimmer** 103

Das Centro Colón ist in zwei Hochhaustürmen nahe dem Parque Sabana untergebracht und bietet jede Menge moderner Eleganz. Zu der Anlage gehören Casino, Nachtclub und Kaffeebar genauso wie ein Reisebüro, ein Konferenzzentrum und ein Souvenirladen. **www.hotelcentrocolon.com**

WESTLICH DES ZENTRUMS Crowne Plaza Corobicí 🅿 🏠 🏊 🏠 ▤ ♿ 📺   ⓒⓒⓒⓒⓒ
Autopista General Cañas, Sabana Norte ☎ 2543-6000 FAX 2231-5834 **Zimmer** 213

Vor allem Geschäftsreisende verkehren in diesem Hotel mit seiner spektakulären Architektur und riesigem Atrium. Das Haus bietet große Zimmer und Rundumbetreuung: Casino, zwei Restaurants, Bar, Reisebüro und kostenlosen Shuttle-Service. **www.crowneplaza.com**

WESTLICH DES ZENTRUMS Hotel Grano de Oro 🅿 🏠 ♿ 📺   ⓒⓒⓒⓒⓒ
Calle 30 und Aves 2/4 ☎ 2255-3322 FAX 2221-2782 **Zimmer** 40

Die Kombination von exquisitem Dekor, perfektem Service und einer idyllischen Lage machen dieses Herrenhaus aus der Kolonialzeit beliebt. Es gibt Jacuzzis auf dem Dach und ein Gourmetrestaurant *(siehe S. 226)*. Das Haus gehört zur Gruppe Small Distinctive Hotels of Costa Rica *(siehe S. 198)*. **www.hotelgranodeoro.com**

ZENTRALES HOCHLAND

ALAJUELA Hotel II Millenium B&B 🅿 ♿ 📺   ⓒⓒⓒ
Rio Segundo de Alajuela, 1,5 km südöstlich von Alajuela ☎ 2430-5050 FAX 2441-2365 **Zimmer** 12

Bei Rucksackreisenden beliebtes, einfaches, aber gut geführtes Hotel mit Zimmern (mit Bad) und Schlafsälen. Der Transfer zum Flughafen ist kostenlos. Das Haus organisiert auch Tagesausflüge zu den Sehenswürdigkeiten in der Umgebung. Internet-Zugang ist vorhanden. **www.bbmilleniumcr.com**

ALAJUELA Orquideas Inn 🅿 🏠 🏊 ♿ 📺   ⓒⓒⓒⓒ
Cruce de Grecia y Poás, 3 km westlich von Alajuela ☎ 2433-7128 FAX 2433-9740 **Zimmer** 26

Das idyllische Gebäude im Hazienda-Stil liegt inmitten üppigen Grüns am Fuß des Volcán Poás. Die komfortablen Zimmer sind in lebhaften Farben eingerichtet. Springbrunnen füllen den Swimmingpool, auf der hölzernen Sonnenterrasse lässt es sich angenehm ausspannen. Gut sortierte Bar. **www.orquideasinn.com**

ALAJUELA Pura Vida Hotel 🅿 🏠 ♿ 📺   ⓒⓒⓒⓒ
Cruce de Tuetal Norte y Sur, 1 km nördlich von Alajuela ☎ 2430-2929 FAX 2430-2630 **Zimmer** 7

Das familiengeführte Bed-and-Breakfast, ursprünglich Mittelpunkt einer Kaffee-*finca*, liegt mitten in grüner Hügellandschaft und bietet einzeln stehende *casitas* (Cottages) in unterschiedlicher Ausstattung. Das Freiluftrestaurant ist exzellent, in der Lobby gibt es freien Internet-Zugang. **www.puravidahotel.com**

ALAJUELA Xandari   P ⅰ ▤ 🛁 TV   ⓒⓒⓒⓒⓒ

Tacacori, 5 km nördlich von Alajuela 📞 *2443-2020* FAX *2442-4847* **Zimmer** *21*

Das ultramodern designte Hotel liegt in einer Kaffee-*finca* in den Bergen über Alajuela. Großzügige Gästehäuser, mit Kunstgegenständen angefüllt, bieten eine herrliche Aussicht. Neben einem Restaurant *(siehe S. 227)* gibt es auch ein Wellness-Center. Ein Wanderweg führt durch einen Bambushain zu einem Wasserfall. **www.xandari.com**

ATENAS El Cafetal Inn   P ⅰ ▤ TV   ⓒⓒⓒⓒ

Santa Eulalia, 5 km nördlich von Atenas 📞 *2446-5785* FAX *2446-4850* **Zimmer** *16*

Ein freundlicher Landgasthof auf einer Kaffee-*finca,* von der etliche Wanderwege abgehen. Das eindrucksvolle zweistöckige Haus mit seinen verglasten Erkern überblickt das Tal des Rio Colorado sowie Kaffee- und Zuckerrohrplantagen. Die Eigentümer sind charmante Gesprächspartner. Es gibt Zimmer und Apartments. **www.cafetal.com**

BAJOS DEL TORO Bosque de Paz Lodge   P ⅰ   ⓒⓒⓒⓒⓒ

14 km östlich von Zarcero 📞 *2234-6676* FAX *2225-0203* **Zimmer** *12*

Das zweistöckige Natursteinhaus am Rand des Regenwaldes bietet Terrakottaböden und schmiedeeiserne Betten. Die Hausbibliothek ist mit naturwissenschaftlichen Büchern und Informationsmaterial über das Naturschutzgebiet bestückt. Vollpension ist obligatorisch, Reservierung nötig. **www.bosquedepaz.com**

BAJOS DEL TORO El Silencio Lodge & Spa   P ⅰ   ⓒⓒⓒⓒⓒ

16 km östlich von Zarcero 📞 *2761-0301* FAX *2761-0302* **Zimmer** *16*

Das fantastische Hotel, die luxuriöseste Natur-Lodge in Costa Rica, öffnete seine Pforten 2008. Die aufwendig eingerichteten Bungalows sind in jeder Hinsicht umweltfreundlich und bieten einen traumhaften Blick auf den Regenwald. Ein Spa bietet Yoga an, in der Lounge ist ein offener Kamin. **www.elsilenciolodge.com**

EL ROSARIO DE NARANJO Vista del Valle   ▤ P ⅰ ▤ 🛁 ᴋ   ⓒⓒⓒⓒⓒ

Calle Indio, El Rosario de Naranjo 📞 *2450-0800* FAX *2451-1165* **Zimmer** *22*

Das von Amerikanern geführte Boutiquehotel liegt an der Kante des Rio Grande Canyon und hat ein schönes Haupthaus und Cottages im japanischen Stil mit Veranden, die auf den Garten hinausführen. Die Zimmer sind gut ausgestattet. Das Hotel hat ein eigenes Schutzgebiet mit Wasserfall und vielen Tieren. **www.vistadelvalle.com**

HEREDIA Casa Holanda   ⅰ ▤ TV   ⓒⓒⓒ

San Pablo de Heredia, 3 km östlich von Heredia 📞 *2238-3241* **Zimmer** *4*

Das Bed-and-Breakfast in einer ruhigen Wohngegend wird von dem klassischen Musiker James Holland geführt, der auch private Führungen und Stegreifkonzerte anbietet. In einem Patio werden frische Gourmetgerichte serviert. Die Zimmer sind individuell und geschmackvoll eingerichtet. **www.casaholanda.com**

HEREDIA Hotel Bougainvillea   P ⅰ ▤ ᴋ TV   ⓒⓒⓒⓒ

Santo Domingo de Heredia, 3 km südöstlich von Heredia 📞 *2244-1414* FAX *2244-1313* **Zimmer** *81*

Preiswertes Hotel von hohem Standard. Überall hängen Originale moderner Kunst, die Zimmer bieten Aussicht über die Berge oder die Silhouette von San José. Das Haus hat Tennisplatz, Swimmingpool und eine Joggingstrecke – und zur Auffüllung der Kohlenhydratspeicher ein Restaurant von gutem Ruf *(siehe S. 227)*. **www.hb.co.cr**

HEREDIA Finca Rosa Blanca Coffee Plantation & Inn   P ⅰ ▤   ⓒⓒⓒⓒⓒ

Santa Barbara de Heredia, 6 km nordwestlich von Heredia 📞 *2269-9392* FAX *2269-9555* **Zimmer** *13*

Das wunderbare Hotel auf einer Kaffeeplantage ist eine durch den spanischen Baumeister Antoni Gaudí inspirierte architektonische Augenweide. Jedes Zimmer ist individuell ausgestattet, das Restaurant *(siehe S. 227)* ist exzellent. Reiten, Bungeespringen und Wildwasser-Rafting werden organisiert. **www.finca-rblanca.co.cr**

LA GARITA Hotel La Rosa de América   P ⅰ ▤ ᴋ TV   ⓒⓒⓒ

Barrio San José, 5 km westlich von Alajuela 📞 *2433-2741* FAX *2433-2741* **Zimmer** *12*

Das La Rosa de América ist ein gemütliches, preiswertes Hotel und liegt zwischen La Garita und Alajuela in einer Höhe von 915 Metern. Die Zimmer sind auf Blockhäuser verteilt, die in einem üppigen Garten stehen. Die kanadische Eigentümerfamilie hält ihr Etablissement makellos sauber. **www.larosadeamerica.com**

LA GARITA Martino Resort & Spa   P ⅰ ▤ 🍽 ▤ TV   ⓒⓒⓒⓒ

Highway 3, 3 km östlich des Panamerikan. Highway 📞 *2433-8382* FAX *2433-9052* **Zimmer** *42*

Ein Rasen, wie mit der Nagelschere geschnitten, opulentes Tropenholz und römische Statuen sind die Markenzeichen dieses schönen familiengeführten Hotels. Die Anlagen umfassen Casino, Tennisplatz, moderne Fitness- und Wellnessräume, eine Zigarrenbar und ein Gourmetrestaurant *(siehe S. 228)*. **www.hotelmartino.com**

LOS ÁNGELES CLOUD FOREST RESERVE Villablanca Cloud Forest Hotel   P ⅰ ᴋ TV   ⓒⓒⓒⓒ

Los Ángeles, 12 km nördlich von San Ramón 📞 *2401-3800* FAX *2461-0302* **Zimmer** *35*

Das Gutshaus im Kolonialstil liegt auf der Kontinentalscheide an der Grenze eines Nebelwalds und bietet charmante Cottages mit offenen Feuerstellen. Reiten, Wandern und Touren zur Vogelbeobachtung im Weideland wie im Dschungel machen den Aufenthalt kurzweilig. **www.villablanca-costarica.com**

MONTE DE LA CRUZ Hotel Chalet Tirol   P ⅰ ▤ 🍽 ᴋ   ⓒⓒⓒ

10 km nordöstlich von Heredia 📞 *2267-6222* FAX *2267-6373* **Zimmer** *34*

Berghotel mit gutem Restaurant *(siehe S. 228)*, alles im Stil eines Schweizer Bergdorfs angelegt. Man hat die Wahl zwischen modernen Hotelzimmern oder gemütlich-rustikalen Chalets. Wanderwege führen in den Nebelwald, in der Hotelanlage gibt es Tennisplätze, eine Sauna und Konferenzeinrichtungen. **www.eltirol.net**

OROSI Orosi Lodge
`P` `☰` `▤` ◎◎◎

Südwestlich der Plaza, Orosi `☎` *2533-3578* `FAX` *2533-3578* **Zimmer** *6*

Das einfache, aber charmante familiengeführte Hotel liegt nur ein paar Gehminuten von den Thermalbädern entfernt und damit in einer guten Position, um andere örtliche Attraktionen, z.B. die Casa el Soñador, zu besuchen. Es gibt Zimmer mit Kochnische und Terrasse. Das Café hat einen guten Ruf *(siehe S. 228)*. **www.orosilodge.com**

OROSI Rancho Río Perlas Spa & Resort
`P` `☰` `⇌` `♿` `TV` ◎◎◎◎

1,5 km westlich von Orosi `☎` *2533-3341* `FAX` *2533-3085* **Zimmer** *69*

Das Beste an diesem modernen Hotel ist seine Lage in einem abgeschiedenen Tal, umgeben von üppigen Gärten. Heiße Quellen speisen Swimming- und Whirlpool. Für begeisterte Angler werden Ausflüge zu den fünf Fischteichen in der Umgebung organisiert. **www.rioperlasspaandresort.com**

POÁS Siempre Verde Bed & Breakfast
`P` `☰` `♿` `TV` ◎◎◎

Doka Estate, 11 km nördlich von Alajuela `☎` *2449-5562* `FAX` *2239-0540* **Zimmer** *4*

Das gemütliche, freundliche Haus liegt malerisch auf einer riesigen Kaffeeplantage und ist damit ein ausgezeichnetes Refugium vor der Hektik der Städte. Das Siempre Verde bietet gutes Frühstück und Catering für Veranstaltungen wie Konferenzen und private Partys. **www.siempreverdebandb.com**

SALISPUEDES Finca Eddie Serrano
`▤` `P` `☰` `♿` ◎◎◎

Km 80 auf dem Panamerikan. Highway `☎` *8381-8456 oder 2200-5915* **Zimmer** *16*

Auf der Finca Eddie Serrano (auch bekannt als Albergue Mirador de Quetzales) kann man jede Menge Quetzals *(siehe S. 96)* sehen. Die rustikale Lodge bietet einfache Blockhäuser mit unglaublicher Aussicht und ist ein Eldorado für Vogelfreunde. Halbpension im Preis enthalten. **www.elmiradordequetzales.com**

SAN ANTONIO DE BELÉN Costa Rica Marriott
`P` `☰` `⇌` `▼` `▤` `♿` `TV` ◎◎◎◎◎

Ribera de Belén, 1,6 km östlich von San Antonio de Belén `☎` *2298-0000* `FAX` *2298-0011* **Zimmer** *29*

Das Luxushotel liegt inmitten von Kaffeefeldern und bietet einen sensationellen Blick auf die Talamanca-Berge. Die Zimmer sind luxuriös eingerichtet und ausgestattet. Zu den Annehmlichkeiten gehören ein Swimmingpool, ein Fitnessraum, Läden und Restaurants. **www.marriotthotels.com**

SAN GERARDO DE DOTA Trogon Lodge
`P` `☰` ◎◎◎

8 km westlich des Panamerikan. Highway `☎` *2293-8181* `FAX` *2239-7657* **Zimmer** *23*

Die Trogon Lodge liegt inmitten einer üppigen Vegetation auf 2135 Meter Höhe im Valle de San Gerardo, an den klaren Gewässern des Río Savegre. Hier kann man Forellen angeln, wandern, reiten und Mountainbike fahren. **www.grupomawamba.com**

SAN GERARDO DE DOTA Dantica Lodge & Gallery
`▤` `P` `☰` `♿` `TV` ◎◎◎◎◎

4 km südlich des Schutzgebieteingangs `☎` *2740-1067* `FAX` *2740-1071* **Zimmer** *10*

Die Lodge im Kolonialstil hat eigene Pfade innerhalb des Nebelwalds. Gäste wohnen in Bungalows mit moderner Ausstattung und großen Glasfenstern, die einen wunderbaren Blick auf die Umgebung ermöglichen. Der Wald ist reich an Vogelarten. Die Lodge wartet mit allen modernen Annehmlichkeiten auf. **www.dantica.com**

TURRIALBA Hotel Villa Florencia
`P` `☰` `⇌` `大` `▤` `♿` `TV` ◎◎◎◎

6 km südöstlich von Turrialba `☎` *2557-3536* `FAX` *2556-2372* **Zimmer** *11*

Die umgebaute Villa, die 2008 als Hotel eröffnete, ist eine exzellente Wahl für Vogelfreunde, da man von hier von einer Hügelspitze aus sehr gut die Zuckerrohrfelder am Angostura-See überblicken kann. Die großen Zimmer sind individuell mit Terrakottafliesen oder Flusssteinen dekoriert. **www.villaflorencia.com**

TURRIALBA Hotel Casa Turire
`P` `☰` `⇌` `TV` ◎◎◎◎◎

Hacienda Atirro, 8 km südöstlich von Turrialba `☎` *2531-1111* `FAX` *2531-1075* **Zimmer** *16*

Das gut ausgestattete Hotel am Ufer des Angostura-Sees bietet großzügige Zimmer und ein elegantes Restaurant *(siehe S. 229)*. Zu den angebotenen Aktivitäten gehören Besuche bei Zuckerrohr, Kaffee und Macadamianüsse verarbeitenden Betrieben. Mitglied der Small Distinctive Hotels of Costa Rica *(siehe S. 198)*. **www.hotelcasaturire.com**

TURRIALBA Rancho Naturalista
`▤` `P` `☰` ◎◎◎◎◎

Tuís, 14 km östlich von Turrialba `☎` *2544-8100* `FAX` *2544-8101* **Zimmer** *11*

Als einer der besten Vogelbeobachtungspunkte des Landes gilt diese gemütliche Lodge. Ornithologen finden ein weitverzweigtes Netz von Wanderwegen und einheimische Führer. Man kann zwischen Cottages und Zimmern wählen. Die Preise beinhalten Mahlzeiten und geführte Wanderungen. **www.ranchonaturalista.net**

VARA BLANCA Poás Volcano Lodge
`P` `☰` `♿` ◎◎◎◎

22 km nördlich von Alajuela `☎` *2482-2194* `FAX` *2482-2513* **Zimmer** *11*

Das gemütliche, familiengeführte Hotel, das mitten in Kuhweiden steht, wurde nach Beschädigungen durch das Erdbeben 2009 renoviert. Gäste erfreuen sich an offenen Kaminen, einem Spielraum, einem Souvenirladen, einer kleinen Bibliothek und einer Kunstgalerie. **www.poasvolcanolodge.com**

VARA BLANCA Peace Lodge
`P` `☰` `⇌` `TV` ◎◎◎◎◎

Montaña Azul, 24 km nördlich von Alajuela `☎` *2482-2720* `FAX` *2482-2720* **Zimmer** *17*

Luxuriöse Lodge bei den La Paz Waterfall Gardens, ausgestattet mit schweren Deckenbalken, Tropenholzparkett, Himmelbetten, offenen Kaminen sowie Bädern mit Natursteinduschen in großzügigen Zimmern. Jedes Zimmer verfügt über einen Whirlpool und einen riesigen Balkon. **www.waterfallgardens.com**

VOLCÁN TURRIALBA Volcán Turrialba Lodge   P ⅱ ▤ ♿   ⓒⓒⓒⓒ

19 km nordwestlich von Turrialba ☏ 2273-4335 FAX 2273-0703 **Zimmer** 22

Die einfache Lodge liegt zwischen Turrialba und den Irazú-Vulkanen, ideal zum Reiten und Bergwandern. Besonders interessant ist die Volcán-Turrialba-Tour, eine einmalige Gelegenheit, bis auf den Boden eines großen Kraters vorzustoßen. Die Lodge ist mit einem Fahrzeug mit Allradantrieb zu erreichen. **www.volcanturrialbalodge.com**

ZENTRALE PAZIFIKKÜSTE UND SÜDLICHES NICOYA

ESTERILLOS Xandari by the Pacific   P ⅱ ≋ ▤ ♿   ⓒⓒⓒⓒⓒ

Esterillos Este, 16 km südlich von Jacó ☏ 2778-7070 FAX 2778-7878 **Zimmer** 21

Das Schwesterhotel des hervorragenden Xandari in Alajuela *(siehe S. 204)* hat wunderschöne Bungalows am beeindruckenden grauen Sandstrand. Gäste können sich aber auch auf ihren Terrassen oder am Pool aufhalten. Im Garten stehen zeitgenössische Skulpturen. Es werden Biogerichte serviert. **www.xandari.com**

JACÓ Hotel Cocal and Casino   P ⅱ ≋ ▤   ⓒⓒⓒ

Calle Cocal ☏ 2643-3067 FAX 2643-0036 **Zimmer** 43

Günstig gelegenes, lebhaftes Hotel in einem Flachbau am Strand. Zwei Swimmingpools mit Poolbar, Freiluftrestaurant mit guter internationaler Küche und ein Casino machen das Haus vor allem bei kleineren Reisegruppen beliebt. Kinder sind nicht erwünscht. **www.hotelcocalandcasino.com**

JACÓ Hotel Poseidon   P ⅱ ≋ ▤ ♿ TV   ⓒⓒⓒⓒ

Calle Bohío ☏ 2643-1642 **Zimmer** 14

Das Gourmetrestaurant *(siehe S. 229)* ist das Highlight des modern möblierten zweistöckigen Hotels. Die oberen Zimmer sind die besseren. Alle Zimmer sind mit Minibar ausgestattet, einige haben statt einer Klimaanlage Deckenventilatoren. Das Hotel organisiert Ausflüge und andere Freizeitaktivitäten. **www.hotel-poseidon.com**

JACÓ Vista Guapa Surf Camp   P ≋ ▤   ⓒⓒⓒⓒ

1,5 km nordwestlich von Jacó ☏ 2643-2830 **Zimmer** 6

Das bei Surfern beliebte Hotel auf einem Hügel verfügt über einfache, aber bequeme Bungalows, die einen schönen Blick auf das Meer bieten. Frühstück und Abendessen werden im Haupthaus serviert, in der Lobby kann man fernsehen. **www.vistaguapa.com**

JACÓ Hotel Club del Mar   P ⅱ ≋ ▤ ♿ TV   ⓒⓒⓒⓒⓒ

Highway 34, 1,5 km südlich von Jacó ☏ 2643-3194 FAX 2643-3550 **Zimmer** 31

Das moderne Hotel am Strand bietet Zimmer und Selbstversorger-Hütten, die um den riesigen Pool herum gruppiert sind. Es gibt eine Tapasbar, einen üppigen Garten und ein Thermalbad. Hierher kommt man zum Schwimmen, Surfen und Kanufahren. Kajaks sind zu mieten. **www.clubdelmarcostarica.com**

MALPAÍS Malpaís Surf Camp & Resort   P ⅱ ≋ ▼   ⓒ

Südlich von Carmen ☏ 2640-0031 FAX 2640-0061 **Zimmer** 16

Der gut geführte Treffpunkt für Surfer bietet unterschiedliche Arten von Unterkünften: Camping, Blockhütten mit Gemeinschaftsbad, Zimmer am Pool und rustikale, voll ausgestattete Bungalows. Man kann reiten, Mountainbike fahren, angeln – und natürlich surfen. **www.malpaissurfcamp.com**

MALPAÍS Hotel Milarepa   P ⅱ ≋ ♿   ⓒⓒⓒⓒ

Playa Santa Teresa, 5 km nördlich von Carmen ☏ 2640-0023 FAX 2640-0663 **Zimmer** 4

Romantisches Hotel am Strand, gut geführt von französischen Besitzern. Die asiatisch anmutenden Bungalows stehen mitten am Strand und haben antike Betten und (teilweise) Freiluftbäder. Das Restaurant bietet Gourmetküche von gutem Ruf. **www.milarepahotel.com**

MALPAÍS Moana Lodge   P ⅱ ≋ ▤ TV   ⓒⓒⓒⓒ

3 km südlich von Carmen ☏ 2640-0230 FAX 2640-0623 **Zimmer** 10

Die schön im afrikanischen Stil dekorierte Moana Lodge bietet Holzhütten und luxuriöse Suiten, die sich direkt am Waldrand befinden. Alle Unterkünfte haben Wi-Fi. Die riesigen Duschen sind ein Highlight. Vom Open-Air-Gourmetrestaurant blickt man über den in die Landschaft integrierten Pool. **www.moanalodge.com**

MALPAÍS Star Mountain Eco-Resort   P ⅱ ≋   ⓒⓒⓒⓒ

1,5 km östlich von Malpaís ☏ 2640-0101 FAX 2640-0102 **Zimmer** 5

Das familiengeführte Star Mountain Eco-Resort (das »Eco« im Namen ist Programm) liegt im Wald an der Grenze zum Parque Nacional Cabo Blanco. Das Haus bietet ein farbenfrohes tropisches Ambiente, sein Freiluftrestaurant liegt mitten im üppigen Grün. **www.starmountaineco.com**

MALPAÍS Florblanca Resort   P ⅱ ≋ ▼ ▤ TV   ⓒⓒⓒⓒⓒ

Playa Santa Teresa, 5 km nördlich von Carmen ☏ 2640-0232 FAX 2640-0226 **Zimmer** 10

Ein wirklich luxuriöses Strandresort im balinesischen Stil. Großzügige Ferienhäuser verfügen über stilvolle Einrichtung und Freiluftbäder. Das Restaurant ist etwas für echte Gourmets *(siehe S. 229)*. Yoga- und Kampfsportkurse. Das Haus ist Mitglied der Small Distinctive Hotels of Costa Rica *(siehe S. 198)*. **www.florblanca.com**

Preiskategorien *siehe S. 200* **Zeichenerklärung** *siehe hintere Umschlagklappe*

MANUEL ANTONIO Vista Serena Hostel

3 km südöstlich von Quepos **2777-5162** *Zimmer 12*

Das Vista Serena Hostel ist eines der besten Backpacker-Hostels in Costa Rica. Es liegt inmitten von Hügeln, alles ist sehr sauber. Gäste treffen sich in der Fernseh-Lounge oder auf der Veranda. Das Vista Serena verfügt darüber hinaus über ein eigenes Internet-Café. **www.vistaserena.com**

MANUEL ANTONIO Hotel Mono Azul

1,6 km südlich von Quepos **2777-2572** FAX 2777-1954 *Zimmer 32*

Das gemütliche Hotel wird nach ökologischen Richtlinien geführt und bietet 27 unterschiedliche Zimmer, die alle sehr gut ausgestattet sind. Es gibt drei Swimmingpools, gegen eine kleine Gebühr Internet-Zugang und ein gutes Restaurant. Das Mono Azul ist sehr familienfreundlich. **www.monoazul.com**

MANUEL ANTONIO Arenas del Mar

6,5 km südlich von Quepos **2777-2777** FAX 2777-2777 *Zimmer 38*

Das 2008 eröffnete Arenas del Mar ist ein Luxushotel an einem wunderschönen Platz am nördlichen Ende der Playa Espadilla. Die sehr stilvoll eingerichteten Suiten haben alle einen Whirlpool und Balkon. In einem luftigen Restaurant werden Gourmetgerichte serviert. **www.arenasdelmar.com**

MANUEL ANTONIO Hotel La Mariposa

5 km südlich von Quepos **2777-0355** FAX 2777-0050 *Zimmer 62*

Das beeindruckende Hotel La Mariposa bietet dank seiner Hügellage einen fantastischen Blick über den Ozean und die Regenwälder des Parque Nacional Manuel Antonio. Man übernachtet in mediterranen Cottages oder modernen Suiten. Gutes Restaurant *(siehe S. 230)*. Kostenloser Shuttle-Service zum Strand. **www.hotelmariposa.com**

MANUEL ANTONIO Hotel Si Como No Resort

5 km südlich von Quepos **2777-0777** FAX 2777-1093 *Zimmer 61*

Komfortables, zeitgemäßes Hotel mit mehreren Restaurants *(siehe S. 230)*. Es bietet ein Multimedia-Theater, ein Internet-Café, ein Thermalbad, zwei Pools und jede Menge Aktivitäten. Die älteren Zimmer sehen etwas nach Disneyland aus, die neueren aber sind richtig elegant. **www.sicomono.com**

MANUEL ANTONIO Makanda by the Sea

5 km südlich von Quepos **2777-0442** FAX 2777-1032 *Zimmer 11*

Die großzügigen Ferienhäuser des Makanda liegen harmonisch in die umgebende Natur eingebettet und bieten einen großartigen Blick auf Wald und Meer. Wanderwege führen zu einem einsamen Strandabschnitt. Ein romantisches Freiluftrestaurant serviert exzellente Gerichte *(siehe S. 230)*. **www.makanda.com**

MONTEZUMA Horizontes de Montezuma

1,5 km nördlich von Montezuma **2642-0534** FAX 2642-0625 *Zimmer 7*

Schöne Unterkunft im Plantagenstil mit riesiger Veranda und anmutiger, blendend weißer Ausstattung. Es werden Anfänger- und Fortgeschrittenenkurse in Spanisch angeboten. Das von Deutschen geführte Haus organisiert Ausflüge in Zusammenarbeit mit örtlichen Reiseveranstaltern. **www.horizontes-montezuma.com**

MONTEZUMA Nature Lodge Finca Los Caballos

3 km nördlich von Montezuma **2642-0124** FAX 2642-0664 *Zimmer 12*

Die Nature Lodge, die von einem deutsch-costa-ricanischen Paar geführt wird, wurde von ansässigen Handwerkern aus Holz, Stein und Terrakotta gebaut. Einige der Zimmer haben Außenduschen mit Blick auf den Pazifik. Frühstück ist inklusive. Angeboten werden auch Mondscheintouren, Reiten und Vogelbeobachtung. **www.naturelodge.net**

MONTEZUMA Ylang Ylang Beach Resort

Playa Grande, 1 km östlich von Montezuma **2642-0636** FAX 2642-0631 *Zimmer 20*

Einen kurzen Spaziergang vom Strand entfernt liegt dieses attraktive Hotel im Schatten großer Palmen. Es bietet verschiedene Unterkünfte, darunter das El Sano Banano Hotel, Safari-Zelte, Strandsuiten und Bungalows, alle äußerst geschmackvoll ausgestattet. Der in die Umgebung eingebettete Pool ist ein Highlight. **www.ylangylangresort.com**

PLAYA HERMOSA Cabinas Las Arenas

Highway 34 **2643-7013** FAX 210-764-5675 *Zimmer 10*

Eine Surferherberge oberhalb des Strands mit charmanten *cabinas* und einem Campingplatz. Das Restaurant ist angenehm rustikal, und sogar einen Souvenirladen gibt es. Es werden unterschiedliche Touren und Ausflüge angeboten. **www.cabinaslasarenas.com**

PLAYA HERMOSA Terraza del Pacífico

1,5 km südlich von Jacó **2440-6862** FAX 2430-7571 *Zimmer 62*

Obwohl es sich selbst als Surferunterkunft versteht, ist das Terraza del Pacífico ein modernes Strandhotel, das eine weitaus breitere Klientel anzusprechen weiß. Es gibt Zimmer und Suiten mit Küchenzeile sowie einen Pool für Kinder. Dschungelausflüge und Delfinbeobachtungstrips werden organisiert. **www.terrazadelpacifico.com**

PLAYA HERRADURA Hotel Villa Caletas

3 km nördlich von Playa Herradura **2637-0505** FAX 2637-0404 *Zimmer 36*

Die Kombination von exponierter Hügellage und überwältigender Einrichtung verleiht diesem Hotel eine luxuriöse Ausstrahlung. Restaurant *(siehe S. 230)* und Thermalbad sind berühmt. In einem in die Felsen gebauten Amphitheater finden Live-Konzerte statt. Mitglied der Small Distinctive Hotels of Costa Rica. **www.hotelvillacaletas.com**

PLAYA HERRADURA Los Sueños Marriott Ocean & Golf Resort P ⏸ ≋ ⍨ 🖹 ♿ TV ◎◎◎◎◎
1,5 km westlich des Highway 34 ☎ 2630-9000 FAX 2630-9090 **Zimmer** 201

Ein großes Strandhotel mit Yachthafen, Golfplatz in natürlicher Umgebung, Casino, Einrichtungen für Geschäftsreisende und mehreren Restaurants *(siehe S. 230)*. Die geschmackvoll eingerichteten Suiten bieten Meer- und Bergblick, Minibar und einen 24-Stunden-Service. **www.marriott.com/sjols**

PLAYA HERRADURA Zephyr Palace P ⏸ ≋ ⍨ 🖹 ♿ TV ◎◎◎◎◎
3 km nördlich von Playa Herradura ☎ 2637-0505 FAX 2637-0404 **Zimmer** 12

Das luxuriöseste Hotel Costa Ricas bietet die gleichen fantastischen Ausblicke wie das benachbarte Hotel Villa Caletas *(siehe S. 207)*. Das von der Erhabenheit des kaiserlichen Rom inspirierte Zephyr Palace wartet mit luxuriösen Suiten mit unterschiedlichen Themen auf, darunter Safari in Afrika und Altes Ägypten. **www.zephyrpalace.com**

PUNTARENAS Hotel Tioga P ⏸ ≋ 🖹 ♿ TV ◎◎◎◎
Calles 17/19 und Ave 4 ☎ 2661-0271 FAX 2661-0127 **Zimmer** 52

Das 1959 eröffnete komfortable Hotel am Golf von Nicoya liegt in der Nähe mehrerer guter Restaurants und Bars. Die Zimmer sind eher gediegen als fantasievoll, in einigen gibt es nur kaltes Wasser. Das Tioga hat ein kleines Casino, der Pool im Innenhof verfügt sogar über eine kleine Insel mit großem Baum. **www.hoteltioga.com**

PUNTARENAS Doubletree Resort by Hilton Puntarenas P ⏸ ≋ ⍨ 🖹 ♿ TV ◎◎◎◎◎
Playa Puntarenas, 8 km östlich von Puntarenas ☎ 2663-0808 FAX 2663-0856 **Zimmer** 230

Das Resort verfügt über Casino, einige Pools, Bars und Restaurants. An Sport werden Tennis, Volleyball, Minigolf und natürlich alle Arten Wassersport angeboten. Dazu gibt es abends das volle Unterhaltungsprogramm sowie Kinderbetreuung. **www.doubletree.hilton.com**

QUEPOS Wide Mouth Frog P ≋ 🖹 ♿ ◎
100 m östlich des Busbahnhofs ☎ 2777-2798 **Zimmer** 24

Das von Briten und Neuseeländern geführte, hoch geschätzte Backpacker-Hostel liegt im Herzen von Quepos. Das Wide Mouth Frog hat geschmackvoll eingerichtete Schlafsäle und Privatzimmer rund um einen Hof mit Pool. Es gibt einen Internet-Point und eine Küche zur Selbstnutzung. **www.widemouthfrog.org**

SAVEGRE Rafiki Safari Lodge ≋ P ⏸ ≋ ◎◎◎◎◎
30 km südöstlich von Quepos ☎ 2777-2250 FAX 2777-5327 **Zimmer** 10

Die Unterkünfte der Rafiki Safari Lodge sind afrikanischen Hütten nachempfunden, verfügen aber über allen nötigen Komfort. Die Lage in einem tief eingeschnittenen Flusstal macht sie zum idealen Ausgangspunkt für Wanderungen, Kajakfahrten und Wildwasser-Rafting. Ein Highlight: südafrikanische *braai* (Grillgerichte). **www.rafikisafari.com**

TAMBOR Tambor Tropical P ⏸ ≋ ◎◎◎◎◎
1 km südwestlich des Flugplatzes ☎ 2683-0011 FAX 503-371-2471 **Zimmer** 20

Das Tambor Tropical ist ein modernes Strandhotel mit sechseckigen, zweigeschossigen Blockhäusern in ruhiger Landschaft. Das Haus bietet Thermalbad und Yogakurse. Die Gäste können unter einer Vielzahl von Freizeitaktivitäten wählen, darunter Bootstouren, Sportfischen und Reiten. **www.tambortropical.com**

TAMBOR Tango Mar Resort P ⏸ ≋ 🖹 ♿ TV ◎◎◎◎◎
5 km südwestlich von Tambor ☎ 2683-0001 FAX 2683-0003 **Zimmer** 35

Das Tango Mar liegt auf einer Klippe oberhalb eines breiten Strands. Es gibt Hotelzimmer, romantische *cabinas* und geräumige Ferienhäuser. Das Resort verfügt über einen 9-Loch-Golfplatz, einen Reitstall, ein Yogazentrum und ein Thermalbad. **www.tangomar.com**

GUANACASTE UND NÖRDLICHES NICOYA

BAHÍA CULEBRA Four Seasons Resort at Papagayo Península P ⏸ ≋ ⍨ 🖹 ♿ TV ◎◎◎◎◎
Punta Mala, 43 km westlich von Liberia ☎ 2696-0000 FAX 2696-0510 **Zimmer** 155

Hier kriegt der Besucher was für sein Geld: eine wunderbare Hügellage, exzellente Einrichtungen und besten Service. Zum Angebot gehören drei Swimmingpools, ein komplettes Wellness-Center, Tennisplätze und ein turniertauglicher Golfplatz, entworfen von Arnold Palmer. **www.fourseasons.com/costarica**

BAHÍA SALINAS Eco-Playa Resort P ⏸ ≋ 🖹 ♿ TV ◎◎◎◎
Playa La Coyotera, 16 km westlich von La Cruz ☎ 2228-7146 FAX 2289-4536 **Zimmer** 36

Das am Strand gelegene Resort beherbergt ein bekanntes Windsurfing-Zentrum und bietet geräumige, gut ausgestattete Zimmer. Das benachbarte Refugio Nacional de Vida Silvestre Isla Bolaños kann mit Kajak oder Boot angefahren werden. Auch Ausflüge nach Nicaragua werden angeboten. **www.ecoplaya.com**

CAÑAS Hacienda La Pacifica P ⏸ 🖹 ♿ ◎◎◎◎
4 km nördlich von Cañas ☎ 2669-6050 **Zimmer** 19

Das historische Anwesen liegt im Herzen einer Rinderfarm und eines Aufforstungsbetriebs. Die Eichenmöbel tragen zu einem rustikalen Feeling bei, die Zimmer sind jedoch modern mit Wi-Fi und Kabelfernsehen ausgestattet. Die Betten sind leider nicht allzu bequem. Im Restaurant werden traditionelle Gerichte serviert. **www.pacificacr.com**

ISLITA Hotel Punta Islita   P ⅰ ≋ ⅲ ▤ TV   ◎◎◎◎◎

Punta Islita, 16 km südlich von Carrillo   2231-6122   FAX 2232-2183   **Zimmer** 32

Das einsam gelegene Hotel bietet unterschiedliche Unterkünfte. Die meisten haben Himmelbetten und eine großartige Aussicht. Dazu kommen ein Restaurant *(siehe S. 231)*, Thermalbad, Kajak- und Dschungeltouren sowie Ausflüge in Geländefahrzeugen über Gebirgspfade und am Strand entlang. **www.hotelpuntaislita.com**

LIBERIA Best Western Hotel & Casino El Sitio   P ⅰ ≋ ⅲ ▤ ⅼ TV   ◎◎◎

Highway 21, westlich des Panamerikan. Highway   2666-1211   FAX 2666-2059   **Zimmer** 52

Modernes Hotel mit großzügig geschnittenen Zimmern um einen netten Innenhof mit zwei Swimmingpools. Dazu gibt es einen Souvenirladen, eine Ausflugsvermittlung und ein Casino. Der perfekte Ausgangspunkt für Ausflüge an die Pazifikküste, in die Nationalparks und zu den Vulkanen. **www.bestwestern.com**

LIBERIA Bed & Breakfast El Punto   P ⅰ ▤ ⅼ   ◎◎◎◎

1,6 km südlich von Liberia   2665-2986   **Zimmer** 6

Die Besitzerin Mariana Estreda hat eine frühere Schule in ein Boutiquehotel mit lebhaften Farben und zeitgenössischer Einrichtung umgewandelt. Die überdachten Balkone führen auf einen üppig grünen Garten. Es gibt auch ein stylisches Restaurant. Ein Spa ist in Planung. **www.elpuntohotel.com**

MONTEVERDE Pensión Santa Elena   ▤   ◎◎

Santa Elena, östlich der Bushaltestelle   2645-5051   FAX 2645-5051   **Zimmer** 24

Mitten in Santa Elena wartet diese freundliche Unterkunft auf Rucksacktouristen und andere Reisende mit schmalem Budget. Einladende Privatzimmer und Schlafsäle stehen zur Verfügung. Das Hotel organisiert Kurztrips zum Volcán Arenal und betreibt auch ein Informationsbüro. **www.pensionsantaelena.com**

MONTEVERDE Arco Iris Lodge   P   ◎◎◎

Santa Elena, nordöstlich der Bushaltestelle   2645-5067   FAX 2645-5022   **Zimmer** 12

Die Albergue Arco Iris ist ein gut geführtes, preiswertes Haus im Zentrum von Santa Elena. Auf gepflegten Wiesen stehen ansprechende Naturstein-Cottages, die von ortsansässigen Handwerkern aus lokalem Material gebaut wurden. Günstig zu den Naturschutzgebieten von Monteverde und Santa Elena gelegen. **www.arcoirislodge.com**

MONTEVERDE El Sapo Dorado   P ⅰ   ◎◎◎◎

Cerro Plano, 1 km östlich von Santa Elena   2645-5010   FAX 2645-5180   **Zimmer** 30

Das Hotel bietet Unterkunft in bezaubernden Naturstein-Cottages. Einige Suiten werden durch offene Feuerstellen noch gemütlicher, andere haben Terrassen mit Blick auf den Golf von Nicoya. Das El Sapo Dorado verfügt über eines von Monteverdes besten Restaurants *(siehe S. 232)*. **www.sapodorado.com**

MONTEVERDE Monteverde Lodge   P ⅰ ⅼ   ◎◎◎◎

Südöstlich von Santa Elena   2257-0766   FAX 2257-1665   **Zimmer** 27

Das zeitgemäße Hotel liegt am Rand von Costa Ricas bekanntestem Nebelwald und bietet großzügige Zimmer, einen Jacuzzi im Familienformat und exzellente Abendessen. Es wird von Costa Rica Expeditions betrieben und ist folglich spezialisiert auf die Organisation von Wanderungen und Vogelbeobachtung. **www.costaricaexpeditions.com**

NOSARA Hotel Café de Paris   P ⅰ ≋ ▤   ◎◎◎

Strand von Nosara, 6 km südlich des Flugplatzes   2682-0087   FAX 2682-0089   **Zimmer** 17

Aus einer Bäckerei unter französischer Leitung wurde im Lauf der Zeit ein Hotel mit Freiluftrestaurant und Bar. Die Architektur des Hauses ist der tropischen Umgebung angepasst. Es werden verschiedene Arten von Unterkünften und eine ganze Reihe von Freizeitaktivitäten angeboten. **www.cafedeparis.net**

NOSARA Lagarta Lodge   P ⅰ ≋   ◎◎◎

Punta Nosara, 3 km südlich von Boca Nosara   2682-0035   FAX 2682-0135   **Zimmer** 6

Das Hotel unter Schweizer Leitung lebt vor allem von der wunderbaren Aussicht auf Meer oder Gebirge, die alle Zimmer (und auch Restaurant und Bar) bieten. Die Zimmer sind komfortabel, wenn auch etwas einfallslos möbliert. Wanderwege führen ins Reserva Biológica Nosara, Kanufahrten werden organisiert. **www.lagarta.com**

NOSARA Harmony Hotel   P ⅰ ≋ ▤ ⅼ   ◎◎◎◎

Playa Guiones, Strände von Nosara   2682-4113   FAX 2682-4114   **Zimmer** 24

Das Hotel liegt nur einen Steinwurf vom Strand entfernt und verströmt eine zeitgenössische, hippe Ästhetik. Zur Auswahl stehen einige Zimmer und Bungalows mit Wi-Fi und farbenfroher Einrichtung. Der Pool liegt inmitten eines schönen Gartens. Es gibt auch einen Tennisplatz und Yogakurse. **www.harmonynosara.com**

NOSARA L'Acqua Viva Hotel & Spa   P ⅰ ≋ ⅲ ▤ ⅼ TV   ◎◎◎◎◎

3 km südlich von Boca Nosara   2682-1087   FAX 2682-0420   **Zimmer** 35

Das schicke Resort im indonesischen Stil eröffnete 2009 und liegt mitten im Wald, 15 Gehminuten vom Strand entfernt. Vom strohgedeckten Haupthaus blickt man über einen Swimmingpool, der über mehrere Ebenen geht. Überall stehen orientalische Einrichtungsgegenstände. **www.lacquaviva.com**

PLAYA AVELLANAS JW Marriott Guanacaste Resort & Spa   P ⅰ ≋ ⅲ ▤ ⅼ TV   ◎◎◎◎◎

Hacienda Pinilla, 5 km südlich von Tamarindo   2681-2000   FAX 2681-2001   **Zimmer** 310

Das luxuriöse Hotel der Marriott-Gruppe eröffnete 2009 im Herzen eines Wohngebiets mit einem Meisterschafts-Golfplatz. Das Guanacaste Resort verströmt eine Atmosphäre absoluten Komforts. Es gibt ein Spa, ein Fitness-Center, Tennisplätze und Ställe. **www.marriott.com**

PLAYA CARRILLO El Sueño Tropical   P 🍴 🏊 📋   ⓒⓒⓒ

1,5 km südöstlich von Puerto Carrillo 📞 2656-0151 **FAX** 2656-0152 **Zimmer** 12

Komfortables, inmitten eines üppigen Gartens gelegenes Hotel unter Leitung eines Paars aus Costa Rica und den USA. Es gibt zwei Swimmingpools und ein strohgedecktes Restaurant. Die Zimmer sind in Pastelltönen gehalten und mit Bambusmöbeln eingerichtet. Freier Transfer zum Flugplatz von Playa Carrillo. **www.elsuenotropical.com**

PLAYA CONCHAL Paradisus Playa Conchal Beach & Golf Resort   P 🍴 🏊 ⛳ 📋 🛗 TV   ⓒⓒⓒⓒⓒ

Playa Brasilito, 3 km südwestlich von Flamingo 📞 2654-4123 **FAX** 2654-4181 **Zimmer** 406

Das exklusive »All inclusive«-Resort liegt oberhalb eines weißen Sandstrands und ist vor allem wegen seines turnier-tauglichen Golfplatzes bekannt. Die großzügigen Zimmer sind bestens ausgestattet. Die Mahlzeiten sind etwas teuer, aber in der Nähe liegen noch andere gute Restaurants. **www.solmelia.com**

PLAYA FLAMINGO Mariner Inn   P 🍴 🏊 📋 TV   ⓒⓒⓒ

Am Hafen, Ortsmitte Playa Flamingo 📞 2654-4081 **FAX** 2654-4024 **Zimmer** 12

Die Nähe des kleinen, zweigeschossigen Gasthauses zum Hafen zieht vor allem Yachtbesitzer und -bewunderer an. In der Freiluftbar mit ihrer herrlichen Aussicht treffen sich Angler, Taucher und Surfer, um vom bequemen Ledersessel aus ihren in Hafennähe aktiven Kollegen zuzusehen. **marinerinn@racsa.co.cr**

PLAYA FLAMINGO Flamingo Marina Resort   P 🍴 🏊 📋 TV   ⓒⓒⓒⓒ

Auf einem Berg, südlich der Ortsmitte von Playa Flamingo 📞 2654-4141 **FAX** 2654-4035 **Zimmer** 123

Dieses lebhafte Hotel liegt auf einem grünen Hügel in unverbauter Lage. Neben einer tropischen Atmosphäre und spektakulärer Aussicht bietet es komfortable Zimmer, Swimmingpools, Bars und Restaurants. Darüber hinaus gibt es eine Boutique, einen Tauchshop und ein Sportcenter. **www.flamingomarina.com**

PLAYA GRANDE Hotel Bula Bula   P 🍴 🏊 📋 ♿ TV   ⓒⓒⓒⓒ

Südlich von El Mundo de la Tortuga, am Südende der Playa Grande 📞 2653-0975 **FAX** 2653-0978 **Zimmer** 10

Das Hotel bietet romantische Zimmer mit anmutigem Dekor und schönen Bädern. Das Freiluftrestaurant wird von einem echten Vollblutkoch geführt und geht auf einen üppig grünen Garten hinaus *(siehe S. 233)*. Es werden Touren zu den Vulkanen der Umgebung und zur Schildkrötenbeobachtung angeboten. **www.hotelbulabula.com**

PLAYA GRANDE Hotel Las Tortugas   P 🍴 🏊 📋   ⓒⓒⓒⓒ

Westlich von El Mundo de la Tortuga, am Nordende der Playa Grande 📞 2653-0423 **FAX** 2653-0458 **Zimmer** 11

Das Öko-Hotel in der Nähe des Parque Nacional Marino Las Baulas wird gern von Surfern besucht. Die Zimmer haben keinen Meerblick, da dort nistende Schildkröten sehr lichtempfindlich sind. Aber die Atmosphäre des Hauses ist angenehm, und das exzellente Restaurant gleicht vieles aus *(siehe S. 233)*. **www.lastortugashotel.com**

PLAYA HERMOSA Hotel La Finisterra   P 🍴 🏊 📋   ⓒⓒⓒ

Am Hügel westlich der Hauptstraße, am Südende der Playa Hermosa 📞 2672-0227 **FAX** 2672-0293 **Zimmer** 10

Das Hotel ist für seine gute Küche bekannt *(siehe S. 233)* – und bietet die beste Aussicht in der Region. Die Zimmer sind geräumig, das Frühstück im Preis inbegriffen. Neben anderen Aktivitäten kann man Touren auf dem Río Bebede-ro im Parque Nacional Palo Verde buchen oder die Mündung des Río Tempisque erkunden. **www.lafinisterra.com**

PLAYA HERMOSA Villas del Sueño   P 🍴 🏊 📋 ♿ TV   ⓒⓒⓒ

Westlich der Hauptstraße, am Südende der Playa Hermosa 📞 2672-0026 **FAX** 2672-0026 **Zimmer** 14

Das gut geführte Hotel unter kanadischer Leitung bietet geräumige Zimmer und Selbstversorger-Apartments. Im Freiluftrestaurant gibt es Gourmetkost und Live-Musik *(siehe S. 233)*. Die Freizeitaktivitäten umfassen Wandern, Kajakfahren, Rafting und Besuche in Guaitíl. **www.villadelsueno.com**

PLAYA HERMOSA Hotel Playa Hermosa   P 🍴 🏊 📋 ♿ TV   ⓒⓒⓒⓒⓒ

1 km westlich der Hauptstraße von Playa Hermosa 📞 2672-0046 **FAX** 2672-0019 **Zimmer** 32

Bevor es 2008/09 von den neuen Besitzern renoviert und umgestaltet wurde, war das Playa Hermosa ein einfaches Hotel am Strand. Heute gibt es einige zweistöckige Gebäude im balinesischen Stil und einen landschaftlich gestal-teten Pool. Das Restaurant ist eines der besten in der Region. **www.hotelplayahermosa.com**

PLAYA NEGRA Pablo's Picasso   P 🍴 📋 ♿   ⓒⓒ

Südlich von Los Pargos 📞 2658-9158 **Zimmer** 11

Das preiswerte Hotel an einem der bekanntesten Surfstrände Costa Ricas zieht vor allem Surfer und Rucksackreisen-de an. Es gibt Schlafsäle und einfache *cabinas (siehe S. 197)*, dazu ein Restaurant *(siehe S. 233)* und eine Bar mit Billardtisch und Videos. Das Frühstück ist im Preis inbegriffen.

PLAYA NEGRA Café Playa Negra   P 🍴 📋   ⓒⓒⓒ

200 m südlich vom Fußballplatz 📞 2652-9351 **Zimmer** 6

Der Strand ist zwar etwa 15 Gehminuten entfernt, nichtsdestotrotz ist das kleine Hotel eines der nettesten im Umkreis. Die farbenfrohen Zimmer sind mit geschmackvollen mit ausgefallenen Möbeln eingerichtet. Es gibt ein gut besuchtes Restaurant mit Bar *(siehe S. 233)*. Internet-Zugang. **www.playanegracafe.com**

PLAYA OCOTAL El Ocotal Beach Resort & Marina   P 🍴 🏊 📋 ♿ TV   ⓒⓒⓒⓒⓒ

3 km südwestlich von Playas del Coco 📞 2670-0321 **FAX** 2670-0083 **Zimmer** 71

Das wunderbar auf einem Hügel gelegene Hotel bietet eine spektakuläre Aussicht und ist auf Taucher und Sportang-ler spezialisiert. Man kann aber auch einfach den üppigen Komfort des Hauses genießen. Schnorcheln, Mountainbike- und Kajakfahren, Tennis und Reiten sind im Angebot. **www.ocotalresort.com**

PLAYA OSTIONAL Tree Tops Bed & Breakfast 🖼️ 🅿️ 🌀🌀🌀🌀

San Juanillo, 5 km nördlich von Ostional 📞 *2682-1334* FAX *2682-1334* **Zimmer** *1*

Die Eigentümer vermieten ein Zimmer ihres strohgedeckten Hauses (im Dickicht über einer Bucht gelegen) an Gäste. Diese werden wie Familienmitglieder behandelt und köstlich bekocht. Man kann mit Schildkröten schwimmen sowie reiten und angeln. **treetopscostarica@gmail.com**

PLAYAS DEL COCO Café de Playa Beach & Dining Club 🅿️ 🍴 🏊 📋 ♿ 🌀🌀🌀🌀

600 m östlich des Dorfzentrums 📞 *2670-1621* **Zimmer** *5*

Gäste in diesem luxuriösen Boutiquehotel können das Beste aus aller Welt genießen: eine Strandlage, ein Gourmet-restaurant, eine Sushibar, einen beschatteten Swimmingpool und eine zeitgenössische Einrichtung in den individuell gestalteten Zimmern. Das Hotel hat auch einen eigenen Hobie-Cat für Ausflüge. **www.cafedeplaya.com**

PLAYAS DEL COCO Hotel Puerta del Sol 🅿️ 🍴 🏊 🛏️ 📋 ♿ 📺 🌀🌀🌀🌀

Südöstlich der Plaza 📞 *2239-8109* FAX *2239-3733* **Zimmer** *22*

In Pastellfarben eingerichtetes Hotel. Die italienischen Besitzer führen es mit aller Sorgfalt und haben das Sol y Luna, das Freiluftrestaurant *(siehe S. 233)*, bekannt gemacht. Das Haus liegt ein paar Gehminuten vom Fischerdorf Playas del Coco. Man kann tauchen, fischen und Bootsausflüge unternehmen. **www.bbpuertadelsol.com**

PLAYAS DEL COCO Rancho Armadillo 🅿️ 🏊 🛏️ 📋 📺 🌀🌀🌀🌀

1,5 km südöstlich der Playas del Coco 📞 *2670-0108* FAX *2670-0441* **Zimmer** *6*

Ruhig inmitten eines großen Anwesens gelegenes Hotel im Hazienda-Stil. Die geräumigen Zimmer sind angenehm eingerichtet. Der Besitzer ist ehemaliger Chefkoch und bereitet auf Anfrage Mahlzeiten zu. Der ganze Komplex kann auch von Gruppen angemietet werden. **www.ranchoarmadillo.com**

RINCÓN DE LA VIEJA Aroma de Campo 🅿️ 🍴 📋 ♿ 🌀🌀🌀

Curubandé, 18 km östlich des Panam. Hwy 📞 *2665-0008* FAX *2665-0011* **Zimmer** *4*

Die belgischen Besitzer des charmanten Hotels in den Hügeln am Fuß des Vulkans Rincón de la Vieja verwöhnen Gäste mit Gourmetgerichten, die im Patio serviert werden. Die Einrichtung ist einfach, aber farbenfroh und romantisch. Hunde und andere Tiere sind willkommen. **www.aromadecampo.com**

RINCÓN DE LA VIEJA Buena Vista Mountain Lodge & Adventure Center 🅿️ 🍴 ♿ 🌀🌀🌀

27 km nordöstlich von Liberia via Cañas Dulces 📞 *2665-7759* FAX *2665-7759* **Zimmer** *80*

Die Öko-Lodge, eine frühere Rinderfarm, ist bekannt für die Vielzahl an Freizeitaktivitäten, die hier angeboten werden. Man ist in *cabinas* untergebracht, im rustikalen Freiluftrestaurant werden *típico* (typische) Mahlzeiten, aus selbst erzeugten Produkten hergestellt, serviert. **www.buenavistalodgecr.com**

RINCÓN DE LA VIEJA Hacienda Lodge Guachipelín 🅿️ 🍴 🏊 📺 🌀🌀🌀

22 km nordöstlich von Liberia via Curubandé 📞 *2666-8075* FAX *2665-2178* **Zimmer** *40*

Das gemütliche Hotel im Herzen einer Rinder- und Pferdefarm ist der perfekte Ausgangspunkt für Ausritte im Parque Nacional Rincón de la Vieja. Die riesigen gemütlichen Terrassen des Hauses garantieren absolut entspannte, sonnige Nachmittage. **www.guachipelin.com**

RINCÓN DE LA VIEJA Rincón de la Vieja Lodge 🅿️ 🍴 🏊 🌀🌀🌀

27 km nordöstlich von Liberia via Curubandé 📞 *2200-0238* FAX *2666-2441* **Zimmer** *22*

Direkt am Parkeingang und nahe am Vulkan gelegene Lodge. Man kann zwischen rustikalen, holzgetäfelten Schlafräumen, Blockhütten und Bungalows wählen, die über das weitläufige Gelände verteilt sind. 70 Prozent des Areals der Lodge gehören zum Naturpark. Vollpension ist im Preis inbegriffen.

SÁMARA Flying Crocodile Lodge 🅿️ 🍴 🏊 📋 ♿ 🌀🌀🌀

Playa Buena Vista, 8 km nördlich von Sámara 📞 *2656-8048* FAX *2656-8049* **Zimmer** *8*

Die von Deutschen geführte Flying Crocodile Lodge ist eine der eklektischsten Costa Ricas. Die individuell eingerichteten Hütten sind kunstbeflissen gestaltet und von marokkanischem, indischem und anderen exotischen Stilen beeinflusst. **www.flying-crocodile.com**

SÁMARA Hotel Belvedere 🅿️ 🍴 🏊 📋 ♿ 📺 🌀🌀🌀

Playa Sámara, nordöstlich vom Fußballplatz 📞 *2656-0213* FAX *2656-0213* **Zimmer** *12*

Das gemütliche Hotel auf einem Hügel über dem Strand verfügt über Chalets im Schweizer Stil, einige haben Klimaanlage und übergroße Betten. Im üppigen Garten liegen Jacuzzi und ein Swimmingpool, der den Blick aufs Meer freigibt. Das Frühstück (im Preis inbegriffen) wird auf der Terrasse serviert. **www.belvederesamara.net**

SÁMARA Hotel Casa del Mar 🅿️ 🍴 📋 🌀🌀🌀

Playa Sámara, östlich vom Fußballplatz 📞 *2656-0264* FAX *2656-0129* **Zimmer** *17*

Das kleine, zweigeschossige Bed-and-Breakfast wird von französisch-kanadischen Eigentümern auf hohem Standard betrieben. Einfach möblierte Zimmer, Hängematten und Sessel auf der Terrasse im tropischen Garten. In der Nähe lädt ein acht Kilometer langer Strand zu ausgedehnten Spaziergängen ein. **www.casadelmarsamara.net**

SANTA CRUZ Hotel La Calle de Alcala 🅿️ 🍴 🏊 📋 ♿ 📺 🌀🌀🌀

Südöstlich der Plaza de los Mangos 📞 *2680-0000* FAX *2680-1633* **Zimmer** *29*

Das La Calle de Alcala ist ein freundliches, modernes Hotel mit ansprechender Ausstattung, einer lebhaften Freiluft-bar und einem Restaurant. Die Zimmer haben Klimaanlage. Zur Anlage gehören Swimmingpool und Jacuzzi sowie zwei Konferenzräume. **hotelalcala@hotmail.com**

TAMARINDO Hostel La Botella de Leche   ⟙ P 🗐 ♿   ◎◎

Gegenüber dem Fitnessstudio, Tamarindo 📞 *2653-2061* FAX *2653-0189* **Zimmer** *12*

Die moderne, klimatisierte Herberge für Surfer und Rucksackreisende bietet viel fürs Geld. Man kann Schlafsaalplätze oder Zimmer buchen. Eine Gemeinschaftsküche, Schließfächer und Internet-Zugang sind vorhanden. Surfbretter können gemietet werden. **www.labotelladeleche.com**

TAMARINDO Hotel Arco Iris   🗐 🍽 🗑   ◎◎

Östlich des Parque Central 📞 *2653-0330* FAX *2653-0330* **Zimmer** *5*

Die neuen Besitzer haben dem vormals ausgefallenen Hotel einen dynamischen Look des 21. Jahrhunderts verliehen, etwa mit Steinwänden in den Bädern. Die Highlights sind ein Sonnendeck aus Holz und ein Gourmetrestaurant, in dem mediterran inspirierte Gerichte serviert werden. **www.hotelarcoiris.com**

TAMARINDO Luna Llena   P 🍽 ⛶ 🗐   ◎◎◎

Südöstlich von Iguana Surf 📞 *2653-0082* FAX *2653-0120* **Zimmer** *13*

Das intime, in warmen Pastellfarben gehaltene Hotel wird von italienischen Besitzern mit aller Sorgfalt geleitet. Gepflasterte Pfade verbinden die strohgedeckten Cottages im Kolonialstil, deren komfortable Zimmer von gutem Geschmack zeugen. Alle Cottages mit eigenem Bad. **www.hotellunallena.com**

TAMARINDO Cala Luna Hotel & Villas   P 🍽 ⛶ 🗐 ♿ 🖵   ◎◎◎◎◎

1,5 km westlich der Stadtmitte von Tamarindo 📞 *2653-0214* FAX *2653-0213* **Zimmer** *41*

Kräftig-erdige Farben und Tropenholzparkett machen den Charme dieses De-luxe-Hotels aus. Man kann in Zimmern oder Ferienhäusern übernachten. Jedes Zimmer hat eine kleine Terrasse zum Patio hinaus. Die Häuser haben eigene Pools und Küchen. Im Restaurant gibt es typische Gerichte der Region. **www.calaluna.com**

TAMARINDO Capitán Suizo   P 🍽 ⛶   ◎◎◎◎◎

1 km südwestlich der Plaza Colonial 📞 *2653-0075* FAX *2653-0292* **Zimmer** *31*

Dieses luxuriöse Strandhotel liegt inmitten üppiger Gärten und verfügt über einen großen Swimmingpool. Die schicken Zimmer protzen mit Naturstein und Tropenholz. Das Freiluftrestaurant gehört zu den besten der Gegend *(siehe S. 234)*. Mitglied der Small Distinctive Hotels of Costa Rica *(siehe S. 198)*. **www.hotelcapitansuizo.com**

TAMARINDO Sueño del Mar Bed & Breakfast   P 🍽 ⛶ 🗐   ◎◎◎◎

Playa Langosta, 1 km südlich von Tamarindo 📞 *2653-0284* FAX *2653-0558* **Zimmer** *6*

Das Gebäude aus der Kolonialzeit wurde in ein nettes, familiengeführtes Bed-and-Breakfast umgebaut. Die Zimmer leben von Holzbalken, Terrakottafliesen und ausgefallenen Möbeln. Das delikate Frühstück wird im Garten mit Blick auf den Strand serviert. **www.sueno-del-mar.com**

TAMARINDO Tamarindo Diría   P 🍽 ⛶ 🗐 ♿ 🖵   ◎◎◎◎◎

Östlich der Plaza Colonial 📞 *2653-0031* FAX *2653-0208* **Zimmer** *182*

Die Strandlage mitten in Tamarindo ist das schönste an diesem Resort der Oberklasse. Das Restaurant wird von einer gewaltigen Würgefeige beschattet. Dazu gibt es zwei Bars und ein kleines Casino. U. a. werden Tennis, Golf, Schildkrötenbeobachtung und Bootsausflüge geboten. **www.hoteltamarindodiria.com**

TILARÁN Hotel El Sueño   P 🍽 🖵   ◎◎

Nördlich der Plaza 📞 *2695-5347* FAX *2695-5347* **Zimmer** *15*

Sauberes, gut geführtes Hotel mit freundlicher Atmosphäre und einfachen Zimmern zu kleinen Preisen. Es liegt sehr idyllisch an der Straße zur Laguna de Arenal. Die Zimmer, alle in der zweiten Etage, liegen um einen sonnigen Innenhof herum. Es gibt keine eigene Küche, aber ein Restaurant in der Nähe.

NORDEN

BIJAGUA Celeste Mountain Lodge   P 🍽   ◎◎◎◎

5 km nordöstlich von Bijagua 📞 *2278-6628* FAX *2278-6628* **Zimmer** *18*

Die von Franzosen geführte Öko-Lodge ist sehr modern gestaltet mit offenen, Schatten spendenden Wänden. Die Wände in den Zimmern sind aus Glasjalousien, sodass man auf die Vulkane Tenorio und Miravalles blicken kann. Behinderte Gäste können mit einer speziellen Rikscha die Bergpfade erkunden. **www.celestemountainlodge.com**

CAÑO NEGRO Hotel de Campo Caño Negro   P 🍽   ◎◎◎

Nordwestlich von Caño Negro 📞 *2471-1012* FAX *2471-1490* **Zimmer** *14*

Die Lodge für Sportfischer am Ufer des Lago Caño Negro bietet großzügige moderne Blockhütten auf einer alten Zitrusplantage. Neben allem, was mit Angeln zu tun hat, werden Ausritte und Exkursionen in die Umgebung angeboten. Zwei Läden verkaufen Souvenirs und – natürlich – Angelgerät. **www.canonegro.com**

CHACHAGUA Hotel Bosque de Chachagua   P 🍽 ⛶   ◎◎◎◎

10 km südöstlich von La Fortuna 📞 *2468-1010* FAX *2468-1020* **Zimmer** *31*

Am Fuß einer Gebirgskette liegt die Chachagua Rainforest Lodge auf einer Ranch in einem privaten Regenwaldreservat. Komfortable und großzügige *cabinas* liegen inmitten schöner Gärten; ein Freiluftrestaurant überblickt ein Viehgehege. **www.chachaguarainforesthotel.com**

Preiskategorien *siehe S. 200* **Zeichenerklärung** *siehe hintere Umschlagklappe*

LA FORTUNA Gringo Pete's Hostel · P · ⊘

Südöstlich der Plaza · 2479-8521 FAX 2479-8521 **Zimmer** 5

Lebhafte Herberge mit farbenfrohem Dekor für Rucksackreisende. Es gibt Schlafsäle und Zimmer, dazu eine Gemeinschaftsküche und einen Grill. Zu den Einrichtungen gehören Schließfächer, Hängematten und Sofas in der – einfachen – Lounge sowie ein Reisebüro. **www.gringopeteshostel.com**

LA VIRGEN DE SARAPIQUÍ Rancho Leona · P · ⊘

Am Ufer des Río Sarapiquí · 2761-1019 **Zimmer** 5

Das einfache Hotel für Rucksackreisende schmiegt sich dicht ans Ufer des Río Sarapiquí. Einige der Zimmer weisen Schlafkojen auf. Außerdem gibt es ein kleines Thermalbad. Die Eigentümer organisieren Kajakausflüge auf dem Fluss. Spanischkurse werden ebenfalls angeboten. **www.rancholeona.com**

LA VIRGEN DE SARAPIQUÍ SarapiquíS Rainforest Lodge · P · ⊘⊘⊘⊘

Nördlich von La Virgen de Sarapiquí · 2761-1004 FAX 2761-1415 **Zimmer** 36

Das schicke, zeitgenössische Hotel ist Teil eines Ökozentrums *(siehe S. 155)* und besticht durch seine durch lokale Bauformen beeinflusste Architektur. Auch die Einrichtung ist entsprechend rustikal. Das gute Freiluftrestaurant mit Bar liegt direkt am Rand des Regenwaldes. **www.sarapiquis.org**

LAGUNA DE ARENAL Chalet Nicholas · P · ⊘⊘⊘

1,5 km westlich von Nuevo Arenal · 2694-4041 FAX 2695-5387 **Zimmer** 3

Preiswertes, dreigeschossiges Nichtraucher-Bed-and-Breakfast mit charmanten Zimmern. Das Chalet Nicholas wird von freundlichen Wirtsleuten betrieben, die Biomenüs servieren und Reitausflüge organisieren. Wanderwege führen in den nahen Wald. **www.chaletnicholas.com**

LAGUNA DE ARENAL Lake Coter Eco-Lodge · P · ⊘⊘⊘

6 km nordwestlich von Nuevo Arenal · 2289-6060 FAX 2288-0123 **Zimmer** 46

Die Öko-Lodge ist für ihr breites Angebot an Freizeitaktivitäten bekannt. Dazu gehören Kajak- und Kanufahrten, Angeln, Wandern, Reiten und Vogelbeobachtung. Die *cabinas* sollte man den Standardzimmern vorziehen, besonders wenn einem an der Aussicht auf Vulkan und Seen liegt. **www.ecolodgecostarica.com**

LAGUNA DE ARENAL Mystica Lodge · P · ⊘⊘⊘

16 km westlich von Nuevo Arenal · 2692-1001 **Zimmer** 6

Die freundlichen italienischen Eigner leiten ihr kleines Hotel mit viel Sorgfalt. Die Zimmer sind romantisch, die Veranden bieten eine herrliche Aussicht. Im vom großen Backofen dominierten Restaurant *(siehe S. 234)* wird Gourmetküche geboten. Es gibt auch einen kleinen Souvenirladen. **www.mysticaretreat.com**

LAGUNA DE ARENAL Villa Decary · P · ⊘⊘⊘⊘

3 km östlich von Nuevo Arenal · 2694-4330 FAX 2694-4330 **Zimmer** 8

Das moderne Bed-and-Breakfast-Hotel am ruhigen Arenal-See war in früheren Zeiten Haupthaus einer Kaffeeplantage und vermittelt heute ein gemütliches Zu-Hause-Feeling. Viele Schwule und natürlich Vogelkundler kommen hierher. Ferngläser und ornithologische Bestimmungsbücher stehen zur Verfügung. **www.villadecary.com**

LAGUNA DE ARENAL Hotel La Mansion Inn · P · ⊘⊘⊘⊘⊘

8 km östlich von Nuevo Arenal · 2692-8018 FAX 2692-8019 **Zimmer** 17

Eine De-luxe-Unterkunft mit spektakulärer Aussicht und einem eleganten Restaurant. Die Zimmer sind geschmackvoll ausgestattet und haben breite Veranden mit Schaukelstühlen. Das Reiten ist im Preis inbegriffen, auch Ruderboote stehen zur Verfügung. **www.lamansionarenal.com**

LAS HORQUETAS Rara Avis · ⊘⊘⊘

14 km westlich von Las Horquetas · 2764-1111 FAX 2764-1114 **Zimmer** 18

Rara Avis ist eines von Costa Ricas ältesten privaten Regenwaldreservaten *(siehe S. 159)*, und entsprechend weltabgeschieden liegt diese Lodge. Unter den rustikalen Unterkünften ist auch ein Baumhaus. Man muss mindestens zwei Nächte buchen, Mahlzeiten sind im Preis enthalten. **www.rara-avis.com**

MONTERREY Leaves and Lizards Arenal Volcano Cabin Retreat · P · ⊘⊘⊘⊘

Monterrey · 2478-0023 **Zimmer** 8

Das aus ökologisch angebautem Holz gebaute Leaves and Lizards hat sechs luxuriöse Hütten und zwei Häuser, von denen man einen schönen Blick auf den Vulkan hat. Die Umgebung wird aufgeforstet. Die Besitzer arrangieren gern Reit- und Wandertouren, Vogelbeobachtung und Fischen. Familiärer Speisesaal. **www.leavesandlizards.com**

MUELLE Tilajari Resort Hotel and Country Club · P · ⊘⊘⊘⊘

19 km nordwestlich von Ciudad Quesada · 2462-1212 FAX 2462-1414 **Zimmer** 76

Das große Resort mit unterschiedlichen Unterkunftsmöglichkeiten am Ufer des Río San Carlos wird gern für Geschäftstreffen genutzt. Das Hotel bietet eine breite Auswahl an Exkursionen, daneben gibt es einen Geschenkeladen, Tennisplätze, einen botanischen und einen Schmetterlingsgarten. **www.tilajari.com**

PARQUE NACIONAL VOLCÁN ARENAL Arenal Observatory Lodge · P · ⊘⊘⊘⊘

8 km südöstlich vom Parkeingang · 2479-1070 FAX 2479-1074 **Zimmer** 35

Die moderne Öko-Lodge hat eine imposante Lage am Hang des Volcán Chato, entsprechend spektakulär ist die Aussicht auf den Volcán Arenal von den Zimmern und vom Restaurant *(siehe S. 235)* aus. Die Unterkünfte reichen von Standard- bis zu Luxuszimmern. Geführte Wanderungen. **www.arenalobservatorylodge.com**

PN VOLCÁN ARENAL Montaña de Fuego Resort & Spa   P ▮▮ ❖ 目 TV ⚹   ⓒⓒⓒⓒ
6 km westlich von La Fortuna 📞 2460-1220 **FAX** *2479-1240* **Zimmer** *50*

Die komfortablen Blockhäuser dieses Luxushotels bieten dank großer Panoramafenster einen herrlichen Blick auf den Vulkan. Hubschrauberausflüge werden angeboten, desgleichen Aktivitäten wie Reiten und Wildwasser-Rafting. Es gibt einen Souvenirladen und ein Thermalbad mit allen Schikanen. **www.montanadefuego.com**

PN VOLCÁN ARENAL Arenal Nayara   P ▮▮ ▼ 目 ⚹ TV   ⓒⓒⓒⓒⓒ
8 km westlich von La Fortuna 📞 2479-1600 **FAX** *2479-1601* **Zimmer** *24*

Das fabelhafte Hotel Arenal Nayara verbindet eine Lage auf den Hügeln mit einem fantastischen Blick auf den Vulkan mit einer luxuriösen und farbenfrohen Ausstattung, die an Bali erinnert. Das Restaurant ist gefeiert, und es gibt ein komplett ausgestattetes Spa. **www.arenalnayara.com**

PN VOLCÁN ARENAL The Arenal Springs Resort & Spa   P ▮▮ ❖ ▼ 目 ⚹ TV   ⓒⓒⓒⓒⓒ
10 km westlich von La Fortuna 📞 2401-3313 **FAX** *2401-3319* **Zimmer** *42*

Das Resort ist das größte Hotel in der Region und erstreckt sich über sechs Etagen. Landschaftlich gestaltete Thermalpools und Kaskaden, ein Casino, ein Spa, mehrere Restaurants und ein Wildkatzenrefugium sind einige der Annehmlichkeiten. Es gibt auch frei stehende Häuschen. **www.thespringscostarica.com**

PUERTO VIEJO DE SARAPIQUÍ Posada Andrea Cristina   🗐 P ▮▮ ⚹   ⓒⓒ
1 km westlich von Puerto Viejo 📞 2766-6265 **FAX** *2766-6265* **Zimmer** *4*

Das komfortable Bed-and-Breakfast liegt in einem bewaldeten Garten, der unterschiedlichsten Tieren Unterschlupf bietet. Die Lodge wird von einem Umweltaktivisten betrieben. Seine Frau bereitet die exzellenten Mahlzeiten zu. Der Eigner führt seine Gäste höchstpersönlich zu den Attraktionen der Umgebung. **www.andreacristina.com**

PUERTO VIEJO DE SARAPIQUÍ La Selva Biological Station   P ▮▮   ⓒⓒⓒⓒ
3 km südlich von Puerto Viejo 📞 2766-6565 **FAX** *2766-6535* **Zimmer** *10*

Die Lodge der bekannten Forschungsstation *(siehe S. 158)*, die von der Organization of Tropical Studies (OTS) betrieben wird, bietet Schlafsaalplätze und Zimmer. Die Preise sind inklusive Essen (zu festen Zeiten). Reservierung ist dringend empfohlen, da La Selva viele Naturfreunde anzieht. **www.ots.ac.cr**

PUERTO VIEJO DE SARAPIQUÍ Selva Verde   P ▮▮   ⓒⓒⓒⓒ
8 km westlich von Puerto Viejo 📞 2766-6800 **FAX** *2766-6011* **Zimmer** *40*

Selva Verde ist eine weltbekannte Öko-Lodge (und privates Naturschutzgebiet, *siehe S. 156*). Die Aktivitäten haben alle einen wissenschaftlichen Touch. Es gibt umfangreiche Naturschutzprogramme für Studenten- und Lehrergruppen. Die Zimmer haben überdachte Veranden. Mahlzeiten sind im Preis enthalten. **www.selvaverde.com**

KARIBIKKÜSTE

BARRA DEL COLORADO Río Colorado Lodge   ▮▮ 目 TV   ⓒⓒⓒⓒⓒ
Westlich des Flugplatzes Barra del Colorado Sur 📞 2232-4063 **FAX** *2231-5987* **Zimmer** *18*

Eine Sportfischer-Lodge in Pfahlbauweise an der Mündung des Río Colorado: Voll ausgerüstete Fiberglasboote mit kundigen Führern und ein gut sortierter Laden stehen zur Verfügung. U.a. gibt es einen kleinen Zoo, Spielezimmer und Bootstouren in den nahen Regenwald. **www.riocoloradolodge.com**

BARRA DEL COLORADO Silver King Lodge   ▮▮ ❖   ⓒⓒⓒⓒⓒ
Westlich des Flugplatzes Barra del Colorado Sur 📞 2711-0708 **FAX** *2711-0708* **Zimmer** *10*

Die ganz aus Holz gebaute Sportfischer-Lodge liegt gleich neben der Río Colorado Lodge am sumpfigen Flussufer und bietet geräumige, durch Stege verbundene Blockhütten. Pauschalangebote für Angler werden angeboten. ● Mitte Juni–Ende Aug, Mitte Nov–Ende Dez. **www.silverkinglodge.net**

CAHUITA Alby Lodge   🗐 P   ⓒⓒ
Südöstlich von Bushaltestelle und Plaza 📞 2755-0031 **FAX** *2755-0031* **Zimmer** *4*

Auf einer großen Rasenfläche in Strandnähe liegt diese Lodge. Die österreichischen Eigentümer vermieten nette Blockhütten und Pfahlbauten, die angenehm weit voneinander entfernt liegen. Jede Hütte hat Hängematten und Moskitonetze über dem Bett. Eine Gemeinschaftsküche steht zur Verfügung. **www.albylodge.com**

CAHUITA El Encanto Bed & Breakfast Inn   P ▮▮ ⚹   ⓒⓒⓒ
Playa Negra, 1 km nördlich von Cahuita 📞 2755-0113 **FAX** *2755-0432* **Zimmer** *7*

Familiengeführtes, buddhistisch angehauchtes Hotel in einer stillen Gartenlandschaft. Geschmackvolle Möbel und Kunstgegenstände zieren die Zimmer unterschiedlicher Größe. Das Hotel organisiert Kajaktouren, Ausritte, Schnorchel- und Tauchgänge sowie Delfinbeobachtung. **www.elencantobedandbreakfast.com**

CAHUITA Kelly Creek Cabins & Restaurant   P ▮▮   ⓒⓒⓒ
Östlich der Bushaltestelle, bei der Rangerstation Kelly Creek 📞 2755-0007 **Zimmer** *4*

Das Strandhotel nahe dem Eingang zum Parque Nacional Cahuita bietet geräumige Blockhütten mit breiten Veranden. Eine Surfstelle am Ende des schönen Strandes garantiert ordentliche Wellen. Das Freiluftrestaurant serviert spanische Gerichte; auch Grillen ist möglich. **www.hotelkellycreek.com**

Preiskategorien *siehe S. 200* **Zeichenerklärung** *siehe hintere Umschlagklappe*

CAHUITA La Diosa ⓅⅡ≋🟰♿ ⓒⓒⓒ

1,6 km nördlich von Cahuita ☎ *2755-0055* FAX *2755-0321* **Zimmer** 10

Die einladende, vom Palmen beschattete Lage am Strand ist Hauptanziehungspunkt für das charmante und farbenfrohe Hotel, dessen Eigentümer Yogakurse anbieten. Die Zimmer sind gemütlich, zwei der Hütten haben eigene
Whirlpools. **www.hotelladiosa.net**

CAHUITA Magellan Inn ⓅⅡ≋🟰 ⓒⓒⓒ

Playa Negra, 5 km nördlich von Cahuita ☎ *2755-0035* FAX *2755-0035* **Zimmer** 6

Die exquisite Lage ist das Highlight dieses familiengeführten Hotels am äußersten Nordrand von Cahuita. Alle Zimmer haben Veranden mit Blick auf den Pool und den herrlichen Garten. Die sauberen Strände von Cahuita liegen in
Gehweite. **www.magellaninn.com**

GUÁPILES Casa Río Blanco Ecolodge 🟰ⓅⅡ ⓒⓒⓒ

Rio Blanco, 6 km westlich von Guápiles ☎ *2710-4124* FAX *2710-4124* **Zimmer** 6

Das angenehme Bed-and-Breakfast liegt am Waldrand an einem Flussufer. Die zur Verfügung stehenden *cabinas*
bestechen durch ihr reiches Dekor. Es gibt viele Wandermöglichkeiten und jede Menge Tiere zu beobachten – mehr
als 300 Vogelarten hat man in den umliegenden Wäldern gezählt. **www.casarioblanco.com**

PUERTO LIMÓN Hotel Park ⓅⅡ🟰📺 ⓒⓒⓒ

Calle 1 und Ave 3 ☎ *2758-3476* FAX *2758-4364* **Zimmer** 32

Das saubere, gut geführte Hotel verfügt über eines der besten Restaurants der Stadt und einen sicheren Parkplatz
(was hier eine Notwendigkeit ist). Die Zimmer sind einfach, aber angemessen ausgestattet. Es lohnt sich, den kleinen
Aufpreis für ein Zimmer mit Balkon und Meerblick zu zahlen. Die Bar wird von Einheimischen besucht.

PUERTO VIEJO DE TALAMANCA Rockings J's ⓅⅡ ⓒⓒ

Östlich der Bushaltestelle Puerto Viejo, an der Straße nach Manzanillo ☎ *2750-0657* **Zimmer** 10

Die bei Surfern beliebte Herberge bietet verschiedene Unterkünfte, z.B. Camping, Hängematten auf der überdachten Veranda, Schlafsäle und Zimmer. Die Atmosphäre ist lebendig und fröhlich. Surfbretter und Fahrräder sind zu
mieten. **www.rockingjs.com**

PUERTO VIEJO DE TALAMANCA Casa Verde Lodge Ⓟ≋♿ ⓒⓒⓒ

Südöstlich der Bushaltestelle Puerto Viejo ☎ *2750-0015* FAX *2750-0047* **Zimmer** 13

Ein Schweizer führt das preiswerte Hotel mit geräumigen und äußerst sauberen Zimmern. Es gibt einen Souvenirladen und eine Pfeilgiftfrosch-Ausstellung. Ausflüge werden arrangiert. Diverse Gaststätten in der Nähe bieten gute
örtliche und internationale Küche. **www.cabinascasaverde.com**

PUERTO VIEJO DE TALAMANCA La Costa de Papito Ⓟ♿ ⓒⓒⓒ

Playa Cocles, 1,5 km östlich von Puerto Viejo ☎ *2750-0704* FAX *2750-0080* **Zimmer** 10

Vor dem Hotel erstreckt sich die weiße Playa Cocles, um das Haus herum eine tropische Garten- und Waldland-
schaft. Es gibt geräumige Blockhütten in reizendem Dschungeldekor, riesige Veranden und Bäder. Frühstück wird
auf den Veranden oder im Haupthaus serviert. **www.lacostadepapito.com**

PUERTO VIEJO DE TALAMANCA Shawandha Lodge ⓅⅡ♿ ⓒⓒⓒⓒ

Playa Chiquita, 5 km östlich von Puerto Viejo ☎ *2750-0037* FAX *2750-0018* **Zimmer** 11

Das am Rand des Regenwalds gelegene romantische Resort besticht durch zeitgenössisches Dekor in den geräumigen, strohgedeckten *cabinas*. Das Freiluftrestaurant *(siehe S. 236)* ist für seine französisch beeinflusste Küche bekannt. **www.shawandhalodge.com**

PUERTO VIEJO DE TALAMANCA Cameleón Boutique Resort ⓅⅡ🟰🟰♿ ⓒⓒⓒⓒⓒ

Playa Cocles, 2,5 km südlich von Puerto Viejo ☎ *2750-0501* FAX *2750-0501* **Zimmer** 23

Das schickste Hotel an der karibischen Küste öffnete 2009. Die Zimmer des hippen Luxusresorts sind mit allen
modernen Annehmlichkeiten ausgestattet. Das Cameleón verfügt darüber hinaus über ein Spa, eine trendige Bar und
ein Restaurant. **www.lecameleonhotel.com**

PUERTO VIEJO DE TALAMANCA Samasati Nature Retreat ⓅⅡ ⓒⓒⓒⓒⓒ

Hone Creek, 3 km westlich von Puerto Viejo ☎ *2756-8015* FAX *2224-5032* **Zimmer** 18

Das weit oben in den Bergen versteckte rustikale Hotel ist auf Yoga und ganzheitliche Therapien spezialisiert. Es
gibt einfache Blockhütten mit Gemeinschaftsbädern, Bungalows oder zweigeschossige Selbstversorger-Häuschen.
Erfolgreiche Tierbeobachtungen sind garantiert. Nur mit Allradantrieb erreichbar. **www.samasati.com**

SELVA BANANITO RESERVE Selva Bananito Lodge 🟰ⓅⅡ ⓒⓒⓒⓒⓒ

26 km südwestlich von Puerto Limón ☎ *2253-8118* FAX *2280-0820* **Zimmer** 11

Die rustikale Regenwald-Lodge am Reserva Biológica Hitoy-Cerere bietet Blockhäuser in Pfahlbauweise, eine wunderbare Natur und jede Menge Abenteuer. Die biologisch fabrizierten Mahlzeiten sind im Preis enthalten. Nur mit
Fahrzeugen mit Allradantrieb erreichbar. **www.selvabananito.com**

TORTUGUERO Casa Marbella B & B 🟰♿ ⓒⓒ

100 m nördlich des Kais ☎ *2709-8011* FAX *2709-8094* **Zimmer** 5

Der kanadische Besitzer des einfachen, aber gut erhaltenen Bed-and-Breakfast mit schönem Blick über die Lagune
weiß über die ganze Region sehr gut Bescheid und bietet eine Reihe von interessanten Touren an. Gäste dürfen die
Küche benutzen. Es gibt auch ein Fernsehzimmer. **http://casamarbella.tripod.com**

TORTUGUERO Miss Junie's

Nördlich der Hafenanlage, Tortuguero 2709-8102 **Zimmer** 12

Einfaches, zweigeschossiges Hotel, von einer netten Gastgeberin betrieben, die karibische Kost *(siehe S. 236)* serviert. Die Zimmer des an der Lagune gelegenen Hauses verfügen über Rattanmöbel, Fliesenböden, Deckenventilatoren und Fenster mit Fensterläden. Eigene Bäder mit Warmwasser. **www.iguanaverdetours.com**

TORTUGUERO Tortuga Lodge & Gardens

5 km nördlich von Tortuguero 2257-0766 **FAX** 2257-1665 **Zimmer** 27

Geräumige Zimmer gibt es in dieser gut geführten Öko-Lodge inmitten üppigen Grüns. Bestens ausgebildete Führer bringen die Gäste zu Schildkrötenkolonien und anderen Tierbeobachtungsposten. Abendessen in familiärer Atmosphäre. Unterschiedliche Pauschalangebote, darunter viele für Sportfischer. **www.costaricaexpeditions.com**

TORTUGUERO Laguna Lodge

1,5 km nördlich von Tortuguero 2709-8082 **FAX** 2709-8081 **Zimmer** 80

Die Öko-Lodge am Flussufer kultiviert Schmetterlings- und botanische Gärten, ein stimmungsvolles Restaurant liegt direkt am Wasser. Die Pauschalangebote umfassen Transfers, Mahlzeiten vom Büfett und Wanderungen. Geführte Angelausflüge werden auf Anfrage organisiert. **www.lagunatortuguero.com**

SÜDEN

BAHÍA DRAKE Corcovado Adventures Tent Camp

5 km südlich von Agujitas 8384-1679 **Zimmer** 10

Das Camp am Strand liegt in der Nähe des Parque Nacional Corcovado und verströmt eine Dschungel-Safari-Atmosphäre. Die Badezimmer werden gemeinsam genutzt, die Gäste essen unter einem einfachen, strohgedeckten Dach. Das Essen ist inklusive. Beliebt sind Ausflüge auf Pferden. **www.corcovado.com**

BAHÍA DRAKE Finca Maresia

1,6 km östlich von Agujitas 8332-6730 **Zimmer** 7

Ein charmantes spanisches Paar führt das moderne Hotel, das von üppigem Wald umgeben ist und an der Straße nach Los Patos liegt. Gäste können zwischen unterschiedlichen Unterbringungsmöglichkeiten wählen, darunter ein Schlafsaal und individuell gestaltete Hütten im japanischen Stil mit Schiebetüren. **www.fincamaresia.com**

BAHÍA DRAKE Jinetes de Osa

Südlich von Agujitas 2231-5806 **FAX** 2231-5806 **Zimmer** 9

Das auf Tauchurlaube spezialisierte Hotel liegt mitten im Regenwald in Strandnähe. Die Zimmer sind einfach, aber sauber und gemütlich. Die Mahlzeiten im Freiluftrestaurant sind im Preis enthalten, frisch gebackenes Brot und selbst erzeugtes Gemüse ergänzen die mexikanisch-italienische Küche. **www.costaricadiving.com**

BAHÍA DRAKE Aguila de Osa Inn

1 km südlich von Agujitas 2296-2190 **FAX** 2232-7722 **Zimmer** 13

Die auf Taucher und Sportangler spezialisierte Lodge liegt versteckt in einer Schlucht an der Mündung des Río Agujitas. Geräumige, wenn auch einfache Zimmer liegen an einem steilen Abhang verteilt. Im Preis enthalten sind die Mahlzeiten im Freiluftrestaurant *(siehe S. 236)*. **www.aguiladeosainn.com**

BAHÍA DRAKE La Paloma Lodge

Playa Cocalito, 1,5 km südlich von Agujitas 2293-7502 **FAX** 2239-0954 **Zimmer** 11

Das auf einer Klippe gelegene La Paloma ist ein familiengeführtes De-luxe-Hotel und kommt täglich in den Genuss spektakulärer Sonnenuntergänge. Die gemütlichen Blockhütten haben große Balkone mit Hängematten. Freizeitaktivitäten, darunter Nachtwanderungen, sind im Preis enthalten. **www.lapalomalodge.com**

CABO MATAPALO Bosque del Cabo

19 km südlich von Puerto Jiménez 2735-5206 **FAX** 2735-5206 **Zimmer** 12

Luxus und Natur werden in diesem familiengeführten Hotel kombiniert. Die umliegenden Wälder sind voller Leben, auf dem Hotelgelände nisten rote Aras. Das Freiluftrestaurant serviert delikate Gerichte (im Zimmerpreis enthalten). Yoga, Dschungeltouren und andere Aktivitäten werden angeboten. **www.bosquedelcabo.com**

CABO MATAPALO Lapa Ríos

14 km südlich von Puerto Jiménez 2735-5130 **FAX** 2735-5179 **Zimmer** 16

Die Dschungel-Lodge in einem privaten Naturreservat eignet sich bestens zur Beobachtung von Vögeln und anderen Tieren. Die licht- und luftdurchfluteten Bambusbungalows bieten einen prächtigen Meerblick. Das Gourmetrestaurant *(siehe S. 236)* liegt unter einer *palenque*, einem runden Strohdach. **www.laparios.com**

CARATE Lookout Inn

1 km östlich von Carate 2735-5431 **FAX** 2735-5043 **Zimmer** 18

Seine Lage am Berghang macht das dreigeschossige Hotel zum idealen Platz, um rote Aras zu beobachten. Eine Holztreppe führt den Berg hinauf, wo ein großartiger Meerblick genossen werden kann. Es gibt Hotelzimmer, Bungalows und Dschungelhütten. Viele Freizeitaktivitäten. Mahlzeiten sind im Preis inbegriffen. **www.lookout-inn.com**

CARATE Luna Lodge 🏊 P 🍴 ©©©©©

1 km nördlich von Carate 📞 *2380-5036* **Zimmer** *15*

Die friedliche Lodge im Regenwald bietet eine Auswahl an luftigen, strohgedeckten Hütten und Zelten im Safari-Stil. Die traditionell gehaltene Restaurant-Bar hat eine entzückende Lage. Mahlzeiten sind im Preis inbegriffen. Verschiedene Ausflüge werden organisiert, für die Anreise ist Allradantrieb nötig. **www.lunalodge.com**

CIUDAD NEILY Hotel Andrea P 🍴 📋 📺 ©©

37 km östlich von Golfito 📞 *2783-3784* **FAX** *2783-1057* **Zimmer** *45*

Das moderne Hotel im Kolonialstil mitten in Ciudad Neily bietet komfortable Zimmer und eine gutes Restaurant *(siehe S. 236)*. Die Übernachtungspreise sind gering – wenn man betrachtet, was das Haus dafür bietet. **elhotelandrea@hotmail.com**

DOMINICAL Cabinas San Clemente 🏊 P 🍴 ©©

Westlich des Fußballplatzes 📞 *2787-0026* **FAX** *2787-0055* **Zimmer** *12*

Eine freundliche Herberge, hauptsächlich für Surfer, nur ein paar Schritte vom Strand gelegen. Einige Zimmer haben Klimaanlage und heißes Wasser, einige der neueren auch rundumlaufende Veranden. Voll ausgestattete Ferienhäuser sind ebenfalls im Angebot. Das beliebte Grillrestaurant des Hauses *(siehe S. 236)* ist ein paar Gehminuten entfernt.

DOMINICAL Refugio Nacional de Vida Silvestre Barú P 🍴 ♿ ©©©

3 km nördlich von Dominical 📞 *2787-0003* **FAX** *2787-0057* **Zimmer** *6*

Das Naturschutzgebiet *(siehe S. 182)* in Gehdistanz vom Strand bietet sparsam möblierte *cabinas*, jede davon mit bestem Blick über den Regenwald. Zu den vielen Freizeitaktivitäten gehören Übernachtungen im Dschungel und Vogelbeobachtungen. **www.haciendabaru.com**

DOMINICAL Hotel Roca Verde P 🍴 🏊 📋 ♿ ©©©©

1 km südlich von Dominical 📞 *2787-0036* **FAX** *2787-0013* **Zimmer** *10*

Das kleine Hotel in Strandnähe bietet charmante *cabinas*, eine offene Bar und ein Freiluftrestaurant mit regelmäßiger Live-Musik, das bei den Surfern sehr beliebt ist. Angeboten werden Kajakfahrten, Dschungeltouren, Sportangeln und Radfahren. **www.rocaverde.net**

DOMINICAL Cascadas Farallas P 📋 ©©©©©

Platanillo, 8 km östlich von Dominical 📞 *2787-8378* **FAX** *2787-8378* **Zimmer** *3*

Die luxuriöse, familiengeführte Lodge am Flussufer am Rand eines dichten Walds fügt sich nahtlos in die Natur ein. Flusssteine und Bambus tragen zur Zen-ähnlichen Ruhe bei. Die drei Suiten haben Balkone, die auf den Wald hinausführen. **www.waterfallvillas.com**

DOMINICAL Cuña del Angel P 🍴 🏊 📋 ♿ ©©©©©

8 km südlich von Dominical 📞 *2787-8012* **FAX** *2787-8015 (ext. 304)* **Zimmer** *16*

Das romantische Hotel ist Mitglied der Small Distinctive Hotels of Costa Rica. Es gibt auf dem lebendigen Anwesen unterschiedliche Zimmer und Häuschen als Unterkunft. Das elegante Restaurant ist erstklassig. Cuña del Angel hat darüber hinaus ein Spa. Ein Highlight ist hier die Sportfischerei. **www.cunadelangel.com**

ESCALERAS Bella Vista Lodge 🏊 P 🍴 ©©©

6 km südöstlich von Dominical 📞 *2772-3289* **Zimmer** *5*

Das Bella Vista ist eine Pferderanch in spektakulärer Hügellage. Die hölzernen Blockhäuser haben alle eigene Bäder und Vorbauten mit Hängematten. Auch die Zimmer in der Lodge haben eigene Bäder. Ausritte werden organisiert. **www.bellavistalodge.com**

GOLFITO Hotel Centro Turístico Samoa P 🍴 🏊 📋 ♿ 📺 ©©©

Nördlich von Pueblo Civil 📞 *2775-0233* **FAX** *2775-0573* **Zimmer** *14*

Strandhotel mit sauberen und einfach möblierten geräumigen Zimmern. Hoteleigener Yachthafen. Die lebhafte Bar und das Restaurant *(siehe S. 237)* bieten einen wunderschönen Blick über den Golf. Im Hotel ist auch das Museo Marino *(siehe S. 192)* untergebracht. **www.samoadelsur.com**

GOLFITO Banana Bay Marina P 🍴 📋 ♿ 📺 ©©©©

Südlich der Plaza 📞 *2775-0838* **FAX** *2775-0735* **Zimmer** *4*

Das Banana Bay Marina ist ein kleines zeitgemäßes Hotel mit ansprechendem Dekor und liegt direkt am tropischen Regenwald. Ruhige, komfortable Zimmer gehen auf den Hafen hinaus. Internet-Zugang wird angeboten. **www.bananabaymarina.com**

GOLFITO Casa Roland Marina Resort P 🍴 🏊 📺 📋 ♿ ©©©©©

Zona Americana 📞 *2775-0180* **Zimmer** *53*

Obwohl das mit zeitgenössischer Kunst dekorierte Hotel eine beträchtliche Distanz von der Marina entfernt liegt, nennt es sich doch ein Resort für Sportfischerei. Es gibt ein feines Restaurant (leider ohne Fenster). Die Zimmer, die es in drei unterschiedlichen Kategorien gibt, sind leider etwas düster. **www.fishingmarinaresort.com**

LAS CRUCES Las Cruces Biological Station P 🍴 ♿ ©©©©

6 km südlich von San Vito 📞 *2524-0628* **FAX** *2524-0629* **Zimmer** *12*

Das Forschungszentrum *(siehe S. 179)* bietet große, luftige Blockhütten mit Blick auf den dichten Wald. Alle Hütten haben Balkon und Bad. Im Speisesaal mit Blick über die Talamanca-Berge werden einfache Mahlzeiten serviert. Geführte Wanderungen sind im Programm. Reservierung ist erforderlich. **www.ots.ac.cr**

OJOCHAL Finca Bavaria　　　　　P ｜｜ ≈ ⅃　　◎◎◎

1 km östlich von Playa Ballena **C** 8355-4465 **Zimmer** 5

Anwesen unter deutscher Leitung in schöner Hügellandschaft. Die großen Zimmer im Bambusdekor sind sehr romantisch, die Terrassen bieten einen weiten Blick auf den Ozean. In der Umgebung gibt es eine Vielzahl von langen Wanderwegen. **www.finca-bavaria.de**

OJOCHAL Villas Gaia　　　　　　P ｜｜ ≈ ⅃　　◎◎◎

Playa Tortuga, 1 km westlich von Ojochal **C** 2786-5044 **FAX** 2786-5004 **Zimmer** 14

Unkonventionelle Unterkunft mit bequemem Zugang zur Playa Tortuga und dem Ökosystem der Terraba-Sierpe-Mangroven. Villas Gaia bietet Tauchen und andere Aktivitäten, dazu ein Gourmetrestaurant *(siehe S. 237)*. Der Swimmingpool auf dem Hügel garantiert spektakuläre Sonnenuntergänge im Ozean. **www.villasgaia.com**

OJOCHAL The Lookout at Turtle Beach　　▤ P ｜｜ ≈ TV　◎◎◎◎◎

Playa Tortuga, 1 km westlich von Ojochal **C** 2786-5074 **Zimmer** 10

Die luxuriöse Unterkunft liegt in einer wunderbaren Hügellandschaft. Es gibt ansprechende, in Pastellfarben gehaltene *casitas* (Cottages), die eigene Patios und eine herrliche Aussicht haben. Das exzellente Frühstück ist im Preis inbegriffen, eine breite Palette von Aktivitäten wird angeboten. **www.hotelcostarica.com**

PARQUE INTERNACIONAL LA AMISTAD Finca Anael　▤ P ｜｜　◎◎

Reserva Biológica Dúrika, 18 km östlich von Buenos Aires **C** 2730-0657 **FAX** 2730-0657 **Zimmer** 9

Ein naturnaher Wohn- und Lebensstil ist das Kennzeichen dieser ökologischen Farm. Die Unterbringung erfolgt in rustikalen Blockhütten, die Mahlzeiten sind im Preis enthalten. Die *finca* organisiert geführte Wanderungen. Für die Anreise ist ein Fahrzeug mit Allradantrieb nötig. **www.durika.org**

PARQUE INTERNACIONAL LA AMISTAD La Amistad Lodge　P ｜｜　◎◎◎◎

Las Mellizas, 27 km nordöstlich von San Vito **C** 2228-8671 **FAX** 2289-7858 **Zimmer** 10

Die hoch gelegene Kaffeefarm am Parque La Amistad ist ein guter Ausgangspunkt für Exkursionen im Naturreservat. Die Zimmer und Blockhütten sind einfach, aber bequem. Die Lodge organisiert Trekking und Ausritte, dazu unterhält sie zwei Hochgebirgslager. Für die Anreise ist ein Fahrzeug mit Allradantrieb nötig. **www.laamistad.com**

PAVONES Cabinas La Ponderosa　　▤ P ｜｜ ≈ ⅃ TV　◎◎◎

3 km südlich von Pavones, an der Straße nach Punta Banco **C** 2776-2076 **Zimmer** 6

Bei Surfern beliebte Strandherberge mit komfortablen, bequemen *cabinas*. Alle Häuser haben Bad, Sitzgruppen im Freien und Ventilatoren oder Klimaanlage. Volleyball, Basketball, Ausritte und Waldwanderungen bieten Abwechslung vom Surfen. **www.laponderosapavones.com**

PAVONES Casa Siempre Domingo Bed & Breakfast　▤ P ｜｜ ≈ ▤　◎◎◎

1,5 km südlich von Pavones **C** 2820-4709 **Zimmer** 4

Preiswertes, familiengeführtes Bed-and-Breakfast in üppiger Gartenlandschaft. Die Höhenlage und die luftige Architektur sorgen für eine permanente Brise, tropisches Dekor sorgt für die Atmosphäre. Etliche Meilen einsamen Strands laden zu langen Spaziergängen ein, Wanderwege führen in den Regenwald. **www.casa-domingo.com**

PAVONES Tiskita Lodge　　　　　P ｜｜ ≈　　◎◎◎◎◎

Punta Banco, 5 km südlich von Pavones **C** 2296-8125 **FAX** 2296-8133 **Zimmer** 16

Die rustikale Öko-Lodge gehört zu einer Obstplantage und zu einem wildreichen Schutzwald. Die »Regenwald«-Bäder sind aus Naturstein gebaut. Die Mahlzeiten, unter freiem Himmel serviert, und geführte Wanderungen sind im Preis inbegriffen. ● Mitte Sep–Mitte Okt. **www.tiskita-lodge.co.cr**

PIEDRAS BLANCAS Agua Dulce Lodge & Resort　　　｜｜　◎◎◎◎◎

Playa Cativo, 14 km westlich von Golfito **C** 2735-5062 **Zimmer** 2

Die intime zweistöckige Öko-Lodge am Strand ist aus lokalem Hartholz gebaut und mit Rattan- und Korbmöbeln eingerichtet. Man kommt im Strandhaus oder in einfachen Hütten unter, Camper können ihre Zelte auf dem Rasen aufstellen. Das Agua Dulce erreicht man nur mit dem Boot. **www.fincasaladero.com**

PIEDRAS BLANCAS Esquinas Rainforest Lodge　　P ｜｜ ≈　◎◎◎◎◎

Las Gambas, 10 km nordöstlich von Golfito **C** 2741-8001 **FAX** 2741-8001 **Zimmer** 14

Die schöne Öko-Lodge grenzt an den Parque Nacional Piedras Blancas und hat bequeme Zimmer mit eigenen Bädern und Terrassen. Geführte Naturwanderungen, Kajakausflüge zum Golfo Dulce und andere Aktivitäten werden angeboten. Im Preis sind Mahlzeiten aus selbst angebauten Zutaten inbegriffen. **www.esquinaslodge.com**

PIEDRAS BLANCAS Playa Nicuesa Rainforest Lodge　　｜｜　◎◎◎◎◎

Playa Nicuesa, 14 km nordwestlich von Golfito **C** 2258-8250 **Zimmer** 8

Die ansprechende Öko-Lodge liegt am Rand von Piedras Blancas, eingeklemmt zwischen Ozean und Regenwald. Alle Zimmer haben Himmelbetten und Gartenduschen. Der Strom kommt von Solarzellen. Mahlzeiten sind im Preis enthalten. Die Lodge ist nur auf dem Wasserweg (20 Minuten von Golfito) erreichbar. **www.nicuesalodge.com**

PLAYA PLATANARES Iguana Lodge　　　P ｜｜　◎◎◎◎◎

3 km östlich von Puerto Jiménez **C** 8848-0752 **FAX** 2735-5436 **Zimmer** 14

Das schöne Anwesen verfügt über luxuriös ausgestattete Zimmer mit Travertin-verkleideten Bädern sowie über Bambus-Bungalows; einige davon haben Duschen im Garten. In dem Restaurant am Strand gibt es freitags immer Live-Musik. Die Lodge hat auch ein japanisches Badehaus. **www.iguanalodge.com**

Preiskategorien *siehe S. 200* **Zeichenerklärung** *siehe hintere Umschlagklappe*

PLAYA SAN JOSECITO Casa Corcovado Jungle Lodge   ⬛⬛ ▦ ⓒⓒⓒⓒⓒ
13 km südlich von Bahía Drake 📞 *2256-3181* **FAX** *2256-7409* **Zimmer** *14*

Das auf Dschungel getrimmte Themenhotel am Nordrand von Corcovado bietet luxuriöse Strohdach-Blockhäuser mit ansprechendem Dekor. Es werden Exkursionen angeboten und Gourmetgerichte serviert. Zugang ist nur per Boot möglich. ⬤ Sep–Mitte Nov. **www.casacorcovado.com**

PUERTO JIMÉNEZ Cabinas Jiménez   ▤⬛   ⓒⓒⓒ
100 m nördlich des Fußballplatzes 📞 *2735-5090* **Zimmer** *10*

Das vormals mittelmäßige Hotel an der Küste bietet nun unter einem neuen Besitzer die netteste Unterkunft in der Stadt. Die Zimmer sind komfortabel und schön eingerichtet und haben Veranden mit Blick auf die Bucht. Mehrere Restaurants liegen in Gehdistanz. Es werden auch gern Touren arrangiert. **www.cabinasjimenez.com**

RINCÓN Suital Lodge   ⬛⬛   ⓒⓒⓒ
6 km nordöstlich von Rincón 📞 *2826-0342* **FAX** *2826-0342* **Zimmer** *3*

Rustikale Lodge mit individuellen Blockhütten in Pfahlbauweise auf einer Waldlichtung. Alle Hütten haben Bad und Balkon. In der Nähe liegen Waldwege zum Wandern und ein stiller Strand. Weitere Freizeitaktivitäten sind Kajaktouren auf dem Río Esquinas und Ausritte. **www.suital.com**

SAN GERARDO DE RIVAS Cabinas Roca Dura   ▦⬛   ⓒ
14 km nordöstlich von San Isidro 📞 *2742-5071* **Zimmer** *9*

Das Roca Dura ist die Freude jedes Rucksackreisenden. Das in den Felsen (daher der Name) gebaute Anwesen hat einfache, aber geschmackvolle Zimmer. Im Eingangsbereich und in einigen der Zimmer bildet der Fels eine der Wände. Es gibt auch ein einfaches Restaurant.

SAN GERARDO DE RIVAS Río Chirripó Mountain Retreat B&B   ▦⬛⬛▦   ⓒⓒⓒ
13 km nordöstlich von San Isidro 📞 *2742-5109* **Zimmer** *8*

Die herrliche Lage am Fluss, die geschmackvolle Einrichtung und bequeme Möbel machen dieses preiswerte Bed-and-Breakfast unwiderstehlich. Alle Zimmer haben Bad und eine Veranda auf den Fluss hinaus. Für Abenteurer gibt es einige überdachte Campingplätze und einen Yoga-Dojo. **www.riochirripo.com**

SAN ISIDRO DE EL GENERAL Rancho La Botija   ⬛⬛▦⬛⬛⬛   ⓒⓒⓒ
6 km nordöstlich von San Isidro de El General 📞 *2770-2146* **FAX** *2770-2146* **Zimmer** *11*

Das charmante Hotel liegt mitten zwischen Kaffeeplantagen und Obstgärten. Der Landstrich hier ist eine archäologische Fundgrube; entsprechende Touren werden angeboten. Eine *trapiche* (Zuckerrohrpresse) aus dem 19. Jahrhundert beherrscht das Restaurant. Auch ein Observatorium ist vorhanden. **www.rancholabotija.com**

SIERPE Veragua River Lodge   ▦⬛⬛⬛   ⓒⓒⓒ
1,5 km nordöstlich von Sierpe 📞 *2788-1460* **FAX** *2786-1460* **Zimmer** *7*

Die Veragua River Lodge ist ein friedliches und einsames Hotel am Fluss mit skurrilem Charme. Der Eigentümer – ein italienischer Künstler – hat das alte zweigeschossige Haus in ein ansprechendes Hotel mit üppigem Tropendekor verwandelt. Die Zimmer sind komfortabel und geräumig. **www.hotelveragua.com**

UVITA Tucan Hotel   ⬛⬛   ⓒ
Östlich des Highway 34, Central Uvita 📞 *2743-8140* **Zimmer** *10*

Eine gut geführte, preiswerte Herberge am Parque Nacional Marino Ballena. Einige Zimmer haben ein eigenes Bad und eine Klimaanlage, andere teilen sich ein Bad. Die Gäste können Gemeinschaftsküche, Waschküche und Fernsehzimmer nutzen. Internet-Zugang ist vorhanden. **www.tucanhotel.com**

UVITA Las Terrazas de Ballena   ⬛⬛▦⬛   ⓒⓒⓒⓒⓒ
1 km nordöstlich von Uvita 📞 *2743-8034* **Zimmer** *3*

Das intime Hotel, das auf einem bewaldeten Hügel mit Blick auf die Costa Ballena liegt, bietet Unterkunft in drei strohgedeckten Hütten mit Steinwänden und riesigen Balkonen. Das Restaurant im balinesischen Stil ist das beste in der weiteren Umgebung *(siehe S. 237)*. Man braucht einen 4WD, um herzukommen. **www.terrazasdeballena.com**

ZANCUDO Cabinas Sol y Mar   ▦⬛⬛   ⓒⓒⓒ
1,5 km südlich von Zancudo 📞 *2776-0014* **Zimmer** *5*

In dem von Amerikanern geführten Hotel ist immer etwas los: Karaoke, Strandgolf und vieles mehr. Das Restaurant hat sich auf kalifornische Küche spezialisiert. Camping ist möglich, ein Zwei-Zimmer-Ferienhaus kann gemietet werden. ⬤ Okt. **www.zancudo.com**

ZANCUDO Oceano   ⬛▦⬛   ⓒⓒⓒ
400 m südlich von Zancudo 📞 *2776-0921* **Zimmer** *2*

Das kleine, einfache Hotel wird von einem charmanten kanadischen Paar geführt, das sehr gastfreundlich ist. Die zwei Zimmer sind einfach, doch sehr umsichtig eingerichtet. Das Open-Air-Restaurant ist das beste in der Umgebung *(siehe S. 237)*. Gäste können sich Räder ausleihen. Freier Internet-Zugang. **www.oceanocabinas.com**

ZANCUDO The Zancudo Lodge   ⬛⬛▦⬛⬛⬛   ⓒⓒⓒⓒ
Nördlich von Zancudo 📞 *2776-0008* **FAX** *2776-0011* **Zimmer** *20*

Die renommierte Sportangler-Lodge liegt direkt am Meer. Die Zimmer sind komfortabel und gut gepflegt, es gibt einen Swimmingpool und ein Heißwasserbecken direkt am Strand. Angler werden mit allem ausgestattet, was sie brauchen. **www.royszancudolodge.com**

RESTAURANTS

Die Restaurants in San José und in Urlauberenklaven sind erstaunlich weltoffen und bieten eine große Auswahl an peruanischer, indischer, französischer und italienischer Küche. Auf dem Land gibt es traditionelle Kost: Reis und Bohnen mit Schweinefleisch oder Huhn und tropischem Gemüse. Regionale Spezialitäten gibt es vor allem an der Ostküste. Dort herrscht die afrokaribische Küche mit Kokosmilch und scharfen Gewürzen

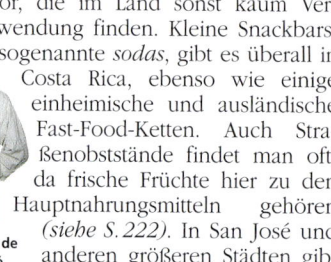

Koch im Grano de Oro, San José

vor, die im Land sonst kaum Verwendung finden. Kleine Snackbars, sogenannte *sodas*, gibt es überall in Costa Rica, ebenso wie einige einheimische und ausländische Fast-Food-Ketten. Auch Straßenobststände findet man oft, da frische Früchte hier zu den Hauptnahrungsmitteln gehören (*siehe S. 222*). In San José und anderen größeren Städten gibt es vegetarische Restaurants, meist steht jedoch überall ein Gericht ohne Fleisch auf der Karte.

Restaurant im Grano de Oro *(siehe S. 226)*, San José

RESTAURANTS UND BARS

San José hat bei Weitem die größte Auswahl an Restaurants zu bieten, für jeden Geschmack und für jeden Geldbeutel. Viele der besten Gourmetrestaurants befinden sich in den Luxushotels. Einige davon haben es – obgleich durch konventionelle Gerichte – auch zu internationalem Ruhm gebracht. Die Hotels verfügen in der Regel über eigene Restaurants, in abgelegeneren Gegenden sind sie oft die einzige Speisemöglichkeit. In *hospedajes* (B&Bs) bieten die Besitzer gegen Aufpreis manchmal kleine Mahlzeiten an. Typisch costa-ricanische Kost bekommt man am preiswertesten in *sodas*. Dort gibt es Festpreismenüs und *casados* (Tagesgerichte, auch *plato del día*, *plato ejecutivo* oder *comida corrida*).

Arbeiter essen in *cantinas* – in der Nähe des Arbeitsplatzes gelegene Bars, die man an ihren Wildwest-Schwingtüren

erkennt. Dort werden *bocas* (*siehe S. 222*) serviert. In diesen Bars kann es recht grob zugehen, sodass sich Frauen hier nicht besonders wohlfühlen werden. Generell sollten sich die Besucher an die vom Hotelpersonal empfohlenen Bars halten.

RESTAURANTKETTEN

Alle großen US-amerikanischen Fast-Food-Ketten, u.a. Burger King, Pizza Hut und McDonald's, sind in Costa Rica reichlich vertreten. Daneben gibt es einige inländische Unternehmen wie Burguí und Rosti Pollo, die mit ihren nordamerikanischen Gegenstücken konkurrieren.

Die größeren Städte sind gut mit Cafeketten ausgestattet, in denen man kleine Snacks und manchmal auch preiswerte Büfetts bekommt. Eine ausgezeichnete Wahl ist Spoon im Zentralen Hochland – hier gibt es Sandwiches, Salate und preiswerte warme

Mahlzeiten. Musmanni ist eine landesweit vertretene *panadería* (Bäckerei), die frisches Brot, Gebäck und Sandwiches verkauft. Mexikanische Gerichte sind die Spezialität von Antojitos in und um San José. Bei Bagelman's werden Bagels, Sandwiches und Frühstück, bei Pops Eiscreme angeboten.

ESSGEWOHNHEITEN

Im Großen und Ganzen essen die *ticos* wie die US-Amerikaner – mit einigen kleinen Unterschieden. Das typische *desayuno* (Frühstück) besteht aus *gallo pinto* (*siehe S. 222*) mit frisch gepresstem Saft und Milchkaffee. Die Männer gönnen sich auch zum Frühstück schon mal einen kleinen Schluck Whisky. An den Wochenenden wird mit der Familie gebruncht. Viele Läden machen eine Pause zum *almuerzo* (Mittagessen), die bis zu zwei Stunden dauern kann. Die

Bar in Ojochal, in der Nähe von Dominical

El Sano Banano Village Restaurant & Café *(siehe S. 230)*, Montezuma

merienda (Kaffeepause) ist ebenfalls gang und gäbe. Die meisten Restaurants schließen um 23 Uhr, in Costa Rica isst man eher früh und lässt sich dabei Zeit. Sonntags sind viele Restaurants geschlossen.

Nach Hause werden Besucher selten eingeladen, meist geht man im Restaurant essen. Pünktlichkeit wird in Costa Rica – außer bei wichtigen Geschäftsterminen – nicht als Tugend erachtet. Es gilt sogar als unhöflich, rechtzeitig zu einer Einladung zum Abendessen *(cena)* zu erscheinen.

BEZAHLUNG

Festpreismenüs wie *casados* weisen normalerweise ein besseres Preis-Leistungs-Verhältnis auf als ihre À-la-carte-Alternative. In *sodas* erhält man eine vollwertige Mahlzeit schon für etwa 800 Colones. In eleganten Restaurants kann ein Drei-Gänge-Menü mit Wein dagegen bis zu 13 000 Colones pro Person kosten. In *sodas* muss man keine Steuer zahlen, die ansonsten zu 13 Prozent auf die Preise aufgeschlagen wird. Zudem werden rund zehn Prozent Trinkgeld automatisch mit auf die Rechnung gesetzt. Diese müssen Sie nicht bezahlen, wenn der Service schlecht war. Ein Extra-Trinkgeld sollte es auch nur für sehr gute Bedienung geben.

Kreditkarten werden in den meisten Restaurants der Städte und größeren Ferienorte akzeptiert. Auf dem Land und in *sodas* bezahlt man bar. Visa ist am weitesten verbreitet, gefolgt von MasterCard und American Express. Bei Diners Club und Reiseschecks dagegen wird es schwieriger.

SAUBERKEIT

Die Qualität des Essens ist landesweit sehr gut. Auch dem Leitungswasser können Sie in den meisten Regionen vertrauen – zumindest zum Zähneputzen. Trinken sollten Sie nur Mineralwasser, Fruchtsäfte oder Getränke in Flaschen bzw. Dosen. Diese können Sie in allen Restaurants, Hotels und Supermärkten kaufen. Bestellen Sie Ihre Getränke ohne Eis *(sin hielo)*.

Cocktailkarte,
Ricky's Bar, Cahuita

Salate sowie Obst und Gemüse sind nur an der Karibikküste, in Puntarenas und in Golfito problematisch. Um böse Überraschungen zu vermeiden, sollten Sie der Devise »Cook it, peel it, or forget it« folgen – kochen, schälen oder sein lassen. Milch und Milchprodukte sind in ganz Costa Rica pasteurisiert und damit unproblematisch. Seien Sie jedoch bei rohem oder fast rohem Fleisch und Fisch vorsichtig.

MIT KINDERN ESSEN

Die *ticos* lieben Kinder, und in den meisten Restaurants sind sie willkommen. Kinderstühle gehören oft zum Standard, ebenso wie kindgerechte Portionen. In einigen Restaurants gibt es sogar spezielle Kinderteller. Bei Fast-Food-Ketten und ländlichen Straßencafés finden sich oft Spielplätze.

ALKOHOL

In Restaurants ist der Verkauf von Bier und stärkerem Alkohol wie dem beliebten *guaro* gestattet. Die eleganteren Etablissements bieten eine Auswahl internationaler Weine, die allerdings nicht immer ideal gelagert sind. Der Verkauf von Alkohol ist während der Wahlen und an den drei Tagen vor Ostern (Donnerstag bis Samstag) verboten. Die meisten legen sich jedoch für diese Zeiten Privatvorräte an.

RAUCHEN

Das Rauchen ist in Costa Rica sehr beliebt, meist zündet man sich zwischen den oder sogar während der Gänge beim Abendessen eine Zigarette an. Viele Restaurants verfügen mittlerweile aber über Nichtraucherbereiche.

Die Küche der Iguana Lodge, Playa Platanares *(siehe S. 218)*

Costa Ricas Küche

Auf den *ferias de agricultores* (Bauernmärkten) stapeln sich an den Ständen verführerische exotische Früchte und Nüsse, darunter Guaven, Cashewkerne und Papayas. Tomaten, Chilischoten und Kürbisse verleihen dem Markt Farben und Düfte, ebenso wie zahlreiche Kräuter und Gewürze. Weidevieh liefert frische Milch und zartes Fleisch, die Hühner des Landes sehen ihr Leben lang keine Ställe, und die Küstengewässer sind reich an Fisch und Meeresfrüchten. Die vorherrschende Küche ist karibisch-kreolisch geprägt.

Reife Papayas

Sodas (kleine Snack-Stände) findet man überall in Costa Rica

KARIBISCHE KÜCHE

Dank der vielen Jamaikaner, die sich an der Küste des Landes niedergelassen haben, ist die Küche dieser Region reich an Gewürzen und anderen typischen Merkmalen karibischer Gerichte. Meeresfrüchte wie Garnelen und Hummer werden mit Chili und Ingwer zu köstlichen Currys und Eintöpfen verarbeitet. In Tortuguero stand lange Zeit neben Makrelen-Gerichten auch die Grüne Meeresschildkröte auf der Speisekarte. *Pargo* (Red Snapper) wird mit reichlich Paprika aufgepeppt und über offenem Feuer gegrillt.

Nicht wegzudenken aus der Küche ist die Kokosmilch – als Saucenzutat, als Erfrischungsgetränk oder als Bestandteil von Cocktails. Einheimische Früchte wie Zitronen, Papayas oder Guaven werden mit Zucker, Kokosnuss und Kakao zu Gelee verarbeitet.

Makrele

Dorado (Mahimahi)

Hummer

Garnelen

Red Snapper

Auswahl frischer Fische und Meeresfrüchte

TYPISCHE GERICHTE UND SPEZIALITÄTEN

Gallo pinto (gebratener Reis mit schwarzen Bohnen) ist das Nationalgericht Costa Ricas. Es wird normalerweise als Frühstück mit Rührei und Monteverde-Käse serviert. Mittags wird daraus *arroz con pollo* mit mild gewürztem Huhn. Diese Speise ist Basis der *casados* (Menüs), die mit Gemüse wie Karotten, Maniok, Kohl, Zwiebeln, *plátanos* (gebratenen Bananen) und grünem Salat mit Tomaten und Palmenherzen gereicht werden. Die Reisgerichte werden mit etwas *salsa lizano* gewürzt, einer milden Gemüsesauce. Auf dem Land isst man gern traditionelle Eintöpfe wie *sopa de mondongo* aus Kutteln und Gemüse sowie *sopa de albóndigas* mit würzigen Fleischbällchen. Vor dem Hauptgericht gibt es *bocas*, herzhafte Amuse-Gueules wie z. B. Tortilla mit Käse. Bisweilen angebotene Schildkröteneier sind meist illegal erworben.

Costa-ricanische Chilischoten

Ceviche *sind rohe weiße Fischfilets, in Zitronensaft, Knoblauch, Zwiebeln sowie rotem und grünem Paprika mariniert und auf Salatblättern serviert.*

Gut sortierter Lebensmittelladen in San José

SPEZIALITÄTEN AUS GUANACASTE

In der *comida criolla* (kreolischen Küche) dreht sich alles um *maíz* (Mais), den die Ureinwohner in präkolumbischer Zeit in Guanacaste einführten. Die saftige gelbe Frucht wird als Gemüse gegessen – gekocht, gedämpft oder gegrillt – und auch nach alter Art zu Mehl gemahlen für die Herstellung von Tortilla- und *Tamale*-Teig. *Arroz* (Reis) brachten die Spanier aus Asien mit. Heute wird er vor allem in den Tiefebenen angebaut und ist Hauptbestandteil der Küche des Landes. Er wird meist mit schwarzen Bohnen serviert, die ebenfalls in den Tiefebenen gewachsen sind. Auf den Weiden grasen Brahma-Rinder, deren Fleisch für Steaks und Hackfleisch hoch geschätzt wird. Vor der Halbinsel Nicoya tummeln sich köstliche Meeresfische

Gemüse auf einer *feria de agricultores* (Bauernmarkt)

wie der geschmacksintensive Dorado (Mahimahi). Playa Flamingo, del Coco und Tamarindo sind die Hauptzentren der Hochseefischerei. Die Hafenstadt Puntarenas verfügt über eine große Krabben- und Fischereiflotte.

AUF DER SPEISEKARTE

Arreglados (landesweit). Teigtaschen, gefüllt mit Käse und / oder Fleisch.

Akipflaume und Dorsch (karibisch). Akipflaume und gesalzener Dorsch, mit spinatähnlichem *callaloo* und gebratenen Klößen (›Johnny Cakes‹) serviert.

Cajetas (landesweit). Dickes, nougatartiges Dessert aus Kokosmilch, Zucker, Orangenschale und anderen Früchten.

Chorreadas (Guanacaste). Große Maistortillas, als Pfannkuchen mit *natilla* (saurer Sahne) serviert.

Empanadas (landesweit). Herzhafte Teigtaschen, mit Hackfleisch, Kartoffeln und Zwiebeln oder Käse und Bohnen gefüllt.

Pan bon (karibisch). Dunkles Brot, mit Muskatnuss gewürzt, mit karamellisiertem Zucker und kandierten Früchten gesüßt.

Rundown (karibisch). Makrele, in Kokosmilch gegart und mit Gemüse serviert.

Tamales (landesweit). Gedämpfte Maisteigtaschen, mit Hackfleisch gefüllt und in Bananenblätter gewickelt serviert.

Filete de pescado grillé, *gegrillte Corvina (Seebarsch)-Filets, werden traditionell mit* ajo *(Knoblauchbutter), Reis und Mischgemüse serviert.*

Olla de carne, *ein Fleisch-Gemüse-Eintopf aus Guanacaste, enthält meist den kürbisähnlichen Chayote sowie Mais, Bananen, Kartoffeln und Maniok.*

Tres leches *besteht aus Biskuitteig, der in Dickmilch, Kondensmilch und Sahne getränkt und mit Schlagsahne serviert wird.*

Restaurantauswahl

PREISKATEGORIEN
Die Preisangaben gelten für ein Drei-Gänge-Menü pro Person (ohne Wein), inklusive Steuern und Bedienung:

© unter 5500 Colón
©© 5000–8000 Colón
©©© 8000–11 000 Colón
©©©© 11 000–16 000 Colón
©©©©© über 16 000 Colón

Die hier aufgeführten Restaurants wurden nach Quali- tät und Atmosphäre ausgewählt. In einigen Teilen Costa Ricas gibt es jedoch wenige empfehlenswerte Eta- blissements, dann wurde zumindest auf Restaurants mit gutem Preis-Leistungs-Verhältnis zurückgegriffen. Den Stadtplan von San José finden Sie auf den Seiten 76–79.

SAN JOSÉ

ZENTRUM La Criollita ©
Calles 7/9 und Ave 7 2256-6511   **Stadtplan 2 D3**

Das hübsche Restaurant am Rande des Barrio Amón ist von Sonnenlicht durchflutet, das durch eine *vidriera* (Bunt- glasfenster) hereinfällt. Im Patio zirpen Singvögel. Auf der langen Speisekarte stehen üppige Frühstücke, leichte Mit- tagessen und einfache, aber gute Vorspeisen. Mittags kommen viele Geschäftsleute hierher. ● So.

ZENTRUM Mama's Place ©
Calles Central/2 und Ave 1 2223-2270   **Stadtplan 1 B3**

Das kleine, familiengeführte Diner im Herzen des Zentrums zieht mittags viele Arbeiter an. Es hat sich auf *casados* (Menüs), italienische Pasta und Salate spezialisiert. Die typischen Gerichte werden wie in einer Cafeteria hinter Glas ausgestellt. Die italienischen Besitzer kümmern sich rührend um ihre Kundschaft. ● So.

ZENTRUM Restaurante Vishnu ©
Calles 1/3 und Ave 1 2250-6063   **Stadtplan 1 C3**

Das preiswerte Restaurant mit langer Speisekarte und großen Portionen ist vor allem auf Vegetarier zugeschnitten: vegetarische Burger, Salate, frisch gepresste Fruchtsäfte und sättigende *casados*. Die Besitzer führen ähnliche Res- taurants in ganz San José, die alle gleichermaßen tadellos sauber sind.

ZENTRUM Café de la Posada ©©
Calle 17 und Ave 2 2258-1027   **Stadtplan 2 E4**

Das nette, unkonventionelle Café-Restaurant wird von Argentiniern geführt. Zur kreativen Kost gehören *empanadas*, Salate, Quiches und Omeletts sowie Cappuccino und sagenhafte Desserts zu den Klängen von Jazz und klassischer Musik. Man kann auch draußen, unter großen Sonnenschirmen in der Fußgängerzone, speisen.

ZENTRUM Spoon ©©
Calles 5/7 und Ave Central und viele andere Filialen in San José 2255-2480   **Stadtplan 1 C3**

Das saubere und einfache Lokal im Stil einer Cafeteria ist bei den Einheimischen vor allem wegen seiner preiswerten *casados* und vieler anderer Gerichte wie z. B. Salate und Sandwiches beliebt. Die köstlichen Backwaren zeugen vom Ursprung der Kette als Bäckerei.

ZENTRUM Balcón de Europa ©©©
Calle 9 und Aves Central/1 2221-4841   **Stadtplan 2 D3**

Legeres, zeitloses Restaurant im Herzen des Stadtzentrums. Serviert werden herzhafte Pastagerichte und andere Kre- ationen des in Frankreich geborenen Küchenchefs und Besitzers. Zur Ausstattung gehören holzgetäfelte Wände, ge- rahmte Sprichwörter und historische Drucke. ● Sa.

ZENTRUM Café Mundo ©©©
Calle 15 und Ave 9 2222-6190   **Stadtplan 2 E2**

Das umgebaute Herrenhaus mit viel historischem Charme bietet ein ideales Ambiente, um die Gerichte der bunt ge- mischten Speisekarte (von Salaten bis Steaks) zu genießen. Das Restaurant verfügt über mehrere Speisesäle, eine Bar und einen begrünten Innenhof. Es fungiert gleichzeitig als Kunstgalerie. ● So.

ZENTRUM Gourmet ©©©
Parque Mora Fernández, Ave 2 2221-4000   **Stadtplan 1 C4**

Das einladende Restaurant mit Terrasse liegt direkt gegenüber dem Teatro Nacional und hat rund um die Uhr geöff- net. Vor dem Café Parisien herrscht reger Musikanten- und Straßenhändlerbetrieb. Das einfache *arroz con pollo* (Reis mit Huhn) ist preiswert und macht satt, auch ein Büfett gibt es. Normalerweise spielt ein Pianist.

ZENTRUM La Cocina de Leña ©©©
Centro Comercial El Pueblo, Barrio Tournon 2256-5353   **Stadtplan 2 D1**

Das einladend rustikale Restaurant liegt in den engen Straßen des El-Pueblo-Komplexes versteckt und ist im Stil einer authentisch costa-ricanischen Farm eingerichtet. Ebenfalls authentisch ist das hoch geschätzte, traditionelle Essen. Auf der Speisekarte stehen auch zahlreiche Maisgerichte.

Zeichenerklärung *siehe hintere Umschlagklappe*

ZENTRUM Restaurante Casa China
Calle 25 und Aves 8/10 2257-8392   **Stadtplan** *2 F3*

Das Restaurant im Stil eines Refektoriums liegt in der Asociación China de Costa Rica und ist wie ein Stück Shanghai, das mitten nach San José versetzt wurde. Auf der Karte steht eine riesige Auswahl an authentischen chinesischen Gerichten zu unschlagbaren Preisen. Parken möglich.

ZENTRUM Tin Jo
Calle 11 und Aves 6/8 2221-7605   **Stadtplan** *2 D4*

Die Speisekarte des gemütlichen Restaurants umfasst den gesamten Orient mit regionalen Gerichten aus China, Indien, Indonesien, Japan und Thailand. Die Kost ist herzhaft und macht satt, Gourmetstatus erreicht sie nicht. Die Einrichtung ist minimalistisch asiatisch, das schummrige Ambiente wirkt sehr einladend, ebenso wie die Preise.

ÖSTLICH DES ZENTRUMS Bagelmen's
Calle 33 und Ave 2 2212-1314

Das wie ein Fast-food-Restaurant wirkende moderne Lokal hat sich auf Sandwiches, Bagels und Backwaren spezialisiert. Das Frühstück, u. a. *gallo pinto* (siehe S. 222), ist ein attraktives Schnäppchen, auf der Speisekarte stehen aber auch Omelett und andere Klassiker aus den USA. Weitere Filialen gibt es in Escazú und San Pedro.

ÖSTLICH DES ZENTRUMS Café Ruiseñor
Calles 41/43 und Ave Central 2225-2562

Die luftige Brasserie im Viertel Los Yoses ist vom geschäftigen Verkehr durch einen breiten Grünstreifen getrennt. Hier kann man ausgezeichnet zu Mittag essen: Suppen, Salate, kreative Meeresfrüchte und Fleischgerichte. Cappuccino und Espresso sind ebenfalls gut. Wählen Sie einen Tisch drinnen oder im schattigen Innenhof. ● So.

ÖSTLICH DES ZENTRUMS Ave Fenix
Ave Central, Los Yoses 2225-3362

Ausgezeichnetes chinesisches Restaurant mit ausgedehnter Speisekarte und authentisch orientalischem Ambiente bis hin zum Personal. Die großen Portionen sind relativ preiswert. Exotische Gerichte werden noch durch den kreativen Gebrauch originaler Saucen und die Verwendung von Maraschinokirschen und Limettensaft aufgepeppt.

ÖSTLICH DES ZENTRUMS Olio
Calle 33, Aves 3/5, Barrio Escalante 2281-0541

Die Tapasbar verströmt eine Bohemien-Atmosphäre und zieht eine trendige, intellektuelle Klientel an. Freiliegende Ziegelwände und eine dunkle Wandtäfelung machen es hier sehr romantisch. Auf der umfangreichen Speisekarte stehen mediterrane Gerichte – von Spanien bis zur Levante.

ÖSTLICH DES ZENTRUMS L'Île de France
Hôtel Le Bergerac, Calle 35, südlich der Ave Central 2234-7850

Fantasievolle französische Gerichte und altbekannte Klassiker wie *vichysoisse* sind das Markenzeichen dieses charmanten Restaurants im Hôtel Le Bergerac (siehe S. 202). Eine große Auswahl an Weinen und köstlichen Desserts runden das angenehme Speiseerlebnis ab, das auch in einem luftigen Innenhof genossen werden kann.

ÖSTLICH DES ZENTRUMS Marbella
Ave Central, San Pedro 2224-9452   **Stadtplan** *1 A3*

Das elegante Restaurant, das viele für das beste spanische in San José halten, liegt direkt im Rücken des Centro Comercial de la Calle Real. Chefkoch Emilio Machado ist vor allem bekannt für seine fantastische Paella. Das Marbella hat auch eine umfangreiche Weinkarte.

ÖSTLICH DES ZENTRUMS Jürgen's Grill
Boutique Hotel Jade, nördlich des Subaru-Autohauses, Barrio Dent 2283-2239

Das modische Restaurant im Boutiquehotel Jade (siehe S. 201) verströmt zeitgenössische Eleganz. Die Speisekarte glänzt mit erfreulich kreativer Nouvelle Cuisine, und die Atmosphäre ist einladend, wenn auch etwas formell (gehobene Kleidung erwünscht). In der Bar gibt es eine Zigarrenlounge. ● So.

ESCAZÚ Giacomin
Calle del Llano, San Rafael de Escazú 2288-3381

Leichte Snacks und Backwaren – von Croissants bis zu Paninis – stehen in diesem Café auf der Speisekarte, das sich auf exquisite selbst gemachte Schokolade und Feinschmeckerkaffee spezialisiert hat. Genießen Sie die süße Verführung in den klimatisierten Innenräumen oder auf der Terrasse mit Blick auf den Garten. ● So.

ESCAZÚ Taj Mahal
1 km westlich von Paco Plaza 2228-0980

Das Taj Mahal ist Costa Ricas einziges indisches Restaurant und serviert Gerichte wie *biryanis*, *tandoori*, *tikka masala*, *naan* und andere authentische Spezialitäten aus Nordindien. Es gibt vegetarische wie Fleischgerichte. Versuchen Sie unbedingt das Lammkarree. Im Garten lebt ein Pfau. ● Mo.

ESCAZÚ Capital Grill
Tara Resort Hotel, San Antonio de Escazú 2288-6362

Das bekannt und berühmte Restaurant ist ein Magnet für Costa Ricas soziale Elite. Durch Glaswände hat man einen sensationellen Ausblick. Auf der Karte stehen bekannte kontinentale Gerichte – von Hummerschwanz bis zu Angus-Steak und Alaska-King-Crab.

Stadtplan *siehe Seiten 76–79*

ESCAZÚ La Luz   ⓉⓈⓋ ①①①①①

The Alta Hotel, Alto de las Palomas, 3 km westlich von Escazú ☎ 2282-4160

Hohe Decken und eine elegante zeitgenössische Einrichtung im Tudor-Stil kennzeichnen dieses gehobene Restaurant im Alta Hotel *(siehe S. 202)*. Die einfallsreiche Feinschmeckerküche bringt die regionalen Zutaten wunderbar zur Geltung, obwohl das Essen auch für seine wechselnde Qualität berühmt ist.

ESCAZÚ Le Monastère   ⒶⒿⒽⓉⓈⓋ ①①①①①

6 km westlich von Escazú ☎ 2289-4404

Das modische Restaurant liegt hoch über Escazú in einer ehemaligen Kapelle – und hat seine Lage zu seinem Motto gemacht. Die Kellner sind als Mönche verkleidet, gregorianische Gesänge füllen Hallen und Speisesäle. Es wird französische Küche wie z. B. *escargots*, Seebarsch mit Krabben, Kaviar und Champagner serviert. ● So.

ESCAZÚ Saga   ⒺⒹⓈⓋ ①①①①①

Guachipelín de Excazú, nördlich des Centro Comercial Paco ☎ 2289-6615

Das trendige Restaurant ist bekannt für sein Essen, das Ambiente und den aufmerksamen Service. Auf der Speisekarte stehen internationale Gerichte wie Hühnchen in Erdnuss-Sauce mit Chutney und Seafood-Risotto mit Kokosnuss. Eine fantastische Vorspeise sind die frittierten Calamari. Lassen Sie unbedingt Platz für ein Dessert.

WESTLICH DES ZENTRUMS Sabor Nicaragüense   ⒺⒶⒽⓈⓋ ①

Calle 20 und Aves Central/1 ☎ 2248-2547

Das saubere, familiengeführte Restaurant liegt in der Nähe des Busbahnhofs Coca Cola. Serviert wird costa-ricanische sowie nicaraguanische Küche zu mehr als vernünftigen Preisen. Das Innere des Restaurants ist klimatisiert, es gibt aber auch Tische auf der belebten Straße.

WESTLICH DES ZENTRUMS Antojitos   ⒶⒿⓈⓋ ①①

Westlich von Sabana Oeste, Rohrmoser ☎ 2231-5564

In dem lebhaften, meist lauten mexikanischen Restaurant gibt es neben Steaks und Grillgerichten alle traditionellen Klassiker sowie exzellente Margaritas. Manchmal spielen Mariachis auf. Das Antojitos hat Filialen in der ganzen Stadt. Die Kette ist vor allem bei Einheimischen sehr beliebt.

WESTLICH DES ZENTRUMS Marisquería La Princesa Marina   Ⓢ ①①

Sabana Oeste, Südwestecke des Parque Sabana ☎ 2296-7667

Gute und einfache Gerichte mit Zutaten des Meeres sind die Spezialität dieses Restaurants auf der Westseite des Parque Sabana. Das kantinenähnliche Lokal ist wegen der großen Portionen besonders bei Arbeitern beliebt. Zu empfehlen sind der *ceviche* als Vorspeise und die *corvina al ajillo* (Seebarsch in Knoblauch) als Hauptgericht.

WESTLICH DES ZENTRUMS Fogo de Brasil   ⒶⒿⒹⓉⓈⓋ ①①①

Ave las Américas, Calles 40/42 ☎ 2248-2526

Fleischesser fühlen sich wie im Himmel in dem riesigen brasilianischen Restaurant, wo Angestellte in Gaucho-Tracht das Essen, darunter auch All-you-can-eat-Fleischplatten, servieren. Es gibt auch ein Büfett mit Sushi und eine Pasta-Bar. Freier Shuttle-Service zu Hotels.

WESTLICH DES ZENTRUMS Lubnan   ⒿⓉⓋ ①①①

Calles 22/24 und Paseo Colón ☎ 2257-6071

Kleines, beliebtes libanesisches Restaurant mit authentischen Gerichten wie *falafel* und *shish kebab*, die von Kellnern in roter Weste und Fes serviert werden. Die jüngeren Gäste kommen in erster Linie wegen der herumgereichten *hookahs* und der Party-Atmosphäre hierher. ● Mo.

WESTLICH DES ZENTRUMS Machu Picchu   ⓈⓋ ①①①

Calle 32 und Aves 1/3 ☎ 2222-7384

Außerordentlich beliebtes Seafood-Restaurant mit erstklassigem Service. Man zaubert wunderbare peruanische Gerichte wie *ceviche* (marinierter roher Fisch) oder *picante de mariscos* (Meeresfrüchtekasserolle). Dazu schmeckt am besten der *pisco sour*. Peruanische Kunst und Poster bestimmen die Einrichtung. ● So.

WESTLICH DES ZENTRUMS La Bastille   ⓈⓋ ①①①①

Calle 22 und Paseo Colón ☎ 2255-4994

In dem seit Langem etablierten, eleganten und halbformellen Restaurant an einer belebten Passage bereitet der Spitzenkoch Hans Pulfer renommierte französische Gerichte zu. Der Service ist allerdings wenig ansprechend, und auch in Schale werfen kann im La Bastille nicht schaden. ● So.

WESTLICH DES ZENTRUMS Park Café   ⒽⒹⓋ ①①①①①

Calle 44, Sabana Norte ☎ 2290-6324

Das intime Restaurant im Hofgarten eines Antiquitätenladens ist eine der besten Möglichkeiten, in San José fein zu essen. Der in England gefeierte Chefkoch Richard Neat sorgt für exzellente Gerichte, darunter auch Tapas, die aus Küchen der ganzen Welt beeinflusst sind. Unbedingt reservieren.

WESTLICH DES ZENTRUMS Restaurant Grano de Oro   ⒽⓉⓈⓋ ①①①①①

Hotel Grano de Oro, Calle 30 und Aves 2/4 ☎ 2255-3322

Eines der besten Restaurants der Stadt, in San Josés bestem Boutiquehotel *(siehe S. 203)* gelegen. Hier speist die Elite. Erstklassige französische Küche mit costa-ricanischen Einsprengseln. Allein die Desserts sind einen Besuch wert. Das üppige Frühstück umfasst auch gesundheitsbewusste Kost. Das Personal ist effizient und sehr höflich.

ZENTRALES HOCHLAND

ALAJUELA Jalapeños Comida Tex-Mex

Calle 2 und Aves Central/1 **2430-4027**

Das lebhafte Restaurant hat eine loyale Stammkundschaft mexikanischer Einwanderer. Auf der Speisekarte stehen neben Hamburgern und Omeletts auch Tex-Mex-Spezialitäten wie *tostadas* (gefüllte Tortillas), Nachos und *huevos rancheros* (ein Frühstück aus Tortillas und Eiern). So.

ALAJUELA Xandari

Tacacori, 5 km nördlich von Alajuela **2443-2020**

Die großartige Aussicht über das Tal vom Balkon aus ist ein Highlight dieses romantischen Restaurants, das in einem Boutiquehotel der Superlative mitten auf einer Kaffeeplantage liegt *(siehe S. 204)*. Gourmetgerichte mit den frischesten einheimischen Zutaten werden durch ausgezeichnete Weine und selbst angebauten Kaffee abgerundet.

ATENAS Mirador del Cafetal

Hwy 3, 8 km westlich von Atenas **2446-7361**

Herzhafte, einfache Kost gibt es in diesem Straßenrestaurant mit sagenhaftem Blick über Kaffeeplantagen und Bergtäler. Auf der endlos langen Speisekarte stehen satt machende Frühstücke und Gerichte der Ureinwohner wie z. B. *tamales (siehe S. 223)* sowie Smoothies (Milch-Frucht-Getränke), Cappuccino und Daiquiris. Souvenirladen.

CIUDAD CARIARI Antonio Ristorante Italiano

10 km nordwestlich von San José **2293-0622**

Das Highlight in dem eleganten und modernen Antonio sind wunderbar zubereitete italienische Gerichte, von Gnocchi bis hin zu großartigen Spaghetti mit Tintenfisch. Zum Mittagessen gibt es preiswerte *casados* (Menüs). Auch der Service ist ausgezeichnet, zudem gibt es eine Pianobar.

CIUDAD CARIARI Sakura

Ribera de Belén, 1 km südöstlich von San Antonio de Belén **2209-9800**

Sehr gute japanische Küche serviert dieses authentisch asiatische Restaurant, das an das Ramada Herradura Hotel grenzt. Es gibt eine Sushibar, einen Teppanyaki-Grill zum Zuschauen und Tatami-Räume mit jeweils eigenem Koch. Im Teich des Restaurants schwimmen Koi-Karpfen.

HEREDIA Spoon

Plaza Heredia, Calle 9 und Ave 6 **2260-1333**

Das kleine, aber saubere Café am Rande des Stadtzentrums ist für seine preiswerten *casados*, Salate, Snacks, Desserts und leckeren Backwaren berühmt, die im cafeteriaähnlichen Stil angeboten werden. Zum Frühstück und Mittagessen strömen die Studenten in Scharen hierher.

HEREDIA Hotel Bougainvillea

Santo Domingo de Heredia, 3 km südöstlich von Heredia **2244-1414**

Das gepflegte Restaurant im Hotel Bougainvillea *(siehe S. 204)* ist mit hübschen Kunstgegenständen ausgestattet. Neben europäischen Gerichten wird auch einheimische Kost gehobener Qualität serviert. Personal und Besitzer sind immer professionell. Zum Brunch am Wochenende kommen viele Einheimische.

HEREDIA La Luna de Valencia

San Pedro de Heredia, 3 km nordwestlich von Heredia **2269-6665**

Der Katalane Vicente Aguilar ist Chef der extravaganten offenen Küche, und er allein ist Grund genug, das Restaurant zu besuchen. Am Abend gibt es zu superben Paellas und anderen spanischen Gerichten, zu welchen man am besten Sangría trinkt, Live-Musik. Das Restaurant befindet sich in einem 100 Jahre alten Holzhaus.

HEREDIA Le Petit Paris

Calle 5 und Aves Central/2 **2262-2524**

Das kompakte Restaurant im Herzen der Stadt liegt in einem umgebauten Privathaus. Die Speisekarte umfasst neben traditionell französischen Gerichten wie Huhn *à la Normandie* auch Salate, Sandwiches und Pasteten. Die Spezialität des Hauses sind Crêpes. Freitags und samstags gibt es Live-Jazz.

HEREDIA Restaurante Don Próspero

Santa Lucía, 1 km nördlich von Heredia **2260-2748**

Das zwanglos-elegante Freiluftrestaurant ist Teil der Kaffeefabrik Café Britt *(siehe S. 92)*. Auf der gesundheitsbewussten Speisekarte stehen Biogemüse und köstliche Desserts sowie eine große Auswahl an Kaffeegetränken. Meist bietet sich ein Besuch während einer Besichtigungstour an, aber auch Einzelgäste sind willkommen.

HEREDIA El Tigre Vestido

Santa Barbara de Heredia, 6 km nordwestlich von Heredia **2269-9392**

Die Gourmetgerichte, die in der Finca Rosa Blanca Coffee Plantation & Inn *(siehe S. 204)* serviert werden, können im Freien genossen werden. Der versierte Chefkoch nutzt Zutaten, die auf dem Anwesen wachsen, und verarbeitet sie zu preisverdächtigen Gerichten wie etwa *pupusas* (gefülltes Brot). Unbedingt reservieren.

LA GARITA Fiesta del Maíz

Hwy 3, 1 km westlich des Panamerikan. Highway 2487-5757

Das beliebte Restaurant an der Straße hat sich auf traditionelle Maisgerichte wie *chorreadas* (Maisküchlein) und *tamales* (siehe S. 223) spezialisiert, die in einfachem Ambiente serviert werden. Es ist besonders an den Wochenenden gut besucht, wenn es *gallo pinto* (siehe S. 222) und andere Klassiker gibt. Mo–Do.

LA GARITA Restaurante Le Gourmet

Martino Resort & Spa, Hwy 3, 3 km östlich des Panamerikan. Highway 2433-8382

Luxuriöses Restaurant im Martino Resort & Spa *(siehe S. 204)*, mit geschwungenem Balkon mit Blick auf den Pool und damit der Möglichkeit, im Freien zu speisen. Gesundheitsbewusste italienische Kost mit viel frischem Gemüse und Früchten aus den hoteleigenen Gärten. Das Le Gourmet hat bis 3 Uhr geöffnet.

MONTE DE LA CRUZ Baalbek Bar & Grill

Los Ángeles de San Rafael, 3 km südlich des Monte de la Cruz 2267-6683

Das Restaurant, eines der bevorzugten bei San Josés Oberschicht, verbindet einen wunderbaren Blick auf das Tal mit schönem Ambiente und erstklassiger Küche. Mediterrane Gerichte bestimmen die Speisekarte. Nach dem Essen kann man eine Wasserpfeife genießen.

MONTE DE LA CRUZ Bistro Chamonix

Monte de la Cruz, 10 km nordöstlich von Heredia 2267-6222

Das gemütliche Restaurant im alpinen Stil liegt in einem chaletähnlichen Hotel *(siehe S. 204)* und verfügt über Deckenbalken, einen offenen Kamin und Kerzen auf den Tischen. Das Hauptaugenmerk liegt auf traditionellen französischen Gerichten, es gibt aber auch Costa-Ricanisches wie z. B. Krabben in Fenchel-Pernod-Sauce.

OROSI Orosi Lodge

Südwestlich der Plaza, Orosi 2533-3578

Das kleine Café liegt in einer Lodge *(siehe S. 205)* im Südosten des Ortes und hat eine bezaubernde Atmosphäre. Es gibt Frühstück, Pizza, Snacks, Gebäck und Eisbecher mit Früchten. An regnerischen Tagen locken eine Jukebox und Tischfußball. Darüber hinaus hat das Café einen Internet-Anschluss. So.

OROSI Restaurant Coto

An der Nordseite der Plaza 2533-3032

Das traditionelle Open-Air-Restaurant verströmt dank eines mit Holz befeuerten Ofens viel Atmosphäre. Brathähnchen und Schweinefleischgerichte sind ebenso auf der Karte zu finden wie Seebarsch mit Knoblauch und Flussforelle. Günstige *casados* (Mittagsmenüs) sorgen dafür, dass es hier immer voll ist.

SABANA REDONDA Restaurante Jaulares

19 km nördlich von Alajuela 2482-2600

Als rustikale Farm konzipiert, liegt dieses Restaurant auf mittlerer Höhe an einem Hang des Volcán Poás und serviert traditionelle Gerichte, Steaks sowie Meeresfrüchte. Die Pizza wird im Holzofen zubereitet. Da es abends sehr kühl werden kann, sollten Sie sich einen Pullover mitnehmen. Live-Musik am Wochenende zieht die Massen an.

SAN ANTONIO DE BELÉN El Rodeo

6 km südlich von Alajuela 2293-3909

Eine angenehme Rustikalität – Deckenbalken, Sättel und anderes Reitzeug – verleihen diesem luftigen Restaurant eine einzigartige Atmosphäre. Authentisch costa-ricanische Küche wie Maistortillas mit Scheiben von Zunge und andere einfallsreiche Gerichte wie z. B. Filet mit Jalapeño-Sahne-Sauce ziehen viele Bewunderer an.

SAN GERARDO DE DOTA Comida Típica Miriam

3 km nordöstlich von San Gerardo de Dota 2740-1049

In dem kleinen, familiengeführten Restaurant an der Bergstraße oberhalb der Dantica Lodge *(siehe S. 205)* werden herzhafte, landestypische Gerichte serviert, etwa frisch gefangene Forelle. Ein kleiner gusseiserner Ofen sorgt für die entsprechende Wärme.

SAN JOSÉ DE LA MONTAÑA Las Ardillas

10 km nördlich von Heredia 2266-0015

Die Lodge aus Holz und Stein inmitten eines Pinienwalds hat ein nettes ländliches Ambiente, das durch ein prasselndes Kaminfeuer an kalten Tagen und am Abend noch verstärkt wird. Die Spezialität sind im Holzofen gebratenes Fleisch und Meeresfrüchte, doch auch regionale Klassiker kann man bestellen.

SAN PABLO DE LEÓN CORTÉS Bar Restaurante Vaca Flaca

40 km südöstlich von San José 2278-1868

Das rustikale Restaurant liegt in einem Pinienwald an der Ruta de los Santos *(siehe S. 97)* und hat eine wunderbar herzliche Atmosphäre. Zur Einrichtung gehören mit Rindsleder bezogene Stühle, Cowboyhüte, Geweihe und alte Gewehre. Das Essen ist einfach, aber köstlich: Burger, Sandwiches und hauseigener Kaffee.

SANTA ANA Bacchus

Santa Ana 2282-5441

Das stylische Bistro befindet sich in einem renovierte, 100 Jahre alten Haus mit moderner Kunst an den Wänden. Serviert werden französische und italienische Gerichte wie gebackene Pilzpolenta und Holzofenpizza. Es gibt eine umfangreiche Weinkarte und sehr gute Desserts. Wunderbarer Service. Mo.

Preiskategorien *siehe S. 224* **Zeichenerklärung** *siehe hintere Umschlagklappe*

SANTA MARÍA DE DOTA La Casona de Sara ▮ ©

Östlich des Beneficio Coopedota ▮ *2541-2258*

Eine bezaubernde Hausherrin steht diesem einfachen, familiengeführten Restaurant mit offener Küche vor, aus der traditionelle Gerichte kommen, die sich die Gäste vor dem Bestellen ansehen können. Kosten Sie auf jeden Fall die *batidos* mit frischen Früchten, die auch *refrescos* (Shakes) genannt werden.

SARCHÍ Restaurante Las Carreteras ▮▮▮▮ ©©©

Neben der Fábrica de Carretas Joaquín Chaverri, Sarchí Sur ▮ *2454-1633*

Das gemütliche und luftige Restaurant im Herzen dieses Kunsthandwerkszentrums verbindet rustikalen Charme mit zeitgenössischer Einrichtung. Auf der umfangreichen Speisekarte stehen Suppen, Salate und Burger, aber auch italienische Gerichte und einheimische Klassiker. An warmen Tagen Tische im Freien.

TURRIALBA Hotel Casa Turire ▮▮▮▮▮ ©©©

Hacienda Atirro, 8 km südöstlich von Turrialba ▮ *2531-1111*

Das elegante Restaurant in einem Boutiquehotel *(siehe S. 205)* grenzt an einen üppig gestalteten Innenhof mit Brunnen. Highlight der umfangreichen Speisekarte regional angehauchter Gerichte sind die unglaublichen Desserts und der selbst angebaute Kaffee. Das Essen ist sehr schön angerichtet und macht satt, Gourmetstatus erreicht es nicht.

VARA BLANCA Restaurante Colbert ▮▮▮▮ ©©

22 km nördlich von Alajuela ▮ *2482-2776*

Der Blick den Berg hinunter ist eigentlich Grund genug, in dieser von Franzosen geführten Bäckerei mit Café zu speisen, doch auch das Essen selbst – Crêpes, leichte Snacks, Konfekt und costa-ricanische Küche – ist einen Besuch wert. Der einzige Nachteil: Durch die Lage auf der Kontinentalscheide ist es hier oft wolkig.

ZENTRALE PAZIFIKKÜSTE UND SÜDLICHES NICOYA

JACÓ Bar Restaurante Colonial ▮▮▮▮ ©©

Calle Bohío und Ave Pastor Díaz ▮ *2643-3326*

Geräumiges, in tropischem Stil gehaltenes Restaurant mit Oberlicht, großer Bar und Tischen im Freien. Die ambitiöse Speisekarte bietet leichte Kost wie Bar-Snacks sowie frische Meeresfrüchte mit dem gewissen Etwas. Ein typisches Beispiel: Muscheln mit Knoblauch und Olivenöl.

JACÓ Clarita's Sports Bar & Grill ▮▮▮▮▮▮▮ ©©©

Bei der Ave Pastor Díaz, am Nordende von Jacó ▮ *2643-2615*

Das Open-Air-Diner im amerikanischen Stil ist eine der wenigen Möglichkeiten, am Strand zu essen. Serviert werden viele amerikanische Standardgerichte von Omelett bis Burger und Burritos. Die weiblichen Angestellten werden aufgrund ihres Aussehens ausgewählt, oft finden hier Live-Musik- und Schönheitswettbewerbe statt.

JACÓ Taco Bar ▮▮▮ ©©©

Hinter dem Multicentro Costa Rica, in der Nähe der Ave Pastor Díaz ▮ *2643-0222*

Das zwanglose, von Israelis geführte Open-Air-Restaurant ist bekannt für sein günstiges All-you-can-eat-Büfett und die japanisch inspirierten Gerichte, darunter auch Sashimi und Hauptgerichte wie Zitronen-Teriyaki-Hühnchen. Spezialität sind Fisch-Tacos, etwa pikante Kokosnuss-Shrimps. Kostenloses Wi-Fi.

JACÓ Hotel Poseidon Bar y Restaurante ▮▮▮ ©©©©

Hotel Poseidon, Calle Bohío ▮ *2643-1642*

Das Restaurant des Hotel Poseidon *(siehe S. 206)* ist für sein herzhaftes Frühstück und die kreative Crossover-Cuisine bekannt (z. B. Filet mignon mit Béarnaise-Jalapeño-Sauce). Orientalische Teppiche, Holzschnitzereien und Steinwände bestimmen das Ambiente, dazu gibt es Live-Jazz. Die offene Raumgestaltung lässt eine leichte tropische Brise hinein.

JACÓ Pacific Bistro ▮▮▮ ©©©©

Calle Las Palmeras und Ave Pastor Díaz ▮ *2643-3771*

Asiatisch-pazifische Crossover-Cuisine mit Schwerpunkt Meeresfrüchte ist die Spezialität dieses Gourmetrestaurants an der Hauptstraße. Ein typisches Gericht sind z. B. scharf gewürzte indonesische Krabbennudeln. Küchenchef Kent Green versteht sein Fach, und die Gäste können zwischen Tischen drinnen und im Innenhof wählen. ● Mo, Di.

MALPAÍS Rancho Itauna ▮▮▮▮ ©©©

Playa Santa Teresa, 1,5 km nördlich von Carmen ▮ *2640-0095*

Das unprätentiöse, farbenfrohe Restaurant wird vor allem wegen seiner Vollmond- und Silvesterpartys geschätzt. Serviert wird internationale Küche aus aller Welt, wobei der Schwerpunkt auf brasilianischen Gerichten liegt. Manchmal gibt es Live-Musik und Partys; jeden Donnerstagabend findet ein traditionelles Barbecue statt.

MALPAÍS Nectar Bar and Restaurante ▮▮▮▮▮ ©©©©

Florblanca Resort, Playa Santa Teresa, 5 km nördlich von Carmen ▮ *2640-0232*

Ungewöhnliche Speisekarte und Atmosphäre in diesem modischen Florblanca Resort *(siehe S. 206)*. Die asiatisch angehauchten Gerichte sind mit viel Liebe zubereitet, die Lage am Strand wird durch das abendliche Kerzenlicht noch romantischer. An der Bar gibt es Sushi und dazu klassische Musik oder Jazz.

MANUEL ANTONIO Café Milagro   🚻 ♨ V   ℭℭℭ

5 km südlich von Quepos 📞 *2777-0794*

Kleines Straßencafé mit zauberhaftem Ambiente und einfacher, in tropischen Pastelltönen gehaltener Einrichtung. Die Sandwiches und das Gebäck sowie eine große Auswahl an Kaffee und Tee können auch auf der schattigen hinteren Terrasse genossen werden. Zudem gibt es einen Souvenirladen. ● So und am Abend in der Nebensaison.

MANUEL ANTONIO Restaurante Gato Negro   🚶♫🍸🚻♨ V   ℭℭℭ

Hotel Casitas Eclipse, 5 km südlich von Quepos 📞 *2777-0408*

Das luftige Restaurant mit einladender, romantischer Atmosphäre und großartiger Aussicht liegt in einem eleganten Hotel. Die mediterran angehauchte Speisekarte wird durch eine große Auswahl an Weinen ergänzt. Es gibt unendlich viele Pastagerichte (z. B. Tagliatelle) und viele andere italienische Klassiker.

MANUEL ANTONIO Marlintini's   ♨🚶♫🍸🚻♨ V   ℭℭℭℭ

1,6 km südlich von Quepos, an der Straße nach Manuel Antonio 📞 *2777-7474*

Das Marlintini's, das es seit 2008 gibt, hat sich auf frisches Seafood spezialisiert, es gibt aber auch viele Fleischgerichte wie Schweinekoteletts und Steaks. Man kann auch frisch gefangene Fische mitbringen – Chefkoch Art Lander bereitet sie dann zu. In der lebendigen Bar gibt es mehr als zwei Dutzend Martini-Cocktails.

MANUEL ANTONIO Claro Que Si   🚶🍸🍸♨ V   ℭℭℭℭℭ

Hotel Si Como No Resort, 5 km südlich von Quepos 📞 *2777-0777*

Das gehobene, zeitgenössisch elegante Restaurant liegt in einem ebensolchen Hotel *(siehe S. 207)*. Hier herrschen Meeresfrüchte vor, die regionale Zutaten mit karibischen und internationalen Aromen vereinen. Die umfangreiche Weinkarte rundet das Angebot ab. Unbedingt probieren: Avocadosalat und Meeresfrüchte-Spinat-Ravioli.

MANUEL ANTONIO La Mariposa   🚻🍸 V   ℭℭℭℭℭ

Hotel La Mariposa, 5 km südlich von Quepos 📞 *2777-0355*

Das gefeierte Restaurant liegt in einem ehrwürdigen Hotel *(siehe S. 207)* und serviert französische Küche an Tischen im Freien, an denen man einen unvergleichlichen Blick auf den Nationalpark hat. Neben regionalen Gerichten wie *gallo pinto* gibt es verführerische Vorspeisen wie z. B. Hähnchenbrust in Senf-Wein-Sauce.

MANUEL ANTONIO Sunspot Poolside Bar and Grill   🚶🚻🍸♨ V   ℭℭℭℭℭ

Makanda by the Sea, 5 km südlich von Quepos 📞 *2777-0442*

Gefeiertes Freiluft-Gourmetrestaurant in romantischer Lage am Pool eines Luxushotels mit spektakulärer Einrichtung und Meerblick *(siehe S. 207)*. Frischeste Zutaten und kreative Zubereitung sind die Kennzeichen der Nouvelle-Cuisine-Speisekarte. Viele Grillgerichte und Feinschmeckerpizzas. ● Mo.

MONTEZUMA Bakery Café   ♨🚻 V   ℭ

200 m östlich des Dorfplatzes 📞 *2642-0458*

Das einfache Café, das in der Nähe des Eingangs zum Hauptstrand liegt, ist bei Vegetariern und Veganern aufgrund der kreativen Auswahl an organischen Gerichten wie köstlichem Bananenbrot und Sojaburgern sehr beliebt. Auf einem Holzdeck kann man auch unter Schatten spendenden Bäumen essen.

MONTEZUMA El Sano Banano Village Restaurant & Café   🚶🚻♨ V   ℭℭℭ

Westseite der Plaza 📞 *2642-0638*

Das Bio-Food-Restaurant im Ortszentrum rühmt sich einer internationalen Speisekarte und wird wegen seiner frisch gepressten Fruchtsäfte sehr geschätzt. Der »Rührtofu« zum Frühstück und die Gemüsecurrys sind besonders beliebt. Allabendlich werden Filme gezeigt (kostenlos für Restaurantbesucher). Auf Wunsch sind Lunchpakete erhältlich.

PLAYA HERMOSA Jammin Restaurante   ♨🚶🚻 V   ℭ

Hwy 34, 3 km südlich von Jacó 📞 *2643-7013*

Das Café im schwarz-rot-grünen Rasta-Look ist bei Surfern sehr beliebt und wurde aus grob behauenen Holzbalken errichtet. Auf der Speisekarte stehen amerikanisches Frühstück und Snacks wie *quesadillas* (gefüllte gebratene Tortillas) und *ceviche* (marinierter roher Fisch oder Schaltiere).

PLAYA HERRADURA Steve N' Lisa's Paradise Café   🚶♫🚻 V   ℭℭ

1,5 km südlich des Parque Nacional Carara 📞 *2637-0954*

Zwischen dem Highway 32 und dem Meer liegt dieses seit Langem etablierte und beliebte Open-Air-Diner mit seiner kleinen Terrasse, von der aus man die Brandung sehen kann. Die Küche hat ein breites Spektrum zu bieten: von leichten Snacks bis hin zu internationaler Kost wie Burgern, Thunfischsandwiches, Nudelgerichten und Meeresfrüchten.

PLAYA HERRADURA El Mirador und El Anfiteatro   🚶♫🚻♨ V   ℭℭℭℭℭ

Hotel Villa Caletas, 3 km nördlich von Playa Herradura 📞 *2637-0505*

Die atemberaubende Lage auf einem Berg im renommierten Hotel Villa Caletas *(siehe S. 207)* macht diese beiden exzellenten Restaurants zu etwas Besonderem. Gourmetgerichte bester Crossover-Cuisine und klassisches Ambiente laden zum Verweilen ein. Auf der Terrasse gibt es Frühstück und leichte Mittagessen, im Amphitheater Live-Konzerte.

PLAYA HERRADURA El Nuevo Latino   🚻🍸♨ V   ℭℭℭℭℭ

Los Sueños Marriott Ocean & Golf Resort, 1,5 km westlich des Hwy 34 📞 *2630-9000*

Meeresfrüchte und lateinamerikanische Gourmetgerichte sind das Highlight in diesem eleganten und doch zwanglosen Restaurant mit Poolblick im Los Sueños Marriott Ocean & Golf Resort *(siehe S. 208)*. Nicht versäumen: Hummer-Krabben-Kroketten als Vorspeise und danach vielleicht der Red Snapper mit Kochbananen.

PUNTARENAS La Yunta Steakhouse

Paseo de los Turistas **☎** *2661-3216*

Das Restaurant liegt in einem zweigeschossigen Holzhaus an der Hauptstrandpromenade. Von der schattigen Veranda aus kann man den Golf von Nicoya sehen. Es gibt gegrillte Steaks und Meeresfrüchte z. B. die *corvina tropical* (Seebarsch mit einer Sauce aus tropischen Früchten). Die Portionen sind reichlich.

QUEPOS El Patio Café

An der Uferstraße **☎** *2777-4982*

Das farbenfrohe und luftige Café ist sehr beliebt, um dort das Frühstück einzunehmen, etwa Müsli mit frischen Früchten und Joghurt oder traditionelles *gallo pinto* (Reis und schwarze Bohnen). Das El Patio backt sein eigenes Brot. Köstliche Desserts, Fruchtshakes und Kaffee-Spezialitäten.

QUEPOS Dos Locos

Westlich der Bushaltestelle **☎** *2777-1526*

Die Einrichtung des mexikanischen Restaurants ist überwiegend im Kaktus-und-Sombrero-Stil gehalten. Die offene Raumgestaltung lässt Licht und Luft herein, und die – gleichwohl gute – Küche überrascht wenig mit *chimichangas* (frittierten Burritos), *flautas* (gefüllten Tortillas) und *quesadillas*. Es gibt auch ein amerikanisches Frühstück.

QUEPOS The Blue Monkey Rainforest Restaurant

1,6 km außerhalb der Stadt Richtung Manuel Antonio **☎** *2777-2572*

Das freundliche, preiswerte Gartenrestaurant serviert *casados* – ein typisches costa-ricanisches Gericht aus Reis, Bohnen, Kochbananen und wahlweise Huhn, Rind oder Schweinefleisch – und viele andere Gerichte. Spezialitäten zum Frühstück sind Mango-Pancakes und French Toast. Abends werden Filme mit spanischen Untertiteln gezeigt.

QUEPOS El Gran Escape

Westlich der Bushaltestelle **☎** *2777-0395*

Ungemein beliebt und meist voll ist dieses Restaurant in einem alten, zweistöckigen Holzhaus, durch das eine erfrischende tropische Brise weht. Die ausgedehnte Speisekarte reicht von leichten Snacks über fangfrische Meeresfrüchte und Steaks bis hin zum Huhncurry mit Kokosnuss. Im oberen Stock gibt es eine Sushibar. ● Di.

TAMBOR Restaurante Arrecife

Hotel Costa Coral, 1,5 km westlich des Flugplatzes **☎** *2683-0105*

Das saubere Restaurant ist sehr bunt im zeitgenössischen Stil eingerichtet. Es gibt eine große Auswahl an leichten Snacks und Meeresfrüchten, von *ceviche* und *corvina* mit Palmenherzsauce bis hin zu Burgern und Huhn in Orangensauce. In der Bar mit großem Fernseher wird manchmal Karaoke veranstaltet.

GUANACASTE UND NÖRDLICHES NICOYA

CAÑAS Hacienda La Pacifica

4 km nördlich von Cañas **☎** *2669-6050*

Das Restaurant in einer historischen Hazienda kombiniert traditionelles Ambiente mit Rustikalität und Eleganz. Öko-Reis aus lokalem Anbau begleitet internationale Gerichte wie Knoblauch-Shrimps und Tenderloin-Pfeffersteak. Gäste sollten unbedingt für Mückenschutz sorgen.

CAÑAS Restaurante Rincón Corobicí

Panamerikan. Highway, 5 km nördlich von Cañas **☎** *2669-6262*

Durch seine Lage am Río Corobicí kann man von diesem luftigen, mehrgeschossigen Straßenrestaurant aus die Wildwasser-Rafter beobachten. Auf der Speisekarte erscheinen regionale Klassiker wie z. B. Fisch und Meeresfrüchte – der Knoblauch-Seebarsch ist besonders gut. Die selbst gemachte Limonade ist ein perfekter Durstlöscher.

ISLITA 1492 Restaurante

Hotel Punta Islita, 10 km südlich von Carrillo **☎** *2656-2020*

Romantisches und elegantes Gourmetrestaurant in dem Luxushotel Punta Islita *(siehe S. 209)*. Wunderbare Berglage mit Blick auf die Küste. Die Küchenchefin Lizbeth Molina Muñoz zaubert einheimisch-pazifisch-europäische Köstlichkeiten. Auch der Service ist ausgezeichnet.

LIBERIA Café Europa

Hwy 21, 19 km westlich von Liberia **☎** *2668-1081*

Kleines Straßencafé mit Bäckerei, in dem man köstliches Gebäck und Brot bekommt, das der deutsche Besitzer gerade frisch gebacken hat. Zudem gibt es Burger und deutsch angehauchte Gerichte wie paniertes Schnitzel. Das Restaurant kann sehr voll werden; wenn das Wetter es zulässt, sollten Sie draußen essen.

LIBERIA Panadería Alemán

Ave Central und Calle 10 **☎** *2665-2061*

Das Open-Air-Restaurant, das der Besitzer des Café Europa *(siehe oben)* eröffnete, ist mitten in der Stadt um einen riesigen Guanacaste-Baum herumgebaut. Serviert wird ein preisgünstiges Mittagsmenü *(casado)*, darüber hinaus frische Seafood- und Fleischgerichte. Es gibt auch deutsche Spezialitäten wie Apfelstrudel und Eiscreme.

LIBERIA Restaurante Paso Real

Calles Central/2 und Ave Central 📞 *2666-3455*

Gegenüber dem Hauptplatz gelegen, bietet dieses geräumige Restaurant erstklassige Meeresfrüchte wie Kalamari- und Hummergerichte sowie *casados* und vieles mehr. Auf dem kleinen Balkon kann man auch im Freien essen. Das Personal ist schnell und freundlich. In der lebhaften Bar steht ein großer Fernseher.

MONTEVERDE Moon Shiva

3 km östlich von Santa Elena 📞 *2645-6270*

Das Restaurant verbindet einheimische Zutaten mit Aromen aus dem Mittleren Osten. Auf der Speisekarte stehen aber auch beliebte Snacks und Desserts sowie Cappuccino. Im Hintergrund wird World Music gespielt, was zum »alternativen« Ambiente beiträgt. Es gibt aber auch Live-Musik.

MONTEVERDE Restaurant Morphos

Santa Elena 📞 *2645-5607*

Das Restaurant im Herzen von Santa Elena besteht aus Naturstein und Holzbalken. Die Einrichtung ist aus grob behauenen Baumstämmen gefertigt. Neben *casados* gibt es auch Burger, Salate und Seebarsch à la Dijon sowie Eisbecher mit Früchten und *batidos* oder *refrescos* (Fruchtshakes). Meist ist es hier sehr voll.

MONTEVERDE Garden Restaurant

Monteverde Lodge, südöstlich von Santa Elena 📞 *2645-5057*

Luftiges Restaurant in üppigen Gärten. Zu den Highlights der Speisekarte gehört kreative costa-ricanische Küche wie z. B. Enten-*empanadas* und Seebarsch mit Kokosnuss-Macadamianuss-Kruste. Zudem gibt es eine umfangreiche Weinkarte. Neben dem Restaurant prasselt in einer gemütlichen Bar ein Kaminfeuer. Schnelles, effizientes Personal.

MONTEVERDE El Sapo Dorado

Cerro Plano, 1 km östlich von Santa Elena 📞 *2645-5010*

Das elegante Restaurant des Hotels El Sapo Dorado *(siehe S. 209)* ist für sein gesundheitsbewusstes Essen, das angenehme Ambiente und die offene Terrasse berühmt. Zu den einfallsreichen Gerichten zählen Tofu mit Gemüse, Krabben in Sambucasauce und ausgesprochen köstliche Desserts.

MONTEVERDE Sofia

Gegenüber der Klinik, 1,6 km östlich von Santa Elena 📞 *2645-7017*

Besitzerin und Chefköchin Karen Nielsen legte die Messlatte ein bisschen höher, als sie dieses feine Restaurant eröffnete, das Fusion-Gerichte serviert, die costa-ricanische Zutaten mit Inspirationen aus der ganzen Welt verbinden. Die Live-Musik reicht von klassischer Musik bis zu Jazz-Ensembles.

NOSARA Pizzería Giardino Tropicale

Strände von Nosara, 6 km südlich des Flugplatzes 📞 *2682-0258*

Rustikales, reetgedecktes Restaurant mit mehreren Ebenen unter schattigen Bäumen. Wie der Name bereits vermuten lässt, liegt man hier mit der Pizza – die im traditionellen Holzofen zubereitet wird – nicht falsch, doch die Speisekarte hat noch mehr zu bieten: Meeresfrüchte wie z. B. Seebarschcarpaccio sowie gute Tagesgerichte.

NOSARA Luna Bar and Grill

Playa Pelada, Strände von Nosara 📞 *2682-0122*

In einer Bucht versteckt liegt diese angesagte Strandbar mit Atmosphäre. Serviert werden Feinschmeckersnacks wie Sushi und Linsensuppe. Die Terrasse geht nach Westen hinaus – hier kann man spektakuläre Sonnenuntergänge genießen. World Music zieht die Gäste auf die Tanzfläche.

NOSARA Marlin Bill's

Strände von Nosara, 6 km südlich des Flugplatzes 📞 *2682-0458*

Das gehobene Freiluftlokal liegt an der Hauptkreuzung der unbefestigten Küstenstraße und brilliert mit amerikanischen Klassikern wie Schweinekoteletts und Thunfischsalat bis zu Key Lime Pie. Es ist bei den Einheimischen sehr beliebt, die sich an der Bar versammeln, in der es auch einen Fernseher gibt.

NOSARA Restaurante Vista del Paraíso

In den Bergen, 1,6 km östlich der Strände von Nosara 📞 *2682-0637*

Wie der Name des Restaurants schon besagt, hat man von hier einen fantastischen Blick auf die Küste. Der texanische Besitzer serviert kontinentale Speisen, etwa Salat mit gebackenem Ziegenkäse und Tenderloin-Steak. Abends kann man draußen beim Licht von Kerzen speisen.

PLAYA CONCHAL Outback Jack's Australian Road Kill Grill

Hotel Brasilito, Nordwestecke der Plaza, Brasilito 📞 *2654-4596*

Das offene Restaurant im Hotel Brasilito ist Wind und Wetter ausgesetzt und liegt idealerweise nur einige Schritte vom Strand entfernt. Auf der riesigen internationalen Karte stehen Fish and Chips, Meeresfrüchte und Steaks. Zum Frühstück gibt es warme Croissants, *huevos rancheros* (Tortillas und Eier) und vieles mehr.

PLAYA FLAMINGO Marie's Restaurante

Westlich des Hafens 📞 *2654-4136*

Das altehrwürdige Restaurant – nun in einer eleganten Umgebung – bewirtet Segler mit internationalen Gerichten von Fisch and Chips bis zu Burritos. Serviert wird das Essen unter einer riesigen strohgedeckten Decke. Große Auswahl an Kaffeespezialitäten und Eiscreme.

PLAYA FLAMINGO Angelina's

Centro Comercial La Plaza, westlich der Marina 2654-4839

Mit dem trendigen Dekor und der kreativen Fusion-Küche bereichert das Angelina's das Restaurantangebot in Playa Flamingo. Beginnen und beenden Sie ein Mahl an der Lounge-Bar mit gemütlichen Ledersofas. Beachten Sie, dass die Preise gesalzen sind. Das Management kann Gästen gegenüber zuweilen überheblich wirken.

PLAYA GRANDE The Great Waltini's

Hotel Bula Bula, südlich von El Mundo de la Tortuga, Südende der Playa Grande 2653-0975

Das kleine Restaurant in dem hübschen Hotel Bula Bula *(siehe S. 210)* verfügt über eine schattige Veranda, die sich zu einem Garten hin öffnet. Serviert werden Snacks und Feinschmeckerkost des professionellen Küchenchefs, zum Beispiel Krabbenküchlein und Ente an Rotwein-Himbeer-Reduktion. ● Mo.

PLAYA GRANDE Hotel Las Tortugas

Westlich von El Mundo de la Tortuga, Nordende der Playa Grande 2653-0423

Ganz in der Nähe des Strands im Hotel Las Tortugas *(siehe S. 210)* gelegen, bietet dieses Restaurant leichte Mahlzeiten wie Burger, Salate, Steaks und Meeresfrüchte. Die Besitzer sind besonders stolz auf ihren Apfelkuchen und das Eis – mit Recht. Es gibt eine schattige Holzveranda, das Personal ist ausgesprochen freundlich.

PLAYA HERMOSA The Bistro

Auf dem Hügel, westlich der Hauptstraße, Südende der Playa Hermosa 2670-0227

Das Restaurant bietet ausgesuchte französisch-costa-ricanische Küche. Die Gerichte werden auf der Hügelterrasse des Hotels La Finisterra *(siehe S. 210)* serviert. Das Filet mignon mit Pfeffersauce hat dem Koch regionalen Ruhm eingebracht. An den Freitagabenden gibt es Sushi. ● Di.

PLAYA HERMOSA Villas del Sueño

Südende der Playa Hermosa 2672-0026

Eleganz ist das Stichwort in diesem Freiluftrestaurant des gut geführten Villas del Sueño *(siehe S. 210)*. In der Hochsaison spielen Bands live, bei den Gourmetgerichten liegt der Schwerpunkt auf Fisch und Meeresfrüchten. Sehr zu empfehlen: Goldmakrele und Krabben in Sahnesauce sowie Schweinelende in Brandy-Pfeffer-Sauce.

PLAYA NEGRA Café Playa Negra

Südlich der Plaza von Los Pargos 2652-9143

Kleines, bezauberndes Internet-Café im Zentrum, nur einen kurzen Spaziergang vom Strand entfernt. Der Küchenchef stammt aus Peru und bietet eine große Auswahl leichter Gerichte, von Pfannkuchen und French Toast über *ceviche* bis hin zu Quiches und Pasta. Lassen Sie noch etwas Platz für den Zitronenkuchen oder einen *batido* (Shake).

PLAYA NEGRA Pablo's Picasso

Südlich von Los Pargos 2652-9158

Das sehr rustikale Restaurant liegt in einem Hotel *(siehe S. 210)*. Man bekommt Riesenburger, Pasta und Gerichte der Region sowie ein sättigendes amerikanisches Frühstück inklusive Pfannkuchen. Zudem steht ein Poolbillardtisch zur Verfügung, und in der Bar werden Filme gezeigt. Bei Surfern beliebt.

PLAYA OCOTAL Father Rooster Bar & Grill

3 km westlich der Playas del Coco 2670-1246

Das rustikale Restaurant am Strand ist um eine lebhafte Bar aus grob behauenem Holz herum angeordnet, in der regelrechte Killer-Cocktails serviert werden. Im Restaurant gibt es Burger und *quesadillas* (gefüllte und gebratene Tortillas). Man kann auch Volleyball spielen, es herrscht fast immer Partylaune.

PLAYAS DEL COCO Restaurante Sol y Luna

Hotel Puerta del Sol, südöstlich der Plaza 2670-0195

Das romantische Restaurant öffnet sich zu einem schön gestalteten Garten im Hotel Puerta del Sol *(siehe S. 211)* und ist im römisch angehauchten Stil eingerichtet. Die italienischen Gerichte werden von einem professionellen Küchenchef zubereitet und von guten Weinen, exquisitem Kaffee und Desserts wie Tiramisu abgerundet. ● Di.

PLAYAS DEL COCO Café de Playa

1 km östlich des Zentrums 2670-1621

Das Café de Playa verströmt eine freundliche, zeitgemäße Eleganz, Hauptanziehungspunkt ist jedoch die international ausgerichtete Speisekarte mit Fusion-Gerichten von Penne bis Jumbo Shrimp in Rum-Sauce und sogar Sushi. Die Weinkarte ist ebenfalls sehr eindrucksvoll.

PLAYAS DEL COCO Suely's

1,6 km westlich des Zentrums 2670-1696

Zwei französische Schwestern haben das außergewöhnliche Restaurant nur einen Steinwurf vom Strand entfernt eröffnet. Sitzen Sie im Schatten der Bäume auf dem Deck und genießen Sie solche Köstlichkeiten wie panierten Lachs und die Spezialität des Hauses: Seafood-Platte mit Safranreis auf einem Lauchbett. Hervorragende Desserts.

SÁMARA Restaurante Las Brasas

An der nordöstlichen Ecke des Fußballplatzes 2656-0546

Las Brasas ist ein stimmungsvolles mediterranes Restaurant, das vollkommen aus Hartholz und Stroh besteht. Auf der Speisekarte stehen viele spanische Spezialitäten wie Gazpacho und Paella, es gibt aber auch eine große Auswahl an Seafood, Steaks und Nudelgerichten.

TAMARINDO Lazy Wave

Hotel Pasatiempo, südlich der Plaza Colonial 2653-0096

Im Zentrum dieses offenen Restaurants steht ein abgestorbener Baum. Das Lazy Wave zieht vor allem jüngere Gäste an. Meeresfrüchte und Crossover-Cuisine sind die Schwerpunkte der Speisekarte, nicht versäumen sollten Sie den Thunfisch in Wasabi-Kruste. Manchmal gibt es auch *jambalaya* (eine Art Paella). Live-Musik. So.

TAMARINDO Panadería La Laguna del Cocodrilo

Östlich von Tamarindo Diriá und der Plaza Colonial 2653-0255

Das Café mit eigener Bäckerei liegt vor einer Lagune voller Krokodile und produziert wunderbares Gebäck und *empanadas*; darüber hinaus ist es für sein All-you-can-eat-Frühstücksbüfett berühmt. Die französischen Besitzer liefern gleichbleibend luftige Croissants sowie süße und herzhafte Kuchen.

TAMARINDO Capitán Suizo

1 km südwestlich der Plaza Colonial 2653-0075

Beste Nouvelle Cuisine, serviert in einem luftigen und ruhigen Strandrestaurant mit Poolbar, das in dem luxuriösen Hotel Capitán Suizo *(siehe S. 212)* liegt. Die kreative Küche kombiniert europäische Einflüsse mit einheimischen Zutaten. Typisch ist z. B. der Seebarsch in Mangosauce. Die Speisekarte wechselt täglich.

TAMARINDO Dragonfly

100 m nordöstlich vom Hotel Pasatiempo 2653-1506

Gäste reisen sogar von San José hierher, um die lateinamerikanisch-asiatisch inspirierte Fusion-Küche von Besitzerin und Chefköchin Tish Tomlinson zu genießen. Der romantische Open-Air-Essbereich hat ein Segeltuchdach, das von gedrehten Säulen gestützt wird. So.

TAMARINDO El Jardín del Edén

Südöstlich von Tamarindo Diriá und der Plaza Colonial 2653-0137

Das reetgedeckte Restaurant liegt an einer Poollandschaft, die nachts angestrahlt wird, und ist vor allem wegen seines ausgesprochen romantischen Ambientes beliebt. Zu den mediterran inspirierten Feinschmeckergerichten gehören Hummer in Zitronensauce und Riesengarnelen in Whiskey. Zum Frühstück gibt es *gallo pinto (siehe S. 222)*.

NORDEN

LA FORTUNA Choza de Laurel

400 m westlich der Kirche 2479-7063

Rustikales Restaurant im Stil eines alten Farmhauses, mit Holzofen und Deckenbalken, von denen Knoblauchzöpfe herabhängen. Der Schwerpunkt liegt auf preiswerten *casados* (Menüs) und anderen einheimischen Gerichten sowie auf gegrilltem Huhn und weiteren Grillgerichten. Der *plato especial* (gemischte Teller) ist sehr beliebt.

LA FORTUNA Rancho La Cascada

An der nordwestlichen Ecke der Plaza 2479-9145

Das Cascada hat ein riesiges, rundes, reetgedecktes Dach und dominiert die gesamte Plaza. An den Seiten ist es offen, die Atmosphäre ist leger. Klassiker mittleren Preises wie Pasta und Pizza werden serviert, aber auch einheimische Kost, von *gallo pinto* bis *corvina al ajillo* (Seebarsch mit Knoblauch). Bar mit großem Fernseher und Disco.

LA FORTUNA Restaurante Luigi

Luigi's Hotel, westlich der Kirche 2479-9636

Flambierte Gerichte sind die Spezialität dieses eleganten Restaurants, doch auf der Speisekarte stehen auch Meeresfrüchte und internationale Klassiker wie Bœuf Stroganoff, Pizza und Pasta. Das geräumige Lokal grenzt an ein Hotel und öffnet sich zu einer hübschen Straßenterrasse hin.

LAGUNA DE ARENAL Tom's Pan German Backery

Nuevo Arenal, südöstlich der Plaza 2694-4547

Das rustikale, von Deutschen geführte Café mit Bäckerei an der Hauptstraße des Orts serviert Gebackenes frisch aus dem Ofen. Es gibt auch internationale Klassiker wie z. B. amerikanisches Frühstück, Lasagne und Sauerkraut. Auf der schattigen Terrasse vor dem Café stehen nur einige wenige Tische und Stühle.

LAGUNA DE ARENAL Mystica Lodge

16 km westlich von Nuevo Arenal 2692-1001

Das italienische Restaurant liegt in der charmanten Mystica Lodge *(siehe S. 213)*. Tagsüber ist es bunt, am Abend romantisch. Die Einrichtung ist exquisit: Möbel aus grob behauenem Holz, tropische Pastelltöne und Blumen auf den Tischen. Die Spezialität ist Pizza, aber auch die Ravioli und alles andere aus der offenen Küche sind erstklassig.

LAGUNA DE ARENAL Toad Hall

8 km östlich von Nuevo Arenal 2692-8001

Im Café dieser Kunstgalerie kann man auf einem Balkon mit sagenhaftem Seeblick Bio-Salate, Focaccias, köstliche Desserts sowie erstklassigen Kaffee und Tee genießen. Die Einrichtung ist bunt, die Lage wunderschön, und die einfachen, von den Besitzern selbst zubereiteten Gerichte sind herzhaft und machen satt.

Preiskategorien *siehe S. 224* **Zeichenerklärung** *siehe hintere Umschlagklappe*

LAGUNA DE ARENAL Gingerbread

3 km östlich von Nuevo Arenal 2694-0039

Das Restaurant, das im Stil einer toskanischen Villa eingerichtet ist, gehört zu einem Boutiquehotel, dessen israelischer Besitzer sich in der Küche als ungemein kompetent erweist. Sein tägliches Fusion-Menü reicht von Sushi bis zu Jumbo Shrimp mit Couscous und Linsen. Man isst entweder im Patio oder im kühlen Innenraum.

LAGUNA DE ARENAL Restaurante Willy's Caballo Negro

1,5 km westlich von Nuevo Arenal 2694-4515

Die Herkunft des deutschen Besitzers dieses hübschen Cafés an einem Teich tritt deutlich auf der Speisekarte zutage: Die Schnitzel sind berühmt, doch auch Kreativeres wie z.B. Auberginen in Parmesankruste oder Kalbfleisch in Zwiebel-Chili-Sauce findet sich hier. Ebenfalls berühmt: die Kunstgalerie Lucky Bug.

PARQUE NACIONAL VOLCÁN ARENAL Arenal Observatory Lodge

8 km südöstlich des Parkeingangs 2479-1070

Ein spektakulärer Blick auf den Volcán Arenal ist Hauptattraktion dieses Restaurants, das in einer modernen Öko-Lodge *(siehe S. 213)* an den Hängen des Volcán Chato liegt. Die Speisekarte mischt internationale Einflüsse mit einheimischen Zutaten: Zu empfehlen ist z.B. das Huhn in Currysauce. Das Personal ist freundlich und aufmerksam.

TABACÓN Ave del Paraíso

13 km westlich von La Fortuna 2460-6229

Das Restaurant liegt oberhalb dampfender heißer Quellen mit atemberaubendem Blick auf den Vulkan und bietet costa-ricanische Küche sowie eine große Auswahl internationaler Gerichte, von *gallo pinto* über Burger bis zu französischer Zwiebelsuppe. Unbedingt probieren: die *corvina* in Apfel-Chili-Sauce. Auch der Service ist gut.

KARIBIKKÜSTE

CAHUITA Miss Edith's

Nordwestlich der Plaza 2755-0248

Scharfe karibische Klassiker wie der »Rundown« *(siehe S. 223)* sind das Markenzeichen dieses farbenfrohen Restaurants, das an das Heim der gleichnamigen Besitzerin grenzt. Die Familie bereitet das Essen in der offenen Küche zu, die Gäste speisen auf der schattigen Terrasse. Am Wochenende gibt es selbst gemachtes Eis.

CAHUITA Café Cocorico

50 m nördlich der Plaza 2755-0324

Hauchdünne Vorhänge, bunte Kissen und von der Decke hängende Tücher im arabischen Stil dominieren in diesem kleinen, von Italienern geführten Restaurant, das Gäste mit Filmen ebenso anzieht wie mit dem köstlichen Essen. Serviert werden Gnocchi, Nudelgerichte und Pizzas, aber auch Seafood-Gerichte und hausgemachte Eiscreme.

CAHUITA Cha Cha Cha

Westlich der Plaza 2755-0476

Die umfangreiche Speisekarte dieses zauberhaften, rustikalen, weiß-blau gestrichenen Restaurants mit Kerzenlicht deckt den ganzen Erdball ab: Salat mit gegrilltem Tintenfisch, Fajitas, scharfe Hähnchenflügel in Kokos-Honig-Sauce, Filet mignon, Seebarsch mit Krabben-Basilikum-Sauce. Der Service ist ziemlich langsam.

GUÁCIMO Restaurant Río Palmas

Hwy 32, 1,5 km östlich von Guácimo 2760-0330

Die besondere Attraktion dieses einladenden Straßenrestaurants sind die Waldwege, auf denen man Pfeilgiftfrösche sehen kann. Auf der Speisekarte steht die übliche costa-ricanische Kost sowie internationale Gerichte. Man speist im Freien unter einem roten Ziegeldach, etwas entfernt vom verkehrsreichen Highway.

MANZANILLO Bar y Restaurante Maxi

Manzanillo 2759-9086

Das einfache Restaurant in einem zweistöckigen Holzgebäude zieht vor allem junge Partygäste an. Hier ist es immer voll, sogar mittags. Es gibt erstklassige Meeresfrüchtesnacks und Gerichte im karibischen Stil sowie sättigende einheimische Kost. Auf Wunsch wird auch am Strand serviert.

PLAYA COCLES La Pecora Nera

1,5 km östlich von Puerto Viejo 2750-0490

Unprätentiöses und doch erstklassiges Restaurant, in dem die verführerische italienische Gourmetküche die abgeschiedene Lage mehr als wettmacht. Auf der Speisekarte stehen köstliche Gnocchi, Bruschetta, Pizza und Calzone. Der italienische Küchenchef und Besitzer Ilario Giannono und seine Familie kümmern sich um die Gäste. ● Mo.

PUERTO LIMÓN Restaurante Brisas del Caribe

Calles 0/1 und Ave 2 2758-0138

Das saubere und luftige Restaurant im Stadtzentrum, auf der Nordseite des Parque Vargas, ist das beste in Puerto Limón. Es ist wegen seiner Meeresfrüchte bekannt, doch die Einheimischen kommen vor allem zum Mittagessen hierher, um die *casados* oder das große Büfett einheimischer Gerichte zu genießen.

PUERTO VIEJO DE SARAPIQUÍ Stanford's

Am Strand, 100 m nordöstlich von der Kreuzung Hot Rocks 2750-0016

Nach ein paar nicht so guten Jahren ist das altehrwürdige Restaurant renoviert worden und hat jetzt ein lebhafteres Dekor. Auf der Speisekarte stehen Seafood-Gerichte, etwa *ceviche*, Knoblauch-Seebarsch und andere lokale Spezialitäten. Vom oberen Stockwerk aus hat man einen guten Blick auf die Surfer.

PUERTO VIEJO DE TALAMANCA Café Rico

50 m westlich der Casa Verde Lodge 2750-0510

Das rustikale offene Café in einem zweistöckigen Gebäude aus grob behauenen Holzbalken serviert ein herzhaftes Frühstück und Mittagessen im palmengesäumten Erdgeschoss. Hier gibt es Müsli mit Obst und Joghurt, Sandwiches, Rührei und *huevos rancheros* (Tortillas mit Eiern). Do.

PUERTO VIEJO DE TALAMANCA Soda Miss Sam's

Zwei Blocks südöstlich der Hot Rocks an der Hauptstraße 2750-0108

Das Soda Miss Sam's wird von Hazel Miller geführt – auf der Veranda ihres Hauses. Serviert wird klassische karibische Küche wie Reis und Bohnen und wunderbare Hühnchen- und Fischgerichte. Gäste sollten sich darüber im Klaren sein, dass die familiäre Atmosphäre einen etwas langsamen Service mit sich bringt.

PUERTO VIEJO DE TALAMANCA Salsa Brava

Östlich von Puerto Viejo 2750-0241

Das zwanglose reetgedeckte Restaurant am Strand erstrahlt in allen Regenbogenfarben. Auf der Speisekarte stehen *ceviche* (marinierter roher Fisch), Caesar's Salad, Teriyaki-Huhn, Fruchteisbecher und Sangría. Die spanischen Besitzer bereiten große Portionen zu. Man kann an der Theke essen oder im Patio an der Straße. Mo.

PUERTO VIEJO DE TALAMANCA Shawandha Lodge

Playa Chiquita, 5 km östlich von Puerto Viejo 2750-0018

Eine angenehme Atmosphäre durchdringt dieses erstklassige Restaurant neben einer romantischen Lodge *(siehe S. 215)*. Der aus Costa Rica stammende Küchenchef bereitet verführerisch französisch-karibische Gerichte mit tropischen Aromen zu: Avocado-Palmenherzen-Salat, Hummer *à la Normandie*, Mango-Mousse.

TORTUGUERO Miss Junie's

Nördlich der öffentlichen Hafenanlage, Tortuguero 2709-8102

Nach der im ganzen Ort bekannten Köchin benannt, die köstliche karibische Gerichte wie Hähnchenbruststreifen und Hummer in Curry-Kokos-Sauce zubereitet. Sie backt auch *pan bon* (Brot mit karamellisiertem Zucker) und Ingwerkuchen. Kein Frühstück. Reservierung erforderlich.

SÜDEN

BAHÍA DRAKE Aguila de Osa Inn

1 km südlich von Agujitas 8840-2929

Das runde, reetgedeckte Restaurant des Aguila de Osa Inn *(siehe S. 216)* ist vielleicht das beste in der Gegend. Die meisten Gerichte sind herzhaft und sättigend, wenn auch nicht auf Gourmetniveau. Meeresfrüchte, auch Sushi, dominieren die Speisekarte, auf der auch Pasta steht. Wunderschöner Blick über die Bucht.

CABO MATAPALO Lapa Ríos

14 km südlich von Puerto Jiménez 2735-5130

Hoch aufragendes Restaurant im *Palenque*-Stil mit bunt gemischter Feinschmeckerspeisekarte in einer Öko-Lodge *(siehe S. 216)*. Die einheimischen Köche verstehen ihr Handwerk: Ananas-Honig-Ingwer-Salat, Fisch in Kokoskruste, köstliche Kuchen zum Kaffee. Eine Wendeltreppe führt zu einem Aussichtspunkt mit atemberaubendem Blick.

CIUDAD NEILY Hotel Andrea

37 km östlich von Golfito 2783-3784

Das gut geführte, offen gestaltete Restaurant liegt in einem Hotel im Kolonialstil *(siehe S. 217)* im Herzen der Stadt und bietet weit und breit das beste Essen. Das Frühstück ist exzellent: *huevos rancheros*, Pfannkuchen mit Honig und vieles mehr. Mittags und abends gibt es internationale Klassiker, von Zwiebelsuppe bis Filet mignon.

DOMINICAL Confusione

400 m südlich der Polizeistation 2787-0036

Das italienische Restaurant, das zu einem Hotel gehört, serviert köstliche Gourmetküche in einer luftigen, eleganten Umgebung. Zu den kreativen Gerichten zählen Penne mit Shrimps und Kapern in Wodka-Sauce. An vier Abenden der Woche wird live klassische Musik gespielt.

DOMINICAL San Clemente Bar and Grill

Südlich des Fußballplatzes 2787-0055

Das Grillrestaurant serviert Tex-Mex-Klassiker sowie Meeresfrüchte und Fisch wie Goldmakrele mit Honig-Orangen-Sauce. Der Besitzer Mike McGinnis bereitet unglaublich scharfe Saucen zu. Die Bar mit Poolbillardtisch und Fernseher ist mit Surfbrettern dekoriert. Eine zum Restaurant gehörende Herberge ist ganz in der Nähe *(siehe S. 217)*.

Preiskategorien *siehe S. 224* **Zeichenerklärung** *siehe hintere Umschlagklappe*

GOLFITO Le Coquillage

Hotel Centro Turístico Samoa, nördlich des Pueblo Civil 2775-0233

Das luftige Restaurant im Centro Turístico Samoa *(siehe S. 217)* ist um eine Bar in Form eines Schiffsbugs herum angeordnet. Es gibt internationale Klassiker und eine große Auswahl an Meeresfrüchten und Fisch, u. a. *corvina al ajillo* (Seebarsch mit Knoblauch). In der Bar kann man Poolbillard, Tischfußball und Darts spielen.

OJOCHAL Citrus

200 m östlich der Costanera Sur 2786-5175

Das großartige Lokal, das zum Restaurant Exótica *(siehe unten)* gehört, bereicherte die Restaurantszene, als es im Jahr 2008 eröffnete. Das stylische moderne Dekor sorgt für eine erhebende Kulisse für die preisträchtigen Fusion-Gerichte. Dazu gibt es Musikevents, etwa Flamenco und Bauchtanz. ● So und Mo.

OJOCHAL Villas Gaia

Playa Tortuga, 1 km westlich von Ojochal 2786-5044

Das offene Straßenrestaurant mit farbenfroher, salopper Einrichtung gehört zum Villas Gaia *(siehe S. 218)*. Die umfangreiche internationale Speisekarte bietet Suppen, Salate und leichte Snacks sowie exotische Gerichte wie Fisch in Macadamianusskruste. Es gibt auch eine Karte für Kinder. Freitags gibt es Tapas.

OJOCHAL Restaurant Exótica

Ojochal 2786-5050

Das kleine, gemütliche Restaurant ist für seine kreative tropische Nouvelle Cuisine berühmt, die sich der besten Einflüsse aus Übersee bedient: z. B. Fisch mit Bananen-Curry-Sauce. Das Speisen im Freien bei Kerzenlicht hat einen enormen romantischen Charme, und die Weinkarte ist ausgesprochen umfangreich. ● So.

PUERTO JIMÉNEZ Restaurante Carolina

Südöstlich des Fußballplatzes 2735-5185

Das preiswerte Restaurant liegt an der Hauptstraße und ist vor allem bei Rucksackreisenden beliebt. Hier gibt es das beste Frühstück der Stadt. Die leckeren Gerichte machen satt, es gibt u. a. mehrere *Gallo-pinto*-Variationen und viele Meeresfrüchte. Im Hähnchen-Cordon-bleu kommen internationale Einflüsse zum Vorschein.

PUERTO JIMÉNEZ Juanita's Mexican Bar and Grill

Südöstlich des Fußballplatzes 2735-5056

Sättigende Tex-Mex-Kost und ein echt mexikanisches Ambiente in einer stimmungsvollen *cantina (siehe S. 220)*. Man hat eine große Auswahl an typischen Gerichten wie Taco-Salaten, Burritos und *chimichangas* (frittierten Burritos). Darüber hinaus gibt es einen Hula-Hoop-Wettbewerb und Krabbenrennen – begleitet von riesigen Margaritas.

PUERTO JIMÉNEZ Perla de Osa

Iguana Lodge, Playa Platanares, 3 km östlich von Puerto Jiménez 8848-0752

Das Perla de Osa ist ein farbenfrohes Strandrestaurant mit Hängematten und einer angenehm relaxten Atmosphäre. Serviert werden u. a. Caesar's Salad, *empanadas* und Clubsandwiches mit gegrilltem Hähnchen. Freitagabends ist Pasta-Abend. An der Bar aus tropischem Hartholz gibt es Smoothies und exotische Cocktails.

SAN ISIDRO DE EL GENERAL Taquería México Lindo

Calle Central und Ave 2 2771-8222

Das mexikanische Restaurant liegt an der Nordwestseite des Hauptplatzes und bietet regionale Küche zu ungewöhnlich niedrigen Preisen. Der aus Mexiko stammende Küchenchef bereitet authentische Burritos, Enchiladas und Vanille-Flans zu. Das Lokal ist mit *piñatas* (Gefäßen aus Pappmaché) und anderem Zierrat geschmückt. ● So.

SAN ISIDRO DE EL GENERAL Café Trapiche

Rancho La Botija, 6 km südöstlich von San Isidro 2770-2146

Die rustikale Farm im Rancho La Botija *(siehe S. 219)* ist sehr hübsch ländlich eingerichtet, beispielsweise mit alten Farmgerätschaften. Die einfache Speisekarte bietet einheimische und internationale Gerichte wie Pasta, Seebarsch mit Knoblauch und Steaks. Hier kann man nur frühstücken und zu Mittag essen.

SAN VITO Pizzería Liliana

Nordwestlich der Plaza 2773-3080

Sagenhafte Pizzas und andere italienische Gerichte zeugen von der Herkunft der Besitzer dieses einfachen Restaurants im Ortszentrum. Die Küche besteht eher aus Hausmannskost als aus Feinschmeckergerichten, doch das Preis-Leistungs-Verhältnis ist sehr gut. Man kann auch draußen auf einer kleinen Terrasse essen.

UVITA Las Terrazas de Ballena

1 km nordöstlich von Uvita 2743-8034

Der sensationelle Blick ist Grund genug, hier zu speisen. Das Open-Air-Restaurant liegt auf einem bewaldeten Hügel und hat eine luxuriöse Lounge im balinesischen Stil. Zur Wahl stehen Burger und Sandwiches sowie so exotische Gerichte wie in Orangensaft, Ingwer und Honig marinierte Jumbo Shrimp mit Sweet-Chili-Sauce.

ZANCUDO Oceano

400 m südlich von Zancudo 2776-0921

Das kleine Open-Air-Restaurant in einem populären Strandort mit nur wenigen Restaurantoptionen. Die Besitzer des Oceano bereiten Burger, *huevos rancheros* und ähnliche nordamerikanische Gerichte sowie Eiscreme zu. Es gibt spezielle Themenabende und sonntags einen populären Brunch.

SHOPPING

Für viele Besucher stellt das Einkaufen in Costa Rica einen der Höhepunkte der Reise dar. Es gibt qualitativ hochwertige *artesanías* (Kunsthandwerk). Die meisten Hotels haben Läden, in denen Kaffee, Töpferwaren im präkolumbischen Stil, handgewebte Hängematten und Souvenirs wie Schalen und Tierfigurinen aus Tropenholz verkauft werden. In San José gibt es mehrere Kunstgalerien, in denen man auch *molas* (Stoffe mit Applikationen) aus

Sattel, Ciudad Quesada

Bahía Drake kaufen kann. In den Einkaufspassagen befinden sich Boutiquen und Juweliere, überall im Land sind die geschäftigen *mercados* voller Modeschmuck, Gewürze und Kräuter. Es gibt *talabarterías* (Sattler) und *zapaterías* (Schuhmacher) sowie Straßenstände voller Obst und Gemüse. Das Kunsthandwerk der Ureinwohner erfreut sich wachsender Beliebtheit. Der Export echter präkolumbischer Stücke ist allerdings illegal.

Körbe aus Palmenblättern und Hüte an einem Straßenstand

ÖFFNUNGSZEITEN

Die Läden in San José haben meist montags bis samstags von 8 bis 18 Uhr geöffnet. Größere Einkaufspassagen sind auch am Sonntag offen, dafür aber am Montag geschlossen. Außerhalb San Josés machen viele *tiendas* (Läden) eine Mittagspause, meist von 12 bis 13.30 Uhr. Die Läden in den Ferienorten sind häufig die ganze Woche geöffnet, oft bis 21 oder sogar 22 Uhr. Kaufhäuser und Supermärkte machen keine Mittagspause und haben längere Öffnungszeiten. Straßenmärkte und *mercados* sind zwischen 6 und 14 bis 15 Uhr geöffnet.

PREISE UND BEZAHLUNG

Bargeld brauchen Sie, wenn Sie direkt beim Kunsthandwerker oder Straßenhändler einkaufen möchten.

Die meisten Läden akzeptieren US-Dollar, Visa und – weniger häufig – MasterCard und American Express. Bei Kreditkartenzahlung müssen Sie eine kleine Gebühr entrichten. Angerissene Geldscheine werden in der Regel von den Verkäufern nicht genommen. In einigen Läden kann man mit Reiseschecks bezahlen, und auf die meisten Waren wird eine 13-prozentige Mehrwertsteuer erhoben.

Lederwaren bekommt man in Costa Rica recht günstig, alles andere ist teuer. Kunstgalerien und Hotelläden verkaufen zu Festpreisen, auf Märkten wird gern gehandelt. Am günstigsten kaufen Sie bei der regionalen Kunsthandwerkskooperative. Gesetzliche Regelungen stellen sicher, dass der Kunsthandwerker selbst einen Großteil des Profits bekommt. Im Allgemeinen können größere Läden und Exportfirmen eine Verschiffung der gekauften Waren in das Heimatland organisieren.

KUNSTGALERIEN

San José verfügt über zahlreiche Kunstgalerien, die Gemälde, Skulpturen, Drucke und andere Werke führender Künstler verkaufen. Die besten finden Sie um den Parque Morazán *(siehe S. 66)* und im **Centro Comercial El Pueblo** (mehr als ein Dutzend Galerien). Ebenfalls empfehlenswert sind die **Andrómeda Gallery** und **Kandinsky**. Mehr avantgardistische Kunst finden Sie in der **Teorética** im Barrio Amón, die eine umfassende Auswahl besitzt, oder in der **Galería 11–12** im gehobenen westlichen Vorort Escazú.

Viele Künstler leben in Monteverde. Marco Tulio Brenes verkauft seine Gemälde und Skulpturen in der **Artes Tulio**. Die **Gallery at Home** von Patricia Erickson *(siehe S. 164)* ist einen Blick wert. Hier verkauft die Künstlerin ihre Gemälde mit afrikanischen Motiven.

Centro Comercial El Pueblo, San José

Regale voller farbenfroher Gegenstände in einem Laden in San José

KUNSTHANDWERK

Costa Rica hat eine große Auswahl an *artesanías* zu bieten. Qualitativ hochwertige Kunsthandwerksläden verkaufen eine Reihe von Produkten, z.B. Holzarbeiten aus exotischen Harthölzern wie Rosenholz und Guajak oder Naturbücher und Audiokassetten bis zu klassischen Web- und Stickarbeiten aus Guatemala.

Die Stadt Sarchí *(siehe S. 86)* im Zentralen Hochland ist das Kunsthandwerkszentrum des Landes. Hier werden Schaukelstühle aus Leder, Möbel und Miniatur-*carretas* (Ochsenkarren; *siehe S. 87*) hergestellt. Die beste Auswahl haben Sie in der Fábrica de Carretas Joaquín Chaverri. Auf der **Plaza de la Artesanía** in der Nähe gibt es ebenfalls mehrere Kunsthandwerksläden.

Viele Ladenbesitzer sind stolz darauf, nur beste Qualität zu führen, z.B. in der **Toad Hall** *(siehe S. 234)* und in der **Lucky Bug Gallery** *(siehe S. 150)*, beide am Nordufer

Schild der Toad Hall, Arenal-See

des Arenal-Sees. Viel Kunsthandwerk wird auch entlang dem Highway 21 in der Nähe des internationalen Flughafens Daniel Oduber von Liberia ausgestellt.

In San José bekommen Sie gutes Kunsthandwerk zu vernünftigen Preisen in der **Boutique Annemarie** im Hotel Don Carlos und in **La Casona**, einem zweistöckigen Gebäude mit mehreren Läden, in denen Produkte aus ganz Mittelamerika verkauft werden.

Wer Freiluftmärkte mag, sollte den **Mercado de Artesanías Nacionales** aufsuchen. Dieser Kunsthandwerksmarkt beherbergt fast ebenso viele Kunsthandwerksstände unter einem Dach.

Das Hauptzentrum allerdings befindet sich in dem nordöstlichen Vorort Moravia. Dort ist die Calle de la Artesanía von vielen Läden gesäumt. Der **Mercado de Artesanía Las Garzas** allein hat mehrere Dutzend Geschäfte. Die Konkurrenz ist groß – es darf gehandelt werden.

KUNSTHANDWERK DER UREINWOHNER

Costa Rica verfügt zwar nicht über eine so große Kunsthandwerkstradition der Ureinwohner wie andere lateinamerikanische Länder. Dennoch können Besucher hier einzigartige Stücke finden. Die Einwohner der **Reserva Indígena Boruca** *(siehe S. 184)* fertigen u.a. Balsaholzmasken. Man bekommt Rabatt, wenn man beim Künstler direkt kauft. Handeln sollte man dann allerdings nicht mehr. Viele Produkte der Boruca findet man auch in den Läden von San José sowie im **Coco Loco Art Gallery and Café** in Chachagua bei La Fortuna. Hier kann man auch Töpferwaren und Marmorschnitzereien erwerben.

Weitere Töpferwaren gibt es in **Guaitíl** *(siehe S. 143)*. An den Straßenständen werden Vasen, Schüsseln, Teller und Tierfiguren mit traditionellen Chorotega-Motiven angeboten. Viele Orte verkaufen auch die handbestickten *molas* der Kuna-Indianer der San-Blas-Inseln von Panama. Bei **Molas y Café** in Atenas kann man bei Kuna-Angehörige bei der Arbeit sehen.

Die beiden besten kommerziellen Verkaufsstellen von Kunsthandwerksprodukten der Ureinwohner sind **Orinoco** und die **Galería Namu** mit einer exzellenten Auswahl an Palmenblätterkörben, Boruca-Masken, Schnitzereien der Huetar und bestickter Kleidung der Guaymí.

Töpferwaren an einer Straße in Santa Ana bei San José

HOLZARBEITEN

Figurinen, Küchengeräte, Schüsseln und Schmuckkästchen aus Holz erfreuen sich großer Beliebtheit. Einige der schönsten Arbeiten gibt es bei **Barry Biesanz Woodworks** *(siehe S. 75)* – Sie können direkt in seiner Werkstatt in Escazú einkaufen. Biesanz' Werke werden von der Regierung Costa Ricas oft an ausländische Würdenträger verschenkt.

Goldschmuck im Laden des Museo del Oro Precolombino

SCHMUCK

Die einheimischen Goldschmiede verwenden für ihre Arbeiten neben modernen Designs auch präkolumbische Motive wie Frösche und Vögel. Meist finden auch Halbedelsteine wie Lapislazuli, Onyx und Jade Verwendung. Kaufen Sie in renommierten Geschäften, z. B. bei **Esmeraldas y Diseños** in San José. Auch Luxushotels und Einkaufspassagen sind mit Juwelieren ausgestattet. Wenn Sie 14-karätigen Goldschmuck suchen, sollten Sie den Laden des Museo del Oro Precolombino *(siehe S. 63)* besuchen. An Straßenständen bekommen Sie in der Regel kein reines Gold.

KAFFEE

Mehrere *beneficios* (Kaffeefabriken) bieten Besuchern den Service der Verschiffung größerer Mengen vakuumverpackten Kaffees. Zu diesen gehören die Geschenkeläden des Café Britt am Flughafen und der Café-Britt-*beneficio (siehe S. 92)*. Regionale Kaffeesorten führen die Souvenirläden in den Hotels. Dort sind meist auch traditionelle costa-ricanische Kaffeesiebe (*chorreadores*) erhältlich. Kaffee in nicht für den Export bestimmter Qualität finden Sie in den Läden des **Mercado Central** *(siehe S. 58f)* in San José. Er wird an Ort und Stelle geröstet. Verlangen Sie *granos puros* (ganze Bohnen) und nicht *café traditional* – Letzterer ist fein gemahlen und mit Zucker vermischt.

KLEIDUNG

Traditionelle Kleidung aus Guanacaste, wie sie z. B. die Tänzer des Fantasía Folklórico tragen, wird im **Mercado Central** *(siehe S. 58)* in San José verkauft. **Angie Theologos** stellt bunte Jacken her, die **Tienda de la Naturaleza** der Fundación Neotrópica in dem Vorort Curridabat verkauft T-Shirts in guter Qualität. Es gibt keine Outlets für Designerkleidung.

SPEZIALGESCHÄFTE

Moravia, ein Vorort von San José, ist für seine ausgesuchten Lederwaren berühmt. Hier bekommen Sie exzellente Gürtel, Geldbeutel und Cowboystiefel, von klassisch bis trendig. Eine große Auswahl dieser Stiefel wird bei den *zapaterías* (Schuhmachern) in Barrio México, nordwestlich des Stadtzentrums, verkauft. Verzierte Sättel bekommen Sie am besten in Ciudad Quesada (San Carlos) *(siehe S. 154f)*. Lederwaren sind in Costa Rica erheblich billiger als in Europa.

San José verfügt über mehrere Direktverkaufsstellen von Zigarren, an denen Sie auch kubanische bekommen. Zu empfehlen sind z. B. **Cigar Shoppe** im Stadtzentrum, **Tobacco Shop** im Centro Comercial El Pueblo sowie **Casa del Habano** im Viertel San Pedro. Kaufen Sie Zigarren nicht von Händlern auf der Straße, denn diese bieten leider meist gefälschte Ware an.

Wunderschöne Orchideen in versiegelten Schachteln sind in Geschenkeläden am Flughafen erhältlich. Auch botanische Gärten wie der **Jardín Botánico Lankester** *(siehe S. 93)* bei Cartago führen die exotischen Pflanzen.

Viele Künstler in Costa Rica stellen sagenhaft schöne *vidrieras* (Artikel aus buntem Glas) her. Gute Quellen hierfür sind **Creaciones Santos** in Escazú und **Rancho Leona** *(siehe S. 213)*.

Eines der vielen Spezialgeschäfte für Lederwaren

Stände mit frischem Gemüse und anderen Produkten, Mercado Central, San José

MÄRKTE

In jeder Stadt findet sich ein *mercado central* (zentraler Markt), auf dem alles, von Cowboyhüten bis Heilpflanzen, angeboten wird. In San José kann man u. a. sehr gut bestickte *Guayabero*-Hemden (Sommerhemden für Männer) und Cowboystiefel kaufen. Die Märkte in den Städten sind oft labyrinthartig angelegt und sehr voll, vor allem am Samstag. Nehmen Sie sich auf jeden Fall vor Taschendieben in Acht. Englisch wird in den Läden eher selten gesprochen. In vielen Orten gibt es am Wochenende auch *ferias de agricultores* (Bauernmärkte mit frischen Produkten). Sie beginnen bei Tagesanbruch.

Einkaufspassagen gibt es nur in großen Städten. In der **Mall San Pedro** in San José finden Sie viele Boutiquen.

AUF EINEN BLICK

KUNSTGALERIEN

Andrómeda Gallery
Calle 9 und Ave 9,
Barrio Amón,
San José.
(2223-3529.

Artes Tulio
Monteverde.
(2645-5567.

Centro Comercial El Pueblo
Barrio Tournon.
(2221-9434.

Galería 11–12
Plaza Itzkatzú,
Escazú.
(2288-1975.

Kandinsky
Centro Comercial,
Calle Real,
San Pedro, San José.
(2234-0478.

Teorética
Calle 7 und Aves 9/11,
San José.
(2233-4881.

KUNSTHANDWERK

Boutique Annemarie
Calle 9 und Ave 9,
San José.
(2221-6707.

La Casona
Calle Central und
Ave Central, San José.
(2222-7999.

Mercado de Artesanía Las Garzas
Calle 8 und Ave 2 bis,
Moravia.
(2236-0037

Mercado de Artesanías Nacionales
Calle 11 und Ave 4 bis,
San José.

Plaza de la Artesanía
Sarchí Sur, Sarchí.
(2454-3430.

KUNSTHANDWERK DER UREINWOHNER

Galería Namu
Calles 5/7 und Ave 7,
San José.
(2256-3412.

Molas y Café
Atenas.
(2466-5155.

Orinoco
Plaza Itzkatzú, Escazú.
(2288-2949.

SCHMUCK

Esmeraldas y Diseños
Sabana Norte,
San José.
(2231-4808.

KLEIDUNG

Angie Theologos
San Pedro, San José.
(2225-6565.

Tienda de la Naturaleza
Ave Central,
Curridabat.
(2253-1230.

SPEZIALGESCHÄFTE

Casa del Habano
Plaza Calle Real,
San Pedro, San José.
(2253-4629.

Cigar Shoppe
Calle 5 und Ave 3,
San José.
(2257-5021.

Creaciones Santos
Calles 1/3 und Ave 3,
San Miguel de Escazú.
(2228-6747.

Tobacco Shop
Centro Comercial
El Pueblo, San José.
(2223-0873.

MÄRKTE

Mall San Pedro
Ave Central und
Circunvalación,
San José.

Souvenirs

Wandbehang

Überall im Land hat der Besucher eine große Auswahl an Läden und Kunsthandwerksläden, in denen hochwertige Erinnerungsstücke an die Reise angeboten werden. Handgefertigte Objekte aus tropischen Harthölzern, z.B. Schalen, Schachteln und Küchengeräte, sowie aromatische Kaffeebohnen sollten nicht fehlen. Auch Keramikartikel und Schmuck sind exzellente Mitbringsel, vor allem goldene Ketten und Anhänger mit präkolumbischen Motiven. T-Shirts mit Aufdrucken, knuddelige Faultiere aus Stoff, Schlangen aus Holz und ähnliche Souvenirs sind ebenfalls sehr beliebt.

ILLEGALE ARTIKEL

Auf kleineren Märkten werden verschiedene Objekte angeboten, die aus gefährdeten Arten gefertigt wurden. Der Kauf von Artikeln aus Schildkrötenpanzern, Ozelot- oder Jaguarfellen sowie Quetzalfedern ist illegal. Naturschützer setzen sich auch gegen den Kauf von Produkten aus Korallen und gerahmter Schmetterlinge ein.

KUNSTHANDWERK

Die meisten Kunsthandwerker des Landes arbeiten in Sarchí, das für seine bemalten Miniatur-Ochsenkarren und Schaukelstühle aus Holz und Leder berühmt ist. In Dutzenden von Kunsthandwerksstätten wird eine Vielzahl von Artikeln produziert, die in den Läden im ganzen Land verkauft werden. Ein weiteres Kunsthandwerkszentrum ist Moravia in der Nähe von San José.

Lederwaren
Cowboystiefel, Geldbeutel und Aktenkoffer sind von hoher Qualität und relativ preiswert. Artikel aus Kaiman- und Schlangenleder sollten Sie nicht kaufen.

Holzschale und -löffel

Bemalte Holzschachtel

Geschnitztes Kästchen

Bunte Ohrringe aus Holz

Handbemalter Miniatur-Ochsenkarren

Holzobjekte
Aus den Harthölzern Costa Ricas kann eine Reihe von Objekten gefertigt werden: Tierfigurinen, geschnitzte Kästchen und gedrechselte Schalen, die manchmal so dünn sind, dass das Licht durchscheint.

Brosche

Hängematten
An den Küsten werden Hängematten aus gefärbtem Hanfseil in verschiedenen Mustern verkauft. Es gibt sie sogar in »Kingsize« – für zwei Personen.

Schmuck
Filigrane Broschen, Ketten und Ohrringe in 14-karätigem Gold, meist mit Korallen oder Halbedelsteinen, sind sehr beliebt. Auf den Straßenmärkten ist preiswerter »Natur«-Modeschmuck im Angebot.

Perlenohrringe

Kette aus Gold und Halbedelsteinen

Kette aus Samenkapseln

KUNSTHANDWERK DER UREINWOHNER

Artikel, die von Angehörigen verschiedener Indianerstämme gefertigt wurden, kauft man am besten in den Reservaten – dort bekommt der Künstler den Großteil des Profits. Auf den gewebten Stoffen, geschnitzten Gefäßen, bemalten Masken und Musikinstrumenten finden sich meist spirituelle Symbole.

Geschnitzte Gefäße

Die ultraleichten Gefäße sind mit Tiermotiven verziert; man kann sie z.B. als Vasen benutzen.

Bemalte Maske

Töpferwaren

Töpferwaren mit traditionellen Motiven der Chorotega werden in Guaitíl nach alten Brennmethoden herge-stellt. Töpfe, Teller und Vasen in verschiedenen Formen und Größen können an Straßenständen und in Kooperativen in ganz Guanacaste gekauft werden.

Boruca-Maske

»Teufels«-Masken

Die Masken aus Balsaholz werden von Angehörigen des Boruca-Stammes gefer-tigt und sollten beim Künstler selbst gekauft werden.

Kaffee-likör

Bio-kaffee

Regionale Kaffeesorte

Kaffeebohnen in Schokolade

KAFFEE

Kaffee kann man in verschiedenen Formen – von der Bohne bis zum Likör – mit nach Hause nehmen. Achten Sie auf Exportqualität; Kaffee für den heimischen Bedarf wird meist gemahlen und mit Unmengen an Zucker versetzt angeboten.

SOUVENIRS

In den Souvenirläden des ganzen Landes sind alle möglichen künstlerisch gestalteten Artikel – von Kerzen bis hin zu Anhängern aus Buntglas – anzutreffen. Meist finden sich darauf Natur- oder ländliche Szenen. Eine gute Quelle ist der Laden am internationalen Flughafen von San José.

Anstecker

Kerze

Keramikteller

Bemalter Metallkrug

Fisch aus buntem Glas

UNTERHALTUNG

Kulturelle Aktivitäten und Unterhaltungsangebote kamen in Costa Rica im Vergleich mit anderen lateinamerikanischen Ländern immer etwas zu kurz. Doch die *ticos* lieben Musik und Tanz, und in den letzten Jahren sind überall neue Veranstaltungsorte entstanden. Auch das Nachtleben ist sehr vielseitig, vor allem in San José. Theater und klassische Konzerte gehören zum gesellschaftlichen Leben in San José einfach dazu, auch kleinere

Poster der Nationalband von Guanacaste

Orte haben Theater und *glorietas* (Pavillons), in denen Konzerte stattfinden. Zahlreiche Musikfestivals werden abgehalten, und *ferias* (ländliche Märkte) können das ganze Jahr über besucht werden. Jede Stadt verfügt über mehrere Discos, Karaoke-Bars sind ebenfalls sehr beliebt. Die Unterhaltung auf dem Land dreht sich um *topes* (Pferdeshows) und *retornos* (Rodeos), die mit traditioneller Live-Musik und Tanz auf den Straßen gefeiert werden.

INFORMATION

Auf der Website des Fremdenverkehrsamts (Instituto Costarricense de Turismo, ICT; *siehe S. 256*) werden alle Veranstaltungen auf Spanisch und Englisch angekündigt. Hier finden Sie auch Adressen von Theatern, Nachtclubs und ähnlichen Lokalitäten. Die in vielen Hotels ausliegende *Tico Times* (*siehe S. 263*) listet künstlerische Veranstaltungen auf, ebenso die Rubriken »Tiempo Libre« und »Viva« in der Tageszeitung *La Nación*. In der kostenlosen Monatszeitschrift *San José Volando* stehen Informationen zu Live-Konzerten, Shows, Nachtclubs und anderer Unterhaltung.

Logo des Fremdenverkehrsamts

THEATER UND KULTURZENTREN

Costa Rica hat eine lange und großartige Theatertradition, und die Einwohner von San José sind passionierte Theaterbesucher. Die kleinen Theater in der Hauptstadt bieten alles, von Mainstream bis experimentelles Theater, von Comedy-Veranstaltungen bis Marionettentheater zu erschwinglichen Preisen. Die meisten Aufführungen sind auf Spanisch und finden in der Regel donnerstag- bis sonntagabends statt. Pantomime ist die Hauptattraktion im **Teatro Chaplin**.

Das älteste Theaterensemble des Landes, die englischsprachige **Little Theatre Group**,

spielt im **Teatro Laurence Olivier**, das gleichzeitig als lebhaftes Kulturzentrum mit Jazzclub und Kino dient. Das Theater ist im **Centro Cultural Costarricense-Norteamericano** untergebracht. Dort kann man ebenfalls Theateraufführungen sehen. Einmal im Monat an den Wochenenden werden hier Konzerte veranstaltet.

KLASSISCHE MUSIK, BALLETT, TANZ, OPER

Der costa-ricanische Mittelstand liebt klassische Musik. Hauptveranstaltungsort des Landes für klassische Konzerte und Ballett ist das **Teatro Nacional** (*siehe S. 60 f*) in San José. Die Einwohner sind sehr stolz auf ihr 1897 eingeweihtes Theater. Erste Aufführung war *El Fausto de Gounod* des Pariser Opern-

Opulentes Interieur: Zuschauersaal und Bühne des Teatro Nacional in San José

Aufführung eines traditionellen Tanzes, Pueblo Antigua, San José

ensembles. Das Theater ist außerdem Sitz des 1970 gegründeten **Orquesta Sinfónica Nacional**, das alljährlich zwischen April und Dezember eine Serie von Konzerten aufführt. Es finden darüber hinaus auch Veranstaltungen der **Compañía de Lírica Nacional** (Nationale Operngesellschaft) statt. Das einzige Opernensemble Costa Ricas hat von Juni bis August Spielzeit. Bestandteil des Repertoires der Ensembles sind einige der bekanntesten Werke der Welt. Auch internationale Orchester und Sänger treten im Teatro Nacional auf. Für Abendveranstaltungen in diesem Theater sollte man sich in Schale werfen. Die Karten für die *galería* kosten im Allgemeinen weniger als 3000 Colon, je nach Aufführung.

Die Theaterszene des Landes nahm im frühen 20. Jahrhundert einen Aufschwung, als sich etliche südamerikanische Dramatiker hier niederließen und das Drama Teil des Schullehrplans wurde. Im **Teatro Mélico Salazar** *(siehe S. 58)* werden Dramen, Musicals und klassische Konzerte aufgeführt. Gelegentlich finden traditionelle costa-ricanische Veranstaltungen statt.

Das Theater ist ebenfalls Hauptveranstaltungsort der **Compañía Nacional de Danza** (Nationales Tanzensemble). Die erstklassige Truppe mit einem breiten Repertoire an zeitgenössischen und klassi-

schen Werken wurde 1979 ins Leben gerufen.

Es empfiehlt sich, im Voraus zu buchen, entweder vor Ort oder bei Veranstaltern.

JAZZ

In Costa Rica gibt es immer mehr Jazzclubs. In den Lobbys und Bars verschiedener Hotels spielen auch Jazztrios. Hauptveranstaltungsort ist das **Jazz Café** in San José, ein roter Backsteinbau mit klassisch künstlerischem Ambiente. Hier haben schon Jazzgrößen wie Chucho Valdés und Irakere gespielt. Seit 2008 gibt es ein zweites Jazz Café in Escazú. Die Jazzfans von San José treffen sich auch gerne in der Shakespeare Gallery in der **Sala Garbo**, wo es montags Live-Jazz gibt.

TRADITIONELLE MUSIK

Die Volksmusik des Landes ist eine eingeschränkte Version der *Marimba*-Kultur von Nicaragua und Guatemala. *Marimba* (Xylofon), *quijongo* (einsaitiger Bogen mit Resonanzkörper) und Gitarre liefern die musikalische Begleitung zu traditionellen Volkstänzen wie dem *punto guanacasteco*, dem Nationaltanz Costa Ricas *(siehe S. 247)*. Live-*Marimba*-Musik wird auf *ferias*, an einigen Touristenorten und am Wochenende auf den Plätzen der Städte gespielt. Authentische Volksmusik gibt es im **Pueblo Antiguo** *(siehe S. 75)*. Die Ureinwohner kennen eigene rituelle Tänze mit Trommel-, Rassel- und Tonflötenbegleitung.

Das Teatro Mélico Salazar, ein beliebter Veranstaltungsort in San José

Im Nachtclub eines Strandhotels wird die Nacht zum Tag gemacht

NACHTCLUBS UND DISCOS

San José sowie einige Haupturlaubsorte verfügen über angesagte Dance Clubs. Viele der besten Nachtclubs befinden sich in führenden Hotels, in mehreren größeren Stranddorten gibt es Discos. Weniger geleckte Veranstaltungsorte findet man allerdings im ganzen Land – die *ticos* lieben es, zu tanzen. Vorherrschender Musikstil ist der lateinamerikanische: *cumbia*, Salsa und – vor allem – Merengue, daneben Reggae und World Music.

In San José besuchen die Wohlhabenderen die verschiedenen Bars und Clubs entlang der Avenida Central in San Pedro sowie in San Rafael de Escazú. **Planet Mall** ist bei Teenagern beliebt und angeblich die größte Disco in Mittelamerika. Etwas bodenständiger geht es im **El Cuartel de la Boca del Monte** zu. Hier tanzt ein bunt gemischte Gästeschar zur Musik führender costa-ricanischer Bands. Weitere Discos und Bars finden sich im labyrinthartigen **El Pueblo**, in den Bars und Clubs der Viertel Los Yoses und San Pedro fühlen sich Studenten besonders wohl. Auch die Calle de la Amargura, die zur Universität führt, ist von Studentenbars gesäumt, in denen fast nur Einheimische tummeln. Die Bars im »Gringo Gulch«, dem Rotlichtdistrikt im Zentrum,

sprechen eine ältere Klientel an, darunter auch viele Ausländer, die sich in Costa Rica niedergelassen haben. Hier wie auf der Calle de la Amargura sollten Sie vorsichtig sein und nachts ein Taxi nehmen.

Die meisten Clubs sind erst ab Mitternacht gut besucht, viele schließen im Morgengrauen. Die Kleidung kann salopp sein (Jeans), Shorts sind nur in den Clubs in den Stranddorten erlaubt.

CASINOS

In Costa Rica gibt es Dutzende von Casinos, vornehmlich in San José. Meist sind sie an große, teure Hotels angeschlossen. Mehrere Etablissements finden sich auch im berüchtigten Viertel Gringo Gulch. Einige Casinos haben rund um die Uhr geöffnet, die beliebtesten Spiele

sind »Craps«, *tute* (eine Pokerversion), Canasta (eine Rouletteversion) und *veinte un* (21), eine Variante des Blackjack. Besucher sollten sich darüber im Klaren sein, dass die Chancen stets besser für das Haus stehen.

TANZSCHULEN

Viele Besucher kommen nach Costa Rica, um tanzen zu lernen. Mehrere renommierte *academias de baile* (Tanzschulen) bieten Kurse an, bei denen man seine Fähigkeiten, das Tanzbein zu schwingen, bei *cumbia*, Merengue, Salsa u. a. vervollkommnen kann. Die Kurse werden in der Regel auf Spanisch abgehalten. Die bekannte **Merecumbé** hat mehrere Schulen in San José und den Hauptstädten des Hochlands.

FESTIVALS

Größere und kleinere Festivals sind feste Bestandteile des Veranstaltungskalenders *(siehe S. 34– 37)*. Bei den meisten wird die vielfältige Kultur des Landes gefeiert, z. B. die Boruca-Kultur bei der Fiesta de los Diablitos *(siehe S. 184)* und die kreolische Kultur beim extravaganten Karneval von Puerto Limón *(siehe S. 165)*. Zu den bekanntesten Musikfestivals gehört das landesweite **International Festival of Music**, das in einem halben Dutzend Orten des Landes abgehalten wird.

In vielen katholischen Städten Costa Ricas werden die jeweiligen Schutzheiligen

Karibische Aufführung in einem Ferienort in Guanacaste

Punto Guanacasteco

Der Nationaltanz *punto guanacasteco* wird in traditionellen regionalen Kostümen aufgeführt. Die Frauen tragen weiße Mieder und Satinröcke mit bunt abgesetztem Saum. Die Männer tragen weiße Hemden und Hosen, Satinschärpen und Cowboyhüte. Beim langsamen, wirbelnden *baile típico* (typischer Tanz) werden Hüte und Tücher in die Luft geworfen, und die Männer unterbrechen den Tanz abwechselnd, um Reime zu rufen, die ihnen das Herz der Geliebten sichern sollen.

Tänzer und Tänzerin beim *punto guanacasteco*

geehrt. Das wichtigste religiöse Fest landesweit ist der Día del Virgen de los Ángeles, in der Basílica de Nuestra Señora de los Ángeles *(siehe S. 94 f)* in Cartago (Aug).

Die im Dezember stattfindende Fiesta de la Yegüita *(siehe S. 142)* ist eines der farbenprächtigsten regionalen Feste des Landes.

Kino

Kinos gibt es in den meisten Städten, die in den kleineren Orten sind allerdings oft recht baufällig. San José verfügt dagegen über moderne Multiplex-Kinos, deren Standard dem in Europa in nichts nachsteht. **Cinepolis** und andere Kinos zeigen Kassenschlager aus Hollywood und der ganzen Welt, meist mit spanischen Untertiteln. Synchronisierte Fassungen tragen die Bezeichnung *hablado en español*. Die **Sala Garbo** zeigt künstlerisch wertvolle Filme, costa-ricanische Eigenproduktionen gibt es kaum.

Peñas

Die Intellektuellen von San José nehmen an *peñas* (Freundeskreise, auch *tertulias*) teil, künstlerische Zusammenkünfte, die sich aus der revolutionären Bewegung der 1970er Jahre entwickelt haben. Es werden Gedichte rezitiert und einfache *Nueva-trova*-Musik gespielt. Hier kommen experimentelle Avantgarde-Künstler wie Esteban Monge und Canto America zum Zug. Meist finden *peñas* zu Hause oder in Cafés statt. **Teorética**, eine angesagte Kunstgalerie, veranstaltet Lesungen, Diskussionen und andere kulturelle Ereignisse.

Auf einen Blick

Theater und Kulturzentren

Centro Cultural Costarricense-Norteamericano
San Pedro, San José.
☏ 2225-9433.
www.cccncr.com

Little Theatre Group
☏ 8355-1623.
www.littletheatregroup.org

Teatro Chaplin
Calles 11/13 und Ave 12,
San José.
☏ 2221-0812.
www.teatrochaplin.com

Teatro de la Comedia
Calles 13/15 und
Ave Central,
San José.
☏ 223-2170.

Teatro Laurence Olivier
Calle 28 und Ave 2,
San José.
☏ 2223-1960.

Klassische Musik, Ballett, Tanz, Oper

Compañía de Lírica Nacional
☏ 2222-8571.
www.mcjdcr.go.cr/musica/compania_lirica.html

Compañía Nacional de Danza
☏ 2222-2974.
www.mcjdcr.go.cr/artes_escenicas

Orquesta Sinfónica Nacional
☏ 2221-9417.
www.osn.go.cr

Jazz

Jazz Café
Calle 7 und Ave Central,
San Pedro, San José.
☏ 2253-8933.

Plaza Itzkatzú,
Autopista Próspero
Fernández, Escazú.
☏ 2288-4740.
www.jazzcafecostarica.com

Nachtclubs und Discos

El Cuartel de la Boca del Monte
Calles 21/23 und Ave 1,
San José.
☏ 2221-0327.

El Pueblo
Ave Central, Barrio
Tournon, San José.
☏ 2221-9434.
@ info@ccelpueblocr.com

Planet Mall
Mall San Pedro, San José.
☏ 2280-4693.

Tanzschulen

Merecumbé
☏ 2224-3531.
www.merecumbe.net

Festivals

International Festival of Music
☏ 2282-7724.
www.costaricamusic.com

Kino

Cinepolis
Autopista a Cartago,
San José.
☏ 2278-9356.

Sala Garbo
Calle 28 und Ave 2,
San José.
☏ 2222-1034.

Peñas

Teorética
Calle 7 und Aves 9/11,
San José.
☏ 2233-4881.
www.teoretica.org

THEMENFERIEN
UND AKTIVURLAUB

Unterschiedliches Terrain, gesundes Klima, vielfältige Naturschutzgebiete: Costa Rica bietet viele Unternehmungsmöglichkeiten im Freien. Einige sind im Zuge steigender Besucherzahlen entstanden und recht ungewöhnlich – z. B. Ausflüge zum Dach des Regenwalds –, andere sind eher konventionell. Die schönen Nationalparks und Naturschutzgebiete durchzieht ein Netz aus Wanderwegen, auch für Radfahrer und Reiter eignet

sich das Land hervorragend. An beiden Küsten kann man fabelhaft surfen, Arenal-See und Bahía Salinas bieten erstklassige Windsurfmöglichkeiten. Das Wildwasser-Rafting wird immer weiter ausgebaut, und auch Taucher und Angler kommen voll auf ihre Kosten. Wo auch immer Sie sich befinden: Sie können jederzeit etwas in der Natur unternehmen *(siehe dazu das zweimonatlich erscheinende* Costa Rica Outdoors*)*.

Wegweiser an der Playa Flamingo

Die Selva Verde Lodge bietet zahlreiche Unternehmungen

ORGANISIERTE AUSFLÜGE

Eine Unmenge an Veranstaltern in Costa Rica bietet Ausflüge für Besucher an. Zu diesen gehören **Costa Rica Expeditions**, **Costa Rica's Temptations** und **Costa Rica Sun Tours**. Anbieter, die sich speziellen Themengebieten (z. B. dem Wandern) widmen, sind in den folgenden Rubriken aufgeführt.

NATIONALPARKS UND NATURSCHUTZGEBIETE

Costa Rica verfügt über rund 190 Nationalparks, Naturreservate und vergleichbare Schutzgebiete, die eine Fläche von insgesamt fast 15 500 Quadratkilometern umfassen. Dutzende weiterer Reservate in Privatbesitz schüt-

zen ebenfalls natürliche Lebensräume. Zudem werden neue Schutzgebiete geschaffen, die einzelne Parks miteinander verbinden, um eine ungestörte Wanderung der Tiere zu ermöglichen. Die Reservate werden als »conservation areas« von der Organisation **SINAC** (Sistema Nacional de Areas de Conservación) verwaltet, eine Unterabteilung des Umweltministeriums MINAE (Ministerio de Ambiente y Energía).

La Amistad ist mit seinen 1940 Quadratkilometern der größte Nationalpark Costa Ricas *(siehe S. 179)*. Er ist auch der abgeschiedenste und unzugänglichste. Hier zu wandern ist eine echte Herausforderung. Die meisten Besucher verzeichnet der Nationalpark Volcán Poás, der zwei Stunden mit dem Auto von San José entfernt liegt *(siehe S. 90)*. Ebenfalls beliebt ist der Parque Nacional Manuel Antonio, der leicht zugäng-

lich ist und viele Attraktionen bietet, u. a. wunderschöne Strände *(siehe S. 118 f)*. Vergleichbar ist der Parque Nacional Cahuita an der Karibikküste *(siehe S. 170)*. In den Nationalparks Chirripó *(siehe S. 180 f)* und Rincón de la Vieja *(siehe S. 132)* kann man ausgezeichnet bergwandern – Rincón hat zusätzliche Highlights wie Fumarolen und blubbernde Schlammlöcher zu bieten. Die Regenwälder und Sümpfe des Parque Nacional Tortuguero *(siehe S. 167)* kann man nur per Boot erkunden. Mühevoller, aber umso lohnender ist ein Ausflug zum Parque Nacional Corcovado, in dem die ursprünglichsten Regenwälder des Landes zu finden sind *(siehe S. 191)*. Den schönsten Nebelwald gibt es in der Reserva Biológica Bosque Nuboso Monteverde *(siehe S. 127)*. Eine Informationsquelle ist die **Fundación de Parques Nacionales**.

Bootsausflug im Parque Nacional Tortuguero

Vogelbeobachtung im Parque Nacional Manuel Antonio

TIERBEOBACHTUNG

Für viele Besucher sind die Vögel und anderen Tiere Costa Ricas Hauptattraktion. Man kann sie sogar beobachten, ohne Schutzgebiete zu besuchen, da die Tiere außerhalb der Städte quasi überall vorkommen. Morphofalter, Tukane, Affen und Coatis kann man – je nach Lage – von der Hotelterrasse aus sehen. Die meisten Tiere sind jedoch gut getarnt und scheu, bei ihnen bedarf es Geduld und einer guten Planung. Es empfiehlt sich deshalb auf jeden Fall, einen Naturführer anzuheuern – das geschulte Auge und das Wissen, wo man wann etwas sieht, erhöhen die Aussicht auf Erfolg erheblich. Costa Rica Expeditions bietet solche geführten Ausflüge in die Natur an. Zur Tierbeobachtung eignet sich auch eine Reise auf einem kleinen Schiff mit naturkundlichen Exkursionen. Führende Veranstalter sind **Cruise West** und **Lindblad Expeditions**.

Tragen Sie auf Ausflügen stets grün-braune »Tarnkleidung«, verhalten Sie sich still und nehmen Sie ein Fernglas mit. Tabellen zur Tierbestimmung erhalten Sie in allen Buch- und Souvenirläden. Verschiedene Unternehmen haben sich auf Vogelbeobachtung spezialisiert, beispielsweise **Horizontes**.

WANDERN

Für Besucher, welche die Natur gern zu Fuß erkunden, ist Costa Rica ein wahr gewordener Traum. Tausende Kilometer Wanderwege durchziehen das Land bis in den hintersten Winkel. Viele Wege sind gut beschildert und recht einfach, andere stellen auch erfahrene Wanderer vor eine Herausforderung. In der **Librería Universal** und im **Instituto Geográfico Nacional** gibt es detaillierte Karten.

Der Großteil der Wanderwege liegt in den Nationalparks und Tierreservaten. Dort gibt es Einrichtungen wie Toiletten normalerweise nur in Rangerstationen oder privaten Lodges am Eingang. Viele der größeren Parks verfügen nur über rustikale Hütten, die manchmal eine Tageswanderung voneinander entfernt liegen – Wanderer sollten Campingausrüstung und Proviant selbst mitbringen. Informieren Sie sich auf jeden Fall über Entfernungen und Schwierigkeit der Wanderung. Für das wilde Campen brauchen Sie selbstverständlich eine Erlaubnis. Bei mehrtägigen Wanderungen müssen Sie sich bei der Rangerstation an- und abmelden. In manchen Gegenden wie den abgelegenen Talamanca-Bergen brauchen Sie ebenfalls eine Erlaubnis und einen Führer.

Giftige Schlangen sind keine Seltenheit. Halten Sie Zelt oder Hüttentür immer geschlossen *(siehe S. 259)*. Im Parque Nacional Corcovado und anderen Regenwaldreservaten in der Ebene stoßen Sie möglicherweise auf aggressive Pekaris (eine Wildschweinart). Klettern Sie – falls nötig – auf einen Baum oder stehen Sie ganz still, bis die Tiere wieder verschwinden.

Leichte, aber stabile und wasserfeste Wanderstiefel sind unerlässlich, ebenso wie genügend zu trinken und eine Regenjacke mit Kapuze. Empfehlenswert sind ein Sonnen- und ein Insektenschutzmittel, ein Erste-Hilfe-Set sowie eine Taschenlampe mit Ersatzbatterien. Verpacken Sie alles Wichtige im Rucksack in einer Plastiktüte, damit es trocken bleibt. Säubern Sie den Campingplatz, bevor Sie gehen – lassen Sie nichts zurück außer Ihren Fußabdrücken.

AUSFLÜGE ZUM DACH DES REGENWALDS

Riesige Bäume und tiefe Täler bilden die spektakuläre Kulisse der zahlreichen Ausflüge zum obersten Stockwerk des Regenwalds *(siehe S. 24 f)*. Sich an Stahlseilen von Baumkrone zu Baumkrone zu schwingen erzeugt zwar Adrenalin – Tiere sehen Sie dabei aber nicht. **Original Canopy Tour** hat sieben Filialen im ganzen Land.

Über den Wipfeln der Bäume im Regenwaldreservat Arenal

Hoch zu Ross an einem der vielen Strände Costa Ricas

REITEN

Mit seiner ländlichen Tradition und den vielen Pferden bietet Costa Rica zahlreiche Ausflugsmöglichkeiten zu Pferd. Veranstalter und Hotels organisieren alles Nötige für die Ausritte, die meist auf den kleinen, freundlichen *Criollo*-Pferden der Region stattfinden. In der Provinz Guanacaste gibt es mehrere Ranches, die sich auf Ausritte spezialisiert haben: Die **Hacienda Guachipelín** z. B. ist exzellent, ebenso die **Buena Vista Lodge** *(siehe S. 211)*. Empfehlenswert sind auch die **Bella Vista Lodge** in Escaleras *(siehe S. 217)* und der **Club Hípico La Caraña**, der in der Nähe von Escazú liegt.

RADFAHREN

Auf Ausflügen mit dem Rad lernt man Land und Leute besonders gut kennen. Viele Straßen bestehen jedoch überwiegend aus Schlaglöchern, erschwerend kommen außerdem noch Nebel, unübersichtliche Kurven und rasanter Verkehr hinzu. Dennoch bieten einige Veranstalter Radtouren an: **Costa Rica**

Biking Adventure z. B. ist sehr zu empfehlen. Bei vielen internationalen Fluggesellschaften ist es möglich, das eigene Rad als Sondergepäck mitzunehmen.

Das zerklüftete Terrain eignet sich vor allem für Mountainbiker – die *ticos* lieben diesen Sport. Mehrere Hotels und regionale Reisebüros vermieten Mountainbikes und organisieren kurze Mountainbike-Exkursionen.

GOLF UND TENNIS

Das Land verfügt über sechs 18-Loch- sowie vier 9-Loch-Golfplätze und weitere geeignete Rasenflächen. Auf

der Halbinsel Nicoya sind die schönsten im **Four Seasons Resort** *(siehe S. 208)* und im **Paradisus Playa Conchal Beach & Golf Resort** *(siehe S. 210)*. Die schönsten Plätze im Zentralen Hochland befinden sich im **Cariari Country Club** und im **Parque Valle del Sol**.

Viele Hotels und Strandresorts stellen ihren Gästen kostenlos Tennisplätze zur Verfügung. Nicht-Hotelgäste bezahlen normalerweise eine geringe Gebühr.

WILDWASSER-RAFTING UND KAJAKFAHREN

Viele Niederschläge und hohe Berge vereinigen sich zu idealen Bedingungen für Wildwasser-Rafter *(siehe S. 102)*. Reventazón und Pacuare im Zentralen Hochland sind berühmte Rafting-Flüsse, doch im Grunde verfügt jede Region über erstklassige Möglichkeiten. Der Río Chirripó (Kategorie III–IV) stürzt sich vom höchsten Berg des Landes und bildet Dutzende explosiver Stromschnellen. Er mündet in den Río General (Kategorie III–IV), der ebenfalls für seine Wildheit bekannt ist. Der Río Corobicí (Kategorie I–II) im Herzen von Guanacaste wird von Stauwassern gespeist und ist ideal für Familien. Unterwegs kann man viele Tiere sehen. Der Río Savegre (Kategorie III–V) kommt aus den Bergen der Zentralen Pazifikküste. Der obere Abschnitt ist besonders wild, zwischen den Palmenplantagen in der Ebene geht es ruhiger zu.

Die Rafting-Industrie ist gut entwickelt, die angebotenen Touren entsprechen internati-

Golfplatz im Parque Valle del Sol

Mit dem Kajak unterwegs auf dem Angostura-See bei Turrialba

onalen Standards. Schwimmwesten und Helme sind Vorschrift. Die Ausflüge kosten zwischen 70 und 100 US-$ pro Tag, inklusive Transport, Mahlzeiten und Ausrüstung. Mehrtägige Ausflüge beinhalten Übernachtungen in Zelten oder abgelegenen Lodges am Fluss. Zu den zahlreichen Veranstaltern gehört z.B. **Ríos Tropicales**. Nehmen Sie Sonnencreme und passende Kleidung mit. Auch eine warme Jacke sowie Ersatzkleidung und -schuhe können nicht schaden – Sie werden auf jeden Fall nass.

Die Mangroven an den Küsten kann man am besten per Kajak erkunden. Neben anderen Veranstaltern bietet auch Ríos Tropicales entsprechende Ausflüge an. In vielen Hotels kann man außerdem Kajaks mieten. Mit etwas Glück werden Sie bei Ihren Ausflügen von Delfinen begleitet. Für alle, die alleine unterwegs sind, ist *The Rivers of Costa Rica: A Canoeing, Kayaking and Rafting Guide* von Michael W. Mayfield und Rafael E. Gallo unerlässlich. Es ist bei **7th Street Books** in San José erhältlich.

SURFEN UND WINDSURFEN

Zwei Küsten – am Pazifik und in der Karibik – stellen für die Besucher Costa Ricas ganzjährig eine ausgezeichnete Brandung mit meterhohen Wellen sicher. Einige der besten Surfstrände befinden sich im Nördlichen Nicoya *(siehe S. 137)*. Bei den meisten Fluggesellschaften ist

die Mitnahme des Surfbretts kostenlos. Es gibt allerdings auch viele Läden, z.B. in Tamarindo, Jacó und Puerto Viejo de Talamanca, die Sie mit allem versorgen, was Sie brauchen. Playa Zancudo *(siehe S. 192)* ist eine weiterer exzellenter Ort zum Surfen, allerdings müssen Sie Ihre Ausrüstung selbst mitbringen.

Bahía Salinas *(siehe S. 132)* und die Laguna de Arenal *(siehe S. 150–152)* eignen sich hervorragend für das Windsurfen (mit Surfzentren).

SPORTFISCHEN

Die Aussicht auf einen Jahrhundertfang zieht Hunderte von Anglern jährlich auf Costa Rica. Das meiste Sportfischen findet allerdings auf der Basis des Fangens und Freilassens statt. An der Pazifikküste *(siehe S. 117)* kann man beim Hochseefischen Segelfische, Thunfische, Doraden und Schwertfische angeln. Am meisten geschätzt wird der Marlin, den es zwischen November und März vor Nicoya und von August bis Dezember an der Zentralen und südlichen Pazifikküste gibt.

Auf der Karibikseite bieten sich Flüsse, Seen und Lagunen zum Angeln von Frauenfischen (Caño Negro, San Juan und Colorado, Dez–März), Glasbarschen und Hornhechten an. In den Bergflüssen tummeln sich Forel-

Angelyacht vor Anker in Bahía Drake

len, vor allem auf der Nordseite der Talamanca-Berge. Die Laguna de Arenal ist für den riesigen Regenbogenbarsch bekannt. Auf der **Rain Goddess** *(siehe S. 152)* kann man Ausflüge buchen. Die Veranstalter organisieren auch Lizenzen für das Süßwasserangeln. Es gibt mehrere Angel-Lodges, und in den gut ausgestatteten Angelzentren Flamingo, Quepos, Tamarindo, Golfito, und Zancudo werden Bootsausflüge für 250–400 US-$ (halbtägig) bzw. 350–650 US-$ (ganztägig) angeboten.

La Casa del Pescador verkauft Anglerbedarf. Ausgezeichnete Informationen bekommen Sie im **Club Amateur de Pesca** und in Jerry Ruhlows wöchentlicher Kolumne in der *Tico Times*.

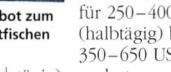

Angebot zum Sportfischen

Surfer in der Brandung vor der Playa Jacó

Tauchen

Die warmen Küstengewässer bieten Tauchern ideale Bedingungen. Erste Adresse ist die Isla del Coco. Hier kann man besonders viele Meerestiere sehen. Zu den weiteren sehr guten Tauchplätzen gehören die Murciélagos-Inseln vor dem Nördlichen Nicoya, die Korallenriffe vor der Playa Manuel Antonio und dem Parque Nacional Ballena Marina, die Isla del Caño im Pazifik sowie Gandoca-Manzanillo und Cahuita in der Karibik. Meeresschildkröten und Muränen sieht man überall, häufig auch Mantarochen, Thunfische, Zackenbarsche und mehrere Arten von Haien und Walen. Dennoch werden die Sichtverhältnisse häufig getrübt, vor allem in der Regenzeit, wenn Schlamm aus den Flüssen ins Meer geschwemmt wird.

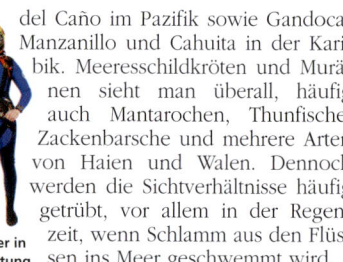

Taucher in Ausrüstung

Zur Vorbereitung *auf einen Tauchgang gehört das Überprüfen der Ausrüstung, vor allem des Atemgeräts.*

Unter Wasser *sollte man stets in der Gruppe schwimmen, damit man sich im Notfall gegenseitig helfen kann.*

Seesterne bewegen sich langsam auf die Spitze des Riffs.

Tropische Fische verschiedener Farben bevölkern das Meer.

Korallenriffe gibt es in Costa Rica eher selten, sie sind hier jedoch am buntesten.

ISLA DEL CAÑO
Die Insel hat die größten Korallenriffe Costa Ricas. Hier leben neben vielen Fischen auch Oktopoden, Seepferdchen und Seesterne sowie Delfine in der Nähe der Küste. Von Bahía Drake *(siehe S. 190)* aus werden Ausflüge angeboten.

Engelfische wie der Kaiser von Mexiko, der Gekrönte Engelfisch und der Französische Kaiserfisch finden sich um die Isla del Caño.

In Punta Gorda *vor der Playa Ocotal schwimmen unzählige Adlerrochen an den Tauchern vorbei. Zudem gibt es Goldrochen, Steinfische (giftig!) und Seepferdchen.*

Auf der Isla del Coco (siehe S. 193) *liegt angeblich Gold versteckt. Die wahren Schätze befinden sich unter Wasser, z. B. riesige Gruppen von Hammerhaien. Die Gewässer eignen sich nur für erfahrene Taucher.*

Die Islas Murciélagos, *der beliebteste Tauchplatz im Nordwesten, sind für ihre Weißspitzenriffhaie und den Marlin bekannt. Veranstalter in Playas del Coco (siehe S. 136) bieten Touren an.*

SCHWIMMEN

Die meisten großen Hotels und viele kleinere haben Swimmingpools. Die Wassertemperatur im Meer beträgt zwischen 25 und 30 °C. Beim Baden im Meer ist jedoch äußerste Vorsicht geboten: In Costa Rica ertrinken jährlich etwa 200 Menschen aufgrund von Unterströmungen. Typischerweise entstehen diese Strömungen an Stränden mit starker Brandung. Das sich zurückziehende Wasser bildet einen schmalen Kanal, in dem Schwimmer in das offene Meer hinausgezogen werden. Auch an vielen beliebten Stränden bilden sich diese Strömungen. Wenn Sie in eine hineingeraten, sollten Sie nicht versuchen, gegen sie in Richtung Küste zu schwimmen – dies wird Sie schnell erschöpfen. Schwimmen Sie parallel zur Küste. Meiden Sie Flussmündungen; dort lauern Krokodile. Im Meer vor den Eiablageständen der Schildkröten halten sich darüber hinaus oft Haie auf.

TAUCHEN

Taucher machen sich vor der Pazifikküste Costa Ricas bereit

Fast alle Strandhotels in der Nähe von Tauchplätzen bieten entsprechende Ausflüge an. Die Ausrüstung können Sie hier und bei **Mundo Aquático** in San José mieten oder kaufen. Die beiden renommierten Veranstalter **El Ocotal Diving Safaris** und **Rich Coast Diving** befinden sich an der Playa Ocotal bzw. den Playas del Coco (siehe S. 136). Erfahrene Taucher können an Bord der **Okeanos Aggressor** Ausflüge von Puntarenas aus zur Isla del Coco unternehmen.

AUF EINEN BLICK

VERANSTALTER

Costa Rica Expeditions
Calles Central/2 und Ave 3, San José. ☎ 2257-0766.
www.costaricaexpeditions.com

Costa Rica Sun Tours
Edificio Cerro Chato, La Uruca, San José.
☎ 2296-7757.
www.crsuntours.com

Costa Rica's Temptations
PO Box 1199-1200, San José.
☎ 2508-5000.
www.crtinfo.com

NATIONALPARKS UND NATURSCHUTZGEBIETE

Fundación de Parques Nacionales
Barrio Escalante, San José.
☎ 2257-2239.
www.fpncostarica.org

SINAC
Calle 25 und Aves 8/10, San José. ☎ 2248-2451.
www.sinac.go.cr

TIERBEOBACHTUNG

Cruise West
2301 Fifth Ave, Suite 401, Seattle, WA 98121, USA.
☎ (888) 851-8133.
www.cruisewest.com

Horizontes
☎ 2222-7022.
www.horizontes.com

Lindblad Expeditions
96 Morton Street, New York, NY 10014, USA.
☎ 212-765-7740.
www.expeditions.com

WANDERN

Instituto Geográfica Nacional
Calles 9/11 und Ave 20, San José.
☎ 2523-2630.

AUSFLÜGE ZUM DACH DES REGENWALDS

Original Canopy Tour
☎ 2291-4465.
www.canopytour.com

REITEN

Club Hípico La Caraña
☎ 2282-6754.
www.lacarana.com

RADFAHREN

Backroads
801 Cedar St, Berkeley, CA 94710, USA.
☎ (510) 527-1555.
www.backroads.com

Costa Rica Biking Adventure
Miraflores (Guadalupe), San José.
☎ 2225-6591.
www.bikingincostarica.com

GOLF

Cariari Country Club
☎ 2293-3211.
www.clubcariari.com

Parque Valle del Sol
☎ 2282-9222.
www.vallesol.com

WILDWASSER-RAFTING UND KAJAKFAHREN

Ríos Tropicales
☎ 2233-6455.
www.riostropicales.com

BUCHLÄDEN

Librería Universal
Calles Central/1 und Ave Central, San José.
☎ 2222-2222.

7th Street Books
Calle 7 und Aves Central/1, San José.
☎ 2256-8251.
@ marroca@racsa.co.cr

SPORTFISCHEN

Club Amateur de Pesca
☎ 2232-3430.
www.clubamateurpescacr.com

La Casa del Pescador
Calle 2 und Aves 16/18, San José.
☎ 2222-1470.

TAUCHEN

El Ocotal Diving Safaris
☎ 2670-0321 (ext. 120).
www.ocotaldiving.com

Mundo Aquático
100 m nördlich von Mas X Menos, San Pedro, San José.
☎ 2224-9729.
@ mundoac@racsa.co.cr

Okeanos Aggressor
☎ 800-348-2628.
www.aggressor.com

Rich Coast Diving
☎ 2670-0176.
www.richcoastdiving.com

GRUND-
INFORMATIONEN

PRAKTISCHE HINWEISE

Costa Rica hat eine ausgezeichnete Infrastruktur für Besucher, vor allem in den Bereichen »Sanfter Tourismus« und »Abenteuerurlaub«. Fast jede Region erreicht man relativ einfach mit dem Mietwagen oder öffentlichen Verkehrsmitteln, Einrichtungen für Besucher gibt es fast überall. Staatliche Fremdenverkehrsbüros gibt es nur in San

Werbeplakat für Costa Ricas Attraktionen

José. In kleineren Städten sind die regionalen Reisebüros zuständig. Die meisten Veranstalter in Costa Rica sind sehr professionell. Dennoch folgen viele Abläufe im Alltag einem recht bürokratischen Schema. Ein gewisses Maß an Geduld und Flexibilität sollte der Besucher mitbringen, um Frustrationen über widrige Umstände zu vermeiden.

BESTE REISEZEIT

Im Hinblick auf das Wetter ist die Trockenzeit (der «Sommer«) zwischen Dezember und April die beste Zeit, um Costa Rica zu besuchen. Die Regen- oder »grüne« Zeit beginnt im Mai. Ziehen Sie dabei jedoch auch regionale Unterschiede *(siehe S. 38)* in Betracht: An der Karibikküste und am südwestlichen Pazifik regnet es ganzjährig.

In der Regenzeit ist es am heißesten. Dann kann es – vor allem in Guanacaste – auch regelrecht sengend sein. Viele Straßen werden unpassierbar. Die Preise sind in der Regenzeit allerdings niedriger als in der Hochsaison und die Hotels nicht so voll.

EINREISE

Besucher aus Deutschland, Österreich und der Schweiz benötigen für die Einreise kein Visum. Notwendig ist ein noch sechs Monate

nach Einreisedatum gültiger Reisepass, ein Rück- oder Weiterreiseticket sowie für die Dauer des Aufenthalts ausreichende finanzielle Mittel. Sie bekommen eine 90 Tage gültige Aufenthaltsgenehmigung, die bei der Einwanderungsbehörde *(migración)* verlängert werden kann.

ZOLL

Eingeführt werden dürfen an persönlichen Gegenständen ein Computer, zwei Videokameras und/oder Fotoapparate sowie sechs Filme. (Letzteres wird kaum kontrolliert.) Außerdem darf man bei der Einreise 500 Zigaretten und drei Liter Wein oder Spirituosen mitführen.

Illegal ist dagegen die Ausfuhr archäologischer Artefakte. Hier drohen gegebenenfalls harte Strafen. Kaufen Sie nur Reproduktio-

nen mit Zertifikat. Gegenstände, die unter die Bestimmungen der Convention on International Trade in Endangered Species (CITES) fallen, sind ebenfalls verboten. Dazu gehören Federn gefährdeter Vögel, Schildpatt, Pelze, Krokodil- und Schlangenleder sowie lebende Tiere.

INFORMATION

Kostenlose Broschüren und Karten erhalten Sie beim ICT (Instituto Costarricense de Turismo) an den beiden internationalen Flughäfen *(siehe S. 264)* sowie in San José. Dort hilft man Ihnen generell gern weiter.

Außerhalb der Hauptstadt können Sie sich an lokale Reisebüros wenden. Ebenfalls gute Informationsquellen sind Websites (www.visitcostarica.com).

Ausflüge in Monteverde

ÖFFNUNGSZEITEN

Nationalparks sind meist täglich von 8 bis 16 Uhr geöffnet. Die Öffnungszeiten von Museen variieren, viele schließen mittags und montags. Die Öffnungszeiten von Läden und Banken finden Sie auf den Seiten 238 und 260.

SPRACHE

Offizielle Landessprache ist Spanisch, das relativ langsam und ohne das kastilische »th« gesprochen wird. Praktisch alle in der Tourismusbranche arbeitenden *ticos* sprechen Englisch, ebenso

Reisebüro in der Surferstadt Jacó

◁ **Motorboote an einem der vielen waldgesäumten Strände Costa Ricas**

Legere Atmosphäre in einem Restaurant in Dominical

wie Bankangestellte und andere Dienstleister. Abseits der Touristenpfade sollte man wenigstens etwas Spanisch können. Die Maleku, Bribri, Cabécar und Guaymí haben eigene Sprachen. Die meisten Ureinwohner Costa Ricas sprechen auch Spanisch.

ETIKETTE

Höflichkeit ist in Costa Rica oberstes Gebot. Zur Begrüßung schüttelt man sich die Hand oder küsst sich auf eine Wange. Die angemessenen Anreden lauten *señor, señora* und *señorita*. Die Ehrentitel *Don* und *Doña* sind gesellschaftlich oder politisch wichtigen Persönlichkeiten vorbehalten. Jüngere *ticos* reden sich im Allgemeinen mit dem Vornamen an, ältere warten damit meist länger.

Quedar bien (einen guten Eindruck machen) ist eine costa-ricanische Umgangsform, die auch dazu führen kann, dass man nicht wirklich meint, was man sagt. Fragen Sie am besten immer mehrere Personen nach dem Weg.

Ticos sind Homosexuellen gegenüber sehr tolerant. Öffentliche Zuneigungsbekundungen zwischen Personen des gleichen Geschlechts können jedoch – gerade auf dem Land – heftige Reaktionen hervorrufen.

KLEIDUNG

Leichte und bequeme Baumwoll- und Synthetikkleidung ist ideal für das tropische Klima Costa Ricas. Eine winddichte Jacke oder einen Pullover kann man abends im Hochland und in klimatisierten Räumen gut gebrauchen. Ebenfalls mitnehmen sollten Sie einen Regenschirm.

Abendgarderobe ist nur in teuren Nachtclubs und Restaurants vonnöten. Bei Geschäftstreffen oder Kirchenbesuchen sollten Männer keine Shorts oder T-Shirts und Frauen keine allzu freizügige Kleidung tragen. Costa Rica ist ein tolerantes, manchmal jedoch recht konservatives Land. FKK-Strände gibt es nicht, Nacktbader werden mit einem Stirnrunzeln bedacht.

ALLEINREISENDE FRAUEN

Meist werden alleinreisende Frauen keine Probleme haben. Allerdings machen einige Männer Frauen auf der Straße – auch recht deftige – Komplimente *(piropos)*. Hier hilft im Allgemeinen der Hinweis darauf weiter, dass Sie verheiratet sind.

Besucher am Eingang zum Parque Nacional Manuel Antonio

Sicherheit und Notfälle

Polizeiabzeichen, San José

Costa Rica ist ein sicheres Reiseland mit dem Ruf von Neutralität und stabiler Demokratie. Dennoch sollten sich Besucher nicht in falscher Sicherheit wiegen. Sie können Opfer von Diebstählen, Betrug und sogar Gewaltverbrechen werden und sollten entsprechende Vorsichtsmaßnahmen ergreifen. Das Gesundheitssystem des Landes ist relativ weit fortgeschritten, medizinische Hilfe ist oft nicht weit entfernt. In der Wildnis leben giftige Schlangen und andere potenziell gefährliche Tiere, im Meer drohen Unterströmungen. Am Strand sollte man sich vor der kräftigen tropischen Sonne schützen.

Polizeirevier in Quepos, Costa Ricas Hauptzentrum des Sportfischens

POLIZEI

Seit Anfang 2007 gibt es in den großen Urlaubszentren eine Touristenpolizei, die unter der Notrufnummer 911 erreichbar ist. Die Standard-Polizeiuniform ist dunkelblau. *Tránsitos* (Verkehrspolizisten) fahren auf den Highways Streife und ahnden Geschwindigkeitsübertretungen. In den größeren Städten gibt es auch Fahrradpolizisten in weißen Hemden und blauen Shorts.

Mordidas (Bestechungen) kommen immer seltener vor. Falls doch einmal Beschwerden vorliegen sollten, wenden Sie sich mit Namen und Dienstnummer des Beamten an die **Organización de Investigación Judicial (OIJ)**.

VORSICHTSMASSNAHMEN

Obacht ist für Besucher jederzeit geboten, vor allem auf den Straßen der Städte. Tragen Sie in der Öffentlichkeit keinen Schmuck und lassen Sie Ihr Gepäck nicht aus den Augen. Wertsachen sind am besten im Hotelsafe aufgehoben, zusammen mit Kopien Ihres Reisepasses und anderer wichtiger Dokumente. Hüten Sie sich insbesondere bei Mietwagen vor Betrug *(siehe S. 269)* und lassen Sie sich keine Hilfe aufdrängen. Frauen sollten dunkle, einsame Gegenden meiden, Autostopp ist generell gefährlich. Bei Verbrechen wenden Sie sich an die OIJ oder ihr **Büro für Opferhilfe**.

DIEBSTAHL UND VERLUST

Im Falle des Verlusts oder Diebstahls persönlicher Gegenstände müssen Sie innerhalb von 24 Stunden die Polizei informieren. Die Kopie des Berichts brauchen Sie für Ihre Versicherung. Bei gestohlenem oder verlorenem Reisepass wenden Sie sich sofort an die Botschaft Ihres Landes *(siehe S. 257)*. Den Verlust der Kreditkarte müssen Sie bei der entsprechenden Gesellschaft anzeigen *(siehe S. 260)*.

STRASSENVERKEHR

Fußgänger haben in Costa Rica keine »Vorfahrt«. Sehen Sie auch in Einbahnstraßen immer erst nach links und rechts, da Busse oft in beide Richtungen fahren dürfen und sich die Verkehrsrichtung während des Tages ändern kann. Zudem ist Rücksichtnahme nicht gerade das oberste Gebot im costa-ricanischen Straßenverkehr.

NATURKATASTROPHEN

Das Land kämpft zwar ab und zu mit Naturkatastrophen, regelmäßig treten sie jedoch nicht ein. Im Fall eines Erdbebens sollten Sie sich von hohen Gebäuden und Strommasten fernhalten. Benutzen Sie keine Aufzüge. In Gebäuden ist der sicherste

Wagen des *Tránsito* (Verkehrspolizei) in San José

Platz unter Türrahmen, nicht unter einer Treppe. Halten Sie Schuhe und eine Taschenlampe nachts neben Ihrem Bett bereit.

In den Parks mit Vulkanen (z.B. Poás und Arenal) sollten Sie sich unbedingt an alle Vorschriften halten. Wandern Sie nicht in verbotenen Gebieten. Vor allem der Arenal ist sehr aktiv, Besuche in der unmittelbaren Umgebung wie z.B. in Tabacón *(siehe S. 148)* sind immer riskant.

Hüten Sie sich auch vor gefährlichen Unterströmungen im Meer *(siehe S. 253)* und meiden Sie in der Regenzeit überschwemmte Flüsse.

IMPFUNGEN UND VERSICHERUNG

Spezielle Impfungen sind in Costa Rica nicht vorgeschrieben. An der südlichen Karibikküste tritt Malaria auf, hier bietet sich eine Prophylaxe an. Darüber hinaus sind auch Impfungen gegen Typhus, Hepatitis A und B, Kinderlähmung (Polio) und Tetanus zu empfehlen.

Die gesetzlichen Krankenkassen in Europa übernehmen im Allgemeinen die Kosten einer Behandlung in Costa Rica nicht. Schließen Sie eine private Versicherung ab, da die Behandlung sehr teuer werden kann.

MEDIZINISCHE VERSORGUNG

Die Einwohner Costa Ricas werden vom staatlichen **Instituto Nacional de Seguridad (INS)** versorgt, das einen kostenlosen Notfalldienst für Besucher bietet. Die meisten öffentlichen Krankenhäuser sind gut, in ländlichen Gegenden fehlt es dagegen oft an Ausrüstung. Private Krankenhäuser wie das **Hospital Clínica Bíblica** in San José entsprechen europäischem Standard. Die Hotels haben meist eine Liste guter Ärzte.

Farmacias oder *boticas* (Apotheken) gibt es viele. Dort bekommen Sie auch

Logo des Cruz Roja

Moskitospirale und Mückenschutz

Medikamente, für die Sie in Europa ein Rezept brauchen. Wenn Sie unter einer chronischen Erkrankung leiden, sollten Sie Ihre Medikamente allerdings von zu Hause mitbringen. Das **Cruz Roja** (Rote Kreuz) verfügt über Ambulanzen in größeren Städten und Urlaubsorten. In abgelegeneren Regionen ist ein Taxi zum nächsten Krankenhaus meist schneller.

GESUNDHEITSRISIKEN

Die Kraft der tropischen Sonne sollten Sie nicht unterschätzen – vergessen Sie Sonnencreme und Kopfbedeckung nicht und trinken Sie Wasser in ausreichender Menge. Bei der hohen Luftfeuchtigkeit und Hitze kann es zum Hitzschlag kommen. Symptome sind Durst, Übelkeit, Fieber und Schwindel. In diesem Fall sollten Sie einen Arzt aufsuchen.

Vor Erkrankungen wie dem durch Moskitos übertragenen Denguefieber schützen Sie sich am besten mit einem Anti-Mücken-Mittel. Zu den Symptomen gehören Fieber, Kopf- und Gelenkschmerzen, die etwa zehn Tage anhalten. Die Rekonvaleszenzzeit beträgt mindestens einen Monat. Besorgen Sie sich auch eine *espirales* (Moskitospirale) und behandeln Sie Stiche mit einem Antihistaminikum. Bei einer Entzündung sollten Sie einen Arzt konsultieren. Das gilt auch für Bisse giftiger Schlangen.

AUF EINEN BLICK

NOTRUFNUMMERN

Alle Notfälle
911.

Cruz Roja
128 oder 119.

OIJ
2222-1365.

**OIJ –
Büro für Opferhilfe**
2295-3643.

Polizei
117 oder 2222-1365.

KRANKENHAUS

Hospital Clínica Bíblica
2522-1000.

Geraten Sie nicht in Panik und bewegen Sie sich möglichst wenig.

Trinken Sie kein Leitungswasser und lassen Sie beim Essen Vorsicht walten *(siehe S. 221)*, um Durchfall und Infektionen wie Lamblienbefall vorzubeugen. Bei Durchfall sollten Sie viel trinken und im chronischen Fall einen Arzt aufsuchen.

ÖFFENTLICHE TOILETTEN

Öffentliche Toiletten gibt es praktisch nicht, oder sie sind unbenutzbar. Viele Rangerstationen in den Nationalparks verfügen jedoch über entsprechende Einrichtungen. Nehmen Sie immer etwas Toilettenpapier mit.

Eine *farmacia* (Apotheke) in Cartago

Währung und Geldwechsel

Landeswährung in Costa Rica ist der Colón, der US-Dollar ist jedoch weitverbreitet und wird in den meisten großen Hotels und Restaurants akzeptiert. In den Läden kann man mit Kreditkarte bezahlen, einige nehmen auch Reiseschecks. Fremdwährungen außer dem US-Dollar (z. B. Euro oder Schweizer Franken) haben sich noch nicht durchgesetzt, können in größeren Banken jedoch getauscht werden. Viele Urlauberhotels wechseln ebenfalls, allerdings zu einem schlechteren Kurs. Nehmen Sie einige kleinere Dollarscheine mit, da viele Geschäfte kaum Wechselgeld haben und größere Scheine nicht annehmen, weil Falschgeld im Umlauf ist. Hinsichtlich der Ausfuhr oder Einfuhr von Devisen und Eigenwährung gibt es in Costa Rica keinerlei Beschränkungen.

Eine Filiale der Scotiabank in San José

BANKEN UND GELDWECHSEL

Die größten Banken mit Filialen im ganzen Land sind die staatliche **Banco de Costa Rica**, die **Banco Nacional**, die Banco de San José, die Banco del Comercio und die Banco Popular. In San José gibt es auch mehrere große ausländische Banken. Geöffnet sind sie werktags zwischen 9 und 15 Uhr (staatliche Banken) bzw. zwischen 8 und 16 Uhr. Freitag ist Zahltag, dann sind die Banken oft sehr voll. Auf dem Land wartet man generell lange.

Viele der größeren Banken verfügen über *cajeros automáticos* (Geldautomaten), an denen mit der Kredit- oder Maestro-/EC-Karte Colones abgehoben werden können. Die Gebühr beträgt drei bis vier Euro bzw. fünf bis sechs Schweizer Franken. Seien Sie jedoch vorsichtig und achten Sie auf Ihre Umgebung.

Die meisten Banken in großen Städten und in einigen Ferienorten haben auch Wechselstuben, die fast alle denselben Kurs anbieten, der sich täglich ändert. Zudem gibt es *casas de cambio* (Wechselstuben) an den beiden internationalen Flughäfen und den Hauptgrenzübergängen. Alle anderen Wechselstuben wurden vor ein paar Jah-

ren gesetzlich verboten. Tauschen Sie kein Geld auf der Straße – es ist illegal und bietet sich ohnehin nicht an, da der Kurs nicht besser ist als bei Banken.

GELDÜBERWEISUNG

Sollten Sie im Notfall dringend Geld aus Europa benötigen, brauchen Sie für eine Überweisung erst eine Bankverbindung in Costa Rica. Der Transfer selbst nimmt einige Tage in Anspruch und kostet eine nicht unerhebliche Ge-

Büro der Western Union in Santa Elena

AUF EINEN BLICK

BANKEN

Banco de Costa Rica
Calles 4/6 und Ave 2, San José.
📞 2284-6600.

Banco Nacional
Calles 2/4 und Ave 1, San José.
📞 2212-2000.

KREDITKARTENVERLUST

Allg. Notrufnummer
📞 (0049) 116 116.
www.116116.eu

American Express
📞 0800-011-0534
(ASV Olympia).

MasterCard
📞 0800-011-0184.

Visa
📞 0800-011-0030.
www.visa.com

Maestro-/EC-Karte
📞 (0049) 1805 021021.

bühr. Eine Blitzüberweisung durch eine Vertrauensperson nimmt beispielsweise die Western Union vor.

KREDITKARTEN UND REISESCHECKS

Am weitesten verbreitet sind **Visa** und **Master-Card**, in geringerem Maß auch American Express. Diners Club wird kaum akzeptiert. Sie können mit Ihrer Visa-Karte bei Banken Geld abheben, mit der MasterCard geht das nicht ohne Weiteres. Viele Hotels bieten den Service des Geldabhebens ebenfalls.

Reiseschecks erhalten Sie bei Ihrer Bank zu Hause bzw. über die Internet-Seiten von **Travelex** und **American Express**. Im Allgemeinen sind Reiseschecks sicherer als Kreditkarten: Im Fall eines Verlusts bekommen Sie Ihr Geld gegen Vorlage der Kaufquittung zurückerstattet – bewahren Sie diese also immer getrennt von den Schecks selbst auf. Die weltweiten telefonischen Sperr-Rufnummern von Travelex sind 0800-182-4219 (Visa Interpayment Reiseschecks) und 0800-185-9930 (Thomas Cook Master-Card). Gegen eine geringe Gebühr können Sie Ihre Reiseschecks in Banken eintauschen. Dazu brauchen Sie

Logo einer Kreditkartengesellschaft

Ihren Reisepass und manchmal ein zweites Passfoto. Auch einige Läden nehmen Reiseschecks an. Dies wird jedoch immer mehr zur Ausnahme, da verschiedene Banken die Schecks bis zu einem Monat zurückhalten, bevor sie den Gegenwert ausbezahlen.

WÄHRUNG

Die Landeswährung ist der Colón (¢), im Plural Colones. Manchmal wird er verwirrenderweise auch *peso* genannt, oder – umgangssprachlich – *plata* oder *pista*.

Banknoten
Costa-ricanische Banknoten gibt es in Werten von 1000, 2000, 5000 und 10 000 Colones, deren Spitznamen cinco teja, rojo, dos rojos, tucán *und* jaguar *lauten.*

1000 Colones

2000 Colones

5000 Colones

10 000 Colones

Münzen
Münzen gibt es in den Werten 5, 10, 20, 25, 50, 100 und 500 Colones. Früher geprägte Münzen bestehen noch aus Silber, neuere erkennt man an ihrer goldenen Farbe. Kleingeld heißt auf Spanisch auch menudo.

5 Colones

10 Colones

25 Colones

50 Colones

100 Colones

500 Colones

Kommunikation und Medien

Logo der Post Costa Ricas

Die Telekommunikation ist in Costa Rica hoch entwickelt. Am meisten benutzt werden Telefon und E-Mail, nicht zuletzt aufgrund der langsamen und unzuverlässigen Post. Die Telekommunikation steht unter der Führung des staatlichen Instituto Costarricense de Electricidad (ICE), das jedem Bürger einen kostenlosen E-Mail-Account zur Verfügung stellt. Mobiltelefone sind in Costa Rica ebenfalls sehr beliebt, obwohl der Empfang manchmal etwas zu wünschen übrig lässt. Neben internationalen Fernsehprogrammen gibt es auch zwölf einheimische sowie mehrere Radiosender. Des Weiteren gibt es drei spanische und einige englische Zeitungen.

und Tarjeta-Viajero-199-Karten funktionieren bei allen Telefonen inklusive Mobiltelefonen: Sie müssen die Zahlen 197 oder 199 sowie eine individuelle PIN eingeben, die Sie auf der Rückseite der Karte finden. Die 197-Karten werden in Werten zu 500 und 1000 Colones verkauft und für Inlandsgespräche benutzt. Mit den 199-Karten (zu 10 und 20 US-\$ sowie 3000 Colones) können Sie Auslandsgespräche führen.

Die regionalen Büros des ICE bieten einen Telefonservice. Internationale Telefonbüros erheben höhere Gebühren als bei den öffentlichen Kartentelefonen, doch sie sind preiswerter, als vom Hotel aus zu telefonieren. Vom Hotel aus ist es billiger, die internationale Vermittlung von **AT&T** anzuwählen und mit Kreditkarte zu bezahlen.

In vielen Internet-Cafés kann man frei über Skype telefonieren.

Kunden der deutschen Mobilfunk-Netzbetreiber T-Mobile, E-Plus, O₂ und Vodafone können in Costa Rica über den Roaming-Partner ICE mit dem Handy telefonieren. Wer aus Sicherheitsgründen ein Mobiltelefon mitführen möchte, kann ein *celular* mieten, z. B. bei einem Autoverleiher.

TELEFONIEREN

Öffentliche Telefone stehen meist an Hauptstraßen oder – in den kleineren Gemeinden – auf den Hauptplätzen. In sehr abgeschiedenen Gegenden findet man sie häufig in der *pulpería* (Lebensmittelladen) des Orts. Manchmal müssen die Besitzer die Verbindung herstellen. Das Gespräch wird dann nach Minuten abgerechnet.

Bei einigen öffentlichen Telefonen kann man noch 5-, 10- und 20-Colones-Münzen verwenden, für die meisten brauchen Sie jedoch eine CHIP-*tarjeta telefónica* (Telefonkarte). Sie sind in Werten zu 1000 und 2000 Colones in Supermärkten, Läden und Banken erhältlich. Tarjeta-Colibrí-197-

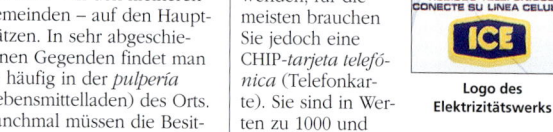

Logo des Elektrizitätswerks

ÖFFENTLICHE KARTENTELEFONE

1 Nehmen Sie den Hörer ab und warten Sie auf das Freizeichen. Auf dem Display werden Sie aufgefordert, Ihre Karte einzuschieben.

2 Wenn Sie die Telefonkarte eingeführt haben, wird auf dem digitalen Display Ihr Guthaben angezeigt.

3 Wählen Sie die 1 für spanische Instruktionen oder die 2 für Anleitungen auf Englisch.

4 Wählen Sie die Nummer, mit der Sie verbunden werden möchten. Diese erscheint auf dem Display. Während Sie telefonieren, wird laufend das Restguthaben angezeigt.

5 Hängen Sie nach dem Anruf den Hörer wieder ein. Ihre Karte wird automatisch ausgeworfen.

Telefonkarte für öffentliche Telefone

San José

WICHTIGE RUFNUMMERN

- Landesvorwahl Costa Rica 00 506.
- Die Telefonnummern Costa Ricas bestehen aus sieben Ziffern. Es gibt keine Vorwahlen.
- Landesvorwahlen: D: 0049, A: 0043, CH: 0041.
- Der Dienst Deutschland Direkt für R-Gespräche ins Festnetz ist in Costa Rica bislang nicht verfügbar.
- Englischsprachige Vermittlung: national 110, international 116. Informationen: 113.

Ein *colectivo* (Pickup Truck) auf dem Weg nach Puerto Jiménez

Sie in dieser Gegend besonders vorsichtig und achten Sie auf Ihr Gepäck.

URLAUBERBUSSE UND AUSFLÜGE

Einige Busgesellschaften haben sich auf Besucher spezialisiert. Eine direkte Verbindung zwischen den beliebtesten Urlaubsorten bieten **Interbus** und **Grayline**. Letzterer verfügt auch über Shuttle-Busse zwischen San José und dem internationalen Flughafen Juan Santamaría. Interbus bietet auch einen Tür-zu-Tür-Service, Grayline Rabatte für Kinder und Senioren. Am Flughafen Juan Santamaría verkehren auch **Tuasa**-Busse, die zwischen Alajuela und San José unterwegs sind.

Auf Sightseeing-Touren mit dem Bus kann man die einzelnen Regionen sehr gut kennenlernen. Naturexkursionen veranstalten die Unternehmen Costa Rica Expeditions und Costa Rica's Temptations *(siehe S. 253)*.

Taxi mit Lizenz

TAXIS UND CAMIONES

Taxis finden sich in den meisten Städten um die zentralen Plätze und können auch telefonisch bestellt werden. Lizenzierte Taxis sind rot (bzw. orange zum Flughafen). Auf einem weißen Dreieck an der Vordertür steht die Lizenznummer. Die Gebühren unterliegen bei Fahrten unter 15 Kilometern gesetzlichen Regelungen. Bei längeren Fahrten kann verhandelt werden. Ein nicht lizenziertes Taxi sollten Sie nicht nehmen – in der Vergangenheit kam es immer wieder zu Überfällen. Jeep-Taxis verkehren in bergigen oder unzugänglichen Gegenden. In ganz abgeschiedene Regionen fahren auch *camiones* oder *colectivos* – in der Regel offene Pickup Trucks mit Sitzen und Plane. Sie bedienen feste Routen und können überall angehalten werden. *Colectivos* verlangen normalerweise einen Einheitspreis, unabhängig von der Entfernung.

AUF EINEN BLICK

FLUGGESELLSCHAFTEN

Nature Air
☎ 2299-6000.
www.natureair.com

Sansa
☎ 2229-4100.
www.flysansa.com

BUSGESELLSCHAFTEN UND BUSBAHNHÖFE

Grayline
☎ 2220-2126.
www.graylinecostarica.com

Interbus
☎ 2283-5573.
www.interbusonline.com

Tuasa
Ave 2 und Calles 12/14,
San José.
☎ 2222-5325.

TAXIS

Coopetaxi (San José)
☎ 2235-9966.

BOOTE UND FÄHREN

Auto- und Personenfähren fahren zwischen Puntarenas und Naranjo bzw. Paquera auf der Halbinsel Nicoya. Zwischen Puntarenas und Paquera, Jacó und Montezuma sowie zwischen Sierpe und Bahía Drake gibt es einen Wassertaxi-Service entlang dem Tortuguero-Kanal sowie im Golfo Dulce. Auf den Flüssen und in den Mangrovensümpfen gibt es zahlreiche Ausflugsboote.

Passagiere besteigen ein Boot auf der Isla Tortuga

Mit dem Auto unterwegs

Kfz-Schild

Die Fahrt mit dem Auto ist die flexibelste Art, Costa Rica zu erkunden, da man die atemberaubende Landschaft hierbei hautnah erlebt. Die Straßen zwischen den Städten sind meist asphaltiert, obwohl die wenigsten auch nur eine einzige Regenzeit überleben, ohne dass sich Schlaglöcher bilden. Viele kleinere Straßen, vor allem im Zentralen Hochland, sind unbefestigt und verwandeln sich in regelrechte Schlammbäder. Hier ist ein Mietwagen mit Allradantrieb unerlässlich. Die Fahrer sollten Vorsichtsmaßnahmen ergreifen, da viele Situationen gefährlich werden können. Fahren Sie nicht nachts. Die im Land erhältlichen Straßenkarten sind meist unbrauchbar, bringen Sie Ihre eigenen mit.

Straße mit Parkverbotsschild

VERKEHRSREGELN

In Costa Rica fährt man rechts, die Geschwindigkeitsbegrenzungen betragen 80 km/h auf den großen Highways und 60 km/h auf Nebenstraßen. *Tránsitos* (Verkehrspolizei) fahren in blauen Wagen auf den Highways Streife und kontrollieren die Geschwindigkeit. Geld dürfen sie nicht kassieren *(siehe S.258)*. Die Strafzettel müssen bei einer Bank oder der Autovermietung bezahlt werden.

Sicherheitsgurte sind zwar Pflicht, werden aber selten benutzt. Falls Sie mit kleinen Kindern reisen, sollten Sie einen Kindersitz mitbringen, da Autovermietungen diese nicht zur Verfügung stellen.

STRASSENNETZWERK UND -KLASSIFIZIERUNG

Das Land ist von einem 30 000 Kilometer langen Highwaynetz durchzogen. Allerdings sind nur 20 Prozent davon asphaltiert. Generell nimmt der Anteil unbefestigter Straßen mit wachsender Entfernung zur Hauptstadt zu, obwohl sich auch dieser Zustand allmählich ändert. Detaillierte Karten sind im Land selbst kaum aufzutreiben. Zu empfehlen sind die *National Geographic Adventure Map* sowie der *Costa Rica Nature Atlas*.

GEFAHREN

Schlaglöcher sind ein ernstes Problem. Fahren Sie langsam, um Schäden am Auto zu vermeiden. Dies gilt besonders für Kieswege, auf denen man leicht ins Schliddern gerät. Achten Sie natürlich auch auf Fußgänger und Tiere auf den Straßen, vor allem außerhalb größerer Ortschaften. In der Regenzeit sind Bergstraßen oft neblig und von Erdrutschen bedroht, die Straßen in der Ebene sind überschwemmt.

Bei vielen Flussüberquerungen müssen Sie durch das Wasser fahren, das in der Regenzeit sehr tief sein kann. Erkundigen Sie sich bei Einheimischen nach dem aktuellen Straßenzustand. Fahren Sie langsam in das Wasser ein, ansonsten kann der Motor im wahrsten Sinne des Wortes absaufen.

Ticos fahren recht rasant: Nicht beachtete Stoppschilder, riskante Überholmanöver und zu nahes Auffahren sind an der Tagesordnung. Durch den linken Blinker deuten Fahrer an, dass sie ruhig überholt werden können – oder dass sie tatsächlich links abbiegen wollen. Statt Warndreieck kommt oft auch ein Blätter- oder Ästehaufen am Straßenrand zum Einsatz.

Lassen Sie Ihr Auto nachts nicht an der Straße stehen, in den meisten Städten gibt es preiswerte bewachte Parkplätze. Lassen Sie auch nichts im Auto liegen.

TANKSTELLEN

Das Benzin kostet etwa 600 Colones pro Liter, *gasolina* ist bleifrei und heißt auch »Super«. *Gasolineras* (Tankstellen) sind in Städten weitverbreitet, auf dem Land aber eher selten, vor allem auf der Halbinsel Nicoya. Tanken Sie immer schon, wenn der Tank erst halb leer ist. In abgelegenen Gegenden gibt es Benzin auch in *pulperías* (Lebensmittelläden), wo es jedoch doppelt so teuer ist. Tankstellen sind von 6 bis 24 Uhr geöffnet (kein Self-Service), einige auch rund um die Uhr. Die meisten akzeptieren Kreditkarten.

ORIENTIERUNG UND STRASSENSCHILDER

Nur wenige Straßen in Costa Rica verfügen über Wegweiser oder Kilometersteine. In den Städten gibt es kaum Straßenschilder, die wenigen, die existieren, stimmen meist nicht. Erkundigen Sie sich besser danach, wohin

Range Rover auf einer unbefestigten Straße in der Nähe von Ojochal

Eines der seltenen Straßenschilder in Costa Rica

eine Straße führt, als nach dem Ort zu fragen, in den Sie wollen. Ansonsten folgen die Schilder internationalem Standard: *Alto* bedeutet »Stopp«, *ceda* »Vorfahrt beachten«, *mantenga su derecha* »rechts fahren«. *Túmulo* zeigt eine Unebenheit an, *derrumbe* einen Erdrutsch oder Steinschlag.

ALTO

Stoppschild

UNFÄLLE UND VERSICHERUNG

Im Fall eines Unfalls rufen Sie **Tránsitos** an. Entfernen Sie sich nicht vom Wagen, auch die Gegenpartei sollte das nicht tun. Fragen Sie nach *cédulas* (Ausweis) und Fahrzugnummer des Unfallgegners. Bei Verletzten ist das Rote Kreuz zuständig *(siehe S. 259)*. Mietwagen haben ein rotes Warndreieck, das Sie im angemessenen Abstand an der Straße platzieren sollten. Andernfalls können Sie auch auf die costa-ricanische Methode des Zweighaufens zurückgreifen. Wenn Ihnen das Auto gehört, müssen Sie beim **Instituto Nacional de Seguridad (INS)** Bericht erstatten, das alle Versicherungsformalitäten abwickelt.

AUTO- UND MOTORRADVERMIETUNG

Um in Costa Rica ein Auto mieten zu können, müssen Sie älter als 21 Jahre sein (bei manchen Vermietungen auch 25) und einen gültigen Führerschein haben. Ab einem dreimonatigen Aufenthalt brauchen Sie einen costaricanischen Führerschein.

Internationale Autovermietungen wie **Alamo**, **Budget** und **Hertz** haben Vertretungen an den internationalen Flughäfen, in San José sowie in einigen wichtigen Urlaubsorten. Es gibt auch mehrere einheimische Agenturen. **Discover Costa Rica** bietet »All inclusive«-Fly-and-drive-Pakete. In ländlichen Gebieten brauchen Sie ein Fahrzeug mit Allradantrieb. Eine große Auswahl hat **U-Save**, Costa Rica's Temptations *(siehe S. 253)* hat Abenteuertouren mit dem Land Rover im Angebot.

Die Preise sind in der Regenzeit generell niedriger, am billigsten ist ein Paket mit unbegrenzter Kilometerzahl. Bei der Buchung im Voraus sollten Sie um eine schriftliche Bestätigung bitten. Eine Versicherung ist Pflicht und kostet extra. Lassen Sie sich auch hierfür eine Bestätigung ausstellen.

Leider sind viele – auch große – Gesellschaften nicht hundertprozentig verlässlich. Überzeugen Sie sich vor Vertragsunterzeichnung vom einwandfreien Zustand des Fahrzeugs bzw. halten Sie

Mietwagen mit Allradantrieb warten auf ihre Kunden

AUF EINEN BLICK
UNFÄLLE UND PANNEN

Tránsitos
☎ 117; 911; 2222-9330.

VERSICHERUNG

Instituto Nacional de Seguridad (INS)
☎ 800-800-80000.

AUTOVERMIETUNGEN

Alamo
☎ 2233-7733.
www.alamocostarica.com

Budget
☎ 2436-2000.
www.budget.co.cr

Discover Costa Rica
☎ 2293-8109.
www.discover-costa-rica.com

Hertz
☎ 2221-1818.
www.costaricarentacar.net

U-Save
☎ 2430-4647.
www.usavecostarica.com

MOTORRADVERMIETUNG

María Alexander Tours
☎ 289-5552.
www.costaricamotorcycles.com

eventuelle Mängel schriftlich fest. Meist müssen Sie eine Blanko-Kreditkartenanweisung hinterlassen, die nach Rückgabe des Fahrzeugs zerrissen wird. Prüfen Sie die Abschlussrechnung ganz genau und scheuen Sie sich nicht, ungerechtfertigte Posten anzufechten.

Fahrräder, Mopeds und Motorräder können Sie in San José und allen größeren Urlaubsorten mieten. Der Veranstalter **María Alexander Tours** vermietet auch Harley-Davidson-Motorräder und bietet Touren für Besucher an, die 25 Jahre oder älter sind. Ein Schutzhelm ist bei Motorrädern Pflicht.

In San José unterwegs

Öffentlicher Bus

Die meisten Sehenswürdigkeiten in San José liegen zentral und in Gehweite voneinander sowie von den wichtigsten Hotels und Restaurants entfernt. Am besten erkunden Sie die Hauptstadt zu Fuß, nur für die Vororte und weitere Umgebung brauchen Sie ein anderes Fortbewegungsmittel. Der öffentliche Nahverkehr ist überfüllt, obwohl ein effizientes Taxisystem das Busnetz entlastet. Das Autofahren in San José ist nicht zu empfehlen, vor allem zur Rushhour am Morgen und frühen Abend. Dann kommt der Verkehr gleichsam zum Erliegen.

Die Avenida Central ist San Josés lebhafteste Fußgängerzone

Zu Fuss

Am praktischsten lässt sich die Innenstadt San Josés zu Fuß erkunden. Dabei erlebt man die Stadt ganz aus der Nähe. Die Orientierung fällt nicht schwer, da sich die Straßen gitternetzartig durch das Zentrum ziehen.

Die Bürgersteige sind allerdings eng und überlaufen, oft sind die Fußgänger gezwungen, auf die Straße auszuweichen. Die Straßen im Zentrum sind ausgesprochen verkehrsreich, und als Fußgänger sollte man größtmögliche Vorsicht walten lassen. Fahrzeuge halten an Fußgängerüberwegen oder Ampeln nicht automatisch an. Hüten Sie sich vor allem vor Bussen, die in engen Kurven auch einmal auf den Gehweg fahren.

Nehmen Sie sich darüber hinaus auch vor Taschendieben in Acht, vor allem in Menschenmassen. Tragen Sie keinen Schmuck und verstau-

en Sie Ihre Wertsachen in einer Gürteltasche. Behalten Sie Ihre Kamera stets im Auge. Meiden Sie nachts einsame, unbeleuchtete Gegenden, insbesondere die Straßen nordwestlich des Mercado Central *(siehe S. 58f)* und südwestlich des Parque Central *(siehe S. 56)* sowie den Parque Nacional *(siehe S. 68f)* und den Parque Morazán *(siehe S. 66)*.

Obwohl meist ein angenehm kühler Wind weht, ist die Sonne in dieser Höhe und in diesen Breitengraden sehr kräftig. Tragen Sie Hut und Sonnencreme. Oft können Sie in Cafés Schutz vor Hitze und Lärm suchen. Auf nachmittägliche Regenschauer müssen Sie sich vor allem in der Regenzeit gefasst machen; vergessen Sie den Regenschirm nicht. Falls doch, bekommen Sie einen an einem der Straßenstände.

Mit dem Bus

Busse sind preiswert, aber voll. Sie fahren von 5 bis 22 Uhr, einen zentralen Busbahnhof für die Stadtbusse gibt es nicht. Wohin der Bus fährt, steht über der Frontscheibe, an der Nummer des Busses erkennen Sie dies in der Regel nicht. Das ICT *(siehe S. 256)* bringt kostenlose Fahrpläne heraus. Wichtig ist die Strecke Sabana – Cementerio, die das Zentrum mit dem Parque Sabana verbindet und auf der Avenida 10 nach Osten und der Avenida 3 nach Westen führt. Busse zum Flughafen fahren ab Avenida 2, Calles 12/14 ab. Busse in die Vororte werden schnell voll, Sie sollten möglichst schon am Ausgangspunkt zusteigen. Auch hier lauern Taschendiebe. Verstecken Sie Ihre Gürteltasche am besten unter der Kleidung.

Mit dem Taxi

Es gibt zahlreiche Taxis in San José. Sie können auf der Straße angehalten oder im Hotel bestellt werden. Nur während der Rushhour und bei starkem Regen werden sie knapp. Die meisten Taxis findet man um den Parque Central. Die lizenzierten Wagen sind rot. Ein beleuchtetes Schild auf dem Dach zeigt an, dass das Taxi frei ist. Sie befördern bis zu vier Personen und haben oft keine Sicherheitsgurte.

Bezahlen können Sie in US-Dollar oder Colones. Im Vergleich zu Europa sind Taxifahrten relativ preiswert. Im Stadtzentrum kosten sie selten über 3000 Colón. Unter 15 Kilometern ist der Gebrauch des *marias* (Taxameters) gesetzlich vorgeschrieben. Achten Sie darauf, dass es auch läuft. Ein Trinkgeld von zehn Prozent wird nicht erwartet, ist aber angemessen.

TG 106 502010 NICOYA

Lokales Taxischild

Viele private Fahrer unterhalten nicht lizenzierte Taxis, die nicht nur teurer, sondern auch gefährlich sind. Ein solches Taxi sollten Sie nicht nehmen, auch wenn Ihnen der Fahrer vertrauenswürdig erscheint.

Geschäftige Straße vor dem Mercado Central

MIT DEM AUTO

Selbst wenn Sie an das Fahren in Großstädten gewöhnt sind, kann San José eine wirklich nervenaufreibende Erfahrung sein. Die Josefinos fahren aggressiv und meist bewusst rücksichtslos. Rote Ampeln werden vielfach übersehen, wenn kein Gegenverkehr vorhanden ist, vor allem nachts. Eine grüne Ampel heißt also nicht unbedingt, dass die Straße auch frei ist. Wenn Sie sich einer gelben Ampel nähern, sollten Sie sich auch im Klaren darüber sein, dass der Fahrer hinter Ihnen nicht erwartet, dass Sie anhalten.

Die Geschwindigkeitsbegrenzung auf Straßen in der Stadt beträgt 30 km/h. Im Zentrum von San José gibt es ein mehrgeschossiges Parkhaus und zahlreiche andere Parkplätze. Vielfach müssen Sie einen Parkwächter bezahlen und die Zündschlüssel dalassen. Wertsachen sollten Sie keinesfalls im Auto zurücklassen. Route 39, die »Circunvalación« (Ringstraße) verläuft westlich, südlich und östlich des Zentrums. Die Avenida Central führt nach Osten zur Universität von Costa Rica und dem lebhaften Vorort San Pedro *(siehe S. 71).* Im Westen verbindet der Paseo Colón den Stadtkern mit dem Parque Sabana und der Autopista General Cañas, die zum Flughafen und nach Alajuela führt. Die Autopista Próspero Fernández verläuft westlich vom Parque Sabana *(siehe S. 74)* nach Escazú *(siehe S. 75).* Der Verkehr auf dem Paseo Colón fließt normalerweise in beide Richtungen, außer montags bis freitags von 7 bis 9 Uhr (dann nur nach Osten) und am Sonntag von 8 bis 17 Uhr (dann ganz gesperrt).

Einbahnstraßensystem und Gitternetz helfen, den Verkehr einzudämmen, doch auf einigen Straßen herrscht den ganzen Tag über Stau. Zur Rushhour sind die Avenidas 8 und 9 die besten Möglichkeiten, um von Osten nach Westen zu kommen. Bei umgekehrter Richtung empfiehlt sich dagegen die Avenida 10.

ORIENTIERUNG

Innerhalb des Stadtzentrums verlaufen die geraden Avenidas nördlich der Avenida Central und die ungeraden südlich. Calles mit geraden Zahlen finden sich westlich der Calle Central, die mit ungeraden östlich bis zur Circunvalación. Zwischen Calle 6 und Calle 7 ist die Avenida Central eine Fußgängerzone. Dies gilt auch für die Calle 2 zwischen den Avenidas 2 und 3 und die Calle 17 (Bulevar Ricardo Jiménez) zwischen den Avenidas 1 und 8. Die Ausschilderung lässt allerdings sehr zu wünschen übrig, und auch die Ampeln in der Mitte der Kreuzung sind schlecht zu sehen.

»Bitte anschnallen«

Die verkehrsreiche Calle Central ist die Nord-Süd-Achse der Hauptstadt

Textregister

Seitenzahlen in **Fettdruck** verweisen auf einen Haupteintrag.

Danksagung und Bildnachweis

DORLING KINDERSLEY bedankt sich bei allen, durch deren Arbeit, Unterstützung und Engagement dieses Buch ermöglicht wurde.

Hauptautor

Christopher P. Baker stammt aus Yorkshire in England, wo er auch aufwuchs. Er studierte an der University of London Geografie und schloss 1976 mit Auszeichnung ab. Während seines Studiums unternahm er zwei Forschungsreisen in die Sahara; darüber hinaus erwarb er zwei B.-A.-Grade in den Fächern Latein-Amerikanistik und Pädagogik. Seit 1983 arbeitet er als Reiseschriftsteller und -fotograf.

Zu seinen zahlreichen Veröffentlichungen gehören Reiseführer über Kuba, Costa Rica und Jamaika sowie *Mi Moto Fidel: Motorcycling Through Castro's Cuba.* Hinzu kommen Beiträge in anderen Büchern sowie in über 150 Zeitungen und Zeitschriften weltweit. Für seine Reiseliteratur erhielt er viele renommierte Preise; er hielt Vorträge vor prominenten Gesellschaften wie dem National Press Club, der National Geographic Society und dem World Affairs Council und leitete selbst Reisen nach Neuseeland, Hongkong, Korea, Kuba und England.

Überprüfung der Fakten und Daten

Ana Voiculescu

Korrektur

Sonia Malik

Textregister

Jyoti Dhar

Bei Dorling Kindersley, London

Publisher Douglas Amrine.
Publishing Manager Jane Ewart.
Senior Editor Christine Stroyan.
Senior Cartographic Editor Casper Morris.
Senior Dtp Designer Jason Little.
Revisions Editor Anna Freiberger.
Revisions Designer Maite Lantaron.

Redaktionelle Mitarbeit

Brigitte Arora, Uma Bhattacharya, Tessa Bindloss, Hannah Dolan, Vinod Harish, Mohammad Hassan, Jasneet Kaur, Juliet Kenny, Vincent Kurien, Alison McGill, Sonal Modha, Harry Pariser, Ellen Root, Simon Ryder, Sands Publishing Solutions, Azeem Siddiqui, Dora Whitaker.

DK Picture Library

Hayley Smith, Romaine Werblow

Production Controller

Wendy Penn

Weitere Fotografen

Christopher P. Baker, Alan Briere, Jonathan Buckley, Martin Camm, Geoff Dann, Phillip Dowell, Neil Fletcher, Frank Greenaway, Colin Keates, Dave King, Mike Linley, Ray Moller, David Murray, Stephen Oliver, Clive Streeter, Harry Taylor, Mathew Ward, Laura Wickenden, Peter Wilson, Jerry Young.

Besondere Unterstützung

Adolfo Rodríguez Herrera; Mrs. Dora Sequeira, Alejandra Jimenez Solis und Andrea Bolaños Waters, Museo del Oro Precolombino; Dr. Luis Diego Gómez, Organización para Estudios Tropicales in La Selva; Mauricio P. Aymerich, Small Distinctive Hotels; Michael Snarskis.

Genehmigung zum Fotografieren

Dorling Kindersley bedankt sich bei allen, die die freundliche Genehmigung zum Fotografieren in den folgenden Institutionen erteilt haben: Café Britt; Centro Costarricense de Ciencias y Cultura, San José; Costa Rica Expeditions; Fábrica de Carretas Joaquín Chaverrí, Sarchí; Museo del Oro Precolombino, San José; Museo Nacional, San José; Teatro Nacional, San José; Zoo Ave Wildlife Conservation Park; sowie in Kathedralen, Kirchen, Museen, Hotels, Restaurants, Läden, Kunstgalerien, Nationalparks und anderen Sehenswürdigkeiten.

Bildnachweis

Wir haben uns bemüht, alle Urheber ausfindig zu machen und zu nennen. Sollte uns dies in einigen Fällen nicht gelungen sein, bitten wir dies zu entschuldigen und uns zu benachrichtigen. In der nächsten Auflage werden wir versäumte Nennungen nachholen.

o = oben; ol = oben links; olm = oben links Mitte; om = oben Mitte; orm = oben rechts Mitte; or = oben rechts; mlo = Mitte links oben; mo = Mitte oben; mro = Mitte rechts oben; ml = Mitte links; m = Mitte; mr = Mitte rechts; mlu = Mitte links unten; mu = Mitte unten; mru = Mitte rechts unten; u = unten; ul = unten links; um = unten Mitte; uml = unten Mitte links; ur = unten rechts; a = Ausschnitt.

AKG IMAGES: 42mru; ALAMY IMAGES: 16u; Sylvia Cordaiy Photo Library Ltd/Richard Wareham 132um; AM COSTA RICA LINK: 34ml, 243or; JOHN ANDERSON: 18o, 69mru, 70or, 117mu, 130or; AXIOM, LONDON: Ian Cumming 37um, 165ur.

Sprachführer Spanisch

Das costa-ricanische Spanisch entspricht im Großen und Ganzen dem kastilischen Spanisch, wobei es jedoch einige Unterschiede hinsichtlich Vokabular und Aussprache gibt. Der wichtigste ist die Aussprache des weichen »c« und des »z« als »s« und nicht als »th«.

Die *ticos* sind eher formell und benutzen die Anrede *usted* statt *tú*, also »Sie« statt »du«, selbst wenn sie die Person gut kennen. Allgemeine Respektsbezeugungen werden erwartet. Sagen Sie beim Besteigen eines Taxis immer *buenos días* oder *buenas tardes* und sprechen Sie Taxifahrer und Kellner mit *señor* an. Umgangssprachlich ist

auch der Ausdruck *¡upe!* erlaubt, um auf sich aufmerksam zu machen. Mit *buena suerte* (»Viel Glück«) verabschiedet man sich.

Die häufigste Antwort ist *pura vida* (»So ist das Leben«), die man auf Fragen nach dem Wohlbefinden erhält und auch allgemeine Zufriedenheit ausdrückt. *Tuanis*, bei der Jugend beliebt, bedeutet ebenfalls so viel wie »alles okay«. Mit *chepe* ist im Allgemeinen San José gemeint. Wenn Sie sich eines Straßenhändlers erwehren wollen, reicht meist ein höfliches Kopfschütteln und ein *muchas gracias*. Ein *muy amable* (»sehr freundlich«) entspannt die Situation noch zusätzlich.

NOTFÄLLE

Hilfe!	¡Socorro!	[so'kɔrɔ]
Stopp!	¡Pare!	[pare]
Polizei!	¡Policía!	[poli'sia]
Rufen Sie einen Arzt!	¡Llame a un médico!	[ʒame a 'un 'mediko]
Rufen Sie einen Krankenwagen!	¡Llame a una ambulancia!	[ʒame a 'una ambu'lanθia]
Wo ist das nächste Krankenhaus?	¿Dónde está el hospital más próximo?	[dɔnde está ɛl ɔspi'tal mas 'prɔgsimo]
Können Sie mir helfen?	¿Me puede ayudar?	[me pŭede aʒu'dar]
Man hat mir mein ... gestohlen.	Me robaron mi ...	[me rro'baron mi...]

GRUNDWORTSCHATZ

Ja	Sí	[sí]
Nein	No	[no]
Bitte	Por favor	[pɔr fa'bɔr]
Danke	Gracias	['graθias]
Verzeihung	Perdóne	[per'dɔne]
Entschuldigung	Disculpe	[dis'kulpe]
Tut mir leid	Lo siento	[lo 'sĭento]
Hallo	¡Hola!	['ola]
Guten Tag	Buenos días	['bŭenos 'dias]
Guten Tag (nachmittags)	Buenas tardes	['bŭenas 'tardes]
Guten Abend	Buenas noches	['bŭenas notʃes]
Nacht	noche	[notʃe]
morgens (Tageszeit)	mañana	[ma'ɲana]
gestern	ayer	['aʲɛr]
hier	aquí	[a'ki]
Wie?	¿Cómo?	['komo]
Wann?	¿Cuándo?	['kŭando]
Warum?	¿Por qué?	[pɔr ke]
Wie geht's?	¿Qué tal?	[ke tal]
Sehr gut, danke.	Muy bien, gracias.	[mŭi bĭen, 'graθias]
angenehm	encantado/a	[eŋkan'tado/a]
Sehr erfreut!	¡Mucho gusto!	[mutʃo 'gusto]

NÜTZLICHE REDEWENDUNGEN

Das ist in Ordnung.	Está bien.	['esta bĭen]
Sprechen Sie ein bisschen Deutsch/ Englisch?	¿Habla un poco de alemán/ inglés?	['abla 'un 'poko de ale'man/ iŋ'gles]
Ich verstehe nicht.	No entiendo.	[no en'tĭendo]

Könnten Sie etwas langsamer sprechen, bitte?	¿Puede hablar más despacio, por favor?	['pŭede a'blar mas des'paθio, pɔr fa'bɔr]
In Ordnung/O.K.	De acuerdo/ bueno	[de a'kŭerdo/ 'bŭeno]
Alles klar!	¡Claro que sí!	['klaro ke si]
Wie kommt man nach ...?	¿Cómo se llega a ...?	['komo se ʎega a...]
Wo finde ich ...?/ Wo ist ...?	¿Donde está ...?	['dɔnde es'ta...]

NÜTZLICHE WÖRTER

groß	grande	['grande]
klein	pequeño	[pe'kɛɲo]
heiß	caliente	[ka'lĭente]
kalt	frío	['frio]
gut	bueno	['bŭeno]
gut (Adv.)	bien	[bĭen]
schlecht	malo	['malo]
genug	suficiente	[sufi'θĭente]
geöffnet	abierto	[a'bĭerto]
geschlossen	cerrado	[se'rrado]
Eingang	la entrada	[en'trada]
Ausgang	la salida	[sa'liða]
voll	lleno	[ʎeno]
leer	vacío	[ba'θio]
rechts	derecha	[de'retʃa]
links	izquierda	[iθ'kĭerða]
(immer) geradeaus	(todo) recto	['toðo 'rrekto]
unter, unten	debajo	[de'baxo]
oben, hinauf	arriba	[a'rriba]
bald	pronto	['prɔnto]
früh	temprano	[tem'prano]
spät	tarde	['tarðe]
jetzt	ahora	[a'ɔra]
mehr	más	[mas]
weniger	menos	['menos]
wenig	poco	['poko]
viel	mucho	[mutʃo]
sehr	muy	[mŭi]
erster Stock	segundo piso	[se'gundo 'piso]
Erdgeschoss	primer piso	[pri'mer 'piso]
Fahrstuhl	ascensor	[as'θen'sɔr]
Bad	baño	['baɲo]
Frauen	mujeres	[mu'xeres]
Männer	hombres	['ɔmbres]
Toilettenpapier	papel higiénico	[pa'pel i'xĭeniko]
Kamera	cámara	[ka'mara]
Reisepass	pasaporte	[pasa'pɔrte]
Visum	visa	['bisa]

GESUNDHEIT

Ich fühle mich schlecht.	Me siento mal.	[me 'sĩento mal]
Ich habe Bauch-/Kopfschmerzen.	Me duele el estómago/la cabeza.	[me 'dŭele ɛl es'tomago/la ka'beθa]
Er/sie ist krank.	Está enfermo/enferma.	[esta em'fɛrmo/em'fɛrma]
Ich muss ausruhen.	Necesito descansar.	[neθe'sito deskan'sar]
Apotheke	la farmacia	[far'maθĩa]

POST/BANK

Bank	el banco	['baŋko]
Wechselstube	la casa de cambio	['kasa de 'kambĩo]
Postamt	la oficina de correos	[ofi'θina de kɔrreos]
Ich möchte einen Brief versenden.	Quiero enviar una carta.	['kiero em'bĩar 'una 'karta]
Brief	una carta	['karta]
Postkarte	la postal	[pɔ'stal]
Briefmarke	el sello	['seʎo]
Geld abheben	sacar dinero	[sa'kar di'nero]

SHOPPING

Ich hätte gern…	Me gustaría/quiero…	[me gus'taria/'kiero…]
Haben Sie…?	¿Tiene…?	['tiene…]
Wie viel kostet das?	¿Cuanto cuesta?	['kŭanto 'kŭesta]
Wann öffnen/schließen Sie?	¿A qué hora abre/cierra?	[a ke 'ora abre/θierra]
Kann ich mit Kreditkarte zahlen?	¿Puedo pagar con tarjeta de crédito?	['pŭeðo pa'gar kɔn tar'xeta de 'kreðito]

SIGHTSEEING

Festung, Burg	el castillo	[kas'tiʎo]
Fremdenführer	el guía	['gia]
Landstraße	la carretera	[ka'rretera]
Straße/Gasse	la calle/el callejón	[ka'ʎe/kaʎe'xɔn]
Garten	jardín	[xar'ðin]
Kathedrale	la catedral	[kate'ðral]
Kirche	la iglesia	[i'glesia]
Museum	el museo	[mu'seo]
Palast, Palais	el palacio	[pa'laθĩo]
Park	el parque	['parke]
Strand	la playa	['plaja]
Platz	la plaza	['plaθa]
Rathaus	el ayuntamiento	[ajunta'mĩento]
Fremdenverkehrsbüro	la oficina de turismo	[ofi'θina de tu'rismo]
Viertel	el barrio	['barrĩo]

TRANSPORT

Wann fährt der nächste Zug/Bus nach…?	¿A qué hora sale el próximo tren/bus a…?	[a ke 'ora sa'le ɛl 'prɔgsimo tren/bus a…]
Könnten Sie mir ein Taxi rufen?	¿Me puede llamar un taxi?	[me 'pŭeðe ʎamar 'un tagsi]
Flughafen	el aeropuerto	[aero'pŭerto]
Bahnhof	la estación de ferrocarriles	[esta'θĩon de fɛrrɔka'rriles]
Busstation	la terminal de buses	[tɛrminal de buses]

Einschiffungshafen

Einschiffungshafen	el puerto de embarque	['pŭerto de em'barke]
Autovermietung	alquiler de autos	[alki'ler de aŭtos]
Fahrrad	la bicicleta	[biθi'kleta]
Fahrpreis	la tarifa	[ta'rifa]
Versicherung	el seguro	[se'guro]
Tankstelle	la estación de gasolina	[esta'θĩon de gaso'lina]
Ich habe eine Reifenpanne.	Se me pinchó un neumático.	[se me 'pintʃo 'un neŭ'matiko]

IM HOTEL

Ich habe reserviert.	Tengo una reserva.	['teŋgo 'una rre'sɛrba]
Haben Sie noch Zimmer frei?	¿Tiene habitaciones disponibles?	['tiene abi'taθĩones dispo'nibles]
Einzel-/Doppelzimmer	la habitación sencilla/doble	[abi'taθĩon sen'siʒa/'doble]
Dusche/Bad	la ducha/la bañera	['dutʃa/'baɲera]
Ich möchte um… geweckt werden.	Necesito que me despierten a las…	[neθe'sito ke me des'pierten a las…]
warmes/kaltes Wasser	el agua caliente/fría	['agŭa ka'ʎĩente/'fria]
Seife	el jabón	[xa'bɔn]
Handtuch	la toalla	[to'aʎa]
Schlüssel	la llave	['ʒabe]

IM LOKAL

Ich bin Vegetarier.	Soy vegetariano.	[sɔi bɛxeta'rĩano]
Kann ich bitte die Speisekarte sehen?	¿Me deja ver el menú, por favor?	[me 'dexa bɛr el me'nu, pɔr fa'bɔr]
Festpreis	precio fijo	['preθĩo 'fixo]
Die Rechnung, bitte.	La cuenta, por favor.	[la 'kŭenta, pɔr fa'bɔr]
Ich hätte gern etwas Wasser.	Quiero un poco de agua.	['kiero 'un poko de agŭa]
Wein	el vino	['bino]
Frühstück	el desayuno	[desa'juno]
Mittagessen	el almuerzo	[al'mŭɛrθo]
Abendessen	la cena	['θena]

AUF DER SPEISEKARTE (siehe auch S. 222f)

al horno	[al 'orno]	gebacken
asado	[a'sado]	geröstet/gebraten
frito	['frito]	frittiert
seco	['seko]	trocken
el aceite	[a'θɛ̃ite]	Öl
las aceitunas	[aθɛĩ'tunas]	Oliven
el agua mineral	['agŭa mine'ral]	Mineralwasser
sin gas/con gas	[sin gas/kɔn gas]	still/mit Kohlensäure
el ajo	['axo]	Knoblauch
el arroz	[a'rrɔθ]	Reis
el atún	[a'tun]	Thunfisch
el azúcar	[a'θukar]	Zucker
el bacalao	[baka'lao]	Kabeljau
los camarones	[kama'rones]	Garnelen
la carne	['karne]	Fleisch
la cebolla	[θe'boʎa]	Zwiebel
el cerdo	[θɛrðo]	Schwein
la cerveza	[θɛr'beθa]	Bier

el chocolate	[tʃokoˈlate]	Schokolade
el chorizo	[tʃoˈriθo]	Wurst
el cordero	[korˈðero]	Lamm
el fiambre	[ˈfiambre]	kaltes Fleisch
la fruta	[ˈfruta]	Früchte
los frutos secos	[ˈfrutos ˈsekos]	Nüsse
las gambas	[ˈgambas]	Garnelen
el helado	[eˈlaðo]	Speiseeis
el huevo	[ˈŭebo]	Ei
el jamón serrano	[xaˈmɔn seˈrrano]	Serrano-Schinken
el jerez	[xeˈreθ]	Sherry
el jugo	[ˈxugo]	Fruchtsaft
la langosta	[lanˈgɔsta]	Languste
la leche	[ˈletʃe]	Milch
el limón	[liˈmɔn]	Zitrone
la limonada	[limoˈnaða]	Limonade
la mantequilla	[manteˈkiʎa]	Butter
la manzana	[manˈθana]	Apfel
el marisco	[maˈrisko]	Meeresfrucht
la naranja	[naˈranxa]	Orange
el pan	[pan]	Brot
el panecillo	[paneˈθiʎo]	Brötchen
el pastel	[pasˈtɛl]	Kuchen
la patata	[paˈtata]	Kartoffel
el pescado	[pesˈkaðo]	Fisch
el pollo	[ˈpoʎo]	Hühnchen
el postre	[ˈpɔstre]	Dessert
el potaje	[poˈtaxe]	Gemüsesuppe
la sal	[sal]	Salz
las salchichas	[salˈtʃitʃas]	Würste
la salsa	[ˈsalsa]	Sauce
el solomillo	[soloˈmiʎo]	Filet
la sopa	[ˈsopa]	Suppe
el té	[te]	Tee
la ternera	[tɛrˈnera]	Kalb
el vinagre	[biˈnagre]	Essig

ZEIT

eine Minute	un minuto	[un miˈnuto]
eine Stunde	una hora	[ˈuna ˈora]
halbe Stunde	una media hora	[ˈmeðia ˈora]
Viertelstunde	un cuarto de hora	[ˈun ˈkŭarto de ˈora]
Woche	la semana	[seˈmana]
Monat	el mes	[mes]
Montag	lunes	[ˈlunes]
Dienstag	martes	[ˈmartes]
Mittwoch	miércoles	[ˈmiɛrkoles]
Donnerstag	jueves	[ˈʒuebes]
Freitag	viernes	[ˈbiernes]
Samstag	sábado	[ˈsabaðo]
Sonntag	domingo	[doˈmiŋgo]
Januar	enero	[eˈnero]

Februar	febrero	[feˈbrero]
März	marzo	[ˈmarθo]
April	abril	[aˈbril]
Mai	mayo	[ˈmajo]
Juni	junio	[ˈxunĭo]
Juli	julio	[ˈxulĭo]
August	agosto	[aˈgɔsto]
September	septiembre	[seˈtĭembre]
Oktober	octubre	[ɔkˈtubre]
November	noviembre	[noˈbĭembre]
Dezember	diciembre	[diˈθĭembre]

ZAHLEN

0	zero	[ˈsero]
1	un/uno	[ˈun/uno]
2	dos	[ˈdos]
3	tres	[ˈtres]
4	cuatro	[ˈkŭatro]
5	cinco	[ˈθiŋko]
6	seis	[ˈsɛĭs]
7	siete	[ˈsĭete]
8	ocho	[ˈotʃo]
9	nueve	[ˈnŭebe]
10	diez	[ˈdĭeθ]
11	once	[ˈonθe]
12	doce	[ˈdoθe]
13	trece	[ˈtreθe]
14	catorce	[ˈkatorθe]
15	quince	[ˈkinθe]
16	dieciséis	[ˈdĭeθiˈsɛĭs]
17	diecisiete	[ˈdĭeθiˈsĭete]
18	dieciocho	[ˈdĭeθiˈotʃo]
19	diecinueve	[ˈdĭeθiˈnŭebe]
20	veinte	[ˈbeĭnte]
30	treinta	[ˈtreĭnta]
40	cuarenta	[kŭaˈrenta]
50	cincuenta	[ˈθiŋˈkŭenta]
60	sesenta	[seˈsenta]
70	setenta	[seˈtenta]
80	ochenta	[oˈtʃenta]
90	noventa	[noˈbenta]
100	cien/ciento	[ˈθĭen/ˈθĭento]
500	quinientos	[kiˈnĭentos]
1000	mil	[ˈmil]
erste/r	primera/o	[priˈmera/o]
zweite/r	segunda/o	[seˈgunda/o]
dritte/r	tercera/o	[tɛrˈθera/o]
vierte/r	cuarta/o	[ˈkŭarta/o]
fünfte/r	quinta/o	[ˈkinta/o]
sechste/r	sexta/o	[ˈsesta/o]
siebte/r	sétima/o	[ˈsɛtima/o]
achte/r	octava/o	[ˈoktaba/o]
neunte/r	novena/o	[ˈnovena/o]
zehnte/r	décima/o	[ˈdeθima/o]

DIE 106 BÄNDE DER VIS-À-VIS-REIHE

Erhältlich in
jeder Buchhandlung

DORLING KINDERSLEY
www.traveldk.com

VIS a VIS

Straßenkarte Costa Rica

Südliches Costa Rica

0 Kilometer 20

0 Kilometer 20

PAZIFISCHE OZEAN

PAZIFISCHER OZEAN